本書出版得到國家古籍整理出版專項經費資助

郝懿行集

（六）

[清] 郝懿行 著
安作璋 主編

齊魯書社

荀子補注

管謹訒　點校

目録

卷上

卷下

附録

點校後記

荀子補注卷上

勸學篇

蘭槐之根是爲芷，其漸之滫，君子不近，庶人不服。

今按：《大略篇》云「蘭茝、稿本，漸於蜜醴，一佩易之」，與此義近。《晏子春秋·雜上篇》云：「蘭本三年而成，湛之苦酒，則君子不近，庶人不佩，湛之縻醢，而買匹馬矣。」「縻」，《説苑·雜言》篇作「鹿」。滫，久泔也。芷即茝也，茝、芷，古字同聲通用。此言香草之根爲芷，漸以滫及酒，皆不美，惟漸之鹿醢，乃能益其香而賈易匹馬，故曰：「其質非不美，所漸者然也。」

聖心循焉。

今按：「循」，《大戴禮》作「備」。劉氏台拱《補注》曰：當從宋本作「備」。古音與「德」、「得」爲韵。

行衢道者不至，

今按：「楊朱哭衢涂」，見《王霸篇》。注云：「衢涂，歧路也。秦俗以兩爲衢，或曰四達謂之衢。」大意與此注同。俱兼二義訓釋。實則楊朱見歧路而悲，即《列子》云「大道以多歧亡羊」之意，〔一〕不必泥《爾雅》「四達謂之衢」也。

《詩》者，中聲之所止也。

楊注：「《詩》，謂樂章，所以節聲音。」今按：下文方云「《樂》之中和」，「《詩》、《書》之博」，《詩》、《樂》分言，則此「中聲」疑非即樂章。且《詩三百》未必皆合中聲，夫子但謂《關雎》「不淫」「不傷」，可知它詩未必盡然。

君子之學也，以美其身；小人之學也，以爲禽犢。

今按：小曰禽，大曰獸。禽犢謂犢之小小者，人喜撫弄而愛玩之。非必己有，非可獻人，直以爲玩弄之物耳。小人之學，入乎耳，出乎口，無裨於身心，但爲玩好而已，故以禽犢譬況之。注據《致士篇》「貨財禽犢之請，君子不許」，故云「禽犢，饋獻之物」。不知貨財謂賄賂，禽犢謂玩好耳。

故不問而告謂之傲，問一而告二謂之囋。傲，非也；囋，非也。

今按：「傲」與「謷」同。《說文》云「謷，不省人言也」，與此義合。囋者嘈囋，謂語聲繁碎也。陸機《文賦》「務嘈囋而妖冶」，義與此近。楊注「囋即讚字」，非也。

方其人之習君子之說，則尊以徧矣，周於世矣。

今按：「方」，古讀如旁，亦讀如傍。此「方」當讀爲依傍之傍，言親近其人而習聞其說，則稟仰師承，周徧於世務矣，故曰：「學莫便乎近其人。」

安得將學雜識、志順《詩》、《書》而已耳，〔二〕則末世窮年，不免爲陋儒而已！

今按：安，語詞，猶然也，焉也。特，直也，猶言但也。學雜識者，識記也，所謂「記醜而博」也。志順《詩》、《書》者，志與幟同，謂幖題也。如今學僮課讀，用紙爲號記也。順者，順其文也。此謂陋儒但能幖志順讀《詩》、《書》，末世窮年，不知理解也。

問楛者，勿告也；告楛者，勿問也；說楛者，勿聽也。

今按：「楛」與「苦」同。苦者，惡也。良者，善也。《西京賦》云：「鬻良雜苦。」

故未可與言而言謂之傲，可與言而不言謂之隱，不觀氣色而言謂之瞽。故君子不傲、不隱、不瞽，謹順其身。

今按：「傲」與「敖」同。敖者，謂放散也。「謹順其身」，身猶人也。此謂君子言與不言，皆順其人之可與不可，所謂「時然後言，人不厭其言」也。

夫是之謂德操。

今按：德操，謂有德而能操持也。生死由乎是。所謂國有道，不變塞；國無道，至死不變者，庶幾近之。故云：「德操然後能定，能定然後能應。」

校記

〔一〕此誤以《列子》爲《莊子》，逕改。

〔二〕清王念孫《讀書雜志》卷八《荀子雜志之一》，清同治庚午金陵書局版，引王引之曰：「志即古『識』字也。今本並出『識』、『志』二字者，校者旁記『識』字，而寫者因誤入正文耳。『學雜志』、『順《詩》、《書》』皆三字爲句，多一『識』字，則重復而累於詞矣。」

脩身篇

不善在身，菑然必以自惡也。

今按：《輪人》注鄭司農云：「泰山平原所樹立物爲菑，聲如胾。博立梟棊亦爲菑。」《詩·皇矣》毛傳云：「木立死曰菑。」然則菑者，植立之意。楊注《非相》篇是矣。此讀「菑然」

爲「災然」，非。

扁善之度：以治氣養生，則後彭祖；以脩身自名，則配堯禹。

今按：「扁」當爲「辯」。《韓詩外傳·一》作「辯」是也。辯訓平也，治也。楊注讀爲辨而訓別，非矣。《荀》書多以辨爲辯。

不由禮則勃亂提僈。

今按：「勃」與「悖」、「僈」與「嫚」竝同。嫚謂相侮易也。《荀》書多以僈爲嫚，或以爲慢。慢謂惰也。提者，《詩·小弁》傳：「提提，羣貌。」箋云：「提提然樂。」然則提者，羣居相樂；僈者，狎侮相輕，皆不由禮使然。

容貌、態度、進退、趨行，由禮則雅，不由禮則夷固僻違，庸衆而野。

今按：「雅」對「野」言，則兼正也、嫻也二義；野者反是。

難進曰偍，易忘曰漏。少而理曰治，多而亂曰秏。

今按：「提」與「媞」同。《爾雅·釋訓》：「媞媞，安也。」孫炎注云「行步之安」是也。「漏」與「屚」同，屚之爲言猶漉也，屋下水穿，俄頃滲漉，故易忘者似之。秏猶暴本《王制》注。也，傷敗之名。《詩·雲漢·釋文》引《韓詩》云：「秏，惡也。」然則多而雜亂，斯之謂惡矣。

知慮漸深，則一之以易良。

今按：「漸」與「潛」古字通。《韓詩外傳·二》作「潛」是矣。「良」作「諒」，亦古字通用。《樂記》云「易直子諒之心生」，「易諒」即「易良」也。

勇膽猛戾，則輔之以道順。

今按：「膽」字疑誤。《韓詩外傳·二》作「勇毅强果」。「道」與「導」同，謂誘導將順之。

卑溼重遲貪利，則抗之以高志。

今按：「卑溼」猶「卑下」也。《韓詩外傳·二》作「卑攝貪利」。

術禮義而情愛人，

今按：「術」與「述」同，古字通用。注云「術，法」，非也。情者，實也。《大學》云「無情者」鄭注「情猶實」是也。《公羊傳》曰「是何子之情也」何注以「露情」爲訓，亦失之。

横行天下，

今按：「横」之爲言，「光」也，「廣」也。古三字多通用。《書》言「光被」，亦作「横被」。《禮》言「溥之而横乎四海」，即「廣被四海」也。此言「横行天下」，句凡四見，「横」亦「廣」也。楊注甚謬。謝氏引《書》「方行天下」爲釋，得之。

術順墨而精雜汙，

今按：「術」與「述」同，「順」與「慎」、「精」與「情」，古字又多通用。上句言「體倨固而心勢詐」，此必邪人，故名爲述愼墨，而實雜汙不潔淨也。○此與「術禮義而情愛人」句相儷。

勞苦之事則偷儒轉脱，

注云：「偷謂苟避於事，儒亦謂懦弱畏事。」今按：此注得之；下又引或説「偷當爲輸」，似又失之。「儒」者，「柔」也，「弱」也。「選懦畏事」之意。故下又云「偷儒憚事」，注義甚明，何必改此爲「輸」而援《方言》「儒，輸愚也」爲訓。

行而供冀，非漬淖也。

今按：「供」與「拱」、「冀」與「覬」，俱音同字通。其義則「冀」「覬」俱訓「望」也。此言行而張拱顧望，乃是恭敬審諦，非恐漸漬於泥淖也。

夫驥一日而千里，駑馬十駕則亦及之矣。

今按：駑馬日可百里，十日則亦可及千里，遲速先後不同，其歸一也。

倚魁之行，

今按：「倚」與「奇」、「魁」與「傀」俱聲近假借字。「奇傀」，言其事譎觚不常也。

故學曰：遲彼止而待我，我行而就之，

今按：古人名「遲」字「須」，「須」者，待也，故遲之訓爲待，音直吏切。「學曰」者，蓋古學侣虛設此言以相警厲。必曰「遲」者，猶云「『寡君須矣』，彼前行之人方止而待我，我當遄行而就之」，「學如不及」之意也。

其爲人也，多暇日者，其出入不遠矣。

今按：爲善惟日不足，「多暇日」者，遊閒不事事也。「出入」疑當作「出人」，言不能出人前也。

勞勸而容貌不枯，好交也。

注云：「以和好交接於物，志意常泰也。」〇今按：《榮辱篇》云：「豢之而俞瘠者，交也。」注云：「所交接非其道，則必有患難，雖食芻豢而更瘠也。」故上篇云：勞勸而容貌不枯，好交也。」〇舊疑楊注未愜。及以《榮辱篇》注互相參訂，原注殆不可易，今改從之，以志吾過。

不苟篇

盗跖吟口，名聲若日月，與舜、禹俱傳而不息。

今按：「吟口」，《説苑·叢談》作「凶貪」，〔一〕此本必作「貪凶」，轉寫形誤，遂爲「吟口」。楊氏據誤本作注，不知其不可通耳。《韓詩外傳·三》誤與此同，可知此本相傳已久，楊氏所以深信而不疑矣。

君子易知而難狎。〇言辯而不辭。

今按：《韓詩外傳·二》「知」作「和」，「辭」作「亂」，於義較長。此竝形譌。

與時屈伸，柔從若蒲葦，非懾怯也；剛强猛毅，靡所不信，非驕暴也。以義變應，知當曲直故也。

今按：「屈伸」當作「詘信」，《荀》書皆然，俗妄改之。此言君子屈伸，隨時之宜。當其屈也，柔從若蒲葦；當其伸也，剛强猛毅，靡所不信。信即「伸」字。其屈與伸，以義知當曲直，曲直即屈伸。又引《詩》言君子「左宜右有」，然後總結之云：此言君子能以義屈信變應故也。屈亦當爲「詘」。《荀子》之文，往往反復申明，欲令辭必達意，不避重繁，爲使人易曉也。

知則攫盜而漸，愚則毒賊而亂。

今按：「漸」與「潛」同。此言小人知則攫盜而潛深不敢發也，愚則毒賊而爲亂不知懼也。語意甚明。《荀》書多以「漸」爲「潛」，楊氏不知，例以漸進爲訓而不顧其安。如此注亦以「漸」爲「進」，則難通矣。

窮則棄而儑。

今按：《玉篇》：「儑，五甘切，不慧也。」《廣韻》五紺切。云：「傝儑。」《龍龕手鑑·一》云：「儑，五盍反。傝儑，不箸事也。」「傝，他盍反。傝㒓，儜劣也。又傝儑，不謹貌也。」〔二〕然則諸義皆與此近。此言小人窮則卑棄失志，不能自振，往往如此。楊氏未見《玉篇》、《廣韻》，故云「字書無儑字」，又云「儑當爲濕」，竝非。◯《韓詩外傳·四》「儑」作「累」，恐亦字形之譌。「累」與「濕」皆俗字。濕當作「溼」，累當作「纍」，與此字形音義遠。

其誰能以己之潐潐，受人之掝掝者哉？

今按：《韓詩外傳·一》作「莫能以己之皭皭容人之混污然」。「皭」與「潐」古音同，「混污」與「掝掝」，音又相轉，此皆假借字耳。《楚辭》作「察察」「汶汶」，當是也。又按上云「故新浴者振其衣，新沐者彈其冠」，亦與《楚辭》同。

夫此順命，以慎其獨者也。善之爲道者，不誠則不獨，不獨則不形。

今按：此語甚精，楊氏不得其解，而以謹慎其獨爲訓。今正之云：獨者，人之所不見也。慎者，誠也；誠者，實也。心不篤實，則所謂獨者不可見。《勸學篇》云：「無冥冥之志者，無昭昭之明；無惛惛之事者，無赫赫之功。」此惟精專沈默，心如槁木死灰，而後髣髴遇焉。口不能言，人亦不能傳，故曰獨也。又曰「不獨則不形」者，形非形於外也。楊注誤。形即形此獨也。又曰「不形則雖作於心，見於色，出於言」三句，皆由獨中推出，此方是見於外之事。而其上説「天」、「地」、「四時」云：「夫此有常，以至其誠者也。」説「君子至德」云：「夫此順命，以慎其獨者也。」順命謂順天地四時之命，楊注尤誤。言化工默運，自然而極其誠，君子感人，嘿然而人自喻，惟「此順命，以慎其獨」而已。推尋上下文義，慎當訓誠。據《釋詁》云「慎，誠也」，非慎訓謹之謂。《中庸》「慎獨」，與此義別。楊注不援《爾雅》而據《中庸》，謬矣。〇「慎」字，古義訓誠，《詩》凡四見，毛、鄭俱依《爾雅》爲釋。《大學》兩言「慎獨」，皆在《誠意》篇中，其義亦與《詩》同。惟《中庸》以「戒慎」、「慎獨」爲言，此别義，乃今義也。《荀》書多古義、古音，楊注未了，往往釋以今義，讀以今音，每致舛誤，此其一也。〇餘多不能悉舉，其小出入，姑亦仍之。又性簡略，不能一一具詳，聊舉所知，以存梗概云爾。

君子審後王之道，而論於百王之前，若端拜而議。

今按：「端」疑「振書端書」之端。端者，正也。謂正容拜議，非必衣玄端也。注言「端拱」，又言「玄端」，二義似歧，故正之。

五寸之矩，盡天下之方也。

今按：《荀》意當以句股法開方而言，故以「五寸」「盡」之，言「操彌約」也。

上雖不知，不以悖君。

今按：「悖」者，「倍」之假借字。「倍」訓「反」，與「背」同。

長短不飾，以情自竭，若是則可謂直士矣。

今按：「情」，實也；「竭」，舉也。言短長皆以實偁説，不加文飾，所以爲直士。

田仲、史鰌，不如盜也。

今按：陳仲之廉，史鰌之直，雖未必合於中行，衡之末俗，固可以激濁流，揚清波。荀之此論，將無苛歟？夫名生於不足，盜生於有欲。盜不可有，名不可無。程子有言：「古之學者爲己，今之學者爲人；古之仕者爲人，今之仕者爲己。」推此而論，夫苟行以實心，錢穀、兵刑，何非爲己；假令心本近名，割股廬墓，豈非爲人。然則荀卿必論，蓋欲針砭於流俗，而非持論於衡平矣。

校記

〔一〕叢談，原作「説叢」。《説苑》無「説叢」篇，當係「《叢談》」之誤，今據改。

〔二〕傷，原作「音」，依《龍龕手鑑》卷二、《四部叢刊續編》十二册《人部·入聲》校改。

榮辱篇

所謂以狐父之戈钃牛矢也。

注云：「钃，刺也。之欲反。或讀斸爲斫。」今按「斸」「斫」音讀不同，斸雖訓斫，而不讀爲斫也。《玉篇》「斸，或作钃」，與「斫」音異。不知楊氏何故同之。正文又無斸字，此注當有脱誤。钃訓刺，亦未聞。

鯈，鉢者，浮陽之魚也。

注謂「字書無『魪』字，蓋當爲『鮍』」。今按：「魪」不成字，「鮍」非魚名，疑當爲「鱧」。俗書「體」或作「体」，然則「鰷、魪」即「鰷、鱧」矣。

孝弟、原愨、軥録、

今按：「原」與「愿」同，「愿」「愨」皆訓謹也。「軥」與「局」同。「録」與「逯」同，逯者，行謹逯逯也。「軥録」猶「局促」，竝疊韵字也。○《君道篇》作「拘録」。

陶誕突盜，愓悍憍暴，

今按：「陶」，古讀如「謡」。謡者，毁也。《離騷》云：「謡諑謂予以善淫。」「陶誕」即「謡誕」，謂好毁謗誇誕也。「突盜」，謂好侵突掇盜也。每二字爲一義，注似失之。「愓」與「蕩」同；「憍」即「驕」字，經典俱借「驕」爲「憍」耳。此皆姦人邪説詖行之事。

彼臭之而無嗛於鼻，

今按：「臭」，今作「嗅」。「嗛」，不足也，與「歉」同。言嗅之而無歉於鼻，與「嘗之而甘於口」句相儷。

則夫塞者俄且通也，陋者俄且僩也，愚者俄且知也。

今按：注前説謬，後説引《詩》「瑟兮僩兮」鄭云：「僩，寬大也」，此説是矣。謝氏「疑僩當爲嫺雅之義」，引賈誼書《傅職》篇，文義亦相近，而非本義。今詳《賈子》之「僩」爲假借，《荀子》之「僩」爲本義。何以明之？「陋」爲陜隘，僩爲寬大，故以「僩」「陋」相儷。證以《脩身篇》云：「多聞曰博，少聞曰淺，多見曰閑，少見曰陋」，又以「閑」「陋」相儷。「閑」亦「僩」之假借，閑謂寬閑，即「僩」訓寬大之義。楊注訓爲閑習，亦非。

今人之生也，方知蓄雞狗猪彘。

今按：《説文》，豕三毛叢居謂之猪，後蹏廢謂之彘。是猪彘異。此分别言之。

其沵長矣，其温厚矣，其功盛姚遠矣。

今按：「温」與「藴」同，假借字耳。楊注「温，猶足也」，非。○藴者，積也。《左傳》「藴利生孽」，經典通作藴，此作温，皆假借耳。如《禮器》云「温之至也」，温讀爲藴，亦其例。

皆使人載其事而各得其宜，然後使慤禄多少厚薄之稱。

今按：「載」如「大車以載」之「載」，載猶任也。「慤」者，謹也。謹謂謹其多少厚薄之數，使禄各稱其事，不失均平。○楊注：「載，行也。慤，實也。」古無此訓。○「載其事」二語又見《君道篇》。

非相篇

葉公子高，微小短瘠，行若將不勝其衣。

今按：白公之亂，子高入國門，不介胄，蓋由微小短瘠，行不勝衣故耳。

周公之狀，身如斷菑。○傅説之狀，身如植鰭。

楊注：「《爾雅》云：木立死曰椔。椔與菑同。」今按：《皇矣》詩傳：「木立死曰菑。」菑者，植立之貌。周公背傴，或曰蠶僂，其形曲折，不能直立，故身如斷菑矣。鰭在魚之背，立而上見，駝背人似之。然則傅説亦背僂歟？

後世言惡，則必稽焉。

今按：稽者，同也，後世凡言惡者，比之桀紂，是與之同。楊訓「稽，考」，疏矣。○《正論篇》句義同。

婦人莫不願得以爲夫，處女莫不願得以爲士。

今按：「女」「士」對言，如《詩》之《氓》、《易》之《大過》，皆是。古以「士」「女」爲未嫁娶之偁。

雨雪瀌瀌，宴然聿消。莫肯下隧，式居屢驕。

今按：《毛詩》本出荀卿，荀所引《詩》，多與毛合。《毛詩》：「見晛曰消。」《韓詩》：「曣晛聿消。」毛云：「晛，日氣也。」韓云：「曣晛，日出也。」二説義相成。《廣雅·釋詁》：「曣晛，煗也。」段氏玉裁《説文注》云：「荀卿《非相篇》引《詩》作『宴然』，即『曣晛』也。〔二〕『宴』、『晏』、『曣』，古通用。《玉篇》曰：晛同晛。」如段氏説，然則《毛詩》「見晛」之「見」，應讀爲「現」。「現」「宴」雙聲，「然」「晛」疊韵，亦兼雙聲。俱音近，假借字耳。「聿」、「曰」二字，古亦假借通用。荀引《詩》，與韓、毛本無不合也。「下隧」毛作「下遺」。古讀「遺」「隧」，音同如「旞」字，或作「旞」，見於《説文》可證矣。「隧」與「隊」同，「隊」「墜」古今字也。「下隧」者，以言小人莫肯降下引退，如雪宴然消滅，方用居位而數以驕人也。「屢」當作「婁」，婁者，亟也，數也。《毛詩》傳自荀卿，今推荀義以補《毛傳》，義或當然。○鄭箋：「遺讀曰隨」，「婁，歛也」，與毛異，不當援以注《荀》，楊注失檢。

今夫狌狌形笑，亦二足而毛也。

今按：狌狌人形，言笑如人，亦二足，惟有毛爲異耳。

故曰：「文久而息，節族久而絶。」

今按：族者，聚也，湊也。「湊」與「奏」古今字。《漢·律志》：「簇，奏也。」是其義也。「奏」、「湊」、「蔟」「族」，竝聲義同。然則「節族」即「節奏」矣，楊注是也。

法先王，順禮義，黨學者，

今按：注云：「黨，親比」，非也。《方言》：「黨，知也。」郭注：「黨，朗也，解悟貌」此則「黨」爲曉了之意。法先王，順禮義，出言可以曉悟學者，非朋黨親比之義也。

故君子之度己則以繩，接人則用抴。

今按：「抴」，余制切，與「曳」音義俱同。「抴」即「枻」字，「枻」俗作也。言君子裁度己身，則以準繩；接引人倫，則用舟檝。謂律己嚴而容物寬也。《楚辭·九歌》「桂擢兮蘭抴」王逸注：「擢，楫也。抴，船旁板也。」段玉裁《説文注》云：「按毛《詩·傳》云：『楫所以擢舟也。』故因謂楫爲擢。擢者，引也。船旁板曳於水中，故因謂之抴。俗字作『櫂』，作『枻』，皆非是也。」

文而致實，博而黨正，

今按：「致」「緻」、「黨」「讜」，竝古今字。讜言即昌言，謂善言也。此明士君子之辯，文而緻密堅實，博而昌明雅正，斯辯之善者也。

然而口舌之均，噡唯則節，

今按：「均」當依宋本作「於」。「噡唯」猶「唯諾」也。「節」謂節制之也。凡與人言，然諾不欺，此蓋游俠之流，盜名於世。故曰：「姦人之雄。聖王起，所以先誅也。」

校記

〔一〕非相篇，據《說文解字注》，上海古籍出版社一九八一年影印經韵樓版七篇上《日部·晛》下注文校補。

非十二子篇

欺惑愚衆。矞宇嵬瑣。

今按：「矞」，滿溢也。「宇」，張大也。「嵬」者崔嵬，高不平也。「瑣」者，細碎聲也。此謂飾邪說，文姦言，以欺惑人者。「矞宇」，所謂大言炎炎也。「嵬瑣」，所謂小言詹詹也。此皆謂「言」矣，注以「行」說，失之。「嵬瑣」又見《儒效》、《正論》篇。

然而其持之有故，其言之成理。

今按：「故」者，咨於故實之故，謂其持論之有本也。「成理」，謂其言能成條理也。故皆「足以欺惑愚衆」。

忍情性，綦谿利跂，苟以分異人爲高，

今按：此謂矯異於人以爲高者。「綦谿」者過於深峭，「利跂」者便於走趨。○「谿」讀爲「雞」，「跂」音爲「企」，四字雙聲疊韻，其義則未之聞。

猶然而材劇志大，聞見雜博。

今按：「猶然而」當依《宋本》作「然而猶」。此誤本耳。

案往舊造説，謂之五行，

今按：《荀》書多以「案」爲語辭。「案」猶「焉」也。下「案飾其辭」，義亦同。楊注非是。「五行」，依注以爲「五常」，未知其審。

世俗之溝猶瞀儒嚾嚾然不知其所非也。

今按：《儒效篇》云：「愚陋溝瞀」，注云：「溝音寇」，是也。「溝猶瞀儒」四字疊韻，其義則皆謂愚蒙也。《漢·五行志》作「傋霿」，楊注引作「區瞀」。《楚辭·九辨》作「怐愗」，《説文》作「穀瞀」，《廣韻》既作「怐愗」，又作「嗀瞀」，又作「瞉瞀」，竝上音「寇」，下音「茂」。此等皆以聲爲義，不以字爲義也。「嚾」者，呼也。《玉篇》、《廣韵》音渙，義與「喚」同。《集韵》或作「讙」，音歡。則其義當爲讙譁矣。

遂受而傳之，以爲仲尼、子游爲茲厚於後世。

今按：「茲」者，益也，多也，與「滋」義同。

成名況乎諸侯，莫不願以爲臣。

今按：「況」，古作「兄」，其訓滋也，益也，長讀上聲。也。此言聖人之名，有所埤益，增長於諸侯，故莫不願得以爲臣也。《儒效篇》亦有此言。楊注不得其解。

知而險，賊而神，

今按：小人雖有才智，而其心險如山川；賊害於物，而其機變若鬼神，如曹孟德、司馬仲達之類。楊注亦未了了。

利足而迷，負石而墜，

今按：「利足而迷」，所謂捷徑以窘步也。「負石而墜」，所謂力小而任重高位，實疾顛也。二句皆譬況之詞。

箸是者也。

劉氏台拱曰：「『箸是』疑當作『著定』，與上文『盛』、『靜』等字爲韵。言有定守，不流移也。」

以不俗爲俗，離縱而跂訾者也。

今按：「縱」與「蹤」同。本作「䡵」，謂車迹也。俗作「蹤」，假借作「縱」耳。「離縱」者，謂離其尋常蹤迹而令人敬異也。舉足望曰「跂」。「訾」訓思也，量也。「跂訾」者，謂跂望有所思量，而示人意遠也。此絶俗離羣，矯爲名高之事，故曰士君子所不能爲也。

吾語汝學者之嵬容，

今按：上「嵬瑣」注：「嵬」與「傀」義同，引《大司樂》鄭注「傀，猶怪也」。然則「嵬容」者，怪異之容，故其下遂以重文疊句寫貌之。

填填然，狄狄然，莫莫然，瞡瞡然，瞿瞿然，盡盡然，盱盱然。

今按：「狄」與「逖」同，遠也。「填填」者，盈滿之容。「狄狄」者，疏散之容也。「莫」者，大也。「瞡」，疑與「嫢」同，「嫢」羌箠切。者，細也。《方言》：「細而有容謂之嫢。」然則「莫莫」者，矜大之容。「瞡瞡」者，鄙細之容。「瞿瞿」者，左右顧望之容。「盡盡」者，閉藏消沮之容。「盱盱」者，張目直視之容也。凡此皆以相反相儷爲義。

酒食聲色之中，則瞞瞞然，瞑瞑然；禮節之中則疾疾然，訾訾然；勞苦事業之中則儢儢然，離離然。偷儒而罔，無廉耻而忍謑訽。是學者之嵬也。

今按：此言學者之嵬容也。「瞞瞞」、「瞑瞑」，與「眠」同。謂眈於酒食聲色，惛瞀迷亂之容也。「疾疾」、「訾訾」，謂苦於禮節拘迫，畏憚惰窳之容也。「儢儢」、「離離」，謂不耐煩苦勞頓，懶散疏脱之容也。皆以四字合爲雙聲，狀其醜態，爲學者戒耳。此等語言，自可不求甚解，心知其意可耳。「偷儒」已見《脩身篇》。「謑訽」，楊注以爲詈辱，是也；本或作「謑詬」，賈誼書所謂「奊詬亡節」，亦其義也。

弟佗其冠，神禫其辭，禹行而舜趨，是子張之賤儒也。

今按：「弟佗」、「神禫」，亦難强解，闕疑可也。○謝云：「弟」本或作「弟」，《集韵》音徒回反。《莊子·應帝王篇》有「弟靡」，此「弟佗」義當近之。

正其衣冠，齊其顔色，嗛然而終日不言，是子夏氏之賤儒也。

今按：「嗛」猶「謙」也，抑退之貌。楊注：「嗛與慊同，快也」，非是。○《仲尼篇》云：「滿則慮嗛。」注云：「嗛，不足也。」與此「嗛」同。

偷儒憚事，無廉恥而耆飲食，必曰君子固不用力，是子游氏之賤儒也。

今按：此三儒者，徒似子游、子夏、子張之貌，而不似其真，正前篇所謂「陋儒」、「腐儒」

者，故統謂之「賤儒」，言在三子之門爲可賤也，非賤三子也。楊注得之。

仲尼篇

與之書社三百，而富人莫之敢距也。

今按：《論語》云：「奪伯氏駢邑三百，飯疏食，没齒無怨言。」朱子《集注》援此説之。

故聖王之誅也，綦省矣。文王誅四，武王誅二，周公卒業，至于成王則安以無誅矣。

今按：「誅四」、「誅二」，未聞其審。注必求其事以實之，恐誣。〇楊以「四」爲「密、阮、共、崇」，義猶近之。又引《史記》云：「武王斬紂與妲己。」《尸子》曰：「武王親射惡來之口，親斫殷紂之頸，手汙於血，不温而食。謝云：「温」是「盥」字之誤。當此之時，猶猛獸者也。」楊欲以是爲「誅二」之證，不如闕疑。〇《大略篇》「文王誅四」三句同，「至成、康則案無誅已」。「案」與「安」同，《荀》書多爲語詞。

故知者之舉事也，滿則慮嗛，平則慮險，安則慮危。

今按：楊注：「嗛，不足也」；「盈滿則思其後不足之時」。此注得之。

可立而待也，可炊而僥也。

今按：楊氏以「炊」爲「吹」，洪氏頤煊以「僥」爲「澆」，引《説文》「澆淅而行」，二説未知誰是。

儒效篇

兼制天下，立七十一國，姬姓獨居五十三人。

今按：此總言之。《左傳·昭二十八年》。晰言之曰：「其兄弟之國者十有五人，姬姓之國者四十人。」以校此數，「三」當爲「五」。或「三」「五」字形易於混淆，故轉寫致誤耳。

仰易變化，天下厭然猶一也。

今按：「厭」者，合也。《倉頡篇》云：「伏合人心曰厭。」《周語》「克厭天心」韋昭注：「厭，合也。」此「厭」字本義。其音「一剡切」。楊注：「厭然，順從之貌。」義猶近之。其音「一涉反」則非。〇「厭」字古有二音二義。《説文》：「厭，笮也。」「笮者，迫也。」此「厭」音「於輒切」。「一曰，合也。」此「厭」音「一剡切」。《荀》書此「厭」訓合。此篇下云「猒猒兮其能長久也」，「猒」即「厭」之假借，楊氏訓爲「猒足」，失其義也。《王霸篇》云「厭然有千歲之固」，亦與此「厭」音義俱同。楊注引《禮記》曰：「見君子而後厭然」，鄭注：「厭讀爲黶。黶，閉藏貌。」楊蓋不知假借之義，鄭欲借「厭」爲「黶」，故訓「閉藏」。《荀子》書之「厭」，自用本義，無取閉藏，何必依鄭讀「厭」爲「黶」邪？

嗚呼而莫之能應，

今按：「嗚」，俗字也。古止作「烏」。烏呼而莫之應，言儒雖困窮凍餒，若不以禮聘致，欲呼召之，而必不能應也。此對秦昭王輕儒而言。必云「烏呼」者，李斯《諫逐客書》：「擊甕叩缶，歌呼烏烏，真秦之聲。」故以此言反之。注以「嘆辭」爲解，不成文義。

魯之粥牛馬者不豫賈，必蚤正以待之也。

今按：「豫」與「序」同，古字通用。早正市價以待之，故鬻者不復論序也。

居於闕黨，闕黨之子弟，罔不必分，有親者取多。

今按：「罔不必分」四字誤衍，應依《新序·五》作「罔罟分」三字。《説苑·七》云：「羅門之羅，有親者取多，無親者取少。」正與《新序》同爲一事。

夫是之謂人師。

今按：「師」者，衆也。言合四海若一家，成爲大衆，謂衆所歸往也。《王制篇》及《議兵篇》義亦同。○《爾雅》：「師，人也。」此言「人師」，其義則一。注云「師長」，非也。

若夫譎德而定次，量能而授官，

楊注：「『譎』與『商』同。古字本亦作『譎』。『譎』與『決』同，下亦有『譎德而序位』之語。」洪氏頤煊云：「按字書無『譎』字。《君道篇》『論德而定次，量能而授官』，文與此同。『譎』疑即『論』字之訛。《正論篇》『圖德而定次』，圖，謀，亦論也。『譎』字又訛作『譎』。」

曾不如相雞狗之可以爲名也。

今按：古人重畜，問富數焉，門材與焉，不獨相牛馬之有經也，後世蔑如矣。

今有人於此，屑然藏千溢之寶，

今按：「屑」者，瑣細之貌。至寶不必盈握，故以瑣細言之。○「屑」，今作「屑」；「溢」作「鎰」。

賣之，不可僂售也。

今按：此篇上云：「雖有聖人之知，未能僂指也。」注引《公羊傳》曰：「夫人不僂」，何休注：「僂，疾也。」按「僂」皆「屢」之假借字。《釋詁》云：「屢，疾也。」「售」者，「讎」

之俗字。《詩》曰：「賈用不讎」。

炤炤兮其用知之明也。

今按：「炤」蓋「照」之或體字也。經典罕用。《釋蟲》「熒火，即炤」，用「炤」字。《顔氏家訓·風操篇》云：「劉韜兄弟，一生不爲「照」字，唯依《爾雅》火旁作召。」今讀《荀》書，可知「炤」字由來已久，蓋起於周秦間矣。〇《王霸篇》亦有「炤」字。

「大雅」之所以爲大雅者，取是而光之也。

今按：「光」猶「廣」也。「光」「廣」古通用。《詩序》所謂「政有小大，故有『小雅』、『大雅』」是也。

鼓之而紂卒易鄉，

今按：「倒戈」之語，非荀所偁，恐難盡信。「易鄉」者，蓋謂紂卒辟易奔北耳，未必倒戈相殺也。〇孟子不信「漂杵」，荀子不偁「倒戈」，其意正同。楊注援以釋《荀》，恐非。

遂乘殷人而誅紂

今按：「乘者，覆也。謂駕其上也。」注非。《書序》云：「周人乘黎」，僞孔傳：「乘，勝也」，亦非。

繆學雜舉，不知法後王而一制度，不知隆禮義而殺《詩》、《書》。

今按：「殺」蓋「敦」字之誤。下同。楊氏無注，知《唐本》猶未誤。

其衣冠行僞，已同於世俗矣。

今按：「僞」與「爲」同。行僞行動作爲也。注非是。

王制篇

中庸民不待政而化。

今按：「中庸民」，言中等平常之人。賈誼《過秦論》所謂「材能不及中庸」，義與此同；《史記》改作「材能不及中人」，亦得其意。

分未定也，則有昭繆。

今按：二語難曉，楊氏説亦不了。○《韓詩外傳·五》同。〔一〕

威嚴猛厲，而不好假道人，則下畏恐而不親，周閉而不竭。

今按：「竭」者，舉也。謂隱匿其情，不肯舉發也。注訓「竭盡」，亦通。

和解調通，好假道人，而無所凝止也。

今按：此今官人中之和事者也。偏好假借辭色，開通道路，以誘進人，令皆歡説。故下遂云

「姦言竝至，嘗試之説鋒起」，而無所底止也。「凝」當作「疑」，止定之貌，見《詩·桑柔·傳》及《儀禮·士昏》等注。《荀》書「凝」字，古本必皆作「疑」，今改作「凝」，經典亦多改「凝」，人皆知「凝」不知「疑」矣。《莊子》「用志不紛，乃疑於神」，今亦改「凝」，其音則：疑，魚乙切。凝，魚陵切，古音必陵切。《説文》以「凝」爲俗「冰」字，唯《詩》「膚如凝脂」，正宜作「凝」，《爾雅》作「冰脂」可證矣。

馬駭輿，則莫若静之；庶人駭政，則莫若惠之。

今按：惠者，順也。注訓「恩惠」，失之。夫馬駭而脈僨，静以鎮之，則馴矣；人駭而圖反，順以循之，自安矣。故鞭箠不加於奔駟，而謗木不絶於堯年。昔蘧伯玉治衛，子貢問何以治，對曰以不治治之。夫不治之治，則「静之」「惠之」之説也。

諸侯莫不懷交接怨而不忘其敵。

今按：接者，續也。懷交謂私相締交，接怨謂連續修怨。注非是。

然後漸慶賞以先之。

今按：「漸」，子廉切，讀若「漸民以仁」之「漸」；其訓：漬也、浸也，深染入也。楊注凡「漸」皆訓「進」，故多失之。

彼王者不然，仁眇天下，義眇天下，威眇天下。

今按：「眇」，古「妙」字。古書皆以「眇」爲「妙」，《荀》書亦然，注皆失之。《周易》「眇萬物而爲言」，今亦改爲「妙」矣。古無「妙」字。

上以飾賢良，下以養百姓而安樂之，夫是之謂大神。

今按：《釋詁》：「神者，治也。」然則「大神」謂大治，猶《樂記》云「大當」也。〔二〕楊注以「變通裁制萬物」爲言，亦即大治之意。

水火有氣而無生，草木有生而無知，禽獸有知而無義。

今按：《釋詁》：「知」者，匹也。《詩》曰：「樂子之無知」，此草木有生無知之說也。《曲禮》曰：「禽獸無禮，故父子聚麀」，此禽獸有知無義之說也。〇楊注「『知』爲性識」，是已。蓋因有性識然後有匹偶，故此二義兼之乃備。

司馬知師旅甲兵乘白之數。

今按：「乘白」似不成文，「白」蓋「甸」字形近之譌。《周禮》「四丘爲甸」注云：「甸之言『乘』。」《詩》曰：「維禹甸之」，甸即『乘』也。故此言「乘甸」矣。

使農夫樸力而寡能，治田之事也。

今按：「樸」與「朴」異，「樸」，木素也。樸力寡能，謂力作樸素，技能寡少，故專治於田事。

養山林藪澤草木魚鼈百索，

今按：「索」者，求也。百物供民求索皆是。注以「索」爲「上索」，非是。

順州里，定廛宅，

今按：「廛」「宅」皆謂邑里之居。在市曰舍，在田曰廬。此以「廛」「宅」並言，則「廛」在市，「宅」在邑。

養六畜，閒樹藝，

今按：「閒」者，更代也。「樹藝」者，五穀也。閒代，謂田分上中下三等，歲一易之，三歲而遍，更代休息，美惡同之。詳見《周禮·地官》及《漢·食貨志》。

平室律，

今按：「室律」二字不成文理，疑「律」當爲「肆」字之譌。「室」爲廬舍，如市樓候館之屬是也。「肆」謂廛肆，如粟帛牛馬各有行列是也。故下遂云：「以時順脩，使賓旅安而貨財通，治市之事也。」事見《周禮·地官》。

殷之日，案以中立無有所偏，而爲縱横之事，偃然案兵無動。

今按：「殷」者，盛也，言全盛之日。孟子所謂「國家閒暇，及是時明政刑」之日也。下「殷之日」同。〇此云「案」，以下云「安」，以「安」「案」字亦同。《荀》書多用「安」「案」爲語助詞，如它書「焉」字、「於」字之例。唯「案兵」之「案」與「按」同。「按」者，抑也，止也。「縱横」當作「從衡」，古書皆然，《荀》書亦必作「從衡」，俗妄改之。

立身則從傭俗，事行則遵傭故，進退貴賤則舉傭士，

今按：「傭」與「庸」同。庸者，常也。《詩》云「昊天不傭」，《韓詩》作「庸」，是「庸」「傭」通。〇下云「則庸寬惠」，此「庸」訓「用」。

立身則輕楛，事行則蠲疑，進退貴賤則與佞倪，

今按：「楛」與「苦」同，謂脆惡也。「蠲」者，明也，謂喜明察而好狐疑也。「倪」與「脱」同，亦與「悦」同，謂喜近小人也。〇《脩身篇》有「佞兑」字，則「倪」與「兑」同，當訓爲「悦」，謂諂佞容悦也。

校記

〔一〕五，原作「四」，今據許維遹《韓詩外傳集釋》，中華書局一九八〇年版校改。

〔二〕樂記，原家刻本作「禮運」，今據中華書局一九八〇年版《十三經注疏》本下册一五四〇頁校改。

富國篇

然後葷菜百疏以澤量，

今按：「葷菜」亦「蔬」耳。必别言之者，《士相見禮》「夜侍坐，問夜，膳葷，請退可也」鄭注：「葷，辛物，葱薤之屬，食之以止卧。」《玉藻》「膳於君，有葷桃茢」注云：「葷，薑及辛菜也。」然則葷菜先於百蔬，固有説矣。

則天下大而富，使有功，

劉氏台拱曰：「『使有功』當作『佚而功』，形近而譌也。」

拊循之，㖃嘔之，

今按：「循」與「揗」同。「拊循」者，謂撫摩矜憐之也。「㖃嘔」者，《玉篇》、《廣韵》竝云「小兒語也」。上「於佳切」，下「烏侯切」，二字雙聲。蓋爲小兒語聲，慈愛之也。《史記·韓信傳》説項王「言語嘔嘔」，其意正同。「嘔嘔」即「㖃嘔」也。

冬日則爲之饘粥，夏日則與之瓜麮，

今按：《説文》：「麩，麥甘鬻也。」《急就篇》：「甘麩殊美奏諸君。」是則夏日進麩，古人珍之。今登、萊人煮大麥粥，云食之止渴。又祛暑必大麥者，小麥性熱，大麥味甘又性涼也。

僔然要時務民，

今按：「僔」與「酋」音近義同，其訓皆爲「終」也。此言勞役不恤民力，經始即欲要終，趨時亟也。

事成功立，上下俱富。

今按：「富」與「福」同，古字通用。《詩》云：「何神不富。」「富」即「福」也。此文不爲富言，故知爲「福」。○上云「夏不宛暍，冬不凍寒，急不傷力，緩不後時」，此正上下俱受其福之意。

忠信調和，均辨之至也。

今按：「辨」與「徧」同，古字通用。《荀》書「辨」多同「辯」，辯宜訓「治」。楊氏不明假借之義，每以「辨別」爲訓，往往失之。此辨又爲「徧」之假借，當訓「周徧」；而云「明察」，其失甚矣。《荀》書多假借，此其一耳。○《王霸篇》「治辨」之「辨」又與「辦」

同。

其於禮義節奏也，陵謹盡察，

今按：「陵」「懔」雙聲，懔懔，敬懼之貌，與「謹」義近。《文選·甘泉賦》注引服虔曰：「凌兢，恐懼貌也。」然則「凌兢」「陵謹」，亦雙聲字，義皆可通。《釋言》云：「淩，慄也。」《釋文》引《埤蒼》云：「倰，慄也。」然「倰」蓋「淩」之或體字，「淩」「陵」又皆假借字耳。經典此類，古無正文，大抵義存乎聲，讀者要必明爲假借，斯不惑矣。楊注望文生訓，以「陵」爲「侵陵」，則謬矣。

如是，則上下俱富，交無所藏之，

今按：此「富」字用本義。「藏」當作「臧」，古「藏」字也。

故禹十年水，湯七年旱，而天下無菜色者，十年之後，年穀復孰，而陳積有餘。

今按：有餘，謂有九年之蓄。禹治水八年於外，至十年而後平。

午其軍，取其將，若撥麷。

今按：「午」者，逆也。彼來而此逆之，取其將，若撥麷者。「熬麥曰麷」，見《籩人》注。熬，乾煎也。今謂之熇。蓋麥乾煎則質輕脆，故撥去之甚易，《荀》義當然。《籩人》注又云：「今河閒以北，煮穜直龍反麥賣之，名曰逢」。逢當音蓬。今江南人蒸糯米曝乾煼之，呼米蓬，與鄭義合。知逢古音如蓬也。蓬謂蓬蓬然張起，此後鄭義，與先鄭異。楊注既引先鄭，於義已足，而並蔓引後鄭，又改其「曰逢」者爲「麷」，且云「據鄭之説，麷，麥之牙蘖也」，二鄭皆無此義，楊氏不知而妄測之，皆郢書燕説耳。

將脩大小强弱之義以持慎之。

今按：「慎」，即「謹」也，謂謹持此義。〇注每讀「慎」爲「順」，今亦不能悉正，讀者以類求之可也。

所以説之者，必將雅文辯慧之君子也。

今按：「雅」者，正也。後人雅俗相儷，則謂嫻雅。《史記》司馬相如「雍容嫻雅」是也。《荀》書「雅」字多對鄙野而言，此云「雅文」，即文雅耳。

則國安於盤石，壽於旗翼。

今按：「旗翼」之解，楊氏、謝氏雖皆有説，而未見爲必然，姑闕所疑。

雖爲之逢蒙視，詘要橈膕，君盧屋妾，

今按：「逢蒙」難曉，楊注恐非。謝氏引《淮南子》「籠蒙目視」。洪氏頤煊又云：「『逢』

疑作『蓬』，下當脱『髮』字。」二説義固可通。余謂「逢」「蒙」疊韵字也。此等語言，古來或無正字，往往但取其聲，讀者亦可不求甚解耳。

王霸篇

擽然扶持心國，且若是其固也。

今按「擽」本作「櫟」，此蓋借爲「礫」字。「礫」者，小石也。楊注：「『擽』讀爲落，石貌也。」蓋謂小石堅确之貌，故云「落然如石之固」。此説得之。《老子》云：「不欲碌碌如玉，落落如石。」「落落」亦「礫礫」耳。

主之所極然帥羣臣而首鄉之者，

今按：「極」與「亟」「悈」竝同。「悈」「亟」皆敏疾之意，經典多通。《賦》篇云「出入甚極」、「反覆甚極」，皆以「極」爲「亟」也。此「極然」猶云「亟亟然」耳。

然而天下之理略奏矣，

今按：「奏」訓「進」也。此「奏」疑與「湊」同，「湊」，會聚也，楊注訓爲「節奏」，失之。

故國者，世所以新者也，是憚憚，非變也，改王，改行也。故一朝之日也，一日之人也，然而厭焉有千歲之固，何也？

今按：「憚」與「坦」雖可通，楊注：「憚與坦同。」此「憚」疑「幝」字之形譌。《毛詩》「檀車幝幝」傳云：「幝幝，敝貌」，與此義合。「敝」正對「新」而言。此言國與世俱新，雖或幝幝敝壞而非變也。但「改玉改行」，則仍復新耳。是以「日」也，「人」也，皆不能無變更，而國有「厭焉」完固至於千歲者。《荀》義當然。「王」，古「玉」字也。「厭焉」，合一之貌。

詩云：「如霜雪之將將，如日月之光明，爲之則存，不爲則亡。」

今按：「將將」，大也。四句皆逸詩，其義今不可知。玩《荀子》之意，方說「禮所以正國」，而即引詩，又申之云「此之謂也」。然則此蓋言禮廣大體備，如霜雪之無不周徧，如日月之無不照臨，爲禮則禮存而國存，不爲禮則禮亡而國亦亡。荀引詩之意蓋如此。楊注斷上二句爲逸詩，則語意不融貫。

可謂廣大富厚矣，加有治辨彊固之道焉。

今按：「辨」，古「辦」字。辦謂備具也。下云「莫不分均」，「莫不治辨」，其義亦同。古書皆以「辨」爲「辨」。楊云：「辨，分別事。有讀爲又」，並非《荀》義。

傳曰：「農分田而耕，賈分貨而販，百工分事而勸」，

今按：自此至「禮法之大分也」共十二句，本篇下文亦同，唯無「傳曰」二字，或係省文，或此不皆傳語，未可知也。

彼其人苟壹，則其土地且奚去我而適它！

今按：此言「有人斯有土」也。「壹」當爲「一」，謂齊一也。此文上作「壹人」，下作「一人」，參差錯出，由寫書者誤分之。

羿、蠭門者，善服射者也。

今按：「蠭門」，它書或作「逢蒙」，「蒙」「門」音轉，實一人耳。此及《史·龜策傳》作「蠭門」，《漢·藝文志》作「逢門」。「逢」即「蠭」字之省，古讀「蠭」「蓬」同音，故「逢蒙」之「逢」，亦讀如「蓬」。《廣韵》「蓬」紐有「蜂」，云「又音峯」，一字二音，是其證矣。「服」者，屈服也。「服」之本義，事也，用也；屈服是其引伸之義。

臺謝甚高，

今按：「謝」、「榭」，古今字也。《春秋·宣十六年》「成周宣謝」，《左》、《公羊》俱作「謝」，《穀梁》作「榭」，《釋文》云：「本或作『謝』。」今經傳皆改「謝」爲「榭」矣，唯《釋文》

及此書猶存「謝」字。

睪牢天下而制之，若制子孫，

今按：《干禄字書》：「睪，俗皋字。」蓋「皋」俗作「臯」，譌轉爲「睪」，又復加頭作「睾」，以别於「睪」。此正如漢成皋印文作「白」下「人」、「人」下「羊」，又作「皿丅羊」，展轉增譌，即此類也。皋韜爲覆冒之意，故「皋牢」亦爲「牢籠」，皆雙聲疊韵字也。《馬融傳》云「皋牢陵山」，章懷注引此即作「皋」字，是已。然攷「睾」字由來已久，曹大家言「睾子佐禹」，《顔氏家訓》「『皐』分『澤』片」。蓋此俗字起於六朝以前，正朱育所偁「近鄙别字」者也。「皋」與「宰」音義異，而古書亦通用，故此「睾牢」，楊注引《新序》

今本無作「宰牢」；又《列子》「望其壙宰如」，此書《大略篇》作「皋如」，皆其證矣。

楊朱哭衢涂曰：「此夫過舉蹞步而覺跌千里者！」夫哀哭之。

今按：下一「夫」字疑當作「末」，形缺而譌。「末」者，無也。言無有覺知而哀哭之者。

若夫貫日而治平，

今按：《荀》書多言「貫日」，貫者，穿也；日以爲事，如聯絡貫穿此日也。

故君人者，立隆政本朝而當，

今按：「隆政」，下作「隆正」，是也。此「隆『政』」爲假借，楊注失檢。〇《彊國篇》以「隆正」「脩政」竝言，益知此注之非，蓋由望文生訓，恒坐此失。

爲之出死斷亡而不愉者，

今按：《富國篇》作「出死斷亡而愉」，此作「不愉」，故楊云「『不』字剩」。但攷古書，水旁、心旁易爲淆譌，故《地理志》「慎陽」乃「滇陽」也。準是而言，「不愉」或「不渝」之形譌，亦未可定。「渝」者，變也，其義自通。

是故百姓賤之如偃，惡之如鬼，

今按：「偃」當作「尫」，與「鬼」相韵。注引《新序》今本無。作「賤之如尫豕」，「豕」字衍耳。楊云「偃當爲尫」，似不如依《新序》作「尫」爲長。〇「尫」形近「偃」，「尫」形略亦相近。

不好循正其所以有，啖啖常欲人之有，

今按：「啖」者，噍啖也。「啖啖」，欲食之貌。上云「不脩正其所以有，然常欲人之有」，此作「循正」，「循」「脩」古字通也。

儒者爲之不然，必將曲辨。

今按：「辨」，古「辯」字。

君道篇

探籌投鉤者，所以爲公也。

今按：「探籌」，刻竹爲書，令人探取，蓋如今之掣籤。「投鉤」未知其審，古有「藏彄」，今有「拈鬮」，疑皆非是。《愼子》曰：「投鉤以分財，投策以分馬。」

斗斛敦槩者，所以爲嘖也。

今按：「斗斛」本或作「勝斛」。「勝」與「升」雖同音假借，然作「斗斛」爲長。「槩」即杚也，所以平斗斛者；「敦」亦其類，但形狀今未聞。

以禮待君，忠順而不懈。

今按：「待」字誤。《韓詩外傳·四》作「事」，是也。蓋「事」譌爲「待」，又譌爲「待」耳。「懈」宜依《韓詩外傳》作「解」，古書皆然，轉寫者依今書作「懈」耳。

敬愛而致文。

今按：「文」，《韓詩外傳·四》作「恭」，於義較長。

致功而不流，致臨而有辨。

按：「辨」，《韓詩外傳·四》作「別」，謂夫婦有別也。「致功而不流」句未詳，疑有譌字。

古者先王審禮，以方皇周浹於天下，

按：「方」讀爲「旁」，古字通用。「旁」「薄」「唐」「皇」皆大也。「周」「浹」皆徧也。《荀》書「浹」多作「挾」。

竝遇變應而不窮，

按：「變應」，《韓詩外傳·四》作「應變」，宋本作「變態」。

其交游也，緣義而有類。

按：《韓詩外傳·四》作「緣類而有義」，較長。

倜然乃舉大公于州人而用之，

按：「倜」，超遠也。《韓詩外傳·四》「倜」作「超」，「州」作「舟」。此作「州」者，或形譌，或假借字耳。

則夫人行年七十有二，齫然而齒墮矣。

按「齫」當依《韓詩外傳·四》作「齳」。《説文》：「齳，無齒也。」蓋篆文「齳」與「齫」形近而譌耳。

臣道篇

刑下如影。

今按：「刑」與「型」同，模範之屬，作器之法也。此言政令教化，爲民所法，刑猶形也，民猶影也，如影隨形，不暫停也。「影」當作「景」，轉寫從俗。

《詩》曰：「國有大命，不可以告人，妨其躬身。」

今按：有命不以告人，明哲所以保身。○上云「以爲成俗」，言彼習非勝是，不可變移，默足以容庶，不有害於躬也。「躬」、「身」，一耳，爲足句，兼取韵。

而能化易，時關内之，是事暴君之義也。

今按：「關」，閉也。「内」，入也。「化易」者，謂開導其善心；「關内」者，謂掩閉其邪志。

若馭樸馬，若養赤子，若食餧人。

今按：「樸馬」，未調也；「赤子」，難曉也；「餧人」，毋速飽也。三者正明「化易」、「關內」之事。蓋必順從其意，與之推移，因而逆遏其邪施之楗閉，庶令回心易嚮，日遷善而不自知也。〇下四句仍申明此恉，其妙全在於因憂懼喜怒，其因之之事也。改過辨故，入道除怨，其因之之權也。

《書》曰：「從命而不拂，微諫而不倦。爲上則明，爲下則遜。」

今按：此逸《書》也。楊氏以爲《伊訓》之異文，非是。

故無德之爲道也，傷疾，墮功，滅苦，故君子不爲也。

今按：「疾」者，速也。「苦」者，勞也。言事人之道，苟無德以將之，則雖有敏疾之美，自傷敗之；雖有功業，自墮壞之；雖有勤苦，自滅没之。所以然者，才不勝德，功不補過，有而不能自保其有也。夫依古以來，不乏功勤忠敏之士，多爲羣疑叢謗之媒，或搆凶釁，不克令終，坐此者比比矣。皆不能善處功名之際者，無德故耳。然則「傷疾」、「墮功」，皆義具上文；唯「滅苦」句，似於上無所蒙。不知「敬」也，「忠」也，皆得謂之勞苦，故以「滅苦」包之。楊氏未加省照，故云「未詳」，而輒疑其錯誤，非也。

以德復君而化之，大忠也；以德調君而補之，次忠也。

今按：「以德復君」，《韓詩外傳·四》作「以道覆君」，觀下言「周公於成王」，可知《韓詩外傳》是矣。「補之」，《韓詩外傳》作「輔之」，亦於義爲長，楊注以「匡救其惡」言，非也。

致仕篇

然後士其刑賞，而還與之。

今按：「士」者，事也。古「士」、「仕」、「事」俱通用。此「士」，謂事其事也。

川淵枯則龍魚去之，山林險則鳥獸去之。

今按：「險」當爲「儉」，「儉」與「險」古通用。儉如山之童、林木之濯濯皆是。

得衆動天。美意延年。誠信如神。夸誕逐魂。

今按：四句一韵，文如箴銘，而與上下頗不相蒙，疑或它篇之誤脱。○「魂」者，神也。

夫耀蟬者，務在明其火，振其樹而已。

「夸奢誕謾」，所謂逐物意移，心動神疲者也。

今按：「耀」，俗「燿」字。「燿」者，照也。燿蟬者火必明，而後蟬投焉，蟬以陽明爲趨也。照蟹者火必闇，而後蟹赴焉，蟹以陰闇爲居也。二者，君子小人之分途也。故明主求賢如耀蟬，闇主蒐慝如照蟹。

凡節奏欲陵，而生民欲寬；節奏陵而文，生民寬而安。

今按：「陵」者，丘陵，喻高峻也。「節奏」以禮言，欲其高峻，防逾越也。生民以田畜言，欲其寬饒不陜隘也。節奏陵而文教禮讓也，生民寬而安樂太平也。

知微而論，可以爲師。

今按：「論」與「倫」古字通，言知極精微，而皆中倫理也。注非。

水深則回，樹落糞本。弟子通利則思師。

今按：「回」，旋流也。「糞」，壅根也。二句喻弟子於師不忘水原木本之意。

議兵篇

善用兵者，感忽悠闇，莫知其所從出。

今按：「感」讀如「撼」，「撼」、「撼」，古今字也。「感忽」，摇疾之意。「悠闇」，神祕之意。兵貴神速，如處女脱兔之喻也。《新序·三》「感忽」作「奄忽」，無「悠闇」二字。〇注引「魯連子

『感忽』」，《齊策》作「乃感忿」，字誤，謝氏云。

彼可詐者，怠慢者也，路亶者也，君臣上下之閒，滑然有離德者也。

今按：「路亶」，《新序》作「落單」，蓋離落單薄之意。楊注非是。「滑然」，《新序》作「渙然」，是也。《韓詩外傳·三》作「突然」，「突」即「渙」之缺壞，又誤脱水旁耳。○本篇下文即有「渙然離耳」之語，可知此宜作「渙」。

延則若莫邪之長刃，嬰之者斷；兑則若莫邪之利鋒，當之者潰。

今按：「延」者，長也。「兑」與「鋭」同，《荀》書皆然，古字通也。「延」，《新序》作「鋋」，誤字或假借耳。「延」訓長，故云「若莫邪之長刃」；「兑」訓利，故言「若莫邪之利鋒」。楊注非是。《韓詩外傳》作「延居」、「鋭居」，與下「圜居」爲儷，其義甚明。

圜居而方止，則若盤石然。

今按：《韓詩外傳》作「圜居則若丘山之不可移也，方居則若盤石之不可拔也」，語尤明晰。此「方止」即「方居」，變文以儷句耳。

觸之者角摧，案角鹿埵，隴種東籠而退耳。

今按：「觸之者角摧」，承上「盤石」而言。「案」與「焉」同，語助詞也。「鹿埵」、「隴種」、「東籠」，楊注：「其義未詳，蓋皆摧敗披靡之貌。」顧氏炎武見《日知録》二十七。引

《舊唐書·竇軌傳》「我隴種車騎，未足給公」，《北史·李穆傳》「籠凍軍士，爾曹主何在？爾獨住此，」蓋周隋時人尚有此語。今謂此等皆古方俗之言，不必强解。楊氏既云「未詳」，又引或説「鹿埵」、「龍鍾」、「凍瀧」，似皆失之。《新序》止有「隴種」，無「鹿埵」。○劉氏台拱以「鹿埵」上「角」字爲涉下而誤衍。

《詩》曰：「武王載發，有虔秉鉞；如火烈烈，則莫我敢遏。」

今按：「發」，揚起也。猶《書》之言「我武惟揚」也。《毛詩》作「載旆」，傳云：「旆，旗也。」《毛詩》本出荀卿，不應有異。《説文》引《詩》又作「載坺」。然則「坺」、「發」蓋皆「旆」之同音假借字耳。《韓詩外傳》引亦作「旆」。

秦人其生民也陿阸，其使民也酷烈，

今按：「陿阸」猶「狹隘」也，謂民生計窮蹙。《王霸篇》云「生民則致貧隘」，語意正同。注以「陿阸謂秦地險固」，非也。下云「隱之以阸」，亦非地險。

城郭不辨，溝池不抇。

楊注：「『辨』，治也；或音『辦』。」今按：古無「辦」字，《荀》書多以「辨」爲「辦」，此注音義兩得之矣。「抇」非古「掘」字，當作「扫」，字形之譌耳。「或説」是。

古者帝堯之治天下也，蓋殺一人，刑二人，而天下治。

今按：「刑」「殺」皆未聞。楊注：殺「謂殛鯀」，刑「謂流共工」、「放驩兜」，則謬矣。鯀死於殛所，非堯殺之。殛，古書本作「極」，「極」非殺也。〇上云「堯伐驩兜」、「舜伐有苗」、「禹伐共工」，此等皆不必强解。

矜糾收繚之屬，爲之化而調；

今按：「收」者，拘也。「繚」者，繞也。此謂矜嚴糾察、拘牽繳繞之屬，皆化而調和也。注說「收」、「繚」，非是。

荀子補注卷下

彊國篇

刑范正，

今按：「刑」與「型」同，「范」與「笵」同，皆鑄作器物之法也。楊注「『刑』同『形』」，非。

舉錯則時，愛利則形，

今按：「形」，《韓詩外傳·六》作「刑」。「刑」者，法也。「愛」人、「利」人皆有法，不爲私恩小惠。注云：「『形』，見」，非是。

黭然而雷擊之，如牆壓之。

今按：『黭』與『奄』同。「奄然」，猝乍之貌。「而」與「如」古通用。奄然如雷擊之，如牆壓之，皆言「暴察之威」所劫。○《韓詩外傳·六》「黭」作「闇」，「而」作「如」。

劫則致畏，嬴則敖上，

今按：「羸」猶「盈」也。此言百姓被威劫脅，則氣怯而致畏；放縱寬舒，則氣盈而傲上。○「贏」與「羸」同。「羸」，有餘也；有餘即弛緩，故注訓「羸」爲緩。

執拘則最，得閒則散，

今按：「最」，依字書應作「冣」，音才句切，即古「聚」之假借字也。俗作「最」，非。《韓詩外傳·六》作「聚」，是矣。

如是，下比周賁潰以離上矣，

今按：「賁」與「奔」古字通。「賁潰」謂奔走潰散而去也。○「賁」，《韓詩外傳·六》作「憤」，此作「賁」，二義俱通，似不必依彼讀「憤」也。

力術止，義術行。曷謂也？曰：秦之謂也。

今按：彊力之術，雖進終止；杖義之術，無往不行。依注引《新序》，此答李斯之問，爲秦發也。今《新序》無。

如是則常不勝夫敦比於小事者矣。

今按：「敦」讀如「堆」。「敦比」者，敦迫比近叢集於前也。注似未了。

堂上不糞，則郊草不瞻曠芸。

今按：「糞」者，「弅」之假借，隸變作「拚」。《少儀》曰：「埽席前曰拚。」經典俱通作

「糞」。

拔戟加乎首，則十指不辭斷。

今按：「拔」，讀如《少儀》「毋拔來」之「拔」。鄭注：「拔，疾也。」《釋文》：「拔，王本作『校』。」然則此注「拔或作校」亦可；注又云「或作枝」，則非。古無枝戟之名。

天論篇

故水旱不能使之飢渴，寒暑不能使之疾，

劉氏台拱曰：「『渴』字衍，『飢』當作『饑』。」

日月、星辰、瑞厤，是禹、桀之所同也。

今按：《堯典》：「厤象日月星辰。」此「瑞厤」即「厤象」也。象謂璿機玉衡。神其器，故言「瑞」。

怪星之黨見，

今按：「黨」宜訓「朗」，出《方言·注》，不謂朋黨也。《韓詩外傳·二》「黨」作「晝」，於義爲長，楊注望文生訓耳。

楛耕傷稼，耘耨失薉，政險失民，

今按：「耘耨失薉」，《韓詩外傳·二》作「枯耘傷歲」，與上句相儷，是也。此蓋轉寫之譌，不成文義。

若夫君臣之義，父子之親，夫婦之別，則日切瑳而不舍也。

今按：「切瑳」，言務學也。《韓詩外傳·二》云：「夫子之門內，切磋以孝」，與此義合。「磋」古作「瑳」，今作「磋」。

不知貫，不知應變。

今按：逸詩云：「九變復貫，知言之選。」蓋《荀》此語所本。○上云：「百王之無變，足以爲道貫。」『道』即『禮』也。

故道無不明，外內異表，

今按：「外」、「內」皆謂禮也。禮有內心，有外心。竹箭有筠，禮之外心也。松柏有心，禮之內心也。注非。

正論篇

上宣明則下治辨矣，

今按：「辨」與「辦」同，非辨別之「辨」。〔一〕

上周密則下疑玄矣，

今按：「玄」與「眩」同。注後説是。

上幽險則下漸詐矣，

今按：「漸」讀爲「潛」。「潛」與「漸」，古音同字通。「潛」者，深也；「潛詐」者，謂幽深而險詐也。

古者天子千官，諸侯百官。

今按：《明堂位》云：「有虞氏官五十，夏后氏官百，殷二百，周三百。」鄭注：「周之六卿，其屬各六十，則周三百六十官也。以夏、周推前後之差，有虞氏官宜六十，夏后氏宜百二十，殷宜二百四十。不得如此記也。」然則依鄭此説，參以《記》文，可知「天子千官」，古未有矣。

則天下未嘗有説也，直墮之耳！
今按：「墮」者，毁也。言以湯、武爲弑，非「有説」也，直爲妄言詆毁之耳！
故至賢疇四海，湯、武是也；至罷不容妻子，桀、紂是也。
今按：「疇」者，「匹」也。「罷」者，病也，言不能任事也。《齊語》云：「罷士無伍，罷女無家。」又云：「人與人相疇，家與家相疇。」
墨黥；慅嬰；共，艾畢；菲，對屨；殺，赭衣而不純。
今按：此皆謂古有象刑也。「墨」一名「黥」。此「墨黥」，謂以墨畫代黥，不加刻涅，《慎子》所謂「畫跪當黥」也。按今本作「幪巾當墨」。「慅嬰」，《慎子》作「草纓」。「草」與「慅」，蓋音同假借字耳。《詩》之「勞人草草」，即「慅慅」矣。「共，艾畢」者，「共」當爲「宫」，亦假借字。《慎子》謂「以艾畢當宫」是也。今本「畢」作「韠」。「艾」，讀當與「刈」同，蓋斬艾其韠，以代宫刑也。「對屨」，《慎子》作「履紂」。今作「菲履」，蓋誤。紂，枲履也。「對」當爲「紂」，「菲」當爲「剕」。「殺赭衣而不純」，「純」，緣也。「殺」，殺罪也。今《慎子》作「布衣無領」。當大辟，布衣即赭衣，無領即不緣也，去其衣領以代死刑。《慎子》以爲「有虞氏之誅」，《尚書大傳》以爲「唐虞之象刑」，竝與此義合。〇「共」、「菲」、「殺」三字竝用劉氏台拱説。

故治則刑重，亂則刑輕。犯治之罪固重，犯亂之罪固輕也。

今按：治期無刑，故重；亂用哀矜，故輕。注兩説前義較長。

故魯人以榶，衛人用柯，齊人用一革，

今按：注引《方言》「『盌』謂之『榶』，『盂』謂之『柯』」，蓋楊所見古本如是。今本「榶」作「櫂」，《宋本荀子·注》已作「櫂」，或唐以後人據《方言》改耳。「一革」二字，雖未能詳，然考《史記·貨殖傳》：「適齊爲鴟夷子皮」，《索隱》引大顔云：「若盛酒者鴟夷也，用之則多所容納，不用則可卷而懷之。」據此，可知鴟夷以革爲之。《吴語》：「盛以鴟鴺而投之於江」韋注：「鴟鴺，革囊。」參以揚雄《酒賦》，則鴟夷乃酒器。范蠡適齊而爲鴟夷子皮，此正齊人所用，與「魯人以榶」、「衛人用柯」，文義正合。

故諸夏之國，同服同儀，

今按：「儀」與「義」同，古作「誼」，謂行誼也。此言「同服同儀」，猶《中庸》言「同軌同倫」。

是規磨之説也，溝中之瘠也，

今按：「磨」當作「摩」，古今字也。「規摩」，蓋言規畫揣摩，不必無失也。「溝中之瘠」，句義未詳。

曼而饋，

今按：「曼」訓「長」也。傳粲進膳，列人持器，以次遞傳，故曰「曼」也。○《論語》「詠而饋」，謂祭也。《論衡·明雩篇》。此云「曼而饋」，謂食也。

代睪而食，

今按：「睪」即「皋」字。下云「側載睪芷」，蓋皆謂香草也。此云「代睪」，蓋進食人更迭佩帶，助其馨香。○洪氏頤煊曰：「《淮南·主術訓》『鼙鼓而食，奏《雍》而徹』，與此上下文義相同。『鼙』『皋』古字通用。」劉氏台拱曰：「『代睪』當爲『伐皋』。《主術訓》注引《詩》『鼓鐘伐鼛』。」

《雍》而徹乎五祀，

劉氏台拱曰：此當以爲一句。「徹乎五祀」，謂徹於竈也。《周禮·膳夫》職云：王「卒食，以樂徹于造。」《淮南·王術訓》云：「奏《雍》而徹，已飯而祭竈。」蓋徹饌而設之於竈，若祭然，天子之禮也。「造」、「竈」古字通用。專言之則曰「竈」，連類言之則曰「五祀」。楊氏失其句讀。

居則設張、容，負依而坐，

今按：「張」與「帳」同，古以「張」爲「帳」也。「容」則楊注引《爾雅》云：「『容』謂之『防』。」郭注：「如今牀頭小曲屏風」，是也。「張」、「容」二物，與「負『依』」而爲三。

不老者，休也。休，猶有安樂恬愉如是者乎！故曰：「諸侯有老，天子無老。」

今按：「不老」者，不衰老也。猶《詩》之言「永錫難老」矣，故以「天子無老」申之。楊注：「不老，老也。」又曰：「不字衍。」二説皆非。

狗豕吐菽粟，而農賈皆能以貨財讓。

今按：「吐」者，棄也。《倉頡篇》。此蓋極言菽粟之多耳，非食而吐之也。《孟子》言「狗彘食人食」，揚雄《蜀都賦》云「糴米肥豬，非聖世之事也」。

風俗之美，男女自不取於涂，而百姓羞拾遺。

今按：《大略篇》云：「國法禁拾遺。」蓋必申、商之法有此禁令，故荀舉以爲言。

人猶且莫之抇也。是何也？則求利之詭緩，而犯分之羞大也。

今按：「詭」者，「責」也。言抇人冢墓以求利，國法必加罪責也。○「詭」訓「責」，古義也。《漢書》趙充國、陳湯、京房、尹賞、王莽傳，及《後漢》孟嘗、陳重傳注，皆以「詭」爲「責」也。今人但知「詭」詐，不知「詭」責；楊氏亦習於今而忘於古矣，此「詭」訓

「詐」，其義難通。

以欺愚者而潮陷之，

謝注：「『潮』當作『淖』。〔二〕古『潮』字作『淖』，故『淖』誤爲『淖』，又誤爲『潮』。」

蹎跌碎折，不待頃矣。

今按：「蹎」者，僵仆也。經典俱假借作「顛」，唯此是其本字。注云「『蹎』與『顛』同」，蓋不知『顛』乃假借耳。

校記

〔一〕下「辨」字，原作「辦」，據上下文義及光緒辛卯仲秋刊本《荀子集解》卷十二所引《補注》校改。

〔二〕淖，原作「淖」，依上海書店《諸子集成》二册《荀子集解》卷十二《正論》篇盧文弨《注》校正。

禮論篇

龍旗九斿，所以養信也。

今按：「信」與「神」同，畫龍於旗，取其神變。此「信」蓋「神」之假借。古多借「信」爲「伸」，此又借「信」爲「神」，「神」與「伸」皆同聲之字，故可相通。楊氏不知假借之義，故云「信謂使人見而信之」，其望文生訓，不顧所安，往往如此。

彌龍，所以養威也。

今按：「彌」者，麛之假借。《説文》云：「麛，乘輿金耳也。」此依《廣韵》所引。「讀若渳水；一曰若《月令》『靡艸』之『靡』。」此亦楊注不知假借，謝氏得之。金耳者，金飾車耳也。車耳者，重較也，於倚較上刻爲交龍之形，飾之以金，以養威重，龍取其威也。詳見《史記·禮書》「彌龍」下徐廣説。

郊止乎天子，而社止於諸侯，道及士大夫，

今按：《祭法》云：「大夫以下成羣立社曰置社。」鄭注：「『羣』，衆也。『大夫以下』，謂下至庶人也。大夫不得特立社，與民族居，百家以上，則共立一社，今時里社是也。」此則社之禮下達庶人。「道」謂通達也。

貴本之謂文，親用之謂理，兩者合而成文，

今按：「文」「理」一耳，「貴本」則溯追上古，禮至備矣，兼備之謂文；「親用」則曲盡人情，禮至察矣，密察之謂「理」。「理」統於「文」，故兩者通謂之「文」也。

三臭之不食也，

今按：「臭」，依《史記》當作「侑」。「侑」，勸食也。三飯故「三侑」。本爲勸尸，不在自食。見《禮書索隱》云。

縣一鍾，尚拊之膈，

今按：《樂論》篇以「拊」、「鞷」與「鞉」、「柷」、「椌」、「楬」相儷，則皆樂器名也。「拊」者，以韋爲之，實以糠。「膈」，彼作「鞷」，其字從革，竊疑亦「拊」之類，不得依此注以「膈」爲「擊」也。若《長楊賦》之「拮膈鳴球」，則又借「拮膈」爲「戛擊」，楊注爲誤引矣。以此互相訂正，則此當「縣之一鍾」，句；「尚拊膈」，句。文誤倒耳。「尚」者，上也。鍾聲宏大，言不貴彼而上此聲之近質者也。

凡禮，始乎梲，成乎文，終乎悦校。

今按：「稅」，《史記》作「脫」，疑此當作「稅」。「稅」者，斂也。「校」，當作「恔」。「恔」者，佚也。《孟子》「於人心獨無恔乎」趙注：「恔，快」，是矣。此言「禮始乎收斂，成乎文飾，終乎悅佚」。○《史記》無「悅」字，「校」作「稅」，《大戴》作「終於隆」。

不法禮，不足禮，謂之無方之民；法禮，足禮，謂之有方之士。

今按：「方」猶「隅」也。廉隅，謂有棱角。士知砥厲，故德有隅；民無廉恥，故喪其隅者也。

故天子棺椁十重，諸侯五重，大夫三重，士再重，

今按：「十」當爲「五」。古「五」作「乂」，與「十」形近易譌。上云「有天下者事十世」，「十」當爲「七」。然「天子」「七重」，於古無文，作「五」或猶近之。而《檀弓》云「天子之棺四重」鄭注：「諸公三重，諸侯再重，大夫一重，士不重。」與此復不同。若依鄭義推之，此重數俱有加，亦當言「天子五重，諸侯三重，大夫二重，士一重」矣。

然後皆有衣衾多少厚薄之數，

今按：注於「衾」下別出「食」字，云：「食謂遣車所苞遣奠也。」今正文無「食」字，蓋有缺脫。○注「衣」下「謂衣衾」三字疑衍。

凡緣而往埋之，

楊注：「凡」，常也。「緣」，因也。言其妻子如常日所服而埋之，不更加經杖也。今猶謂無盛飾爲「緣身」也。○按：「緣身」，今俗亦有此語。

故雖備家，必踰日然後能殯，

今按：「備」，具也，皆也。物皆饒多夙具，故謂富家爲「備家」。

然後月朝卜日，月夕卜宅，

今按：「夕」與「昔」古字通。「昔」者，舊也。舊已卜宅，月朝乃卜日也。

菽藿

今按：「藿」，豆葉也。《説苑·十二》：「藿食者尚何與焉。」是「菽藿」皆卑賤之所食也。

故曰：性者，本始材朴也；僞者，文理隆盛也。無性則僞之無所加，無僞則性不能自美。

今按：「朴」當爲「樸」。「樸」者，「素」也。言性本質素，禮乃加之文飾，所謂「素以爲絢」也。「僞」即「爲」字。「之」不訓「往」，注非。○下云：「性僞合，然後成聖人之名一。」言必性僞合一，斯乃聖人所以成名。《性惡篇》云：「聖人化性而起僞，僞起於性而生禮義」，即此所謂「性」「僞」合矣。

故如死如生，如亡如存，

今按：《檀弓》云：「之死而致生之，不知而不可爲也。」故言如死者知之盡也。又云：「之死而致死之，不仁而不可爲也。」故言如生者仁之至也。《中庸》曰：「事死如生，事亡如存。」仁知備矣。

不沐則濡櫛三律而止，不浴則濡巾三式而止。

今按：楊注：「律，理髮也。今秦俗猶以枇髮爲『栗』。」「枇」當作「比」。「比」者，梳之密者也。「律」猶類也。今齊俗亦以比去蟣虱爲「律」，言一類而盡除之也。「律」、「栗」音同，注内「栗」字，依正文作「律」，亦可不必别出「栗」字也。

木器不成斲，陶器不成物，薄器不成内，

今按：「内」與「納」同。古皆以「内」爲「納」。「内」者，「入」也，「入」即「納」也，非「内外」之「内」，注誤。〇注云「『内』或爲『用』」，「用」字於義較長、《檀弓》云：「竹不成用。」

具生器以適墓，象徙道也。

今按：「徙」者，「迻」也。「象徙道」者，謂如將迻居然耳，亦不忍死其親之意，注似未了。

棺椁，其須象版蓋，斯象拂也。

今按：「版蓋」者，棺椁所以象屋，旁爲版，上爲蓋，非車之版蓋也。「斯」疑「縱」之音譌。「縱」與「纚」同。「象」非衍字。「拂」與「茀」同。「斯象拂」者，蓋如《喪大記》云「飾棺：君龍帷」、「黼荒」，「大夫畫帷」、「畫荒」，「士布帷、布荒」之類，皆所以蒙茀棺上，因以爲飾也。《禮記·問喪》篇「雞斯」當爲「笄纚」聲之誤，此誤正同。

故曰：無適不是之術也。

今按：依注「是」當爲「易」，轉寫之譌。又據或説，「『適』讀爲『敵』」，亦通。

故先王聖人安爲之立中制節，

今按：此云「安爲之」，下云「案以此象之」，又云「案使倍之」，「案使不及」，此三「案」一「安」，《禮記·三年問》俱作「焉」，皆語辭也。鄭注「『焉』猶『然』」，亦語辭。

相率而致隆之，

今按：「率」者，「循」也。循人子爲父母喪三年推之，爲君亦「致隆」三年也。

郊者，并百王於上天，而祭祀之也。

今按：上云「祭社」、「祭稷」，配止一人；此言「郊」祭「上天」，配以「百王」，尊之至也。「百王」，百世之王，皆前世之君也。楊注欲改「王」爲「神」，則謬矣。

愅詭悒僾，而不能無時至焉。

今按：「愅」與「革」、「恑」與「詭」竝同。「恑」，「變」也。「革」，「更」也。此言祭者思慕之情。「愅、恑」，皆變動之貌，「悒僾」，氣不舒之貌，四字俱以雙聲爲義。

樂論篇

使其文足以辨而不諰，

今按：謝氏據《莊子·人閒世》篇「息」本作「諰」，此「諰」譌爲「諰」。然「諰」乃別字，古止作「息」。《樂記》作「論而不息」，是也。〇《荀》書多以「諰」爲「葸」，此又以「諰」爲「息」，皆假借也。

故樂者，審一以定和者也，比物以飾節者也，合奏以成文者也。

今按：「節」以分析言之，「奏」以合聚言之，語甚明晰。《樂記》作「節奏合以成文」，則總統言之，而此於義較長。

先王喜怒皆得其齊焉。

今按：「齊」，才細切，謂分齊也。《樂記》作「儕」，假借字耳。

塤、篪翁博，瑟易良，琴婦好，

今按：「翁」者，後世以爲父老之稱，古義不爾。此「翁博」、「婦好」，或皆假借之字，其義未聞。〇自「鼓天麗」謝刻「天」作「大」，此依《宋本》。已下，蓋古《樂經》之文，而荀子述之，故以終篇。

鞉、柷、拊、鞷、椌、楬似萬物。

今按：「拊、鞷」，《禮論》篇作「拊、膈」，其義當同。〇又「簫和」與「竽、笙、筦、籥」相儷，亦皆樂器名，所未聞。

衆積意譯譯乎！

今按：此論舞意與衆音繁會而應節，如人告語之熟譯譯然也。《說文》云：「譯，語諄譯也。」

其養生無度，其送死瘠墨，

今按：《禮論》篇云：「送死不忠厚、不敬文，謂之『瘠』。」「刻死而附生謂之『墨』。」「墨」者，墨子之教，以薄爲道也。「瘠」亦儉薄之意。

解蔽篇

妒繆於道而人誘其所迨也。

今按：「迨」者，「及」也。注訓「近」，則借爲「殆」字。「殆」訓「近」也，其義較長。

是以與治雖走，而是已不輟也。

今按：「雖」當依注作「離」，此乃形譌。「與治離走」，謂離去正道而走，而自以爲是，不輟止也。

數爲蔽：

今按：「數」，當依《宋本》作「故」。「故」，語詞也。此句爲下「十蔽」總冒，作「數」於義爲短。

桀蔽於末喜、斯觀，

今按：「斯觀」，無攷。《楚語》云：「啓有五觀，謂之姦子。」然則「斯觀」，豈其苗裔？其故以爲足五飾之，今按：「足五飾」三字，蓋有譌。

孔子仁知且不蔽，故學亂術足以爲先王者也。

今按：「亂」者，治也，學治天下之術。「亂」之一字，包「治」、「亂」二義。注非。

一家得周道，舉而用之，

今按：「一家得周道」，句；「舉而用之」，句。此言孔子志在《春秋》，行在《孝經》。又曰：「吾學周禮，今用之，吾從周。」蓋能孜論古今，成一家言，不蔽於諸子雜説也。

心何以知？曰：虚壹而静。

今按：「壹」者，「專壹」也。轉寫者亂之，故此作「壹」。下俱作「一」。

不以己所臧，害所將受，謂之虚。

今按：「臧」，古「藏」字。「將」者，「送」也。「受」者，「迎」也。言不以己心有所藏，而妨害於所將送迎受者，則可謂中虚矣。

萬物莫形而不見，莫見而不論，莫論而失位，

今按：「見」讀爲「現」，「現」者，「示」也。「論」讀爲「倫」，「倫」者，理也。言萬物莫有形而不顯示於人，莫顯示人而不有倫理，理無不宜，而分位不失。

故口可劫而使墨云，形可劫而使詘申，

今按：「墨」與「默」同。「云」者，「言」也。或默或語，皆可力劫而威使之。「申」當作「信」，而讀爲「申」，《荀》書皆然。

頃筐易滿也，卷耳易得也，然而不可以貳周行。

今按：「貳」謂「貳之」也。言所懷在於寘周行，意不在於事采，故雖易盈之器而不盈也。《毛傳》正用其師説。

故曰：心枝則無知，傾則不精，貳則疑惑。

今按：「枝」與「岐」同，古字通用。「岐」者，不一也。此申上文「貳之」之意。

以贊稽之，萬物可兼知也，身盡其故則美，

今按：「贊」者，「佐助」也。「稽」者，「同」也。言若比而同之，則萬物可兼知，唯身能全盡其事實乃爲美也。以明專則有功，貳則無成。

故《道經》曰：「人心之危，道心之微。」

今按：《道經》，蓋古言道之書。今《書·大禹謨》有此，乃梅賾所采竄也。唯「允執其中」一語，爲堯授舜、舜授禹之辭耳。

則足以見鬚眉而察理矣。

今按：「鬚」，古止作「須」，今俗作「鬚」。「理」上當脱「膚」字。《榮辱篇》及《性惡篇》竝云「骨體膚理」，是矣。

曾子曰：「是其庭可以搏鼠，惡能與我歌矣！」

今按：此言庭虛無人，至静矣，恐有潛修其中而深思者，我何可以歌咏亂之乎！《荀》義當然，注似失之。

有子惡卧而焠掌，可謂能自忍矣，未及好也。

今按：當依楊注作「未及好思也」，誤分在下，更作一句耳。

闢耳目之欲，可謂能自彊矣，未及思也。蚊虻之聲聞，則挫其精，可謂危矣，未可謂微也。

今按：此文錯亂不可讀。當作「闢耳目之欲，而遠蚊虻之聲，可謂能自危矣，未可爲微也。」如此訂正方可讀。〇餘皆涉上文而誤衍。

仁者之思也恭，聖人之思也樂。

今按：「恭」則「虛壹而静」，「樂」則「何彊何忍何危」，結上之辭。〇楊注「樂謂性與天道，無所不適」，「道」當爲「通」；楊本不誤，俗人依《論語》妄改，故誤耳。「性與天通」，語出《晉書》。

凡人之有鬼也，必以其感忽之間，疑玄之時正之，今按：「感」讀爲「撼」，解已見《議兵篇》。「玄」讀爲「眩」，《荀》書皆然。

故傷於溼而擊鼓鼓痹，則必有敝鼓喪豚之費矣，而未有俞疾之福也。

今按：傷於溼而病痹，擊鼓鼓之，無損於疾，徒取費耳。此言愚惑之蔽。

而無所疑止之。

今按：「疑止」説已見《王制篇》。《荀》書多作「凝止」，皆俗人妄改之，惟此未改。楊注「『疑』或爲『凝』」，蓋俗誤久矣。

《詩》云：「墨以爲明，狐狸而蒼。」此言上幽而下險也。

今按：「墨」者，「幽闇」之意。《詩》言以「闇」爲「明」，以「黄」爲「蒼」，所謂「玄黄改色，馬鹿易形」也。二語見《後漢書·文苑傳》。「趙高欲爲亂，以青爲黑，以黑爲黄，民言從之。」語見《禮器》注。此正上幽下險之事。

正名篇

刑名從商，爵名從周，文名從《禮》。

今按：楊注「文名謂節文威儀，《禮》即周之《儀禮》」，其説是也。古無《儀禮》之名，直謂之《禮》，或謂之《禮經》。

曲期遠方異俗之鄉，

今按：「曲期」，謂曲折期會之地，猶言委巷也。此與「遠方異俗」相儷，楊注斷「曲期」上屬，似未安。

心慮而能爲之動，謂之僞。慮積焉、能習焉而後成，謂之僞。

今按：「僞」即「爲」字，《荀》書多以「僞」爲「爲」也。楊注訓「僞」爲「矯」，不知古字通耳。〇下云「正利而爲謂之事，正義而爲謂之行」，與此「能爲」之「爲」，俱可作「僞」。

所以知之在人者謂之知。知有所合謂之智。智所以能之在人者謂之能。能有所合謂之能。

今按：楊注「『能』當爲『耐』，古字通也」，此語非是。楊既知爲「古字通」矣，何必上爲「能」，下爲「耐」，强生分別。即如上文二「知」、二「智」，亦是强生分別，古本必皆作「知」，如「僞」、「爲」之例也。若依楊注，則上文「謂之性」，此兩「性」字，不知當何分別。〇《戴記》「禮運」、「樂記」二篇，竝用「耐」字，鄭康成注「『耐』，古『能』字也」，此蓋楊注所本。然鄭此說，未見所出。既云「古字時有存者」，又云「亦有今誤」，《禮運》注。然則鄭意亦不以爲定論也。且以《荀》書訂之，《仲尼篇》云：「能耐任之。」又云：

「能而不耐任。」楊注：「耐，忍也。」此則一句之中，「耐」「能」兼用，其不爲一字明矣。又攷《説文》：「能，熊屬也。能獸堅中，故偁賢能；而强壯，偁能傑也。」又云：「耐，或耏字。」不言爲古「能」字。然則經典用「能」不用「耐」，當依許叔重書；康成之説，與許不同，疑未可據。

交喻異物，名實玄紐，

今按：玄即「眩」字。「紐」，「系」也，「結」也。言「名實眩亂，連系交結而難曉」也。

夫民易一以道，而不可與其故，

今按：「故」，謂「所以然」也。夫民愚而難曉，故但可偕之大道，而不可與其明其所以然，所謂「民可使由之，不可使知之」。

性惡篇

人之性惡，其善者僞也。

今按：「性」，自然也。「僞」，作爲也。「僞」與「爲」古字通。楊氏不了而訓爲「矯」，全書皆然，是其蔽也。

今人之性，生而離其朴離其資，必失而喪之。

今按：「朴」當爲「樸」。「樸」者，「素」也。言人性生而已離其質樸與其資材，其失喪必矣；非本善而後惡。

故善言古者，必有節於今；善言天者，必有徵於人。

今按：「節」者，信也。言論古必以今事爲符信。〇四語，董子書僃之。

今使塗之人伏術爲學，專心一志，

今按：「伏」與「服」古字通。「服」者，事也。古書「服事」亦作「伏事」，「服膺」亦作「伏膺」。

少言則徑而省，論而法，若佚之以繩，

今按：「徑」者，直也。「論」猶倫也。古「論」「倫」字亦通。「佚」者，隱也。言若開合於繩墨，不邪曲也。楊注非是。

齊給便敏而無類，雜能旁魄而無用，折速粹孰而不急，

今按：「類」者，善也。「旁魄」即「旁薄」，皆謂大也。「折速」者，言轉折疾速也。「粹」與「萃」同，聚也。「莘孰」，言論薈萃而練孰也。此皆以言語爭勝，故下遂云：「不恤是非，不論曲直，以期勝人爲意，是役夫之知也。」

繁弱、鉅黍，古之良弓也。

今按：《性惡篇》末自「繁弱、鉅黍」以下，皆言身有美質，亦須師友漸靡而成。然則性質本惡，必資師友切劘而善，其意自明矣。然亦可知性善性惡，皆執一偏而言。若就渾全而論，自當善惡並存。所以孔子語性，惟言「相近」，可知善惡存焉爾；又言「相遠」，可知善惡分焉爾。故曰羣言淆亂，衷諸聖也。

君子篇

刑罰不怒罪，爵賞不踰德，

今按：「怒」蓋「盈溢」之意，與「踰」義近。楊氏無注，或以「恚怒」爲説，則非。

長幼有序，則事業捷成而有所休。

今按：「捷」者，「接」也。夫少長有禮，晉人知其可用；洙泗無斷，魯俗覘其尤美。故知長幼循其序，而後事業有所歸。「捷」與「接」同，言相接續而成，故人得休息也。「捷」不訓「速」，楊注恐非。

忠者，惇慎此者也。

今按：「慎」者，「誠」也。言能惇厚誠信於此五者，謂之「忠」也。

備而不矜，一自善也，謂之聖。

今按：上言兼此仁義忠節而能之，備矣。德備而不矜伐於人，一一自然盡善，非聖人不能也。楊注謂「皆所以自善」，亦通。

成相篇

請布基，慎聖人，

今按：「基」者，「設」也。「慎」者，「誠」也。言請布陳設施，必在誠用聖人也。《詩》云：「考慎其相」，「慎」訓「誠」，「相」訓「質」也。「誠」與「成」古字通。是即《成相》名篇之所本也。篇中「相」字俱讀平聲，亦與《毛詩》義合；毛親受《詩》於荀卿者也。篇內皆有韵之文，此以「人」與「基」、「治」、「災」韵。○《釋言》云：「基，設也。」篇內皆同。注云「基業」，失之。

論臣過，反其施，尊主安國尚賢義。

今按：「施」古讀如「莎」，「義」古讀如「俄」。此皆古韻，餘可類推。

世之災，妒賢能，飛廉知政任惡來。卑其志意，大其園囿，高其臺。

今按：「能」讀如「泥」，「來」讀如「黎」，「臺」讀如「題」，皆古韻。

春申道綴，基畢輸。

今按：此語荀卿自道。荀本受知春申，爲蘭陵令，蓋將借以行「道」。迨「春申」亡而「道」亦「連綴」俱亡，「基」亦「輸」矣。「輸」者，「墮」也，言已布陳設施，「畢墮壞」也。

由之者治，不由者亂，何疑爲？

今按：「爲」，古讀如「譌」，與「施」、「罷」、「戲」皆韻。

讒夫棄之，形是詰。

今按：「形」與「刑」，古字通。「詰」者，「治」也。《書》云：「度作刑以詰四方。」

水至平，端不傾，心術如此象聖人。而有埶，直而用抴必參天。

今按：「而有埶」句之上，疑脱「人」。蓋與「聖人」「人」字相涉而誤脱也。此以「平」、「傾」、「人」、「天」相韻，古讀「平」如「偏」也。

暴人芻豢，仁人糟糠。

今按：二句當爲七字一句。

內不阿親賢者予。

今按：「予」者，相推予也。「予」、「與」古今字。楊氏「予讀爲與」，恐人不識耳。

辟除民害逐共工。北決九河，通十二渚疏三江。

今按：「共工」，蓋主水土之官。禹抑鴻水，故假言逐去之，非實事也。「通十二渚」，即「肇十二州」也。小州曰「渚」，故假「渚」言之。注皆未了。

隱諱疾賢，良由姦詐鮮無災。

今按：「『諱疾』二字誤倒，當作『隱疾賢良，諱由姦詐鮮無災』，亦四字七字句。

患難哉！阪爲先，聖知不用愚者謀。

今按：謝校斷「聖知」二字屬下爲句，是也。「阪爲先」者，「阪」猶「反」也，所行反側頗僻爲先。「先」古音「西」，亦與下韵。

欲衷對，言不從。

今按：「對」字失韵，疑「封」字之形譌。「衷封」者，言中衣内懷藏封事也。

恐爲子胥身離凶，進諫不聽，剄而獨鹿棄之江。

今按：黄縣、蓬萊閒人，皆以「獨鹿」爲酒器名。此言「獨鹿」，蓋爲革囊盛尸，所謂「鴟夷」者也。「獨鹿」與《魯語》之「罜麗」，音義相近，而與「屬鏤」義遠。若作「剄而屬鏤」，語復不詞。

脩之者榮，離之者辱孰它師。

今按：「它師」二字誤倒，當作「師它」，則與「儀」、「爲」、「移」皆韵矣。

觀法不法見不視。

今按：此言「觀法」於法不及之地，「見視」於視不到之鄉，所以謂之「隱遠至」、「耳目顯」也，注似未了。

吏謹將之無鈹滑。

今按：《正名篇》有「滑鈹」，此言「鈹滑」，其義同，皆謂「骫骳滑亂」之意。《漢書·淮南厲王傳》「骫天下正法」顏注：「骫，古委字，謂曲也。」《枚乘傳》「其文骫骳」，「骳」與「鈹」同，謂「曲戾」也。「滑」蓋與「猾」同，謂「攪亂」也。

賦篇

夫是之謂蠶理。

今按：「理」者，「條理」也。夫含生賦形，各有條理。條者似智，理者似禮，「蠶」、「鍼」

爲物，條理尤深。莫精於蠶，莫密於鍼，所以二《賦》語已皆言其理者也。

頭銛達而尾趙繚者邪？

今按：「趙」之爲言「超」也。《穆天子傳》「北征趙行」郭注：「『趙』猶『超騰』」是也。「趙繚」、「摇掉」，疊韻之字。今時俗語，猶以「摇掉」爲「趙繚」也。

簪以爲父，管以爲母。

今按：古之簪，形若大鍼耳。鍼肖簪，故父之；管韜鍼，故母之。

幽晻登昭，日月下藏。公正無私，反見從横。

今按：「藏」，古作「臧」，《荀》書皆然。「横」，古作「衡」，上言「連衡」亦然。此皆俗人所改。

道德純備，讒口將將。

今按：「將」者，「大」也。逸詩云：「如霜雪之將將。」此言「道德純備」之人，「讒口」方張，不能用也。

琁、玉、瑶、珠，

今按：「琁」即「瓊」字，見《説文》。《韓詩外傳·四》作「璇」，非。

以危爲安，以吉爲凶。

今按：「以危爲安」，《韓詩外傳·四》作「以是爲非」。

大略篇

天子外屏，諸侯内屏，禮也。外屏，不欲見外也；内屏，不欲見内也。

今按：《釋宫》但云「『屏』謂之『樹』」，不言「内外」。郭璞注謂「小牆當門中」，此説是也。蓋「屏」之制，如今之「照壁」。《釋名》云：「『屏』，自障屏也。」《蒼頡篇》云：「『屏』，牆也。」《爾雅》舍人注云：「以垣當門蔽爲『樹』。」然則「屏」取「屏蔽」之義。但令門必有「屏」，天子、諸侯，似不必瑣瑣分别「外」「内」也。《荀》書每援《禮》文，此云「外屏」、「内屏」，而云「禮也」，必是禮家舊説；何休《公羊·注》亦偁之。《淮南·主術》篇云：「天子外屏，所以自障。」高誘注謂：「屏，樹垣也。」引《爾雅》曰：「門内之垣謂之樹。」據高所引，非即《爾雅》本文，蓋已不主外屏之説矣。近浙人金鶚氏著論，深是高説，以爲「『天子外屏』，此言出於《禮緯》鄭注，《禮記》引其説，未可信也。太微垣有屏四星，在端門内，此天子内屏之象也」。又云「凡門皆有屏，惟皋門無之。應門内有屏，故『宁』在門屏之間，門即應門也」。其言甚辨，見所著《求古録》。今採其説存之。

聘人以珪，問士以璧，召人以瑗，絶人以玦，反絶以環。

今按：「士」即「事」也，古字通用。楊注不誤，而語未明晰。「問士」者，謂問人以事，則以璧爲摯，如魯哀公執摯於周豐也。

水行者表深，使人無陷；治民者表亂，使人無失。

今按：《天論篇》云：「水行者表深，表不明則陷；治民者表道，表不明則亂。」此云「表亂」，謂表明其爲亂，而後人不犯也。

舜曰：「維予從欲而治。」

按：此語今《書》以入《大禹謨》，「維」字作「俾」。荀所偁則未知出何書也。又《解蔽篇》偁：「《道經》曰：『人心之危，道心之微。』」今亦在《大禹謨》，二「之」字作「惟」矣。此引「舜曰」，彼援「《道經》」，皆不偁《書》。

君子之於子，愛之而勿面，使之而勿貌，導之以道而勿彊。

今按：此語出《曾子·立事篇》，荀偁之也。「勿面」，謂不形見於面。「勿貌」，謂不優以辭色。「勿彊」，謂「匪怒伊教」，使自得之；注謂「不欲使其愧」，非也。

仁，非其里而虛之。

今按：「虛」讀爲「墟」。墟，里人所居，因借爲「居」字。非「居聲之誤也」。

平衡曰拜，下衡曰稽首，至地曰稽顙。

今按：「拜」者必跪；拜手，頭至手也；不至地故曰「平衡」。「稽首」，亦頭至手而手至地，故曰「下衡」。「稽顙」則頭觸地，故直曰「至地」矣。

霜降逆女，冰泮殺。内十日一御。

今按：《詩·東門之楊》毛傳云：「男女失時，不逮秋冬。」正義引《荀卿》書云：「霜降逆女，冰泮殺止。」霜降九月也，冰泮二月也。荀卿之意，自九月至於正月，於禮皆可爲昏。荀在焚書之前，必當有所憑據。毛公親事荀卿，故亦以爲秋冬。《家語》云：「羣生閉藏爲陰，而爲化育之始。」故聖人以合男女窮天數也。霜降而婦功成，嫁娶者行焉；冰泮而農桑起，昏禮殺於此。又引董仲舒云：「聖人以男女陰陽，其道同類。」觀天道嚮秋冬而陰氣來，嚮春夏而陰氣去。故古人霜降始逆女，冰泮而殺止，與陰俱近而陽遠也。孔疏發明毛義，與荀卿之説合。楊注偶未省照，乃云「此誤」，而改其文，謬矣。○「十日一御」，節於内也。今《禮》言五日御，此言十者，或古文「五」如側「十」之形，因轉寫致誤歟。「五」，古文作「乂」。

迷者不問路，溺者不問遂，亡人好獨。

洪氏頤煊曰：「『遂』當作『墜』。《晏子春秋·内篇雜上》作『溺者不問墜』。」今按：「墜」

當作「隊」，「隊」、「墜」，古今字也。

有法者以法行，無法者以類舉。

今按：類猶比也。古謂之決事比，今之所謂例也。下云「慶賞刑罰通類」，亦然。楊注未明晰，謝氏又分段，並非。〇二句又見《王制篇》。

子謂子家駒續然大夫，不如晏子。

今按：「續」古作「賡」。「賡」之爲言「庚」也。庚庚，剛强不屈之貌，言不阿諛也。

野人也，不可以爲天子大夫。

今按：此謂管仲尚功力而不脩仁義，不可爲王者之佐。注以「四字」言，恐非是。

上好羞，則民闇飾矣。

今按：上好羞貧，則民好飾富，以無爲有、虚爲盈、約爲泰者也。

先王之道，則堯、舜已；六貳之博，則天府已。

今按：「六貳之博」，未聞。楊注以博局爲說，殊謬。謝氏謂「貳」當作「蓺」，聲之誤，即「六經」也。然以「六經」爲「六蓺」，恐荀子時尚無此語。

臨患難而不忘細席之言。

今按：「細席」，注皆未安。恐「茵席」之形譌。蓋「茵」假借爲「絪」，「絪」又譌爲「細」耳。

雨小漢故潛。

今按：此語譌誤不可讀。楊氏曲爲之解，似違「蓋闕」之義。

言而不稱師謂之畔，教而不稱師謂之倍。

今按：「倍」者，「反」也。「畔」與「叛」同。「叛」者，「反」之半也。「不稱師」同而罪異者，「言」謂自言，「教」爲傳授。夫民生於三，事之如一，師儒得民，九兩攸繫，而乃居然坐大，背棄師門，名教罪人，故以反叛坐之。《檀弓》記曾子怒子夏曰：「使西河之民，疑女於夫子，爾罪一也。」鄭注：「言其不稱師也。」然則荀子斯言，蓋有因於古矣。

不足於行者，説過；不足於信者，誠言。

今按：「説過」者，大言不怍；「誠言」者，貌言若誠。

正君漸於香酒，可讒而得也。

今按：「正君」者，「好是正直」之君。讒言甘而易入，如飲醇醪，令人自醉，故以「漸於香酒」譬況之。

和之璧，井里之厥也。

今按：《晏子春秋·雜上篇》作「井田之困」，謝氏引《説文》：「橜，門梱也。」「梱，門橜也。」荀子以「厥」爲「橜」，晏子以「困」爲「梱」，皆謂門限。《意林》不解，乃改爲「璞」矣。按：此則「厥」與「困」一物，皆謂得石如門限木耳。

學者非必爲仕，而仕者必如學。

今按：「如」，肖似也。此言仕必不負所學。注云「如，往」非也。

望其壙，皋如也，嵮如也，鬲如也，

今按：「皋」猶高也，言皋韜在上也。「嵮」即「顛」字。「顛」俗作「巔」，因又作「嵮」耳。「鬲」，鼎屬也，圓而弁上。此皆言丘壠之形狀，故以「如」字寫貌之。「皋如」，蓋若覆夏屋者，「嵮如」，蓋若防者露標顛也。《列子·天瑞篇》作「墳如」。「墳」，大防也。「鬲如」，蓋若覆釜之形，上小下大，今所見亦多有之，注並非。

子貢曰：「大哉，死乎！君子息焉，小人休焉。」

今按：「休」、「息」一耳，此別之者，亦猶《檀弓》記言「君子」曰「終」、「小人」曰「死」之意。子貢始言願得休息，孔子四言「焉可息哉」，必須死而後已。於是子貢悚然警悟，始知大塊勞我以生，逸我以死，作而嘆曰：「大哉，死乎！君子息焉，小人休焉。」言人不可苟生，亦不可徒死也。

古者匹夫五十而士，天子諸侯子十九而冠，冠而聽治，其教至也。

今按：「士」者，「事」也。五十曰艾，服官政，然後可以任事也。「天子諸侯子，十九而冠」者，異於常人，由其生質本異，其教又至，故能爾也。《傳》謂「國君十五生子，冠而生子，禮也」。於時魯侯年才十二，則太早矣。荀子所言，當是古法。

不自嗛其行者，言濫過。

今按：「嗛」，不足也。言人不知自歉其行者，其言易於濫過而難副。楊注失之。「嗛」與「歉」古字通，《荀》書多以「嗛」爲「歉」，楊氏不了。此注支離妄説，亦由訓「嗛」爲「足」，遂不顧文義之難通耳。

爭利如蚤甲而喪其掌。

今按：「蚤」與「叉」同。此章言子夏貧無衣而不仕者，以時君大夫皆驕慢，故衣雖縣鶉而自甘。又引「柳下惠與後門同衣」，意可見矣。又言得利如叉甲而喪其手掌，言仕之利小而害大也。楊注甚明，謝氏欲分段，似失之。

友者，所以相有也。

今按：「有」者，相保有也。《詩》云：「亦莫我有。」「友」、「有」，聲義同，古亦通用。如云「有朋自遠方來」，「有」即「友」矣。

言之信者，在乎區蓋之閒。疑則不言，未問則不立。

今按：此二句已見上，疑「立」皆當爲「言」，形近之譌。楊注説「立」，非也。「區蓋」者，古讀「區」若「丘」。注引《漢·儒林傳》「疑者丘蓋不言」，此説是也。《論語》記孔子言，「蓋」皆「疑而未定之詞」。如云：「君子於其所不知，蓋闕如也。」「蓋有不知而作之者，我無是也。」「蓋有之矣，我未之見也。」「蓋」皆「疑詞」，故謂「疑者」曰「丘蓋」，以音同借爲「區蓋」耳。楊注非是。○《漢書·注》蘇林曰：「丘蓋不言，不知之意也。」如淳曰：「齊俗以不知爲丘。」二説皆得其意，但語未明晰耳。顔師古注以「蓋」爲「發語」之辭，亦非。

曾子食魚，有餘，曰：「泔之。」門人曰：「泔之傷人，不若奧之。」曾子泣涕曰：「有異心乎哉！」傷其聞之晚也。

今按：「泔」、「奧」之名未聞。夫一物不知，君子引以爲恥。二童逞辯，聖人有所不知。何至垂涕而道，自明未有異心，不迹過乎！蒙竊惑焉。

飲而不食者，蟬也；不飲不食者，浮蝣也。

今按：二句義似未足，文無所蒙，容有缺脱。

宥坐篇

女庸安知吾不得之桑落之下！

今按：「桑落」，「索郎」反語也。「索」言「蕭索」，「郎」言「郎當」，皆謂困窮之貌。時孔子當阨，子路愠恚，故作隱語發其志意。○楊注：「桑落，九月時也。夫子當時，蓋暴露居此樹下。」説固可通，而與上言曹、莒、會稽等義差遠。

子貢觀於魯廟之北堂，

今按：《詩》云：「焉得諼草，言樹之背。」背，北堂也。北堂人所居，廟有北堂，亦所以居主。

子道篇

孝子不從命乃衷。

今按：「衷」者，「善」也。從義不從命，乃爲善也。《詩·序》：「哀窈窕，思賢才。」「哀」亦當爲「衷」，形近之誤耳。

子路盛服見孔子，孔子曰：「由，是裾裾何也？」

今按：「裾裾」，《説苑·雜言篇》作「襜襜」。「裾」與「襜」皆衣服之名。因其盛服，即以其名呼之。《韓詩外傳·三》作「疏疏」，《家語》又作「倨倨」，則其義別。

子路趨而出，改服而入，蓋猶若也。

今按：「猶若」，説見《哀公》篇「猶然」下。

法行篇

瑕適竝見，情也。

今按：「瑕」者，「玉之病」也。「適」者，「善」也。凡物調適謂之「適」，得意便安亦謂之「適」，皆「善」之意。故《廣韵》云：「適，善也。」《管子·水地篇》説「玉九德」，大意與此略同；此句作「瑕適皆見，精也」。「精」亦「情」耳，古「精」、「情」二字多通用。

故雖有珉之雕雕，不若玉之章章。

今按：「雕雕」、「章章」，皆文采宣著之貌。語意猶云「星之昭昭，不如月之明明也。」

交而不見敬者，吾必不長也；臨財而不見信者，吾必不信也。

今按：「長」謂「敬長」即謂之長，非謂「不長厚」也。楊注失之。「臨財」之「信」，如鮑叔之與管仲是矣。

且夫良醫之門多病人，隱栝之側多枉木，是以雜也。

今按：《尚書大傳·略説》及《説苑·雜言篇》，並有「砥厲之旁多頑鈍」句。

哀公篇

孔子曰：人有五儀。

今按：「儀」者，「匹」也。匹者，猶儔類也。《大戴記》「哀公問五義」，即「五儀」也。古

「儀」字正作「義」。楊注「儀法」，非是。

心不知色色。

今按：「色」當爲「邑」，字形之誤。《大戴記》作「志不邑邑」。楊注甚謬。「邑邑」與「悒悒」同。「悒悒」，「憂逆短氣貌」也。《曾子·立事篇》云：「終身守此悒悒。」

勤行不知所務，止交不知所定，

今按：《大戴記》「勤」作「動」，「交」作「立」；《韓詩外傳·四》同。「動行」與「止立」對。疑此皆形誤。

從物如流，不知所歸。

今按：「如」，《大戴記》及《韓詩外傳》俱作「而」。「而」與「如」古通用。

五鑿爲正，

今按：楊注「五鑿，五情」，是也。《莊子》「六鑿相攘」謂「六情」，可證矣。「正」，《大戴記》、《韓詩外傳》並作「政」。「鑿」，《韓詩外傳》作「藏」。

雖不能偏美善，

今按：「美」、『善』義同，而有淺深。《大戴記》作「雖不能盡善盡美」，《韓詩外傳·一》作「雖不能盡乎美著」，《家語·五儀解》作「備百善之美」。三書皆本此而各異。○《韓詩外傳》

此下多有缺略。

言不務多，務審其所謂。

今按：「謂」猶「言」也。審其所當言，則言不謬妄。注非。

行不務多，務審其所由。

今按：「由」，「道」也；「道」，「行」也。謂務審其所常由行，不差忒也。注亦非。

故猶然如將可及者，君子也。

今按：「猶然」即「油然」，《家語》作「油」是也。《孟子》「油油然與之偕」，言無以異於凡人也。注失之。

行中規繩而不傷於本，

今按：楊注：「『本』亦『身』也。」此説非是。「本」猶「質」也，謂性之本質，如木之有根榦。此言行中規矩準繩，然皆闇與理會，不假斲削而喪失其本真，所謂漸近自然也。

富有天下而無怨財，布施天下而不病貧，

今按：楊注「『怨』讀爲『蘊』」，言「無蘊畜私財也」。《家語》作「無宛」，《禮記》曰：「事大積焉而不苑。」古「蘊」、「苑」通，此因誤爲「怨」字耳。此注得之，而義猶未盡。「怨」、「宛」皆從夗聲，此同聲假借也。音轉而爲「菀」，又轉而爲「蘊」，此雙聲假借也。

不知假借之義，故謂「爲字誤」耳。《考工記》云：「眡其鑽空，欲其惌也。」音於阮反。鄭司農注：「『惌』讀爲『宛彼北林』之『宛』。」音鬱。此即「怨」、「宛」相借之例也。《韓詩外傳·二》：「子路與巫馬期薪於韞丘之下。」「韞丘」即「宛丘」。此即「苑」、「蘊」相借之例也。「蘊」與「韞」音義同。○《大戴記》作「躬爲匹夫而願富，貴爲諸侯而無財」，義與此別。

是故其事大辨乎天地，

今按：「辨」與「辯」同。「辯」者，「治辯」也。「辯」與「平」古字通。《荀》書多假「辨」爲「辯」耳。此上言「辨乎萬物之情性」，義亦同。似不宜訓「辨別」。

繆繆肫肫，其事不可循。

今按：《大戴記》作「穆穆純純，其莫之能循。」「穆穆」，和而美也。「純純」，精而密也。「穆」、「繆」古字通。「純」、「肫」聲相借耳。注竝失之。

若天之嗣，其事不可識，

今按：「嗣」者，「續」也。言如天之純穆，氣化綿綿，相續而不可測識也。《大戴記》作「若天之司，莫之能職」「司」與「嗣」，「職」與「識」，蓋亦聲借字耳。其義則「司」、「職」

皆訓「主」也。

百姓淺然不識其鄰，

今按：「淺然」，當依《大戴記》作「淡然」。此言百姓不識不知，謂「帝力於我何有」耳。

古之王者，有務而拘領者矣，

今按：《尚書大傳》作「冒而句領」。古讀「冒」、「務」音同，「拘」讀若「句」，音「鉤」。故其字通。鄭注：「冒，覆項也。句領，繞頸也。」按「句」者，「曲」也。《韓詩外傳・三》云舜「麑衣而盩領。」「盩」之訓爲「曲」，即此「句領」矣。

亡國之虛，則必有數蓋焉。

今按：「虛」與「墟」古今字。《新序・四》作「虛列」。此「虛」則即「虛列」之謫。「蓋」者，「苫」也。言故虛羅列其閒，必有聚廬而居者焉。觀此易興亡國之感。

且丘聞之，好肆不守折，長者不爲市，竊其有益與其無益，君其知之矣。

今按：楊注明晰，又引《家語》王肅注，意亦同。而云：「『竊』宜爲『察』」，「以『竊』字屬下句」，是矣。

無取健，無取詌，無取口啍。

今按：「詌」蓋譌字，《説苑·尊賢》篇作「拑」，是也。「拑」訓「脅持」。《家語·五儀解》作「鉗」，亦假借字耳。「口啍」，《家語》作「啍啍」，王肅注：「多言也。」《韓詩外傳·四》「詌」作「佞」，「口啍」作「口讒」，恐亦譌字，當作「口鑱」。「鑱」者，鋭也。今《説苑》正作「鋭」，是矣。楊注引作「口叡」，「叡」、「鋭」，蓋以音近故譌耳。其引《説苑》「無取拑」下脱去數字，遂不可讀。

健，貪也；詌，亂也；口啍，誕也。

今按：「健」無「貪」義，不知何字之譌。楊注「健羨」，甚謬。《韓詩外傳》作「健，驕也。」《説苑》「健者必欲兼人，不可以爲法」，以此參證，可知作「貪」必譌字矣。拑者利口捷給，變亂是非，故云「亂也」。誕者誇大，故《説苑》云「口鋭者，多誕而寡信，後恐不驗也」。

故明主任計不信怒，闇主信怒不任計。

今按：此蒙「桓公用賊」、「文公用盗」而言。賊謂管仲，盗謂里鳧須。故云「任計不信怒」也。「信」，古以爲「伸」字，不讀本音。○《新序·雜事五》「信」作「任」。

上車執轡，銜體正矣；步驟馳騁，朝禮畢矣。

今按：楊注非是。此讀宜斷「體正」、「禮畢」相屬，上句言馭之習，下句言馬之習也。「朝」與「調」古字通。《毛詩》言「調飢」即「朝飢」。此言馬之馳驟，皆調習也。

堯問篇

行微無怠，

今按：「微」者，「隱」也。《勸學篇》云：「行無隱而不形。」隱微人所不見，而行之無怠心。下云：「行微如日月。」蓋日月之行，人之所不見也。

忠誠盛於内，賁於外，形於四海，

今按：「賁」當音「符分切」，義與「墳」同。「墳」者，大也。盛於内則大於外，而形著於四海矣。

其在中蘬之言也。

今按：「蘬」音「丘追切」，此讀「詡鬼切」，即仲虺也。如「蜼」字從鬼聲，而音爲「潰」。《韓非·説林下篇》「蟲有蜼者」，《顔氏家訓·勉學篇》據《古今字詁》，謂「蜼」「亦古之『虺』字」，即其例也。

諸侯自爲得師者王，得友者霸，得疑者存，自爲謀而莫己若者亡。

今按：《韓詩外傳·六》作「能自取師者王，能自取友者霸，而與居不若其身者亡」。《新序·一》作「足己而羣臣莫之若者亡」，「取師」、「取友」，「取」皆作「擇」，而俱無「得疑者存」一句。「疑」即「師保·疑丞」之疑，「疑」謂可以決疑者也。今《書·仲虺之誥》亦缺此句，可知梅氏無識，不知此句不可缺也。

彼其好自用也，是所以寠小也。

今按：「寠」者，「貧」也。「寠」之爲言「局」也。《釋名》云：「『寠數』猶『局縮』，皆『小』意也。」《楊惲傳》謂「寠數不容鼠穴」，其爲局小可知。《滑稽傳》云「甌寠滿篝」，「甌寠」亦「狹小」之言耳。

於是吾僅得三士焉，以正吾身，以定天下。

今按：以周公之躬吐握，下白屋，而得士僅三焉。下云：「吾所以得三士者，亡於十人與三十人中，乃在百人與千人之中。」然則士豈易得，得士亦豈易言，蓋乃千百人中之一二耳。

語曰：繒丘之封人，見楚相孫叔敖。

今按：「繒」即「鄫國」，姒姓，在東海。《漢·志》「繒縣屬東海郡」是也。「繒丘封人」，《列子·説符》篇作「狐丘丈人」。《韓詩外傳·七》及《淮南·道應訓》竝與《説符》同，「孫叔敖曰：『吾爵益高，吾志益下；吾官益大，吾心益小；吾禄益厚，吾施益博。以是免於三怨，可乎？』與此大意雖同，而文字異。此當別有依據。發首偁「語曰」，知必述成文。

昔虞不用宫之奇，而晉并之；萊不用子馬，而齊并之。

今按：《説苑·正諫》篇「子馬」作「子猛」，「猛」、「馬」雙聲，疑即一人。而據《説苑》，此人年代在前，楊注云云，是也。或説以《左傳》「閔子馬」，據《春秋世族譜》，〔二〕「閔子馬」即「閔馬父」，係魯雜人。豈萊不用而去之魯邪？然此「子馬」見《昭十八年·傳》，上距襄六年齊人滅萊之歲，四十餘年矣，世代在後，差遠又非，「萊人」無庸牽合。

校記

〔一〕春秋，據《四庫全書總目》卷二十九《經部·春秋類四》補。

附　录

與王伯申引之侍郎論孫卿書

近讀《孫卿書》而樂之。其學醇乎醇，其文如《孟子》，明白宣暢，微爲繁富，益令人入而不能出。頗怪韓退之謂爲「大醇小疵」，蒙意未喻，願示其詳。

推尋韓意，豈以孟道性善，荀道性惡；孟氏尊王賤霸，荀每王霸並衡。以是爲疵，非知言也。

何以明之？孟遵孔氏之訓，不道桓、文之事。荀矯孟氏之論，欲救時世之急。《王霸》一篇，剴切鐓于，沁人肌骨。假使六國能用其言，可無暴秦并吞之禍。因時無王，降而思霸，孟、荀之意，其歸一耳。至於性惡、性善，非有異趣。性雖善，不能廢教；性即惡，必假人爲。「爲」與「僞」古字通。其云：「人之性惡，其善者僞也。」「僞」即「爲」耳。孟、荀之恉，本無不合，惟其持論，各執一偏。準以聖言「相近」，即兼善惡而言；言「習相遠」，乃從學染而分。後儒不知此義，妄相毀詆。閣下深於理解，必蚤見及，願得一言，以祛所蔽。孫卿與孟，時勢不同，而願得所藉手，救弊扶衰，其道一也。本圖依託春申，行其所學。迨春申亡而蘭陵歸，知道不行，發憤著書。其恉歸意趣，盡在《成相》一篇，而託之瞽矇之詞，以避患也。

楊倞何人？不知其字里居，事實尤所未聞。《唐書·世系表》，檢無其人，願具示之。其《注》大體不誤，而中多未盡，往往喜加「或曰云云」，知其持擇未精，亦由詁訓未明，不知古書假借之義，故動多疐礙。蒙意未安，欲復稍加訂正，以存本來。久疏摳謁，茅塞蓬心，聊述近所省存，用代奉面，匆匆不宣。

道光四年甲申二月日具。

與李月亭璋煜比部論楊倞書

來示《唐書·藝文志》以倞爲楊汝士子，而《宰相世系表》則載「汝士三子：一名知温，一名知遠，一名知至」，無名倞者。《表》、《志》同出歐陽手，不知何以互異。意者倞或改名，如温庭筠之一名岐歟？

余謂《志》、《表》互異，當由史氏未詳，故闕然弗備。若依馬、班史法，於《表》、《志》中書本名及改名，如漢劉更生爲劉向之例，斯無不合矣。

又按：《唐書》倞不立傳，當由仕宦未達，無事實可詳，故《志》、《表》闕略，而僅存其名。然千載下，遂不知倞爲何人，雖疑則載疑，要亦史筆之疏耳。

汪氏容甫據《古刻叢抄》載《唐故銀青光禄大夫、使持節蔚州諸軍事、行蔚州刺史、兼御史中丞馬公墓志銘》，其文則楊倞所作，題云：「朝請大夫、使持節汾州諸軍事、守汾州刺史楊倞撰」，結銜校《荀子》加詳。汪氏又據《志》載「會昌四年」，定爲武宗時人。

然則此恐別一楊倞。若《藝文志》注《荀子》之人，止題「大理評事」，而無「朝請大夫」以下銜者，蓋非一人可知矣。汪孟慈深以此説爲不然，因言《藝文志》但云「汝士子」，安知不有兩汝士也。余無以應之，請質諸月汀。

閏七月二十四日。

又與郝蘭皋户部同年書〔清〕張澍

嚴風朔雪之時，訪閣下于齊東會館。入其門，落葉滿階；升其庭，積塵盈尺；聞書聲琅琅可聽，則閣下方咏諷古經也。頃之，閣下自内出，被敝羊裘，狀觳觫然，弟乃深嘆閣下之溺苦于學而不以貧爲病也。然閣下雖嗜學，而弟則淚涔涔，心焉痛之。既而見圓照嫂夫人，方以《爾雅》疑事詰難，弟雖勉强酬答，亦幾辭窮，則又羨嫂夫人之研經不倦也。歸來慨慊不已，搿膺自咎者久之。

頃聞錢恬齋方伯同年不日入都。與衍石侍御商之，當嚮恬齋言，爲銷書百部，稍可以爲日用之需。又知閣下天素高亮，不肯向人乞憐。此弟與衍石之意，與閣下之貞介無損，亦可爲者。恬齋爲政明敏，操守廉潔，曩來甚佩服閣下，必有以應之。願勿卻，以副友朋之意爲禱。

承示《荀子補注》，大致精確。弟蠡管所及，輒爲改正七條，未審是否，尚祈教之。弟日來患腹泄，友人勸戒飲，未能從，仍浮大白，終日酣暢，而河魚竟逃。此神農、子儀以來未有之奇方也，閣下聞之，當爲嘔噱。

（《養素堂文集》卷十四，清道光棗華書屋版）

越縵堂讀書記·荀子補注〔清〕李慈銘

《荀子補注》，清郝懿行注。閲郝氏《荀子補注》共二卷，無序跋。其所引已及劉端臨《補注》、洪筠齋《叢録》之説，而尚未見王氏《雜志》。多正楊注之誤，詁訓名通，兼亦發明精理。末附與王伯申論《荀子》、與李月汀璋煜論楊倞兩書。光緒己卯正月十八日。

（《越縵堂讀書記》卷一，中華書局版）

點校後記

《荀子補注》上下兩卷（以下簡稱《補注》）是郝氏於清道光四年甲申（公元一八二四年）六十八歲時，即其辭世前一年完成的最後一部著作。是年二月有與同年友著名訓詁學家王引之《論孫卿書》云：「楊《注》動多疐礙，蒙意未安，欲稍加訂正，以存本來。」《補注》問世以來，恒爲注家採用，頗有影響。

本書有《郝氏遺書》同治四年（一八六五年）和光緒七年（一八八一年）兩種家刻本，後者又在版心下方刻有「齊魯先哲遺書」六字，係採用南清河王氏輯、光緒三年丁丑（一八七七年）中國學會影印的《周秦諸子校注十種》本。三種本文字全同。光緒十七年（一八九一年）王先謙編著的《荀子集解》（以下簡稱《集解》）選收了郝氏補注。此次以《郝氏遺書》光緒七年本爲底本，與光緒十七年《集解》本和中國書店影印《諸子集成》第二册《集解》本所引《補注》對校。

《集解》引文間有删動處，今皆依《補注》底本保留原文，以存其真。亦有《補注》原引文偶誤而《集解》沿襲未改者。例如：

「《龍龕手鑒·一》云：『㒧，五盍反。傝㒧，不箸事也。傝，他盍反。傝㑔，儜劣。又音㒧，不謹貌也。』」（《不苟篇》補注。《集解》引文同。）

「音㒧」二字費解。經檢核《龍龕手鑒·人部入聲》，原來「音」爲「傝」之誤，遂據正。又《補注》引文中書名、篇名、卷次偶誤者有數處，皆依所引原書校正。

郝氏在行文中稱《荀子》爲「荀」、「荀書」或「荀卿書」；又稱「荀卿」、「荀子」爲「荀」。前者加書名號，後者不加，視上下文意而定。

《續修四庫全書提要》曰：「此書名同劉台拱所撰，中間亦引台拱及洪（□□）〔頤煊〕之說。觀其所撰，較台拱繁多，而遜其精密。如《脩身篇》之『提僈』，即下文『怠慢』之意，而分爲二義；《儒效篇》『譎德』，《韓詩外傳》作『決德』，則『譎』與『決』通，而誤從洪頤煊說作『論德』；《致仕篇》『然後士其刑賞而還與之』，『士』爲『出』字之誤，而以『士』『事』强通之；《成相篇》『欲衷對，言不從』，『衷對』誤倒，而改『從』爲『封』；《大略篇》『仁非其里而虛之』，『虛』字明爲『處』字之譌，而以『虛』讀爲『墟』强説之；破《詩·序》『哀』字爲『衷』，鄭君之説也，而於《子道篇》不言其本，皆失於檢點者也。然如證《脩身篇》『出入』爲『出人』；《不苟篇》『潐潐』即『嚼嚼』；《非相篇》『黨學者』引《方言》『黨，知（也）』之訓；《儒效篇》『行僞』即『行爲』；《王霸篇》『略奏』即『略湊』；《正論篇》『墮』訓爲

『毀』;《解蔽篇》『墨』與『默』同,誼皆精確。綜覈全書,亦瑕瑜互見者也。」

《荀子》清嘉善謝墉校本,係盧文弨與謝墉同校,故《補注》稱「謝」,王念孫《讀書雜志·荀子雜志》稱「盧」。《集解·例略》云:「是此書元出於盧,參考刊行,乃由謝氏,則稱『盧校本』者爲是。據謝《序》、錢《跋》,校注亦有出謝手者,然無可區別。」

《補注》書後原附有郝氏《與王引之論孫卿書》、《與李璋煜論楊倞書》,今照原書附於正文之後。

山海經箋疏

[晉]郭璞傳　[清]郝懿行箋疏

張鼎三　牟　通　點校

張鼎三　通校

目次

山海經箋疏序

《山海經》古本三十二篇，劉子駿校定爲一十八篇，即郭景純所傳是也。今考《南山經》三篇，《西山經》四篇，《北山經》三篇，《東山經》四篇，《中山經》十二篇，并《海外經》四篇，《海内經》四篇，除《大荒經》已下不數，已得三十四篇，則與古經三十二篇之目不符也。《隋書·經籍志》：《山海經》二十三卷；《舊唐書》：十八卷，又《圖讚》二卷，《音》二卷，並郭璞撰，此則十八卷又加四卷，才二十二卷，復與《經籍志》二十三卷之目不符也。《漢書·藝文志》：《山海經》十三篇，在形法家，不言有十八篇。所謂十八篇者，《南山經》至《中山經》本二十六篇，合爲《五臧山經》五篇，加《海外經》已下八篇，及《大荒經》已下五篇，爲十八篇也。所謂十三篇者，去《荒經》已下五篇，正得十三篇也。古本此五篇皆在外，與經別行，爲釋經之外篇。及郭作傳，據劉氏定本復爲十八篇，即又與《藝文志》十三篇之目不符也。酈善長注《水經》云：「《山海經》薶緼歲久，編韋稀絶，書策落次，難以緝綴，後人假合，多差遠意。」然則古經殘簡，非復完篇，殆自昔而然矣。

《藝文志》不言此經誰作，劉子駿表云「出於唐虞之際」，以爲「禹別九州，任土作貢，而益等類物善惡，著《山海經》」。王仲任《論衡》、趙長君《吳越春秋》亦稱禹、益所作。《顏氏家訓·書證篇》云：《山海經》禹、益所記，而有長沙、零陵、桂陽、諸暨，由後人所羼，非本文也。今考《海外南經》之篇而有説文王葬所，《海外西經》之篇而有説夏后啟事。夫經稱夏后，明非禹書，篇有文王，又疑周簡，是亦後人所羼也。至於郡縣之名，起自周代，《周書·作雒》篇云：「爲方千里，分以百縣，縣有四郡。」《春秋》哀公二年《左傳》云：「克敵者，上大夫受縣，下大夫受郡。」杜元凱注云：「縣百里，郡五十里。」今考《南次二經》云「縣多土功」、「縣多放士」，又云「郡縣大水」、「縣有大繇」，是又後人所羼也。《大戴禮·五帝德》篇云：「使禹敷土，主名山川。」《爾雅》亦云：「從《釋地》已下至《九河》，皆禹所名也。」觀《禹貢》一書，足覘梗概。因知《五臧山經》五篇，主於紀道里、説山川，真爲禹書無疑矣。而《中次三經》説青要之山云：「南望墠渚，禹父之所化。」《中次十二經》説天下名山，首引「禹曰」，一則稱禹父，再則述禹言，亦知此語必皆後人所羼矣。然以此類致疑本經則非也。何以明之？《周官》：大司徒以天下土地之圖，周知九州之地域廣輪之數；土訓掌道地圖，道地慝。《夏官》職方亦掌天下地圖；山師、川師掌山林、川澤，致其珍異；邍師辨其丘陵、墳衍、邍隰之名物。《秋官》復有冥氏、庶氏、穴氏、翨氏、柞氏、薙氏之屬，掌攻夭鳥、猛獸、蟲豸、草木之怪蠥。《左傳》稱：「禹鑄鼎象物而爲之備，使民知神姦。民入山林川澤禁禦不若，螭魅罔兩莫能逢旃。」《周官》、《左氏》所述，即與此經義合。禹作司空，灑沈澹災，燒不暇擅，濡不給抇，身執虆垂以爲民先。爰有《禹貢》，復著此經，尋山脈川，周覽無垠，中述怪變，俾民不眩。美哉禹功，明德遠矣！自非神聖，孰能修之？而後之讀者，類以《夷堅》所志，方諸《齊諧》，不亦非乎！

古之爲書，有圖有説，《周官》地圖，各有掌故，是其證已。《後漢書·王景傳》云：「賜景《山海經》、《河渠書》、《禹貢圖》。」是漢世《禹貢》尚有圖也。郭注此經，而云「圖亦作牛形」，又云「在畏獸畫中」；陶徵士讀是經詩亦云「流觀《山海圖》」，是晉代此經尚有圖也。《中興書目》云：「《山海經圖》十卷，本梁張僧繇畫。咸平二年校理舒雅重繪爲十卷，每卷中先類所畫名，凡二百四十七種。」是其圖畫已異郭、陶所見。今所見圖復與繇、雅有異，良不足據；然郭所見圖即已非古，古圖當有山川道里。今考郭所標出，但有畏獸仙人，而於山川脈絡即不能案圖會意，是知郭亦未見古圖也。今《禹貢》及《山海圖》遂絶跡不復可得。《禹貢》雖無圖，其書説要爲有師法。而此經師訓莫傳，遂將湮泯。郭作傳後，讀家稀絶，途徑榛蕪，迄於今日，脱亂淆譌，益復難讀。又郭注《南山經》，兩引「璨曰」，其注《南荒經》「昆吾之師」，又引《音義》云云，是必郭已前音訓注解人，惜其姓字爵里與時代俱湮，良可於邑。今世名家，則有吴氏、畢氏：吴徵引極博，汎濫於羣書；畢山水方滋，取證於耳目；二書於此經，厥功偉矣，至於辨析異同，刊正譌謬，蓋猶未暇以詳。今之所述，并採二家所長，作爲《箋疏》：箋以補注，疏以證經，卷如其舊；别爲《訂譌》一卷，附於篇末。計創通大義百餘事，是正譌文三百餘事。凡所指擿，雖頗有依據，仍用舊文，因而無改，蓋倣鄭君康成注經不敢改字之例云。

嘉慶九年甲子二月廿八日，棲霞郝懿行撰。

山海經第一

南山經

南山經之首曰䧿山。懿行案：任昉《述異記》作「雀山」。《文選》注王巾《頭陁寺碑》引此經作「鵲山」。其首曰招摇之山，懿行案：《大荒東經》有招摇山，融水出焉，非此。高誘注《吕氏春秋·本味》篇云：「招摇，山名。在桂陽。」臨于西海之上，在蜀伏山山南之西頭，濱西海也。懿行案：「伏」疑「汶」字之譌。《史記·封禪書》云：「瀆山，蜀之汶山也。」《蜀志·秦泌傳》云：「蜀有汶阜之山，江出其腹。」皆是山也。多桂，桂，葉似枇杷，長二尺餘，廣數寸。味辛。白華。叢生山峯，冬夏常青，間無雜木。《吕氏春秋》曰：「招摇之桂」。懿行案：《爾雅》云：「梫，木桂。」郭注與此同。多金、玉。有草焉，其狀如韭璨曰：「韭，音九。」《爾雅》云：「霍山亦多之。」懿行案：「霍」當爲「藿」字之譌。《爾雅》云「藿山韭」。而青華，其名曰祝餘，或作「桂荼」。懿行案：「桂」疑當爲「柱」字之譌。「柱荼」、「祝餘」聲相近。食之不飢。有木焉，其狀如穀而黑理，穀，楮也。皮作紙。璨曰：「穀亦名構。名穀者，以其實如穀也。」懿行案：陶弘景注《本草經》云「穀，即今構樹」是也。「穀」、「構」古同聲，故穀亦名構。或曰「葉有辦曰楮，無曰構」，非也。見陸璣《詩疏》。《文選》注《頭陁寺碑》，引此經，無「理」字。其華四照，言有光焰也。若木華赤，其光照地，亦此類也。見《離騷經》。懿行案：「若木」，見《離騷經》。「若木華赤」，見《大荒北經》。「其華照地」，見《淮南子》。其名曰迷穀，佩之不迷。懿行案：《文選》注《頭陁寺碑》，引此經同。有獸焉，其狀如禺而白耳，禺似獼猴而大，赤目長尾，今江南山中多有。説者不了此物名禺，作「牛」字，圖亦作牛形，或作「猴」，皆失之也。「禺」字，音「遇」。懿行案：《説文》云：「禺，猴屬。獸之愚者也。」郭注凡言「圖」者，皆謂此經圖象然也。伏行人走，懿行案：《太平御覽》九百八卷引此經讚曰：「猩猩似狐，走立行伏。」疑「狐」當爲「禺」，聲之譌也。其名曰狌狌，食之善走。生生禺獸，狀如猿，伏行交足，亦此類也。見京房《易》。懿行案：「生生」當爲「狌狌」，説見《海内南經》。麗𪊨之水出焉，「𪊨」，音作「几」。而西流注於海，其中多育沛，未詳。佩之無瘕疾。瘕，蟲病也。懿行案：《説文》云：「瘕，久病也。」郭云「蟲病」者，《列仙傳》云：「河間王病瘕，下蛇十餘頭」；《史記·倉公傳》云：「蟯瘕」，《正義》引《龍魚河圖》云：「犬狗魚鳥不熟，食之成瘕痛」，皆與郭義近。

又東三百里，懿行案：《禹貢》「五服」皆言里數。《水經注》云：「廬山有大禹刻石，誌其丈尺里數。」則里地之數，蓋始於禹。《大戴禮·主言篇》云「三百步而里」，是古里短於今里也。曰堂一作「常」。懿行案：《文選》注《上林賦》引此經，正作「常」。庭之山，懿行案：《初學記》引此經，作「堂夜之山，多水玉。」疑「夜」字譌。多棪木，棪，別名連其。子似柰而赤，可食。音「剡」。懿行案：「連」，當爲「速」字之譌。《爾雅》云：「棪，梀其。」郭注同。多白猿，今猿似獮猴而大，臂脚長，便捷。色有黑有黃。鳴，其聲哀。　懿行案：「猿」，俗字也。《説文》云：「蝯，善援，禺屬。」《文選·西都賦》注、《後漢書·班固傳》注引此注，並云「臂長，便捷」，無「脚」字，「色黑」無「黃」字。《藝文類聚》九十五卷引郭氏讚云：「白猨肆巧，由基撫弓。應眄而號，神有先中。數如循環，其妙無窮。」多水玉，水玉，今水精也。相如《上林賦》曰：「水玉磊砢。」赤松子所服，見《列仙傳》。　懿行案：《廣雅》云：「水精，謂之石英。」張揖注《上林賦》云：「水玉，水精也。」《列仙傳》云：「赤松子服水玉，以教神農。」並郭所本。多黃金。　懿行案：《説文》云：「金，五色金也，黃爲之長。」

又東三百八十里，曰猨翼之山，　懿行案：《初學記》二十七卷引此經，作「稷翼之山，多白玉。」其中多怪獸，水多怪魚。凡言「怪」者，皆謂貌狀倔奇不常也。《尸子》曰：「徐偃王好怪，没深水而得怪魚，入深山而得怪獸者，多列於庭。」多白玉，　懿行案：《玉藻》云：「天子佩白玉。」《藝文類聚》八十三卷引《廣志》曰：「白玉美者，可以照面。出交州。」多蝮虫，蝮虫色如綬文，鼻上有鍼，大者百餘斤。一名反鼻。「虫」，古「虺」字。　懿行案：「蝮，虺」，見《爾雅》及注；「色如綬文」，見《北山經》「大咸之山」注。《説文》云：「虫，一名蝮。」「虺，以注鳴。」是虫、虺非一字，與郭義異也。多怪蛇，多怪木。不可以上。

又東三百七十里，曰杻陽之山。音「紐」。　懿行案：《玉篇》有「杻陽山」。杻，思計切。疑「杻」、「杻」字形相近，注「音紐」亦當爲「音細」，並字形之譌也。其陽多赤金，銅也。其陰多白金。銀也。見《爾雅》。山南爲陽，山北爲陰。　懿行案：《説文》云：「銅，赤金也。」「銀，白金也。」《爾雅》云：「白金謂之銀。」是皆郭注所本。然案之此經，理有未通。《西山經》云：「翰次之山，其陰多赤銅。」《中次九經》云：「玉山，其陽多銅，其陰多赤金。」明「赤金」與「銅」非一物矣。又經内「銀」與「白金」疊出分見，如《西山經》：「臯塗之山，多銀、黄金」，「槐江之山，多黄金、銀」，「大時之山」、「數歷之山」並云「多銀」。又《北山經》：「少陽之山，多赤銀」，又《西山經》：「徑谷之山，多白金」，《中山經》：「役山，多白金」。綜諸經之文，「白金」與「銀」爲二物，審矣。《説文》云：「鋈，白金也。」《爾雅》云：「金美者謂之鏐。」郭注云：「鏐，即紫磨金。」寇宗奭《本草衍義》云：「顆塊金，其色深赤。」然則此經「赤金」即紫磨金，「白金」即鋈矣。郭氏並誤注。有獸焉，其狀如馬而白首，其文如虎而赤尾，其音如謡，如人歌聲。　懿行案：「謡」，當爲「䚻」。見《説文》。其名曰鹿蜀，佩之宜子孫。佩，謂帶其皮毛。　懿行案：《太平御覽》九百十三卷引此經《圖讚》云：「鹿蜀之獸，馬質虎文。攘首吟鳴，矯矯騰群。佩其皮毛，子孫如雲。」怪水出焉，而東流注於憲翼之水。其中多玄龜，其狀如龜而鳥首虺尾，虺尾鋭。其名曰旋龜，其音如判木，如破木聲。佩之不聾，可以爲底。底，躪也。爲，猶治也。《外傳》曰：「疾不可爲。」一作「疷」。猶病愈也。　懿行案：「底」，同「胝」。音竹施切。《文選·難蜀父老》注引郭氏《三蒼解詁》云：「胝，躪也。」一作「疷」者，《爾雅·釋詁》云：「疷，病也。」爲疷則治病使愈，故云「猶病愈」矣。

又東三百里柢山，「柢」，音「蔕」。　懿行案：「柢」上疑脱「曰」字，明藏經本有之。多水，無草木。

有魚焉，其狀如牛，懿行案：郭氏《江賦》云：「潛鵠魚牛。」李善注引此經云：「魚牛，其狀如牛。」今本「魚」下無「牛」字。又，禺禺即鱅鱅，徐廣注《史記》謂之魚牛，非此。見《東山經》。陵居，蛇尾，有翼，其羽在魼下，亦作「脅」。懿行案：《説文》云：「胠，亦下也。」《廣雅》云：「胠，脅也。」經作「魼」者，蓋同聲假借字。又「胠」有「脅」音，本聲同之字，故「胠」亦作「脅」。其音如留牛，郭引《莊子》曰：「執犂之狗」，謂此牛也。《穆天子傳》曰：「天子之狗執虎豹。」懿行案：經作「留牛」，郭引《莊子》「執犂之狗」，謂此牛也，是「留牛」當爲「犂牛」。《東山經》首説「鱅鱅之魚，其狀如犂牛」。郭云：「牛似虎文者。」然則「留牛」當爲「犂牛」，審矣。今本《莊子·天地篇》作「執貍之狗」，《釋文》云：「一云執留之狗」，郭文引作「執犂之狗」，是《莊子》本並無正文，「犂」、「貍」、「留」俱聲有通轉。其名曰鯥，音「六」。冬死而夏生，此亦蟄類也。謂之「死」者，言其蟄無所知，如死耳。懿行案：《太平御覽》九百三十九卷引此經《圖讚》云：「魚號曰鯥，處不在水。厥狀如牛，鳥翼蛇尾。」食之無腫疾。懿行案：《説文》云：「腫，癰也。」

又東四百里曰亶爰之山，「亶」，音「蟬」。多水，無草木，不可以上。言崇陗也。有獸焉，其狀如狸而有髦，其名曰類，「類」，或作「沛」。「髦」，或作「髮」。懿行案：《莊子·天運篇》《釋文》引此經作「其狀如狸而有髮，其名曰師類」，蓋即郭所見本也。「師」，疑「沛」字之譌。自爲牝牡，食者不妒。《莊子》亦曰「類自爲雌雄而化」。今貆豬亦自爲雌雄。懿行案：《列子·天瑞篇》云：「亶爰之獸，自孕而生，曰類。」陳藏器《木草拾遺》云：「靈貓生南海山谷，狀如貍，自爲牝牡。」又引《異物志》云：「靈貍，一體自爲陰陽。」據此，則「類」爲「靈貍」無疑也；「類」、「貍」聲亦相轉。今魚皮夷，地當三姓所屬之羅邨，以嘉慶八年冬緣事至京師。譯官色崇額言，其地有獸，多毛，形頗類狗，體具陰陽，自爲配耦。所説形狀，亦即是物，但譯言不了，不得其名耳。郭注「貆豬」，即「豪彘」也，見《西山經》「竹山」。

又東三百里曰基山，其陽多玉，其陰多怪木。懿行案：《太平御覽》五十卷引此經，「多怪木」上有「多金」二字。有獸焉，其狀如羊，九尾四耳，其目在背，其名曰猼訑，「博」「施」二音。「施」，一作「陁」。懿行案：「施，一作陁」之「施」，當爲「訑」字之譌。「猼訑」，《玉篇》、《廣韻》作「䍐羘」，疑皆後人所作字也。佩之不畏。不知恐畏。懿行案：此亦羊屬，唯目在背上爲異耳。《説文》「羖」字注云：「城郭市里，高縣羊皮，以驚牛馬，曰羖。」《本草經》云：「羖羊角，主辟惡鬼虎狼，止驚悸。」並與此經合。《太平御覽》九百十三卷引此經《圖讚》云：「猼訑似羊，眼乃在背。視之則奇，推之無怪。欲不恐懼，厥皮可佩。」有鳥焉，其狀如雞，而三首、六目、六足、三翼，其名曰鵂鵂，鵂鵂急性。「敞」「孚」二音。懿行案：「鵂」蓋「鵂」字之譌；注「敞」亦「敞」字之譌也。《玉篇》作「鶺鵂」，《廣雅·釋地》本此文作「鶖鵂」可證。然郭云「鵂鵂急性」亦譌也。《方言》云：「憋，惡也。」郭注云：「憋怤，急性也。」「憋怤」、「鵂鵂」字異音同，然則此注當云「讀如憋怤。急性。」今本疑有脱誤。食之無卧。使人少眠。

又東三百里曰青丘之山，亦有青丘國，在海外。《水經》云：即《上林賦》云「秋田於青丘」。懿行案：

《史記·司馬相如傳》《正義》引郭注云：「青丘，山名，上有田。亦有國，出九尾狐，在海外。」又引服虔云：「青丘國在海東三百里。」並見《海外東經》，非此也。郭引《水經》，今無考。其陽多玉，其陰多青䨼。䨼，黝屬。音「瓠」。　懿行案：「䨼」，當爲「雘」。《說文》云：「雘，善丹也。」《初學記》五卷引此經，正作「雘」。《文選》注《赭白馬賦》，引此注，亦作「雘」。有獸焉，其狀如狐而九尾，即九尾狐。其音如嬰兒，懿行案：《玉篇》引《蒼頡篇》云：「男曰兒，女曰嬰。」能食人，　懿行案：郭注《大荒東經》青丘國九尾狐云：「太平則出而爲瑞」。此經云「能食人」，則非瑞應獸也。且此但言「狀如狐」，非即真狐，郭云「即九尾狐」，似誤。食者不蠱。噉其肉，令人不逢妖邪之氣。或曰：蠱，蠱毒。懿行案：《說文》云：「蠱，腹中蟲也。」引《春秋傳》曰：「皿蟲爲蠱，淫溺之所生也。梟桀死之鬼亦爲蠱。」郭引「或曰蠱，蠱毒」者，《秋官》庶氏掌除毒蠱，又南方造蠱毒有蛇蠱、金蠶蠱也。經云食此獸者不蠱，蓋亦秦人以狗禦蠱之義，見《史記·秦本紀》。有鳥焉，其狀如鳩，　懿行案：鳩有數種，具見《爾雅》。其音若呵，如人相呵呼聲。名曰灌灌，或作「濩濩」。　懿行案：「灌灌」，郭云「或作濩濩」，《吕氏春秋·本味篇》云：「肉之美者，䴉䴉之炙。」高誘注云：「䴉䴉，鳥名，其形未聞。䴉，一作獲。」今案「䴉」與「灌」、「獲」與「濩」俱字形相近，即此鳥明矣。佩之不惑。　懿行案：陶潛《讀山海經》詩云：「青丘有奇鳥，自言獨見爾。本爲迷者生，不以喻君子。」英水出焉，　懿行案：「英」，《玉篇》作「渶」，云：「水出青丘山」。南流注于即翼之澤。其中多赤鱬，音「懦」。　懿行案：「懦」，蓋「儒」字之譌。《藏經》本作「儒」。其狀如魚而人面，　懿行案：

《太平御覽》九百三十九卷引此經《圖讚》云：「赤鱬之狀，魚身人頭。」其音如鴛鴦，食之不疥。一作「疾」。　懿行案：《説文》云：「疥，搔也。」

又東三百五十里曰箕尾之山，懿行案：《玉篇》作「箕山」，無「尾」字。其尾踆于東海。多沙石。「踆」，古「蹲」字。言臨海上。音「存」。　懿行案：《説文》云：「蹲，踞也。」又云：「夋，倨也。」無「踆」字。汸水出焉，音「芳」。　懿行案：《玉篇》作「滂」，音與郭同。而南流注于淯，音「育」。其中多白玉。

凡誰山之首，自招摇之山以至箕尾之山，凡十山，二千九百五十里。懿行案：今才九山，二千七百里。若連誰山計算，正得十山。但誰山雖標最目，其文俄空，當有闕脱。其神狀，皆鳥身　懿行案：《北堂書鈔》一百三十三卷引此經作「人身」。而龍首。其祠之禮：毛言擇牲取其毛色也。《周官》曰：「陽祀用騂牲之毛。」懿行案：「之毛」當爲「毛之」，見《地官·牧人》職。用一璋玉瘞；半圭爲璋。瘞：薶也。糈用稌米，「糈」，祀神之米名。先吕反。今江東音「所」，一音「壻」。「稌」，稌稻也。他覩反。「糈」，或作「疏」，非也。　懿行案：《離騷》云：「巫咸將夕降兮，懷椒糈而要之。」故知「糈」，祀神之米名也。或音「所」、音「壻」，並方俗聲轉。其字或作「疏」，亦字隨音變也。「稌，稻」見《爾雅》，疑此注衍一「稌」字。一璧，稻米，白菅　懿行案：《太平御覽》七百九卷引此文作「白蒲」。爲席。菅，茅屬也。音「間」。懿行案：《爾雅》云：「白華，野菅。」《廣雅》云：「菅，茅也。」「席」者，藉以依神。《淮南·説山訓》云：

「巫之用糈，藉。」高誘注云：「糈米所以享神，藉菅茅是享神之禮，用菅茅爲席也。」

南次二經之首曰柜山，音「矩」。西臨流黄，懿行案：即流黄辛氏國也。見《海内經》。北望諸毗，東望長右。皆山名。懿行案：「諸毗」、「長右」，説見下。英水出焉，西南流，注于赤水。其中多白玉，多丹粟。細丹沙如粟也。懿行案：《周書·王會篇》云：「卜人以丹沙。」張衡《南都賦》云：「青艧丹粟。」有獸焉，其狀如豚，懿行案：畢氏本「豚」作「反」，譌。有距，懿行案：《説文》云：「距，雞距也。」其音如狗吠，其名曰貍力，懿行案：郭注有「一作貍刀」四字，諸本俱無，吴氏本有。見則其縣多土功。有鳥焉，其狀如鴟懿行案：「鴟」，《玉篇》作「雞」。而人手，其脚如人手。「鴟」，音「處脂反」。懿行案：鴟有三種，具見《爾雅》。「手」，《廣韻》作「首」，非。其音如痺，未詳。懿行案：《爾雅》云：「鶉之雌者名痺。」吴氏云。其名曰鴸，音「株」。懿行案：陶潛《讀山海經》詩云：「鵃鵝見城邑，其國有放士。」或云：「鵃鵝」當爲「鴟鴸」。一云當爲「鵃鴸」。其名自號也，見則其縣多放士。放，放逐。或作「效」也。

東南四百五十里曰長右之山，懿行案：《廣韻》引此經，「長右」作「長舌」。無草木，多水。有獸焉，其狀如禺而四耳，其名長右，以山出此獸，因以名之。懿行案：《廣韻》引此經作「長舌」。其音如吟，如人呻吟聲。見則郡縣大水。懿行案：郡縣之制起於周，《周書·作雒篇》及《左氏傳》具有其文。畢氏引《淮南·氾論訓》云：「夏桀、殷紂之盛，人跡所至，舟車所通，莫不爲郡縣」，以此證郡縣之名起於夏、殷也。

又東三百四十里曰堯光之山，其陽多玉，其陰多金。懿行案：《太平御覽》八百十三卷引此經作「克光之山，其陰多鐵。」有獸焉，其狀如人而彘鬣，穴居而冬蟄，其名曰猾褢，「滑」「懷」兩音。懿行案：《御覽》九百十三卷引此經，「猾褢」作「猬褢」。其音如斲木，如人斫木聲。見則縣有大繇。謂作役也。或曰「其縣是亂」。懿行案：《藏經》本作「其縣亂」，無「是」字。

又東三百五十里曰羽山，今東海祝其縣西南有羽山，即鯀所殛處。計此道里不相應，似非也。懿行案：《地理志》云：「東海郡祝其，《禹貢》羽山在南，鯀所殛。」郭以爲非此經羽山，是矣。其下多水，其上多雨，無草木，多蝮虫。蚖也。懿行案：《本草別録》「蝮蛇」與「蚖」爲二物；郭以爲「蚖」即「蝮虫」，非也。吴氏以「蚖」爲「虮」字之誤，「虮」即「虺」字，亦非。

又東三百七十里曰瞿父之山，音「劬」。懿行案：《玉篇》云：「岎，音父。山名。」蓋「父」或爲「岎」也。但經内諸山以「父」名者非一，既疑未敢定，又《玉篇》、《廣韻》偏旁之字多後人所加，不盡可从也。餘多放此。無草木，多金玉。

又東四百里曰句餘之山，今在會稽餘姚縣南、句章縣北，故此二縣因此爲名云。見張氏《地理志》。懿行案：山在今浙江歸安縣東。劉昭注《郡國志》「會稽郡餘姚」、「句章」，引此經及郭注，與今本同。《晉書·地理志》亦云：「餘姚有句餘山，在南。」「張氏《地理志》」者，此及《西山經》「鳥鼠同穴之山」注並引之。張氏，張晏也，見《水經注》。無草木，多金玉。

又東五百里曰浮玉之山， 懿行案：《水經·沔水》注引此經云云。又引謝康樂云：「《山海經》浮玉之山在句餘東五百里，便是句餘縣之東山，乃應入海；句餘今在餘姚鳥道山西北，何由北望具區也？」以爲「郭於地理甚昧矣。言洞庭南口有羅浮山，高三千六百丈；會稽山宜直湖南。是酈氏以羅浮山爲此經浮玉山也。」《藝文類聚》七卷引謝靈運《羅浮山賦》曰：「得洞經所載羅浮山事，云茅山是洞庭口，南通羅浮」，正與《水經注》合。茅山即會稽山也。《類聚》又引《羅浮山記》曰：「羅浮者，蓋總稱焉。羅，羅山也；浮，浮山也。二山合體，謂之羅浮，在增城、博羅二縣之境。」北望具區，具區，今吳縣西南太湖也。《尚書》謂之震澤。 懿行案：具區即震澤，揚州藪也。其太湖乃五湖之總名，揚州浸也。載在《職方》甚明。郭氏此注及《爾雅·十藪》注並以具區、太湖爲一，非也。説見《爾雅略》。東望諸毗。水名。 懿行案：「諸毗」，《廣雅·釋地》作「渚毗」，蓋古字通也。又上文「柜山，北望諸毗」，郭云「山名」；此云「東望諸毗」，郭云「水名」。又《西山經》云「北望諸毗之山」，又云「北望諸毗」，郭云「山名」；《西山經》又云「西流注于諸毗之水」，郭云「水出諸毗山也」；《北山經》亦云「西流注于諸毗之水」，郭云「水出諸毗山也」。然則「諸毗」蓋非一山，其水即非一水也。此經「諸毗」蓋在江南，其《西》、《北》二經所説皆與此異者也。《太平寰宇記》云：「烏程縣，毗山在縣東北九里。」蓋此經所謂「諸毗」矣。有獸焉，其狀如虎而牛尾，其音如吠犬，其名曰彘，是食人。苕水出於其陰，北流注于具區， 懿行案：《水經注》云：「山陰西四十里有二溪；東溪廣一丈九尺，冬暖夏冷；西溪廣三丈五尺，冬冷夏暖。二溪北出，行三里至徐邨，合成一溪，廣五丈餘，而温涼又雜，蓋《山海經》所謂苕水也。北逕羅浮山而下注於太湖，故言出其陰入於具區也。」案《太平寰宇記》云：「苕溪在烏程縣南五十步。」霅水亦苕水之異名。其中多鮆魚。鮆魚狹薄而長頭，大者尺餘，太湖中今饒之，一名刀魚。音「祚啟反」。　懿行案：《爾雅》云：「鮤鱴，刀。」郭注云：「今之鮆魚也。亦呼爲魛魚。」今案海中亦有刀魚，登、萊間人呼林刀魚，蓋「林」即「鮤」聲之轉矣。李善注《江賦》引此經郭注，與今本同。《太平御覽》九百三十七卷引郭注，「長頭」作「長鬚」。又九百三十九卷引《魏武四時食制》曰：「望魚側如刀，可以刈草。出豫章明都澤。」蓋亦此類。但「望魚」之名，所未考。

又東五百里曰成山，四方而三壇。形如人築壇相累也。「成」亦「重」耳。　懿行案：《爾雅》云：「丘一成爲敦丘。」郭注云：「成，猶重也。」引《周禮》曰：「爲壇三成」。正與此義相證，故云「成亦重耳」，言此之成山亦因重累如壇而得名也。其上多金玉，其下多青雘。⿵門豖水出焉，音「涿」。　懿行案：《玉篇》云：「⿵門豖，式旨切。」从「豖」不从「豕」。藏經本亦作「⿵門豖」。而南流注于一作「流注于西」。虖勺，「虖」音「呼」。「勺」，或作「多」，下同。其中多黄金。今永昌郡水出金如糠，在沙中。《尸子》曰：「清水出黄金、玉英。」　懿行案：劉昭注《郡國志》「永昌郡」，引《華陽國志》云：「蘭滄水有金沙，洗取融爲金」，即郭所説也。《藝文類聚》八卷引《尸子》，作「清水有黄金」；郭注《穆天子傳》引《尸子》作「龍泉有玉英」。此注「玉英」二字衍，或上有闕脱。

又東五百里曰會稽之山。今在會稽郡山陰縣南，上有禹冢及井。　懿行案：《地理志》云：「會稽郡山陰，會稽山在南，上有禹冢、禹井。」《越絶書》云：「禹到大越，上茅山，大會計，更名茅山曰會稽。」《水經注》云：「會稽之山，古防山也，亦謂之爲茅山，又曰棟山。《越絶》云：棟，猶鎮也。」《藝文類聚》八卷引郭氏讚云：「禹徂會稽，爰朝羣臣。不虔是討，乃戮長人。玉匱表夏，玄石勒秦。」四方。其上多金玉，其下多砆石。砆，武夫石，似玉。今長沙臨湘出之。赤地白文，色蘢葱不分明。　懿行案：《子虛賦》云：「碝石碔砆」。張揖注云：「皆石之次玉者。《戰國策》云『碔砆類玉』是也。」劉昭注《郡國志》引此經作「玞石」，《水經注》作「玦石」，並誤。《玉篇》引此經作「砆石」，又引郭注「赤地」作「青地」，「分明」作「分了也」。勺水出焉，而南流注于湨。音「鶪」。　懿行案：《水經·漸江水》注引此經，「勺」作「夕」，「湨」作「湖」。

又東五百里曰夷山，無草木，多沙石。湨一作「浿」。水出焉，而南流注于列塗。　懿行案：疑即塗山。《說文》作「嵞」，云：「嵞，會稽山。一曰九江當嵞也。」

又東五百里曰僕勾一作「夕」。　懿行案：「夕」疑「多」字之譌。且此經前有「虖勺」，後有「虖勺之山」，其字作「勺」或作「多」可證。又《越絶書》云：「麻林山一名多山。越謂齊人多，故曰麻林、多。」亦其例也。又上文云：「會稽山，勺水所出」，《水經注》作「夕水」，疑「夕」亦「多」字之譌矣。之山，其上多金玉，其下多草木，無鳥獸，無水。

又東五百里曰咸陰之山，無草木，無水。

又東四百里曰洵一作「旬」。懿行案：《玉篇》引此經作「句山」。《太平御覽》九百四十一卷引作「旬山」，與郭注合。山，其陽多金，其陰多玉。有獸焉，其狀如羊而無口，不可殺也，稟氣自然。懿行案：「不可殺」，言不能死也。「無口」，不食而自生活。其名曰䍺。音「還」。或音「患」。懿行案：《廣韻》云：「䍺，獸名。似羊，黑色，無口，不可殺也。䍺，又作𦏁。」洵水出焉，音「詢」。懿行案：《地理志》云：「漢中郡旬陽，北山，旬水所出，南入沔。」計其道里，似非此。而南流注於閼之澤，音「遏」。其中多芘嬴。紫色螺也。懿行案：郭云「紫色螺」，即知經文「芘」當爲「茈」，字之譌也。《古字通》以「茈」爲「紫」。《御覽》引此經「芘」作「茈」。

又東四百里曰虖勺之山，懿行案：「虖勺」已見上文。郭注云：「勺，或作多。」《文選》注阮籍《詠懷詩》引此經作「雩夕之山」。其上多梓、枏，梓，山楸也。枏，大木，葉似桑。今作「楠」，音「南」。《爾雅》以爲「枏」。懿行案：「梓」、「枏」並見《爾雅》。又「梅枏」，郭注云「似杏，實酢」，非也。此注得之。說見《爾雅略》。又《玉篇》說枏，亦本《爾雅註》而誤。王引之曰：「《爾雅》以爲枏。枏，疑當作梅。」其下多荊、杞，懿行案：《廣雅》云：「楚，荊也。」「牡荊，曼荊也。」杞。杞，苟杞也，子赤。懿行案：《爾雅》云：「杞，枸檵。」郭注云：「今枸杞也。」《文選》注引此經郭注，亦云「杞，枸杞。」是「苟」、「枸」聲同也。其子赤，俗呼狗㜷子。《廣雅》云：「枸乳，苦杞也。根名地骨。」故《廣雅》云：「地筋，枸杞也。」滂水出焉，音滂沱之「滂」。而東流注于海。

又東五百里曰區吳之山，無草木，多沙石。鹿水出焉，而南流注于滂水。

又東五百里曰鹿吳之山，上無草木，多金石。澤更之水出焉，而南流注于滂水。水有獸焉，名曰蠱雕，其狀如雕而有角，雕似鷹，而大尾長翅。懿行案：《説文》云：「雕，鷻也。」「蠱」，或作「纂」。其音如嬰兒之音，是食人。《玉篇》云：「鷲也。」

東五百里曰漆吳之山，無草木，多博石，可以爲博棊石。懿行案：《方言》云：「簙，謂之蔽，或謂之棊。古棊以木，故字從木。」然《中次七經》云：「休與之山有石，名曰帝臺之棊。」是知博棊古有用石者也。無玉。處于東海。懿行案：東海，一本作「海東」。望丘山，其光載出載入，神光之所潛燿。是惟日次。是日景之所次舍。懿行案：楊愼《補注》云：「經載日月所出入之山凡數十所，蓋峯巒隱映、壑谷層疊，所見然矣，非必日月出没定在是也。」

凡南次二經之首，自柜山至於漆吳之山，凡十七山，七千二百里。懿行案：今七千二百一十里。其神狀皆龍身而鳥首。其祠：毛用一璧瘞；糈用稌。稰穬也。懿行案：「穬」字疑衍，或「稉」字之譌。

南次三經之首曰天虞之山，懿行案：山當在交、廣也。《藝文類聚》八卷引顧微《廣州記》云：「南海始昌縣西有夫盧山，高入雲霄。世傳云上有湖水。至甲戌日，輒聞山上有鼓角笳簫鳴響。」疑即斯山也。「天虞」、

「夫盧」字形相近，或傳寫之譌。其下多水，不可以上。

東五百里曰禱過之山，其上多金玉，其下多犀、犀似水牛，豬頭，庳脚。脚似象，有三蹏。大腹。黑色。三角一在頂上，一在額上，一在鼻上；在鼻上者小而不墮，食角也。好噉棘，口中常灑血沫。　懿行案：「犀」，見《爾雅》；郭注與此同，唯「墮」作「橢是。」兕，兕亦似水牛，青色，一角。重三千斤。　懿行案：「兕」，亦見《爾雅》；郭注與此同。此注「三」字衍。多象。象，獸之最大者。長鼻，大者牙長一丈。性妒，不畜淫子。　懿行案：《説文》云：「象，長鼻、牙，南越大獸，三年一乳。」《初學記》二十九卷引郭氏《圖讚》云：「象實魁梧，體巨貌詭。肉兼十牛，目不踰豕。望頭如尾，動若丘徙。」有鳥焉，其狀如鵁鵁似梟而小，脚近尾。音骹箭之「骹」。　懿行案：《爾雅》云：「鳽，頭鵁。」郭注與此略同。而白首，三足，或作「手」。人面，其名曰瞿如，音「劬」。　懿行案：「瞿」，《玉篇》、《廣韻》並作「鸜」。《玉篇》云：「鸜鳥似白鵁」。「白」字衍也。《廣韻》云：「鸜，三首三足鳥。」「白首」作「三首」，或字之譌，或所見本異也。其鳴自號也。浪水出焉，音「銀」。　懿行案：《水經》云：「浪水出武陵鐔城縣北界沅水谷。」注引此經爲釋。而南流注于海。　懿行案：《水經》云：「浪水又東至南海番禺縣西，分爲二：其一南入於海，其一又東過縣，東南入於海。」注云：「浪水又東逕懷化縣，入於海。」其中有虎蛟，蛟似蛇，四足。龍屬。　懿行案：郭氏《江賦》云：「水物怪錯，虎蛟鉤蛇」，本此。《水經注》引裴淵《廣州記》云：「浪水有鮨魚。」《博物志》云：「東海蛟鮨魚生子，子驚，還入母腸，尋復出。」與《水經注》合。疑「蛟鮨」即「虎蛟」矣。所以謂之「虎」者，《初學記》三十卷引沈瑩《臨海水土異物志》云：「虎鯌長五尺，黄黑班，耳目齒牙有似虎形，唯無毛。或變化成虎。」然則虎蛟之名蓋以此。又，任昉《述異記》云：「虎魚，老者爲蛟。」疑别是一物也。其狀魚身而蛇尾，其音如鴛鴦，食者不腫，懿行案：《説文》云：「腫，癰也。」可以已痔。懿行案：《説文》云：「痔，後病也。」

又東五百里曰丹穴之山，懿行案：《爾雅》云：「岠齊州以南，戴日，爲丹穴。丹穴之人智。」《莊子·讓王篇》云：「越王子搜，逃乎丹穴」，《釋文》引《爾雅》。其上多金玉。丹水出焉而南流，注於渤海。渤海，海岸曲崎頭也。懿行案：渤，俗字也。《説文》云：「郣，海地。一曰地之起者曰郣。」《史記·封禪書》作「渤海」，《漢書·武帝紀》作「勃海」，《揚雄傳》作「勃解」，並通。有鳥焉，其狀如雞，懿行案：《史記·司馬相如傳》正義、《文選》注顏延之《贈王太常》詩、《藝文類聚》九十九卷及《初學記》五卷引此經，「雞」並作「鶴」。薛綜注《東京賦》，引作「鵠」。五采而文，名曰鳳皇。首文曰德，翼文曰義，背文曰禮，懿行案：《海内經》作「翼文曰順，背文曰義」。《廣雅》與《海内經》同。膺文曰仁，腹文曰信。懿行案：《周書·王會篇》云：「西申以鳳鳥。鳳鳥者，戴仁、抱義、掖信，歸有德。」是鳥也，飲食自然，懿行案：《初學記》引此經作「不飲不食」，誤。自歌自舞，見則天下安寧。漢時鳳鳥數出，高五六尺，五采。莊周説鳳，文字與此有異。《廣雅》云：「鳳，雞頭、燕頷、蛇頸、龜背、魚尾。雌曰皇，雄曰鳳。」懿行案：「鶠鳳，其雌皇。」見《爾雅》。郭引《廣雅》「龜背」，今本作「鴻身」。《爾雅》注與此注同，唯「五六尺」作「六尺許也」。《説文》云：「天老曰：鳳之象也，鴻前麐後，蛇頸魚尾，鸛顙鴛思，龍文龜背，燕頷雞喙，五色備舉。出於東方君子之國，翱翔四海之外，過昆侖，飲砥柱，濯羽弱水，莫宿風穴，見則天下大安寧。」《類聚》引郭氏讃云：「鳳皇靈鳥，實冠羽群。八象其體，五德其文。附翼來儀，應我聖君。」

又東五百里曰發爽或作「罯」。　懿行案：《藝文類聚》九十五卷引此經，亦作「發爽」。之山，無草木，多水，多白猿。　懿行案：《類聚》引「猿」作「猨」。汎水出焉，而南流注于渤海。

又東四百里至于旄山之尾。其南有谷曰育遺，或作「隧」。　懿行案：「遺」、「隧」古音相近。《大雅·桑柔篇》云：「大風有隧。」此經之隧爲凱風所出，即風穴也。《説文》云：鳳皇「莫宿風穴」，蓋即此。多怪鳥，《廣雅》曰：「鵽鷉、鶌明、爰居、鴟雀，皆怪鳥之屬也。」　懿行案：今本《廣雅》作「鷏離、延居、鵽雀，怪鳥屬也。」「離」、「鷉」古通用；「延」、「爰」聲相近；「鵽」與「鴟」，「鵽」與「鷏」，並字形之訛。又，《廣雅》上文已云「鶌明，鳳皇屬」，不應又爲「怪鳥」，疑郭氏誤記爾。凱風自是出。凱風，南風。　懿行案：《爾雅》云：「南風曰凱風。」

又東四百里至於非山之首，其上多金玉，無水，其下多蝮虫。

又東五百里曰陽夾之山，無草木，多水。

又東五百里曰灌湘之山，一作「灌湖射之山」。上多木，無草；多怪鳥，無獸。

又東五百里曰雞山，　懿行案：雞山在今雲南。《郡國志》云：「永昌郡博南：南界出金。」劉昭注引《華陽國志》云：「西山高三十里，越得蘭滄水，有金沙，洗取，融爲金。」今案博南西山，疑即雞山，蘭滄水即黑水矣。又，益州滇池有黑水祠，劉昭注引《華陽國志》云：「水是温泉也。」其上多金，其下多丹雘，雘，赤色者。或曰：雘，美丹也。見《尚書》。音尺蠖之「蠖」。　懿行案：「雘」，已見上文「青丘之山」。《説文》云：「丹，巴越之赤石也。」「雘，善丹也。」引《周書》曰：「惟其敷丹雘。」讀若「隺」。黑水出焉，而南流注于海。其中有鱄魚，音團扇之「團」。　懿行案：《説文》云：「鱄，魚名。」李善注《江賦》引此經作「鱄魚」，《廣韻》亦作「鱄魚」，非也。其狀如鮒　懿行案：《廣雅》云：「鮒，鰿也。」即今鯽魚。「鯽」、「鰿」同字，見《玉篇》。而彘毛，　懿行案：《廣韻》作「豕尾」。其音如豚，見則天下大旱。　懿行案：《太平御覽》九百三十九卷引鱄魚並鴟鳥《圖讚》云：「鴟鳥栖林，鱄魚處川。俱爲旱徵，災延普天。測之無象，厥類惟玄。」

又東四百里曰令丘之山，無草木，多火。　懿行案：《初學記》二十五卷引《括地圖》曰：「神丘有火穴，光照千里。」「神丘」、「令丘」聲相近。《楚詞·大招》篇亦云：「魂虖無南，南有炎火千里」。《抱朴子》云「南海蕭丘，有自生之火」也。其南有谷焉，曰中谷，條風自是出。東北風爲條風。記曰：「條風至，出輕繫，督捕留。」　懿行案：「條風」，《吕氏春秋·有始覽》作「滔風」。《淮南·墬形訓》云：「東方曰條風。」高誘注云：「震氣所生。」劉昭注《郡國志》「九真郡居風」，引《交州記》云：「山有風門，常有風。」郭引「記曰」者，《淮南·天文訓》云：「條風至，則出輕繫，去稽留」。今郭注譌「督捕留」，藏經本「捕」作「逋」，是。有鳥焉，其狀如梟，人面、四目而有耳，其名曰顒，音「娛」。懿行案：《玉篇》、《廣韻》並作「鸋」。其鳴自號也，見則天下大旱。

又東三百七十里曰侖者之山，音論説之「論」。一音「倫」。其上多金玉，其下多青雘。有木焉，其狀如穀而赤理，其汗如漆，懿行案：「漆」，當爲「桼」。《説文》云：「木汁，可以髼物。」桼如水，滴而下，故此言「汁」矣。經文「汗」當爲「汁」字之譌。《東次四經》云「其汁如血」可證。《太平御覽》五十卷引此經，正作「汁」字。其味如飴，懿行案：《説文》云：「飴，米蘖煎也。」《方言》云：「飴謂之餧，餳謂之餹。」郭注云：「江東皆言餹。」食者不飢，可以釋勞，懿行案：高誘注《淮南·精神訓》云：「勞，憂也。」其名曰白䓘，或作「睪蘇」。睪蘇一名白䓘，見《廣雅》。音「羔」。懿行案：《廣雅》云：「睪蘇，白䓘也。」在《釋草篇》。此言「木」者，雖名爲木，其實草也。正如竹之爲屬，亦草亦木矣。《藝文類聚》引張協《都蔗賦》云：「皋蘇妙而不逮，何况沙棠與椰實。」皋蘇味如飴，故以比甘蔗也。云「可以釋勞」者，《初學記》引王朗《與魏太子書》云：「奉讀歡笑，以藉飢渴。雖復萱草忘憂，皋蘇釋勞，無以加也。」可以血玉。血，謂可用染玉作光彩。懿行案：染玉之説未聞。《大戴禮·少間篇》云：「玉者猶玉，血者猶血。」盧辯注云：「血，憂色也。」與此義合。

又東五百八十里曰禺稾之山，多怪獸，多大蛇。

又東五百八十里曰南禺之山，其上多金玉，其下多水。有穴焉，水出懿行案：「出」，藏經本作

「春」。輒入，夏乃出，冬則閉。佐水出焉，而東南流注于海。有鳳皇、鵷鶵。亦鳳屬。　懿行案：《莊子·秋水篇》云：「南方有鳥，其名鵷鶵」，本此。《釋文》引李頤云：「鵷鶵，鸞鳳之屬也。」李善注《南都賦》引此經，與今本同；又引郭注云：「鳳皇也」，疑誤。

凡南次三經之首，自天虞之山以至南禺之山，凡一十四山，六千五百三十里。　懿行案：今才一十三山，五千七百三十里。其神皆龍身而人面，其祠：皆一白狗祈，祈，請禱也。　懿行案：畢氏云：「祈，當爲䰇。」引《説文》云：「䰇，以血有所㓾涂祭也。」又引《周禮》鄭注云：「祈，或爲㓾。㓾與䰇同義。」糈用稌。

右南經之山志，　懿行案：篇末此語蓋校書者所題，故舊本皆亞於經。大小凡四十山，萬六千三百八十里。　懿行案：經當云凡四十一山，萬六千六百八十里。蓋傳寫之誤也。今檢才三十九山，萬五千六百四十里。

山海經第二

西山經

西山經華山之首曰錢來之山，其上多松，其下多洗石。澡洗可以磢體，去垢圿。磢，初兩反。 懿行案：磢，當爲瓾。《説文》云：「磋垢瓦石。」有獸焉，其狀如羊而馬尾，名曰羬羊，今大月氏國有大羊，如驢，而馬尾。《爾雅》云：「羊六尺爲羬」，謂此羊也。「羬」，音「針」。 懿行案：「羬」，當從《説文》作「麙」。「羬」，蓋俗體。《玉篇》：「午咸、渠炎二切。」《廣韻》：「巨淹切。與鍼同音。鍼又之林切。俗字作針。」是郭注之「針」，蓋因傳寫隨俗，失於校正也。《初學記》二十九卷引此注亦云「羬，音針」，則自唐本已譌。《太平御覽》九百二卷引郭義恭《廣志》云：「大尾羊，細毛，薄皮，尾上旁廣，重且十斤。出康居。」即與此注相合。《初學記》引郭氏《圖讚》云：「月氏之羊，其類在野。厥高六尺，尾亦如馬。何以審之，事見《爾雅》。」其脂 懿行案：《説文》云：「戴角者脂。」可以已腊。治體皴。「腊」，音「昔」。 懿行案：《説文》云：「昔，乾肉也。籀文作腊。」此借爲皴腊之字。今人以羊脂療皴，有驗。

西四十五里曰松果之山， 懿行案：山在今陝西華陰縣東南二十七里。李善注《西都賦》引此經云：「華首之山西六十里曰太華之山。」又，注《長楊賦》引此經作「松梁之山西六十里曰太華山。」濩水出焉，懿行案：《水經注》作「灌水」。北流注于渭。　懿行案：《水經》云：「河水又南，至華陰潼關」。注云：「灌水注之。水出松果之山，北流逕通谷，世亦謂之通谷水，東北注於河。」案《水經注》言「入河」，此經云「注渭」者，華陰、潼關之間，河、渭所會，水盖受其通稱矣。其中多銅。有鳥焉，其名曰螐渠，「螐」，音彤弓之「彤」。　懿行案：《爾雅》云：「鶌鴒，雝渠。」《廣雅》云：「鵅鳥、精列、鶺鴒，雅也。」《說文》云：「雅，石鳥。一名雝渠。」郭注《爾雅》云：「雀屬也。」又注《上林賦》云：「庸渠似鳧，灰色而雞脚。一名章渠。」然則「雝渠」與「螐渠」形狀既異，名稱又殊。學者多誤引，今正之。其狀如山雞，黑身，赤足，可以已𦢊。謂皮皴起也。音巨駮反。　懿行案：「𦢊」，疑當爲「暴」，借爲皴剥之字。

又西六十里，曰太華之山，即西岳華陰山也。今在宏農華陰縣西南。　懿行案：《說文》云：「崋山，在宏農華陰。」《地理志》云：「京兆尹華陰，太華山在南。」《晉書·地理志》云：「宏農郡華陰，華山在縣南。」削成而四方，今山形上大下小，陗峻也。　懿行案：郭盖讀「削」爲「峭」。今讀如字。《水經注》云：「遠而望之，又若華狀。」其高五千仞，其廣十里。仞，八尺也。上有明星玉女，持玉漿，得上，服之，即成仙。道險僻不通。《詩含神霧》云。　懿行案：明星玉女，華山峯名也。《藝文類聚》七卷引郭氏讚云：「華岳靈峻，削成四方。爰有神女，是挹玉漿。其誰遊之，龍駕雲裳。」鳥獸莫居。有蛇焉，名曰肥𧕿，六足四翼，見則天下大旱。湯時，此蛇見於陽山下。復有肥遺蛇，疑是同名。　懿行案：「𧕿」，當爲「遺」。劉昭注

《郡國志》及《藝文類聚》九十六卷並引此經，作「肥遺」。又，此篇下文有鳥，復名「肥遺」。郭云「復有肥遺蛇」者，見《北山經》「渾夕之山」，「彭毗之山」。

又西八十里曰小華之山，即少華山。懿行案：《水經注》云「太華西南有小華山」也。其木多荊杞，其獸多㸲牛，今華陰山中多山牛、山羊，肉皆千斤。牛即此牛也。音「昨」。懿行案：《穆天子傳》云：「春山，爰有野牛、山羊。」郭注云：「今華陰山有野牛、山羊，肉皆千斤」，與此注同，是此注「山牛」當爲「野牛」。其陰多磬石，可以爲樂石。懿行案：秦《嶧山刻石》文云「刻茲樂石」，即磬石也。《說文》云：「磬，樂石。」《初學記》十六引此經。其陽多㻬琈之玉。㻬琈，玉名。所未詳也。「㻬」、「浮」兩音。懿行案：《說文》引孔子曰：「美哉璵璠！遠而望之，奐若也，近而視之，瑟若也；一則理勝，一則孚勝。」此經「㻬琈」，古字所無，或即「璵璠」之字，當由聲轉；若係「理孚」之文，又爲形變也。古書多假借，疑此二義似爲近之。鳥多赤鷩，赤鷩，山雞之屬。胸腹洞赤，冠金，皆黄頭緑尾，中有赤，毛彩鮮明。音作「蔽」，或作「鼈」。懿行案：《爾雅》說雉，十有四種，中有「鷩雉」，郭注與此同。此注「皆黄」當爲「背黄」，字之譌。《說文》又云：「駿鸃，鷩也。」可以禦火。其草有萆荔，萆荔，香草也。「蔽」、「戾」兩音。懿行案：「萆荔」，《說文》作「萆藨」，《離騷》作「薜荔」，並古字通。狀如烏韭而生于石上，亦緣木而生，烏韭在屋者曰昔邪，在牆者曰垣衣。懿行案：《說文》云：「萆藨，似烏韭。」「藨」，當爲「歷」。徐鍇《繫傳》正作「歷」。其以烏韭爲麥門冬，謬也。麥門冬葉雖如韭，不名烏韭。《廣雅》云：「昔邪，烏韭也。」《本草》云：「烏韭生山谷石上。」《唐本草》蘇恭注謂之「石苔」。然則此物蓋與今石華相類，蒼翠茸茸，如華附石，其味清香。故《離騷》云：「貫薜荔之落蕊。」王逸注云：「薜荔，香草也。緣木而生。」是薜荔即革荔，郭注本王逸爲説也。「烏韭」二語本《廣雅》。食之，已心痛。懿行案：《本草》陶注云：「垣衣，主治心煩欬逆。」

又西八十里曰符禺之山，懿行案：《水經》云：「渭水又東過華陰縣北。」《注》有符禺之山。《太平御覽》八百七十卷引此經，「禺」作「愚」；九百二十八卷又引作「遇」。其陽多銅，其陰多鐵。其上有木焉，名曰文莖，其實如棗，可以已聾。懿行案：《藝文類聚》引束晳《發蒙記》云：「甘棗令人不惑。」疑因此經下文相涉而誤。當云「甘棗令人不聾」。孟詵《食療本草》云「乾棗主耳聾」是也。又，《本草經》云：「山茱萸，一名蜀棗。」《别録》云：「主耳聾。」其草多條，其狀如葵而赤華，黄實如嬰兒舌，食之使人不惑。符禺之水出焉，懿行案：《水經注》云：「渭水又東合沙溝水；水即符禺之水也，南出符禺之山，北流入於渭。」而北流注於渭。其獸多蔥聾，其狀如羊而赤鬣。懿行案：此即野羊之一種。今夏羊亦有赤鬣者。其鳥多鴖，音「旻」。懿行案：「鴖」當爲「䳑」。《御覽》引此經正作「䳑」。《説文》云：「䳑，鳥也。」《廣韻》云：「䳑鳥似翠而赤喙。」其狀如翠而赤喙，翠，似燕而紺色也。懿行案：「翠，鷸。」見《爾雅》。郭注與此同。可以禦火。畜之，辟火災也。懿行案：《御覽》引此經，「禦」並作「衛」，疑誤。

又西六十里曰石脆之山，懿行案：「脆」，當爲「脃」。《水經》云：「渭水又東過鄭縣北」，《注》有「石脆之山」。《藝文類聚》八十九卷兩引此經，並作「脆山」，無「石」字。其木多椶、枏，椶樹高三丈許，無枝條，葉大而員，枝生梢頭，實皮相裹，上行，一皮者爲一節，可以爲繩。一名栟櫚。音馬騣之「騣」。懿行案：李善注《西京賦》引此注作「并閭」。《廣雅》云：「栟櫚，椶也。」《説文》云：「椶，栟櫚也。可作萆。」萆，雨衣也。《玉篇》云：「椶櫚，一名蒲葵。」《類聚》引《廣志》曰：「椶，一名并閭。葉似車輪，乃在巔下有皮纏之，附地起。二旬一采，轉復上生。」是其形狀也。郭注「枝生梢頭」，「枝」，藏經本作「歧」。二字通。其草多條，其狀如韭而白華黑實，懿行案：「條草」與上文同名異狀。又，韭亦白華黑實也。食之已疥。其陽多㻬琈之玉，其陰多銅。灌水出焉，而北流注于禺水，懿行案：《水經注》云：「小赤水，即《山海經》之灌水也。水出石脃之山，北逕箫加谷，於孤柏原西東北流，與禺水合。」其中有流赭，赤土。懿行案：「赭」，見《北次二經》「少陽之山」注。以塗牛馬，無病。今人亦以朱塗牛角，云以辟惡。「馬」，或作「角」。懿行案：《本草經》云：「代赭石，主鬼疰蠱毒，殺精物惡鬼邪氣。」然則赭辟邪惡，不獨施之牛馬矣。

又西七十里曰英山，懿行案：《水經》云：「渭水有東過鄭縣北。」《注》有「英山」。其上多杻、橿。杻似棣而細葉，一名土橿。音「紐」。橿木，中車材。音「姜」。懿行案：《爾雅》云：「杻，檍。」郭注與此同。《説文》云：「橿，枋也。」枋木可作車。其陰多鐵，其陽多赤金。禺水出焉，北流注於招水，音「韶」。懿行案：《水經注》云：「禺水出英山，北流與招水相得，亂流西北，注於灌。灌水又北，注於渭。」

其中多鮮魚，音同蚌蛤之「蚌」。其狀如鼈，其音如羊。其陽多箭䉋。今漢中郡出䉋竹，厚裏而長節，根深。筍冬生地中，人掘取食之。䉋，音「媚」。懿行案：《玉篇》云：「䉋竹長節深根，筍冬生。」《廣雅》云：「箭，䉋簕也。」䉋，《廣志》作「篃」，見《初學記》。《水經注》作「媚」，有「媚加谷」。又見《中山經》。其獸多㸲牛、羬羊。有鳥焉，其狀如鶉，懿行案：「鶉，鶉。」見《爾雅》。黄身而赤喙，其名曰肥遺，食之已癘，癘，疫病也。或曰惡創。《韓子》曰：「癘人憐主。」懿行案：《説文》云：「癘，惡疾也。」「或曰惡創」者，《韓詩外傳》引《戰國·楚策》云：「癘雖癰腫痂疵」，又云「癘憐王」。此注「人」字衍，「主」又「王」字之譌。所引《韓子》者，《姦劫弑臣》篇文也，與《外傳》、《楚策》同。可以殺蟲。懿行案：「蟲」，蓋蟯、蛕之屬。

又西五十二里曰竹山，懿行案：山在今陝西渭南縣東南四十里，俗名大秦嶺，亦曰箭谷嶺，蓋因多竹箭得名。其上多喬木。枝上竦者。音「橋」。懿行案：《爾雅》云：「木上句曰喬。」其陰多鐵。有草焉，其名曰黄雚，其狀如樗，其葉如麻，白華而赤實，其狀如赭，紫赤色。浴之已疥，懿行案：《説文》云：「疥，搔也。」此草浴疥，可以去風痒。《本草別録》云：「對廬主疥，煮洗之，似菴䕡」，即此也。又可以已胕。治胕腫也。音「符」。懿行案：「胕腫」，見《黄帝素問》。竹水出焉，北流注于渭。懿行案：《水經注》云：「渭水又東逕下邽縣故城南，又東與竹水合，水南出竹山，北逕媚加谷，歷廣鄉原東，俗謂之大赤水，北流注於渭。」其陽多竹箭，箭，篠也。懿行案：《説文》云：「筱，箭屬。小竹也。」多蒼玉。懿行案：《玉藻》云：「大夫佩，水蒼玉。」丹水出焉，今所在有丹水。東南流，注于洛水，懿行案：丹水、洛水，皆在今陝西界也。《水經注》云：「上洛縣，洛水東與丹水合，水出西北竹山，東南流，注於洛。」其中多水玉，多人魚。如鯑魚，四脚。懿行案：說見《北次三經》「龍侯之山」注。有獸焉，其狀如豕而白毛，懿行案：《初學記》二十九卷及《文選·長楊賦》注引此經，俱「毛」下復有「毛」字。大如笄而黑端，笄，簪屬。懿行案：李善注《長楊賦》引此經，下有「以毛射物」四字，疑今本脱去之，有郭注可證。名曰豪彘。狟豬也。夾髀有粗豪，長數尺，能以脊上豪射物。亦自爲牝牡。狟，或作貆，吴、楚呼爲鸞豬，亦此類也。懿行案：《初學記》引此經，有云「貓豬，大者肉至千斤」，疑本郭注，今脱去之。《藝文類聚》九十四卷引郭氏《圖讚》云：「剛鬣之族，號曰豪狶。毛如攢錐，中有激矢。厥體兼資，自爲牝牡。」案豪彘，今謂之箭豬，其毛狀都如此經及注所說。

又西百二十里曰浮山，懿行案：《水經·渭水》注有「胏浮山」，與麗山連麓而在南，蓋此是也。《藝文類聚》七卷引《遊名山志》云：「玉溜山，一名地胏山，一名浮山」，即此。山在今陝西臨潼縣南。多盼木，音「美目盼兮」之「盼」。懿行案：郭既音「盼」，知經文必不作「盼」，未審何字之譌。枳葉而無傷，枳，刺針也。能傷人，故名云。懿行案：《小爾雅》云：「枳，害也。」郭注《方言》云：「《山海經》謂刺爲傷也」本此。《廣雅》云：「傷，箴也。」此注「針」當爲「鍼」。木蟲居之。在樹之中。有草焉，名曰薰音「訓」。草，懿行案：《廣雅》云：「薰草，蕙草也。」說見「嶓冢之山」注。麻葉而方莖，赤華而黑實，懿行案：《史記·司馬相如傳》索隱引《本草》云：「薰草，一名蕙。」《廣志》云：「蕙草緑葉紫莖。魏武帝以此燒香。今東下田有草，莖葉似麻，其華正紫也。」臭如蘼蕪，蘼蕪，香草。《易》曰：「其臭如蘭。」「眉」、「無」兩音。　懿行案：《爾雅》云：「蘄茝，蘼蕪。」郭注云：「香草。葉小如萎狀。」引《淮南子》云：「似蛇牀。」又引此經云：「臭如蘼蕪。」又，《文選·南都賦》注引《本草經》曰：「蘼蕪，一名薇蕪。」陶隱居注曰：「蕙，葉似蛇牀而香。」佩之，可以已癘。　懿行案：《本草别録》云：「薰草，去臭惡氣。」《爾雅》疏引此經作「止癘」。

又西七十里曰羭次之山，音「臾」。　懿行案：劉昭注《郡國志》及《初學記》一卷引此經，並與今本同。其二十七卷又引作「瑜次之山」，蓋誤。漆水出焉，今漆水出岐山。　懿行案：《説文》云：「漆水出右扶風杜陵岐山。」案「杜陵」，《水經注》引作《杜陽》，是也。《地理志》云：「右扶風，漆水在縣西。」《水經》云：「漆水出扶風杜陽縣俞山，東北入於渭。」注引此經，與今本同。北流注于渭。懿行案：《説文》云：「東入渭。一曰入洛。」據此經及《水經》，則「入渭」是也。其上多棫、橿，棫，白桵也。音「域」。　懿行案：「棫，白桵。」見《爾雅》。其下多竹箭。其陰多赤銅，其陽多嬰垣之玉。「垣」，或作「短」，或作「根」，或作「埋」，傳寫謬錯，未可得詳。　懿行案：「垣」，下文「泑山」正作「短」。畢氏云：郭云「或作根」者，當爲「珢」。《説文》云「珢，石之似玉者。」《玉篇》引張揖《埤蒼》云：「瓔珢，石似玉也。珢，居根、魚巾二切。」是。有獸焉，其狀如禺而長臂善投，其名曰䴕。亦在畏獸畫中。似獼猴投擲也。　懿行案：

「嚻」、「夒」聲相近。《説文》云：「夒，母猴似人。」有鳥懿行案：《初學記》引此經作「梟」，誤。焉，其狀如梟，人面而一足，曰橐𩇯，音「肥」。懿行案：《廣韻》引此注，「橐」作「蠹」。《太平御覽》四百三十三卷引《河圖》曰：「鳥一足，名獨立，見則主勇强」，即斯類也。冬見夏蟄，服之不畏雷。著其毛羽，令人不畏天雷也。或作「災」。

又西百五十里曰時山，懿行案：下文「大時之山」，《廣韻》引作「太時」，則此「時山」疑亦當爲「時山」。《地理志》云：「右扶風雍，有五時。」《説文》云：「時，天、地、五帝所基址，祭地也。」《史記》索隱云：「時，止也。言神靈之所依止也。」無草木。逐或作「遂」。水出焉，北流注于渭，其中多水玉。

又西百七十里曰南山，懿行案：即終南山。《詩》謂之「南山」。在渭水之南。上多丹粟。懿行案：《初學記》八卷引此經云：「南山多黄，丹水出焉」，疑「多黄」即「多丹粟」之譌脱。丹水出焉，北流注于渭。懿行案：丹水，即赤水也。《水經注》云：「渭水又東逕槐里縣故城南，有涌水出南山赤谷。」又云：「耿谷水北與赤水會，又北逕思鄉城東，又北注渭水。」獸多猛豹。猛豹似熊而小，毛淺有光澤，能食蛇、食銅鐵。出蜀中。「豹」，或作「虎」。懿行案：猛豹即貘豹也。《爾雅》云：「貘，白豹。」郭注云：「似熊，小頭庳脚，黑白駮，能舐食銅鐵。」《説文》云：「貘似熊而黄黑色，出蜀中。」「貘」，通作「獏」。《白帖》引《廣志》云：「獏大如驢，色蒼白，舐鐵消千金，其皮温煗。」又通作「貊」。郭注《中次九經》「崍山」云：「山出貊。貊似熊而黑白駮，亦食銅鐵。」是則「貊」即「貘」也。「貘豹」、「猛豹」聲近而轉。鳥多尸鳩。尸鳩，布穀類也。

或曰鵪鶉也。「鳩」，或作「丘」。懿行案：《爾雅》云：「鳲鳩，鴶鵴。」郭注云：「今之布穀也。」與此注同。又引「或曰鵪鶉也」者，《列子·天瑞篇》云：「鷂之爲鸇，鸇之爲布穀，布穀久復爲鷂」，是郭所本也。又云「鳩或作丘」者，聲近假借字。

又西百八十里曰大時之山，懿行案：《廣韻》引此經作「太畤」。畢氏云：「山疑即大白山也。在今陝西郿縣東南四十里。」《水經注》云：「太一山亦曰太白山，在武功縣南，去長安二百里。」上多穀、柞，柞，櫟。懿行案：「柞，櫟。」見《爾雅》。下多杻、橿；陰多銀，陽多白玉。涔水出焉，音「潛」。北流注于渭。清水出焉，南流注于漢水。今河内修武縣縣北黑山，亦出清水。懿行案：《地理志》云：「右扶風武功，斜水出衙領山，北至郿入渭。褒水亦出衙嶺，至南鄭入沔。」案「沔」即「漢」也。東漢水受氐道水，一名沔，亦見《地理志》。是此經「涔水」疑即「斜水」，「清水」疑即「褒水」矣。劉昭注《郡國志》「修武」，引此郭注與今本同；其引此經作「太行之山」，蓋字之譌。

又西三百二十里曰嶓冢之山，今在武都氐道縣南。「嶓」，音「波」。懿行案：山在今甘肅秦州西南六十里。李善注《思玄賦》引《河圖》曰：「嶓冢，山名。此山之精上爲星，名封狼。」漢水出焉，懿行案：《地理志》云：「隴西郡西，《禹貢》嶓冢山，西漢所出，南入廣漢白水，東南至江州入江。」又云：「氐道，《禹貢》養水所出，至武都爲漢。」「養」字本作「瀁」。《説文》云：「瀁，古字作漾。」是《地理志》以出氐道者爲漢水，出嶓冢者爲西漢水也。《水經》則云：「漾水出隴西氐道縣嶓冢山」，蓋合二水爲一也。又高誘《淮南》注及《水經注》引闞駰説，並以漢即昆侖之洋水，重源顯發而爲漾水；據此又以「洋」即「漾」字省文矣。而東南流，注于沔。至江夏安陸縣，江即沔水。懿行案：《地理志》云：「武都郡武都，東漢水受氏道水，一名沔，過江夏，謂之夏水，入江。」又云：「沮水出東狼谷，南至沙羡，南入江。」《水經》則云：「沔水出武都沮縣東狼谷。」是沮水即沔水，沔水即東漢水也。《地理志》云「東漢水受氐道水」，即此經云「東南流注于沔」矣。又案《地理志》及《水經》，並言漢水入江，此注云「江即沔水」，是知郭本經文作「注于江」，今本譌爲「沔」也。《水經注》及《藝文類聚》引此經並作「江」字，可證。又此注云「江即沔水」，「江」上脱「入」字，「江」下脱「漢」字，遂不復可讀。䲔水懿行案：《藝文類聚》八十九卷引此經作「嚻水」。出焉，北流注于湯水。或作「陽」。其上多桃枝、鉤端，鉤端，桃枝屬。懿行案：「桃枝竹」，見《爾雅》。「鉤端」，《廣雅》作「篘篛」，云：「桃枝也。」「篘篛」聲近爲「篡簸」。《玉篇》云：「篡簸，桃枝竹。」獸多犀、兕、熊、羆，羆似熊而黄白色，猛憨，能拔樹。懿行案：吴氏本郭注「能拔樹」下有「一云長頭高脚」六字，與《爾雅》注合，諸本並脱去之。鳥多白翰、白翰，白鵫也。亦名鵫雉，又曰白雉。懿行案：翰，見《爾雅》，其字作「鶾」。赤鷩。有草焉，其葉如蕙，蕙，香草，蘭屬也。或以蕙爲薰葉，失之。音「惠」。懿行案：《廣雅》云：「菌，薰也。其葉謂之蕙。」本《離騷》王逸注爲説也。《廣雅》又云：「薰草，蕙草也。」故《南方草木狀》云：「蕙草，一名薰草。」是蕙即薰也。《草木狀》又云：「葉如麻，兩兩相對，氣如蘼蕪。可以止癘。出南海。」與上文「浮山薰草」名義相合。是張揖、嵇含並以蕙、薰爲一草，但不以蕙爲薰葉耳。郭氏不從

《離騷》注，故云「失之」。其本如桔梗，本，根也。　懿行案：《廣雅》云：「犂如，桔梗也。」《本草》作「利如」。《太平御覽》引吳普《本草》云：「一名盧如。葉如薺苨，莖如筆管，紫赤。」《莊子·徐無鬼篇》釋文引司馬彪云：「桔梗治心腹血瘀瘕痺。」黑華而不實，名曰蓇蓉，《爾雅·釋草》曰：「榮而不實謂之蓇。」音「骨」。　懿行案：郭引《爾雅》脱「英」字。《玉篇》、《廣韻》並有「蓇，蓇蓉」；「从艸」，皆後人所加也。但《管子·地員篇》説木屬，有「胥容」。「胥」，古字作「𦙍」，與「骨」形近易混，疑「骨容」即「胥容」也。但草、木區別，疑未敢定焉。食之，使人無子。

又西三百五十里曰天帝之山，上多棕、枏，下多菅、蕙。菅，茅類也。　懿行案：《爾雅》云：「白華，野菅」。郭注云：「菅，茅屬。」有獸焉，其狀如狗，名曰谿邊，或作「谷遺」。席其皮者不蠱。懿行案：此即狗屬也。《史記·封禪書》云：「秦德公磔狗邑四門，以禦蠱菑」，義蓋本此。有鳥焉，其狀如鶉，黑文而赤翁，翁，頭下毛。音「汲甕」之「甕」。　懿行案：《説文》云：「翁，頸毛也。」注「頭」字譌。名曰櫟，音沙礫之「礫」。食之已痔。有草焉，其狀如葵，　懿行案：《史記·司馬相如傳》索隱引此經作「葉如葵」。其臭如蘼蕪，名曰杜衡，香草也。　懿行案：《爾雅》云：「杜，土鹵。」郭注云：「杜衡也。似葵而香。」《廣雅》云：「楚蘅，杜蘅也。」《文選》注引《范子》計然云：「秦蘅出於隴西天水。」《史記·司馬相如傳》索隱引張揖云：「衡，杜衡。生天帝之山。」可以走馬，帶之令人便馬。或曰：馬得之而健走。食之已癭。　懿行案：《説文》云：「癭，頸瘤也。」《淮南·墬形訓》云：「險阻氣，多癭。」《博物志》云：「山居之民多瘦。」

西南三百八十里曰皋塗之山，懿行案：《史記·司馬相如傳》索隱引此經作「鼻塗」。薔音「色」。或作「蕒」，又作「蓄」。懿行案：「薔」字形近「蓄」；「蓄」即「菑」字異文。郭注「蕒」、「蓄」亦與「蓄」、「菑」形近，但别無依據，疑未敢定也。水出焉，西流注于諸資之水。懿行案：《淮南·墬形訓》云：「西南方曰渚資，曰丹澤。」塗水出焉，南流注于集獲之水。其陽多丹粟，其陰多銀、黃金。懿行案：銀與黃金，二物也。下文「槐江之山，多采黃金、銀」，與此義同。其上多桂木。有白石焉，其名曰礜，懿行案：《説文》云：「礜，毒石也。出漢中。」《本草别録》同。可以毒鼠。今礜石殺鼠。音「豫」。蠶食之而肥。懿行案：《本草别録》云：「礜石，辛，大熱，有毒。不鍊服，殺人及百獸。」然則不但可以殺鼠矣。《博物志》云：「鸛伏卵，取礜石入巢助煖。」陶注《本草》云：「取生礜石納水，令水不冰。」是其性大熱可知。《玉篇》云：「礜石出陰山，殺鼠，蠶食則肥」，本於郭注；其云「出陰山」則非也。云「蠶食之而肥」者，《淮南·説林訓》云：「人食礜石而死，蠶食之而不饑」，是郭注所本。有草焉，其狀如槀茇，槀茇，香草。懿行案：「槀茇」即「槀本」也。「本」、「茇」聲近義同，故此經言「槀茇」，《中山經》「青要之山」言「槀本」。郭氏注《上林賦》云：「槀本，槀茇也。」明爲一物。《廣雅》云：「山茝、蔚香，槀本也。」其葉如葵而赤背，名曰無條，可以毒鼠。懿行案：《本草别録》云：「逐折殺鼠」，蓋即此。有獸焉，其狀如鹿而白尾，懿行案：《史記·司馬相如傳》索隱引此經，無「白尾」二字。馬足，人手，前兩脚似人手。懿行案：《史記·司馬相如傳》索隱引此經作「人首」，蓋譌。而四角，名曰獿如。音「猳嬰」之「嬰」。懿行案：經文「獿」當爲「玃」，注文「猳嬰」當爲「猳玃」，並字形之譌也。郭注《爾雅》「玃父」云：「猳玃也。」是此注所本。《廣雅·釋地》本此經正作「玃如」可證。《太平御覽》九百十三卷引作「玃」，無「如」字，疑脱。又案《史記·司馬相如傳》有「蠷蝚」，索隱引此經作「玃猱」，云「字或作蠷」。然則「玃猱」即「玃如」之異文；「猱」、「如」聲之轉也。《説文》云：「蠷，禺屬。」《玉篇》云：「蠷，或玃字。」有鳥焉，其狀如鴟，懿行案：鴟有三種，具見《爾雅》。而人足，名曰數斯，食之已癭。或作「癇」。懿行案：《説文》云：「癇，病也。」《玉篇》云：「小兒瘨癇。」《後漢書·王符傳》云：「哺乳多，則生癇病。」

又西百八十里曰黄山，今始平槐里縣有黄山，上故有宮，漢惠帝所起。疑非此。懿行案：郭注本《地理志》：「槐里在右扶風，有黄山宮，孝惠二年起。」《晉書·地理志》云：「始平郡槐里，有黄山宮。」無草木，多竹箭。盼水出焉，音「美目盼兮」之「盼」。懿行案：郭既音「盼」，知經文必不作「盼」，未審何字之譌。西流注于赤水，其中多玉。有獸焉，其狀如牛而蒼黑，大目，其名曰㸲。音「敏」。懿行案：《周書·王會篇》云：「數楚每牛。」每牛者，牛之小者也。《廣韻》「㸲」，音切同「美」，是也。畢氏云。有鳥焉，其狀如鴞，懿行案：《廣雅》云：「鷩鳥，鴞也。」形狀見陸機《詩疏》。青羽，赤喙，人舌，能言，名曰鸚䳇，鸚䳇舌似小兒舌，脚指前後各兩。扶南徼外出五色者。亦有純赤、白者。大如雁也。懿行案：《説文》云：「鸚䳇，能言鳥也。」《初學記》三十卷引《廣州記》云：「根杜出五色鸚䳇，曾見其白者大如母雞。」又引《南方異物志》云：「鸀鳿有三種，交州、巴南盡有之。」又引郭氏《圖讚》云：「鸀鳿慧鳥，棲林啄蕊。四指中分，行則以觜。」《藝文類聚》九十一卷引此讚，尚有「自貽伊籠，見幽坐伎」八字。又《文選》注《鸚鵡賦》引此經郭注，「脚指」作「脚趾」。

又西二百里曰翠山，其上多椶、枏，其下多竹箭。其陽多黄金、懿行案：畢氏本無「金」字。玉，其陰多旄牛、懿行案：「旄牛」，見《北山經》「潘侯之山」注。麢、麝，麢似羊而大，角細食，好在山崖間。麝似獐而小，有香。懿行案：「麢」、「麝」並見《爾雅》，郭注與此同。其鳥多鸓，音「壘」。懿行案：《玉篇》云：「鸓，大頰切。」所説形狀正與此同。是經「鸓」當爲「鸓」，注「壘」當爲「疊」，並字形之譌也。其狀如鵲，赤黑，而兩首四足，可以禦火。

又西二百五十里曰騩山，音「巍」。一音隗囂之「隗」。是錞于西海，錞，猶隄埻也。音章閏反。懿行案：《玉篇》引此經作「埻于西海」，又引郭注作「埻，猶隄也。」今本「埻」字疑衍。「隄」蓋埤障之義。《海内東經》有「埻端國」，郭注：「埻，音敦。」西海謂之青海，或謂之僊海，見《地理志》「金城郡臨羌」。又《思玄賦》舊注云「黄帝葬於西海橋山」，亦即此。無草木，多玉。淒水出焉，或作「浽」。西流注于海，其中多采石、采石，石有采色者，今雌黄、空青、緑碧之屬。懿行案：《穆天子傳》云「有采石之山」，郭注云「出文采之石也」。劉逵注《蜀都賦》云：「牂牁有白曹山，出丹青、曾青、空青也。」《藝文類聚》八十一卷引《范子》計然曰：「空青出巴郡，白青、曾青出宏農、豫章，白青出新淦。青色者善。」《本草經》曰：

「雌黄生武都山谷，與雄黄同山，生其陰。山有金，金精熏則生雌黄。」又云：「緑青生山之陰穴中，色青白。」陶注云：「此即用畫緑色者。亦出空青中。」蘇頌《圖經》云：「緑青，今謂之石緑」是也。黄金，多丹粟。

凡西經之首，自錢來之山至于騩山，凡十九山，二千九百五十七里。懿行案：今三千一百一十七里。華山，冢也，冢者，神鬼之所舍也。懿行案：此皆山也。言「神」與「冢」者，「冢」大於「神」。《爾雅·釋詁》云：「冢，大也。」《釋山》云：「山頂，冢。」是其義也。郭以冢爲墳墓，蓋失之。其祠之禮，太牢。牛、羊、豕爲太牢。羭山，神也，祠之用燭，或作「煬」。懿行案：《説文》云：「燭，庭燎火燭也。煬，炙燥也。」齋百日，以百犧，牲純色者爲犧。瘞用百瑜，瑜，亦美玉石。音「臾」。湯或作「温」。懿行案：湯，讀去聲。今人呼温酒爲湯酒，本此。其酒百樽，温酒令熱。嬰以百珪、百璧。嬰，謂陳之以環祭也。或曰：嬰即古「罌」字，謂盂也。徐州云。《穆天子傳》曰「黄金之嬰」之屬也。懿行案：《穆天子傳》云：「賜之黄金之罌三六。」郭注云：「即盂也。徐州謂之罌。」《太平御覽》八百六卷引此經云：「羭山之神，祠以黄圭。」《藝文類聚》八十三卷引作「羭山之神，祠之白珪」。兩引皆異，疑《類聚》近之；又疑今本「百」或「白」字之譌也。其餘十七山之屬，皆毛牷，用一羊祠之。牷，謂牲體全具也。《左傳》曰「牷牲肥腯」者也。燭者，百草之未灰，懿行案：此蓋古人用燭之始。經云「百草未灰」，是知上世爲燭，蓋亦用麻蒸葦苣爲之。詳見《詩疏》及《周禮》疏。白蓆，采等純之。純，緣也。五色純之，等差其文綵也。《周禮》：「莞席，紛純。」懿行案：「采等」者，《聘禮》云：「繅三采六等。」「等」訓「就」也。采一帀爲一就。「蓆」，藏經本作「席」。

西次二經之首曰鈐山，音「髡鉗」之「鉗」。或作「冷」，又作「塗」。其上多銅，其下多玉，其木多杻、橿。

西二百里曰泰或作「秦」。冒之山，懿行案：山在今陝西膚施縣。其陽多金，其陰多鐵。浴水出焉，懿行案：「浴」當爲「洛」字之譌。《初學記》六卷及《太平御覽》六十二卷俱引此經作「洛水」。又晉灼引《水經·洛水》云：「出上郡雕陰泰冒山，過華陰入渭。即漆沮水。」是此經「浴水」即「洛水」，審矣。又詳《西次四經》「白於之山」。東流注于河，其中多藻玉，藻玉，玉有符彩者。或作「柬」，音「練」。懿行案：《初學記》引此經「多」作「有」。多白蛇。水蛇。

又西一百七十里曰數歷之山，懿行案：《水經注》汧縣有數歷山。其上多黄金，其下多銀，其木多杻、橿，其鳥多鸚䳇，楚水出焉，而南流注于渭，懿行案：《水經注》云：「渭水逕南田縣南，東與楚水合，世所謂長蚍水；水出汧縣之數歷山，又南流注于渭。闞駰以是水爲汧水焉。」其中多白珠。今蜀郡平澤出青珠。《尸子》曰：「水員折者有珠。」懿行案：《穆天子傳》云：「北征，舍于珠澤。」郭注云：「今越嶲平澤出青珠」，是。《初學記》二十七卷引《華陽國志》云：「廣陽縣山出青珠。永昌郡博南縣有光珠穴，出光珠。珠有黄珠、白珠、青珠、碧珠。」

又西百五十里高山，懿行案：《魏志·張郃傳》云：「劉備保高山，不敢戰。」疑即此也。《淮南·墜形訓》云：「涇出薄落之山。」是薄落山即高山之異名也。又《覽冥訓》云：「嶢山崩而薄落之水涸。」高誘注云：「薄落，涇水。」是嶢山亦即高山矣。「嶢」、「高」聲相近。《初學記》六卷引「嶢」作「硝」，高注有「硝山在雍」四字爲今本所無也。《玉篇》引此經作「商山」。藏經本「高山」上有「曰」字。其上多銀，其下多青碧、碧亦玉類也。今越嶲會稽縣東山出碧。懿行案：《説文》云：「碧，石之青美者。」《竹書》云：「周顯王五年，雨碧于郢。」《莊子》曰：「萇宏死於蜀，其血化爲碧。」李善注《南都賦》引《廣志》云：「碧有縹碧，有緑碧。」郭注「會稽」當爲「會無」，字之譌。《地理志》云：「越嶲郡會無，東山有碧。」雄黄。晉太興三年，高平郡界有山崩，其中出數千斤雄黄。懿行案：太興三年，晉元帝之四年也。高平郡，《晉書·地理志》作「高平國」。故屬梁國，晉初分山陽置也。《博物志》云：「雄黄，似石流黄。」《本草經》云：「雄黄，一名黄金石。」《别録》云：「生武都山谷，燉煌山之陽。」其木多棕，其草多竹。懿行案：竹之爲物，亦草亦木，故此經或稱「木」，或稱「草」。涇水出焉，音「經」。而東流注于渭，今涇水出安定朝那縣西开頭山，至京兆高陵縣入渭也。懿行案：高誘注《淮南·墜形訓》云：「薄落之山，一名笄頭山。安定臨涇縣西。」笄頭，即开頭也。高誘及郭注俱本《地理志》。又，下文云「涇谷之山，涇水出焉。」復云「東南流，注于渭」。與此非一水也。涇水，又見《海内東經》，郭注與此同。其中多磬石、《書》曰「泗濱浮磬」是也。青碧。

西南三百里曰女牀之山，懿行案：薛綜注《東京賦》云：「女牀山，在華陰西六百里。」其陽多赤銅，其陰多石涅。即礬石也。楚人名爲「涅石」，秦名爲「羽涅」也。《本草經》亦名曰「石涅」也。懿行案：吴氏據《本草》云：「黑石脂一名石墨，一名石涅，南人謂之畫眉石是矣。」又云：「礬石一名涅石，又名羽澤。二名原自不同；且礬石並無石涅之名，以涅石爲石涅，是郭注之誤也。」又引《本草》：「石涅一名玄丹，又名黑丹。」《孝經援神契》曰：「王者德至山陵而黑丹出。」《文選·東京賦》云：「黑丹流淄。」今案吴説是也。然據《本草經》，礬石一名「羽涅」，無「石涅」之名。而郭注引《本草經》「礬石亦名石涅」，蓋今《本草》有脱文也。「涅石」，見《北山經》「賁聞之山」。其獸多虎、豹、犀、兕。有鳥焉，其狀如翟而五采文，翟似雉而大，長尾。或作「鷂」；鷂，雕屬也。懿行案：「鸐，山雉。」見《爾雅》。郭注云：「長尾者。」薛綜注《東京賦》引此經「翟」作「鶴」，「五采」作「五色」。郭云「鷂，雕屬」者，見下文「三危之山」。名曰鸞鳥，見則天下安寧。舊説鸞似雞，瑞鳥也。周成王時西戎獻之。懿行案：《周書·王會篇》云：「氐羌鸞鳥。」孔晁注云：「鸞大於鳳，亦歸於仁義者也。」《説文》云：「鸞亦神靈之精也。赤色，五采，雞形。鳴中五音。頌聲作則至。周成王時，氐羌獻鸞鳥。」《廣雅》云：「鸞鳥，鳳皇屬也。」《藝文類聚》引《決疑注》云：「象鳳，多青色者，鸞。」與《説文》異。今所見鸞鳥，羽赤色而有點文，《説文》蓋近之矣。《藝文類聚》九十九卷引郭氏讚云：「鸞翔女牀，鳳出丹穴。拊翼相和，以應聖哲。擊石靡詠，韶音其絶。」

又西二百里曰龍首之山，懿行案：《太平御覽》九百三十卷引《三秦記》曰：「龍首山長六十里，頭入於渭，尾達樊川。頭高二十丈，尾漸下，高五六尺。土赤不毛。云昔有黑龍，從山南出，飲渭，其行道因成土山，故以名也。」《水經·渭水》注引「尺」作「丈」。「山南」作「南山」。《文選·西都賦》云「據龍首」，李善注引此經云：「華山之西，龍首之山」，疑引此經郭注文，今本脱去之也。云「華山西」者，上文女牀之山在華陰西六百里，又加二百里，則去華山八百里也。其陽多黄金，其陰多鐵。茖水出焉，懿行案：《初學記》及《太平御覽》引此經作「若水」。畢氏云「茖當爲芮。」並字形相近。東南流，注于涇水，其中多美玉。

又西二百里曰鹿臺之山，今在上郡。懿行案：當爲「上黨郡」，注脱「黨」字。《水經·沁水》注云：「陽泉水出鹿臺山。山上有水，淵而不流。」《太平寰宇記》云：「謁戾山一名鹿臺山。」山在今汾州府平遥縣西。「謁戾山」見《北次三經》。然案其道里不相應，當在闕疑。其上多白玉，其下多銀，其獸多㸲牛、羬羊、白豪。豪，貆豬也。懿行案：貆豬，即豪彘也。竹山之獸，已見上文。以其毛白，故稱白豪。有鳥焉，其狀如雄雞而人面，名曰鳧徯，其鳴自叫也，懿行案：《北堂書鈔》一百十三卷引此經，「面」作「首」，「鳴」作「名」，蓋形聲之譌。見則有兵。

西南二百里曰鳥危之山，其陽多磬石，懿行案：《初學記》十六卷引此經與今本同。又經中説「磬石」者三，俱見《西山經》。其陰多檀、懿行案：檀，見陸機《詩疏》及《爾雅》「魄，榽橀」注。楮，楮即穀木。懿行案：《廣雅》云：「穀，楮也。」詳陸璣《詩疏》。其中多女牀。未詳。懿行案：《廣雅》云：「顛棘，女木也。」又云：「女腸，女菀也。」此經「女牀」，未審何物。若是草屬，或即「女木」、「女腸」之字，因形聲而譌。又《太平御覽》九百九十一卷引吳普《本草》云：「女菀，一名織女菀。」今案織女星旁有四星，名「女牀」，是「女牀」或即「織女菀」之别名矣。

又西四百里曰小次之山，其上多白玉，其下多赤銅。有獸焉，其狀如猿而白首赤足，名曰朱厭，見則大兵。一作「見則有兵起焉」。一作「見則爲兵」。　懿行案：《北堂書鈔》一百十三卷、《太平御覽》三百二十九卷引此經，並作「見則有兵」。

又西三百里曰大次之山，其陽多堊，堊似土，色甚白。音「惡」。　懿行案：《説文》云：「堊，白涂也。」《爾雅》云：「牆謂之堊。」亦謂牆以白堊涂之也。然據《北山經》「賁聞之山」、「孟門之山」並「多黄堊」，《中山經》「蔥聾之山多白堊、黑青、黄堊」，明「堊」非一色，不獨白者名「堊」也。其陰多碧，其獸多㸲牛、麢羊。

又西四百里曰薰吳之山，無草木，多金玉。

又西四百里曰厎陽之山，音「旨」。　懿行案：「厎」當爲「厎」字之譌，亦如「互人國」爲「氐人」，皆形近而譌也。「厎」，藏經本正作「厎」。其木多樱、樱似松，有刺，細理。音「即」。　懿行案：李善注《南都賦》引此經郭注云：「樱似松柏」。「柏」字衍。《玉篇》、《廣韻》本此注，並無「柏」字。枏、豫章，豫章，大木，似楸，葉冬夏青，生七年而後復可知也。　懿行案：《爾雅》云：「棆，無疵。」郭注云：「棆，楩屬，似豫章。」《子虚賦》云：「楩、枏、豫章」，顔師古注云：「豫即枕木，章即樟木。二木生至七年乃可分别。」

《後漢書·王符傳》注云：「豫章，即樟木也。」《淮南·修務訓》云：「楩枏豫章之生也，七年而後知」，是郭注所本。注「復」字衍。其獸多犀、兕、虎、犳、犳，音之藥反。懿行案：《玉篇》云：「犳，獸，豹文。」音與郭同。㸲牛。

又西二百五十里曰衆獸之山，其上多㻬琈之玉，其下多檀、楮，多黄金，其獸多犀、兕。

又西五百里曰皇人之山，其上多金、玉，其下多青雄黄。即雌黄也。或曰空青、曾青之屬。懿行案：經中既有雄黄，又有青雄黄，或青與雄黄二物也。吳氏引蘇頌云：「階州山中雄黄有青黑色而堅者，名曰熏黄。青雄黄意即此。」今案下文「長沙山」及《北山經》「譙明山」、《中山經》「白邊山」，並多青雄黄，郭云「即雌黄」者，「雌」蓋「雄」字之譌。郭欲明「青雄黄」即「雄黄」，又引「或」說以「青」與「雄黄」爲二物，不可的知，故兩存其說也。雌黄及空青、曾青皆見《本草經》。皇水出焉，西流注于赤水，其中多丹粟。

又西三百里曰中皇之山，其上多黄金，其下多蕙、棠。彤棠之屬也。「蕙」，或作「羔」。懿行案：「蕙」與「棠」二物。「彤棠」蓋「赤棠」也。棠有二種，具見《爾雅》。《中山經》云：「陰山，其中多彫棠。」「彫」疑「彤」字之譌。

又西三百五十里曰西皇之山，其陽多金，其陰多鐵，其獸多麋、鹿、麋大如小牛，鹿屬也。懿行案：《說文》云：「麋，鹿屬，冬至解其角。」詳見《爾雅》。㸲牛。

又西三百五十里曰萊山，其木多檀、楮，其鳥多羅羅，是食人。羅羅之鳥，所未詳也。懿行案：《海外北經》有青獸，狀如虎，名曰羅羅，此鳥與之同名。

凡西次二經之首，自鈐山至于萊山，凡十七山，四千一百四十里。懿行案：今四千六百七十里。其十神者，皆人面而馬身，其七神皆人面牛身，四足而一臂，操杖以行，是爲飛獸之神。其祠之，毛用少牢，羊、豬爲少牢也。白菅爲席。其十輩音「背」。懿行案：輩猶類也。軍發，以車百兩爲一輩。見《說文》。神者，其祠之，毛一雄雞，鈐而不糈，鈐，所用祭器名，所未詳也。或作「思」，訓「祈」。不糈，祠不用米。懿行案：「鈐」，疑「祈」之聲轉耳。經文「祈而不糈」，即「祠不以米」之義。「思」訓未詳。證以《周書·大匡篇》云「祈而不賓」，《羅匡篇》作「勤而不賓」。「勤」、「祈」聲轉，「鈐」、「勤」聲又近；此經「鈐而不糈」當即「祈而不賓」之義。郭疑爲祭器名，未必然也。毛采。言用雄色雞也。懿行案：「雄色」，「雄」字譌。藏經本作「雜」。

西次三經之首曰崇吾之山，懿行案：《博物志》及《史記·封禪書》索隱引此經，並作「崇丘」；《博物志》又作「參隅」。在河之南，北望冢遂，山名。南望䍃之澤，音「遥」。西望帝之搏獸之丘，「搏」，或作「簿」。東望螞音於然反。淵。有木焉，員葉而白柎，今江東人呼草木子房爲柎。音「府」。一曰柎，華下鄂。音丈夫。字或作「拊」，音「符」。懿行案：經文「柎」當爲「拊」，故郭音「府」。其音「符」者乃從木旁。傳寫謬誤，遂不復可别，今正之。「一曰柎，華下鄂」者，本《詩》鄭箋云：「鄂不韡韡。承華曰鄂。不，讀爲柎；柎，鄂足也。不、柎同。」《釋文》云：「柎，亦作跗。」是郭義所本也。赤華而黑理。其實如枳，懿行案：《説文》云：「枳，木似橘。」《考工記》云：「橘踰淮而北爲枳。」食之宜子孫。懿行案：《周書·王會篇》云：「康民以桴苡。桴苡者，其實如李，食之宜子。」《説文》引《書》作「芣苢」。《繫傳》引《韓詩》亦云「芣苢，木名，實如李。」陶注《本草》「車前子」，亦引《韓詩》，言芣苢是木，似李，食其實，宜子孫。與《周書》合。是知芣苢有草有木，《周書》所説是木類，疑即此。有獸焉，其狀如禺而文臂，豹虎懿行案：吴氏云：「豹虎，字有誤。」愚謂或有脱誤。又「虎豹」，一獸名也。《太平御覽》九百十三卷載「虎豹」，引《博物志》曰：「逢伯雲所説：有獸緑本緣文，似豹若虎，毛可爲筆。」然則兹獸兼有虎、豹之體，故獨被斯名矣。「緑本緣文」四字復有脱誤。而善投，名曰舉父。或作「夸父」。懿行案：《爾雅》云「貜父善顧」，非此。又云：「豦，迅頭。」郭注云：「今建平山中有豦，大如狗，似獼猴，黄黑色，多髯鬣，好奮迅其頭，能舉石擿人。貜類也。」如郭所説，惟能舉石擿人，故經曰「善投」，亦因名「舉父」。「舉」、「豦」聲同，故古字通用；「舉」、「夸」聲近，故或作「夸父」。有鳥焉，其狀如鳧，而一翼一目，相得乃飛，名曰蠻蠻，比翼鳥也。色青赤，不比不能飛。《爾雅》作「鶼鶼鳥」也。懿行案：「鶼鶼」，見《爾雅·釋地》。郭注本此爲説。《博物志》云：「崇丘山有鳥，一足一翼一目，相得而飛，名曰䖃。」又云：「比翼鳥一青一赤，在參隅山。」今案「䖃」、「蠻」，聲之轉；「參隅」、「崇吾」，亦聲之轉。見則天下大水。懿行案：此則比翼鳥非瑞禽也。《封禪書》云：「西海致比翼之鳥。」以此侈封禪之符，過矣。

西北三百里曰長沙之山，懿行案：《穆天子傳》云：「送天子至于長沙之山」，即此。泚水出焉，音「紫」。北流注于泑水。烏交反，又音「黝」。水色黑也。　懿行案：《説文》云：「泑澤在昆侖下。」讀與妳同。即下文云「東望泑澤」者也。無草木，多青雄黄。

又西北三百七十里曰不周之山，此山形有缺不周帀處，因名云。西北不周風，自此山出。　懿行案：《大荒西經》云：「有山而不合，名曰不周負子。」《離騷》云：「路不周以左轉，指西海以爲期。」王逸注云：「不周，山名。在昆侖西北。」高誘注《吕氏春秋·本味篇》，亦云「不周山在昆侖西北」，並非也。此經乃在昆侖東南。《漢書·司馬相如傳》注：「張揖云：不周山在昆侖東南二千三百里」，亦非也。不周去昆侖一千七百四十里。《水經注》引此經云：「不周之山，不周之北門，以納不周之風。」今經無此語，疑本郭注，今脱去之。北望諸毗之山，臨彼嶽崇之山。東望泑澤，懿行案：「泑澤」，《漢書·西域傳》作「鹽澤」。「泑」、「鹽」，聲之轉。《地理志》謂之「蒲昌海」，云「敦煌郡有蒲昌海」也。河水所潛也，其原渾渾泡泡。河南出昆侖，潛行地下，至葱嶺，出于闐國，復分流歧出，合而東流，注泑澤，已復潛行，南出于積石山，而爲中國河也。名泑澤，即蒲澤，一名蒲昌海。廣三四百里，其水停冬夏不增減，去玉門關三百餘里，即河之重源，所謂潛行也。渾渾泡泡，水濆涌之聲也；「衮」、「咆」二音。　懿行案：此注本《水經》及《漢書·西域傳》爲説也。河水原委詳見《北山經》「敦薨之山」，此注蒲澤「蒲」字當爲「鹽」。《史記·大宛傳》索隱引此注云「泑澤即鹽澤」是也。郭又云「去玉門關三百餘里」，「三」上脱「千」字。《水經注》作「東去玉門、陽關千三百里」；《漢書》脱「千」字，郭氏仍其失也。爰有嘉果，其實如桃，懿行案：《初學記》引《漢武故事》云：「王母種桃，三千歲一著子」，蓋此之類。其葉如棗，黄華而赤柎，懿行案：「柎」亦當爲「拊」。説已見前。食之不勞。懿行案：勞，憂也。《太平御覽》九百六十四卷引此經作「其實如桃李，其華赤，食之不飢」，與今本異。

又西北四百二十里曰峚山，音「密」。懿行案：郭注《穆天子傳》及李善注《南都賦》、《天台山賦》，引此經俱作「密山」，蓋「峚」、「密」古字通也。《初學記》二十七卷引此經仍作「峚山」。其上多丹木，員葉而赤莖，黄華而赤實，其味如飴，食之不飢。丹水出焉，西流注于稷澤，后稷神所馮，因名云。懿行案：澤即后稷所葬都廣之野也。其地山水環之，故得言「澤」。見《海内經》。其中多白玉。是有玉膏，其原沸沸湯湯，玉膏涌出之貌也。《河圖玉版》曰：「少室山，其上有白玉膏，一服即仙矣」，亦此類也。「沸」，音「拂」。懿行案：《初學記》引《十洲記》云：「瀛洲有玉膏如酒，名曰玉酒，飲數升輒醉，令人長生。」黄帝是食是饗。所以得登龍於鼎湖而龍蜕也。懿行案：注「龍蜕」二字疑譌。《太平御覽》五十卷引此注作「靈化也」。「登龍鼎湖」，見《史記·封禪書》。是生玄玉，言玉膏中又出黑玉也。懿行案：《玉藻》云：「公侯佩，山玄玉。」《淮南·道應訓》云：「玄玉百工」，高誘注云：「二玉爲一工也。」玉膏所出，以灌丹木。丹木五歲，五色乃清，言光鮮也。五味乃馨。言滋香也。黄帝乃取峚山之玉榮，謂玉華也。《離騷》曰

「懷琬琰之華英」，又曰「登昆侖兮食玉英」。《汲冢書》所謂「苕華之玉」。　懿行案：《竹書》云：「斲其名于苕華之玉。」《楚辭·哀時命篇》云：「采鍾山之玉英」。《穆天子傳》云：「得玉策枝斯之英」，郭氏注引《尸子》曰：「龍泉有玉英。」又引此經「玉榮」作「玉策」。李善注《思玄賦》及李賢注《後漢書·張衡傳》、《蔡邕傳》，引此經並作「玉策」，疑「策」俱「榮」字之譌。而投之鍾山之陽。以爲玉種。　懿行案：《思玄賦》注及《張衡傳》注引此經，並作「鍾山之陰」。《蔡邕傳》注引此復作「鍾山之陽」。《淮南·俶真訓》云：「鍾山之玉，炊以鑪炭，三日三夜，而色澤不變。」許慎注云：「鍾山北陸，無日之地，出美玉。」瑾瑜之玉爲良，言最善也。或作「食」。「覲」、「臾」兩音。　懿行案：瑾瑜，美玉名。《玉藻》云：「世子佩瑜玉。」上文云「瘞用百瑜」，下文云：「泑山，其陽多瑾瑜之玉。」「或作食」者，「黄帝是食是饗」。《楚詞》亦云「食玉英」。《藝文類聚》八十三卷引郭氏讚云：「鍾山之寶，爰有玉華。光采流映，氣如虹霞。君子是佩，象德閑邪。」堅粟精密，説玉理也。《禮記》曰：「瑱密似粟。」「粟」，或作「栗」。玉有粟文，所謂「穀璧」也。　懿行案：王引之説：經文「粟」當爲「栗」，注文「粟」當爲「栗」。郭引《禮記》「似粟」當爲「以栗」。又「粟」字重文亦然。俱傳寫之譌也。濁澤有而光，濁謂潤厚。　懿行案：「有而」當爲「而有」。「濁澤」，《類聚》引作「潤濁」。五色發作，言符彩互映色。王子《靈符應》曰：「赤如雞冠，黄如蒸栗，白如割肪，黑如醇漆，玉之符彩也。」　懿行案：「王子《靈符應》」，《類聚》八十三卷引作「王逸《正部論》」；李善注魏文帝《與鍾大理書》引亦同。「割肪」並作「豬肪」。其「正部」蓋「玉部」，字之譌也。郭注「色」，《藏經》本作「也」。以和柔剛；言玉協九德也。天地鬼神是食是饗，玉所以祈祭者，言能動天地、感鬼神。君子服之以禦不祥。今徼外出金剛石，石屬而似金，有光彩，可以刻玉。外國人帶之，云辟惡氣，亦此類也。懿行案：《太平御覽》八百十三卷引《晉起居注》云：「咸亨三年，燉煌上送金剛玉，金中不淘不消，可以切玉。出天竺。」又引《南州異物志》云：「金剛石也，其狀如珠，堅利無匹。外國人好以飾玦環，服之能辟惡毒。」李時珍《本草》云：「金剛石即金剛鑽。」引《抱朴子》云：「扶南出金剛，生水底石上，如鍾乳狀。體似紫石英，可以刻玉。人没水取之，雖鐵柱擊之亦不能傷，惟羚羊角扣之，則漼然冰泮。」自峚山至于鍾山四百六十里，懿行案：下又云「四百二十里。」其間盡澤也，是多奇鳥、怪獸、懿行案：《穆天子傳》云：「舂山，百獸之所聚也，飛鳥之所棲也。爰有□獸，食虎豹。如麋，而載骨盤□始如麢，小頭大鼻。爰有白鳥、青鵰，執犬羊，食豕鹿。」舂山，即鍾山也。奇魚，皆異物焉。

又西北四百二十里曰鍾山。懿行案：《海外北經》云：「鍾山之神，名曰燭陰。」《淮南子》云：「燭龍在雁門北。」是知鍾山即雁門以北大山也。《水經·河水》注云：「芒干水出塞外，南逕鍾山。」山即陰山。徐廣注《史記》云：「陰山在五原北」是也。其子曰鼓，此亦神名，名之爲鍾山之子耳。其類皆見《歸藏·啓筮》。其狀如人面而龍身。《啟筮》曰：「麗山之子青羽，人面馬身」，亦似此狀也。懿行案：《海外北經》說「鍾山之神，人面蛇身」，《淮南子》說「人面龍身」，是神與其子形狀同。是與欽䲹音「邳」。懿行案：《後漢書·張衡傳》注引此經作「欽駓」，《莊子·大宗師》篇作「堪坏」，云「堪坏得之，以襲昆侖。」《釋文》云：「崔作邳。司馬云：堪坏，神名，人面獸形。」《淮南子》作「欽負」。是「欽」、「堪」、「坏」、「負」並聲類之字。殺葆江于昆侖之陽，「葆」，或作「祖」。懿行案：《思玄賦》云：「過鍾山而中休。瞰瑶谿之赤岸，弔祖江之見劉。」李善注引此經作「祖江」；《張衡傳》注同。又，陶潛《讀山海經》詩亦作「祖江」。帝乃戮之鍾山之東，曰䍶音「遥」。崖。懿行案：《思玄賦》舊注云：「瑶谿赤岸，謂鍾山東瑶岸也。」李善注引此經亦作「瑶岸」；《張衡傳》注同。欽䲹化爲大鶚，鶚，鵰屬也。音「鄂」。懿行案：「鶚」，當爲「鳶」。《說文》云：「鳶，鷙鳥也。」引《詩》曰：「匪鷻匪鳶。」鷻，雕也。其狀如雕而黑文，白首、赤喙而虎爪，其音如晨鵠。晨鵠，鶚屬。猶云「晨梟」耳。《說苑》曰：「緤吠犬比奉晨梟」也。懿行案：李善注《江賦》引此經及郭注並與今本同。見則有大兵。鼓亦化爲鵕鳥，音「俊」。其狀如鴟，赤足而直喙，黄文而白首，其音如鵠，懿行案：《說文》云：「鵠，鴻鵠也。」見則其邑大旱。《穆天子傳》云「鍾山」作「舂」，字音同耳。穆王北升此山，以望四野，曰：「鍾山，是惟天下之高山也，百獸之所聚，飛鳥之棲也。」爰有赤豹、白虎、白鳥、青鵰，執犬羊，食豕鹿。穆王五日觀于鍾山，乃爲銘跡于縣圃之上，以詔後世。懿行案：「鍾山」，《穆天子傳》並作「舂山」。郭注云：「《山海經》「舂」字作「鍾」，音同耳。」

又西百八十里曰泰器之山。觀水出焉，懿行案：李善注《吳都賦》引此經作「秦器之山，濩水出焉。」其注曹植《七啟》引此經仍作「泰器之山，濩水出焉」。《吕氏春秋·本味篇》作「藋水」，高誘注云「藋水在西極」。西流注于流沙。懿行案：《海内西經》云：「流沙出鍾山」。《楚詞·招魂》云：「西方之害，流沙千里。」王逸注云：「流沙，沙流而行也。」是多文鰩魚，音「遥」。懿行案：《吕氏春秋·本味篇》云：「味之美者，雚水之魚，名曰鰩」。李善注《吳都賦》及曹植《七啟》，引此經並止作「鰩」，無「文」字。陳藏器《本草拾遺》云：「此魚生海南，大者長尺許，有翅與尾齊。羣飛海上，海人候之，當有大風。」狀如鯉魚，魚身而鳥翼，蒼文而白首、赤喙，常行懿行案：《初學記》引此經作「從」。《吕氏春秋·本味篇》亦作「從」。西海，遊于東海，懿行案：《西海》已見上文。「東海」即西海之支流，非東方大海也。《水經·河水》注引釋氏《西域記》曰：「恒水東流，入東海。蓋二水所注，兩海所納，自爲東西」，即此是也。或説凡水之大者皆名海。《史記》正義引《太康地記》曰：「河北得水爲河，塞外得水爲海」也。以夜飛，其音如鸞雞，鸞雞，鳥名。未詳也。或作「欒」。懿行案：「鸞」，或作「欒」，古字假借。「鸞雞」疑即鸞也。《説文》云：「鸞，五采，雞形。」又，鸞一名雞趣。顧野王《符瑞圖》云：「雞趣，王者有德則見。」又，鸞車一名雞翹車。蔡邕《獨斷》云：「鸞旗車，編羽毛列繫幢旁，俗人名之雞翹車」是也。《初學記》三十卷引此經無「雞」字。其味酸甘，食之已狂，懿行案：《淮南·墬形訓》云：「丘氣多狂。」見則天下大穰。豐穰，收熟也。《韓子》曰：「穰歲之秋。」懿行案：《韓非·五蠹篇》云：「飢歲之春，幼弟不饟；穰歲之秋，疏客必食」，是郭所引也。魚見則大穰者，《詩》言衆魚占爲豐年，今海人亦言歲豐則魚大上也。

又西三百二十里曰槐江之山，懿行案：《吕氏春秋·本味篇》云：「水之美者，沮江之丘，名曰摇水。」疑「沮江」即「槐江」。「摇水」，説見下。丘時之水出焉，而北流注于泑水，其中多蠃母。即蝶螺也。懿行案「蝶螺」即「僕纍」，字異音同。見《中次三經》「青要之山」。其上多青雄黄，多藏琅玕、黄金、玉；琅玕，石似珠者。藏，猶隱也。「郎」、「干」二音。　懿行案：「藏」，古字作「臧」。臧，善也。此言琅玕、黄金、玉之最善者。《爾雅》云：「西北之美者，有昆侖虚之璆琳琅玕」，謂是也。郭訓「藏」爲「隱」，失之。其陽多丹粟，懿行案：《管子·地數篇》云：「上有丹沙者，下有黄金。」其陰多采黄金、銀。懿行案：采，謂金銀之有符采者。《地理志》云：「豫章郡有黄金采」，即此是矣。説者謂采取黄金，誤也。實惟帝之平圃，即玄圃也。《穆天子傳》曰：「乃爲銘跡于玄圃之上」，謂刊石紀功德，如秦皇、漢武之爲者也。　懿行案：《穆天子傳》「玄圃」作「縣圃」。前「鍾山」注引文同。此引作「玄圃」，蓋「玄」、「縣」聲同，古通用。神英招司之，司，主也。招，音「韶」。其狀馬身而人面，虎文而鳥翼，徇于四海，徇，謂周行也。　懿行案：「徇」，當爲「㣙」。《説文》云：「㣙，行示也。《司馬法》：斬以㣙。」今經典通作「徇」。其音如榴。音「留」。或作「籀」。此所未詳也。　懿行案：《説文》云：「籀，讀書也。从竹，擂声。」疑此經「榴」當爲「擂」。《説文》云：「擂，引也。」《莊子》云：「挈水若抽。」「抽」，即「擂」字。又，「榴榴」，見下文「陰山」。南望昆侖，其光熊熊，其氣魂魂；皆光氣炎盛、相焜燿之貌。　懿行案：「熊熊」，猶「雄雄」也，「魂魂」，猶「芸芸」也。皆聲之同類。西望大澤，后稷所潛也，后稷生而靈知，及其終化，形遯此澤，而爲之神。亦猶傅説騎箕尾也。　懿行案：「后稷所潛」，即謂所葬也。葬之言，藏也。已見「峚山稷澤」。傅説騎箕尾，見《莊子·大宗師篇》。《釋文》引崔譔云：「傅説死，其精神乘東維，託龍尾，乃列宿。今尾上有傅説星。」

又云：「其生無父母；死，登假三年而形遯。此言神之無能名者也。」其中多玉，其陰多榣木之有若，榣木，大木也。言其上復生若木。大木之奇靈者爲若，見《尸子》。《國語》曰：「榣木，不生花也。」　懿行案：「花」當爲「危」，字形之譌也。郭引《國語》者，《晉語》文。「榣」當爲「櫾」。《說文》云：「櫾，昆侖河隅之長木也」，即謂此。省作「䌛」。《穆天子傳》云：「天子乃釣于河，以觀姑䌛之木。」郭注云：「姑䌛，大木也。」又省作「榣」。故韋昭《晉語》注云：「榣木，大木也。」《大荒西經》云：「有榣山。」郭注云：「此山多榣木，因名云。」《玉篇》亦云：「榣，木名。」又通作「瑶」。故《楚詞·哀時命》云：「擥瑶木之橝枝。」王逸注云：「言己既登昆侖，復欲引玉樹之枝。」知此經古本或作「瑶木」也。北望諸𪊨，山名。槐鬼離侖居之，離侖，其神名。鷹鸇之所宅也；鸇亦鴟屬也。莊周曰：「鴟鴉甘鼠。」《穆天子傳》云：「鍾山上有白鳥、青鵰」，皆此族類也。懿行案：「鴟」，見《爾雅》。郭引《莊子》者，《齊物論》文。東望恒山四成，成，亦重也。《爾雅》云「再成曰英」也。　懿行案：「恒山」非北嶽，計其道里非瞻望所及也。《淮南·時則訓》云：「中央之極，自昆侖東絶兩恒山。」是西極别有恒山，明矣。《文選》注《長笛賦》，引此經作「桓山四成」。《藝文類聚》九十卷引《家語》曰：「孔子在衛，聞哭聲甚哀。顔回曰：回聞桓山之鳥，生四子焉。羽翼既成，將分四海。悲鳴而送之，哀聲似此」云云，即此桓山也。其云「鳥」，蓋亦鷹鸇之屬與？有窮鬼居之，各在一搏。搏，猶脅也。言羣鬼各以類聚，處山四脅。有窮，其總號耳。搏，一作摶。　懿行案：《說文》云：「膀，脅也。或作髈。」又云：「肋，脅骨也。」「脅，兩膀也。」是此經之「搏」，依文當爲「膀」。「膀」、「搏」

聲近而轉，故假借通用。爰有淫水，其清洛洛。水留下之貌也。「淫」，音「遥」也。懿行案：陶潛《讀山海經》詩云：「落落清瑶流。」是「洛洛」本作「落落」，「淫」本作「瑶」，皆假借聲類之字。陳壽祺曰：「淫無遥音，經文淫字必傳寫之譌」，當是也。「瑶水」即「瑶池」。《史記·大宛傳》贊云：「《禹本紀》言，昆侖上有醴泉、瑶池。」《穆天子傳》云「西王母觴天子于瑶池」是也。《吕氏春秋·本味篇》又作「摇水」。並古字通用。郭注「留」，當爲「溜」，或「流」字。有天神焉，其狀如牛，而八足、二首、馬尾，其音如勃皇，勃皇，未詳。懿行案：「勃皇」即「發皇」也。《考工記》：「梓人爲筍虡，以翼鳴者。」鄭注云：「翼鳴，發皇屬。」「發皇」，《爾雅》作「蛂蟥」，聲近字通。見則其邑有兵。

西南四百里自鍾山至此九百里。懿行案：《水經注》引此經云「鍾山西六百里有昆侖山」，蓋誤。曰昆侖之丘，懿行案：昆侖之丘、即《海内西經》云「海内昆侖之虚在西北，帝之下都」者也。《爾雅》云：「三成爲昆侖丘。」《地理志》云：「金城郡臨羌，西北至塞外，有西王母石室、弱水、昆侖山祠。」又云：「敦煌郡廣至，有昆侖障。」《史記》正義引《括地志》云：「昆侖山，在肅州酒泉縣南八十里。」《説文》云：「北，从北，从一；一，地也。中邦之居在昆侖東南。」是則昆侖之丘去中邦蓋不甚遠矣。《藝文類聚》七卷引郭氏讚云：「昆侖月精，水之靈府。惟帝下都，西羌之宇。嵥然中峙，號曰天柱。」是實惟帝之下都。天帝都邑之在下者也。《穆天子傳》曰：「吉日辛酉，天子升于昆侖之丘，以觀黄帝之宫，而封豐隆之葬，以詔後世。」言增封于昆侖山之上。懿行案：今本《穆天子傳》作「而豐□隆之葬」，闕誤不復可讀。或據《穆天子傳》「昆侖丘有黄帝之宫」，以此經所説即黄帝之下都，非也。《五臧山經》五篇内，凡單言「帝」，即皆天皇五帝之神，並無人帝之例；「帝之平圃」、「帝之囿時」，經皆不謂黄帝，審矣。神陸吾司之。即肩吾也。莊周曰：「肩吾得之，以處大山」也。　懿行案：郭所説，見《莊子·大宗師篇》。《釋文》引司馬彪云：「山神不死，至孔子時。」其神狀虎身而九尾，人面而虎爪。　懿行案：此神人面虎身，有文有尾，皆白處之。見《大荒西經》。是神也，司天之九部及帝之囿時。主九域之部界、天帝苑囿之時節也。　懿行案：《初學記》引《河圖》云：「天有九部。」「部署」之名本此。「囿時」之「時」，疑讀爲「畤」。《史記·封禪書》云：「或曰：自古以雍州積高，神明之隩，故立畤，郊上帝」是也。有獸焉，其狀如羊而四角，名曰土螻，是食人。　懿行案：「土螻」，《廣韻》作「土耬」，云：「似羊，四角，其鋭難當，觸物則斃。食人。出《山海經》。」本此也。《周書·王會篇》云：「州靡費費，食人，北方謂之吐嘍。」與此同名，非一物也。「費費」即「梟陽」，見《海内南經》。有鳥焉，其狀如蜂，大如鴛鴦，名曰欽原，「欽」，或作「爰」，或作「至」也。蠚鳥獸則死，蠚木則枯。　懿行案：「蠚」疑「蛬」字之譌。《説文》云：「蛬，螫也。」「螫，蟲行毒也。」有鳥焉，其名曰鶉鳥，　懿行案：鶉鳥，鳳也。《海内西經》云：「昆侖、開明西北，皆有鳳皇。」此是也。《埤雅》引師曠《禽經》曰：「赤鳳謂之鶉。」然則南方朱鳥七宿曰「鶉首」、「鶉火」、「鶉尾」亦是也。是司帝之百服。服，器服也。一曰「服，事也」。或作「藏」。　懿行案：「服，事也。」見《爾雅》。「或作藏」者，「藏」，古作「臧」，才浪切。「百藏」，言百物之所聚。有木焉，其狀如棠，棠棃也。　懿行案：棠有赤、白，見《爾雅》，皆今杜棃也。黄華赤實，其味如李而無核，　懿行案：李有無核者。《爾雅》云：「休，無實李。」郭注云：「一名趙李。」名曰沙棠，　懿行案：高誘注《吕氏春秋·本味篇》云：「沙棠，木名也。昆侖山有之。」《玉篇》作「桬棠」，非也；云「華赤實，味如李」，蓋「華」上脱「黄」字。可以禦水，食之使人不溺。言體浮輕也。沙棠爲木，不可得沉。《吕氏春秋》曰：「果之美者，沙棠之實。」銘曰：「安得沙棠，刻以爲舟。汎彼滄海，以遨以遊。」　懿行案：《文選·琴賦》注引此經作「御水人食之，使不溺。」《初學記》二十五卷引此經，有「爲木不沉」句，蓋并引郭注也。銘即郭氏《圖讚》，「刻」當爲「制」字之譌。有草焉，名曰蕢草。音「頻」。　懿行案：《文選》注陸機《擬古詩十二首》引此經，又引《字書》曰：「蕢，亦蘋字也。」其狀如葵，其味如葱，食之已勞。《吕氏春秋》曰：「菜之美者，昆侖之蘋。」　懿行案：郭引《本味篇》文也。高誘注云：「蘋，大蘋。水藻也。」河水出焉，出山東北隅也。　懿行案：《爾雅》云：「河出昆侖虚，色白。」李賢注《後漢書》引《河圖》云：「昆山出五色流水，其白水東南流入中國，名爲河。」而南流，東注于無達，山名。　懿行案：「無達」，即「阿耨達」也。「阿耨」，華言「無」也。《水經注》云：「南河又東，右會阿耨大水。釋氏《西域記》曰：阿耨達山西北有大水，北流注牢蘭海者也。」赤水出焉，出山東南隅也。　懿行案：《莊子·天地篇》云：「黄帝遊乎赤水之北，登乎昆侖之丘。」李善注《文選》引《河圖》云：「昆侖有五色水，赤水之氣上蒸爲霞。」案赤水上有三珠樹，見《海外南經》。而東南流，注于氾天之水；氾天，亦山名，赤水所窮也。《穆天子傳》曰：「遂宿于昆侖之側，赤水之陽。」「陽」，水北也。「氾」，浮劍反。

懿行案：《大荒南經》云：「有氾天之山，赤水窮焉。」是郭注所本。洋水出焉，出山西北隅。或作「清」。懿行案：《海内西經》：「洋」音「翔」。「或作清」者，聲近而轉也。《水經注》引此經作「漾水」，高誘注《淮南子》或作「養水」，並「洋」字之異文也。而西南流，注于醜塗之水；醜塗，亦山名也。皆在南極。《穆天子傳》曰：「戊辰，濟洋水」；又曰：「觴天子洋水」也。懿行案：「醜塗」，《水經注》作「配塗」，《大荒南經》作「殀塗」。今本《穆天子傳》作「庚辰，濟于洋水。」黑水出焉，亦出西北隅也。懿行案：《楚詞·天問》云：「黑水玄趾」，謂此也。「黑水」，亦見《海内西經》。而西流于大杅。山名也。《穆天子傳》曰：「乃封長肱于黑水之西河，是惟昆侖鴻鷺之上，以爲周室主。」「杅」，音「于」。懿行案：《穆天子傳》今本無「昆侖」二字，此注蓋衍。是多怪鳥獸。謂有一獸九首、有一鳥六首之屬也。懿行案：九首，開明獸也。又有鳥六首。並見《海内西經》。

又西三百七十里曰樂游之山。懿行案：畢氏云：「疑即樂都也。」《穆天子傳》曰：「天子西濟于河，爰有温谷樂都。」《元和郡縣志》云：「湟水縣湟水，亦謂之樂都水，出青海東地亂山中。」桃水出焉，懿行案：畢氏云：「疑即洮水也。」《地理志》云：「臨洮，洮水出西羌中，北至枹罕，東入河。」西流注于稷澤。懿行案：「稷澤」已見上文「峚山」。是多白玉。其中多鮹魚，音「滑」。懿行案：《廣韻》及《太平御覽》九百三十九卷引此經，並作「鮹」。今作「鮹」，蓋譌。郭音「滑」，亦「滑」字之譌。其狀如蛇而四足，是食魚。

西水行四百里曰流沙。懿行案：「流沙」，已見上文「泰器之山」，又詳《海内西經》。二百里至于嬴母之山，神長乘司之，懿行案：《水經注》云：「禹西至洮水之上，見長人，受黑玉」，疑即此神。是天之九德也。九德，九氣所生。懿行案：「九氣」之「九」，藏經本作「之」。其神狀如人而犳之蘂反。懿行案：「犳」，已見上文「庡陽之山」。尾。其上多玉，其下多青石而無水。

又西三百五十里曰玉山，是西王母所居也。此山多玉石，因以名云。《穆天子傳》謂之「羣玉之山」。見其山河無險，四徹中繩，先王之所謂策府。寡草木，無鳥獸。穆王于是攻其玉石，取玉石版三乘，玉器服物，載玉萬隻以歸。雙玉爲「瑴」，半瑴爲「隻」。懿行案：《地理志》云：「金城郡臨羌，西北至塞外，有西王母石室。」「西王母」，國名。見於《竹書紀年》及《大戴禮》。《爾雅·釋地》以西王母與觚竹、北户、日下並數，謂之「四荒」，是爲國名無疑。此經及《穆天子傳》始以爲人名。《荀子》云：「禹學於西王國。」《莊子·大宗師》篇云：「西王坐乎少廣。」《釋文》引司馬彪云：「少廣，穴名。」崔譔云「山名。」蓋亦本此經爲説也。今本《穆天子傳》作「阿平無險，四徹中繩」；又云「取玉三乘」，無「石版」二字。又「雙玉爲瑴」，《初學記》二十七卷引此經云：「珏，二玉相合。」蓋引郭氏此注，又誤也。西王母，其狀如人，豹尾、懿行案：《莊子·大宗師篇》釋文説西王母，引此經作「狗尾」。又西王母穴處，見《大荒西經》也。虎齒而善嘯，蓬髮戴勝，蓬頭亂髮。勝，玉勝也。音「龐」。懿行案：《莊子》釋文引此經作「蓬頭戴勝」。郭云「玉勝」者，蓋以玉爲華勝也。《後漢·輿服志》云：「簪以瑇瑁爲擿，端爲華勝。」是司天之厲及五殘。主知災厲、五刑殘殺之氣也。《穆天子傳》曰：「吉日甲子，天子賓于西王母。執玄圭、白璧以見西王母，獻錦組百縷，金玉百斤。西王母再拜受之。乙丑，天子觴西王母于瑶池之上，西王母爲天子謡曰：『白雲在天，山陵自出。道里悠遠，山川間之。將子無死，尚復能來。』天子答之曰：『予還東土，和理諸夏。萬民均平，吾顧見汝。比及三年，將復而野。』西王母又爲天子吟曰：『徂彼西土，爰居其所。虎豹爲群，烏鵲與處。嘉命不遷，我惟帝女。彼何世民，又將去子。吹笙鼓簧，中心翱翔。世民之子，惟天之望。』天子遂驅，升于奄山，乃紀迹于奄山之石，而樹之槐眉曰『西王母之山』。」奄山，即崦嵫山也。案《竹書》：穆王五十七年，西王母來見，賓于昭宫。舜時，西王母遣使獻玉環，見《禮·三朝》。　懿行案：「厲」及「五殘」，皆星名也。李善注《思玄賦》引此經作「司天之屬」，蓋誤。《月令》云：「季春之月，命國儺。」鄭注云：「此月之中，日行歷昴。昴有大陵，積尸之氣，氣佚則厲鬼隨而出行。」是大陵主厲鬼。昴爲西方宿，故西王母司之也。「五殘」者，《史記·天官書》云：「五殘星出正東東方之野，其星狀類辰星，去地可六七丈。」《正義》云：「五殘一名五鋒，出則見五方毁敗之徵，大臣誅亡之象。」西王母主刑殺，故又司此也。郭引《穆天子傳》，與今本多有異同。其西王母又爲天子吟云「彼何世民，又將去子」二語，爲今本所無，或脱誤，不可讀也。郭又引《竹書》及《禮·三朝》者，《大戴禮·少閒篇》云：「西王母來獻其白琯」，《漢書·藝文志》有孔子《三朝》七篇，皆在《大戴禮》也。有獸焉，其狀如犬而豹文，其角如牛，或作「羊」。其名曰狡，　懿行案：《周書·王會篇》云：「匈奴狡犬。狡犬者，巨身，四足果。」《廣韻》作「巨口黑身」爲異，疑即此。而此經「狡」無犬名，《周書》「狡犬」又不道「有角」，疑未敢定也。其音如吠犬，見則其國大穰。晉太康七年，邵陵扶夷縣檻得一獸，狀如豹文，有二角，無前兩脚，時人謂之狡，疑非此。　懿行案：郭所説，見《爾雅》「貀無前足」注。以校此注，「豹文」上脱「狗」字。有鳥焉，其狀如翟而赤，名曰胜遇，音「姓」。　懿行案：《説文》云：「胜，犬膏臭也。一曰不孰也。」非郭義。《玉篇》有「鴩」字，音「生」，鳥也。疑「鴩」即「胜」矣。是食魚，其音如録，音「録」。義未詳。　懿行案：吴氏以「録」爲「鹿」之假借字也。古字「録録」、「鹿鹿」並通用。又案經文作「録」，郭復音「録」，必有誤。見則其國大水。

又西四百八十里曰軒轅之丘，黄帝居此丘，娶西陵氏女，因號軒轅丘。　懿行案：《大戴禮·帝繫篇》云：「黄帝居軒轅之丘，娶于西陵氏之子，謂之嫘祖氏。」《史記·五帝紀》同。《淮南·墬形訓》云：「軒轅丘在西方。」高誘注云：「軒轅，黄帝有天下之號」，即此也。無草木。洵水出焉，音「詢」。南流注于黑水，其中多丹粟，多青雄黄。

又西三百里　懿行案：《水經注》引此經，自昆侖至積石千七百四十里，今檢得一千九百里，若加流沙四百里，便爲二千一百里也。曰積石之山，其下有石門，河水冒以西流。冒，猶覆也。積石山今在金城河門關西南羌中。河水行塞外，東入塞内。　懿行案：《水經注》引此經作「河水冒以西南流」。《藝文類聚》八卷同。《初學記》六卷引亦同，而脱「流」字。今本又脱「南」字也。然據此經，積石去昆侖一千九百里，而河水猶西南流，其去「東入塞内」之地尚遠，郭注非也。《穆天子傳》云：「乃至于昆侖之丘」。又云「飲於枝湜之中，積石之南河」，正與「河水冒以西南流」合。然則此經「積石」，蓋《括地志》所謂「大積石山」，非禹所導之積石也。《禹貢》積石在今甘肅西寧縣東南一百七十里，爲中國河之始。《水經》云：「河水流入于渤海，又出海外，南至積石山，下有石門」，即此經之積石也。其下云：「又南入蔥嶺山，又從蔥嶺出而東北流。其一源出于闐國南山，北流與蔥嶺所出河合，又東注蒲昌海，又東入塞，過敦煌、酒泉、張掖郡南，又東過隴西河關縣北」，此則《禹貢》之積石也。據《水經》所說，「積石」有二，明矣。酈氏作注，疑積石不當在蒲昌海之上，蓋不知積石有二，而於河水「東入塞」下妄引此經積石以當之，其謬甚矣。然《括地志》以河先逕于闐鹽澤而後至大積石，亦與《水經》不合，其云「積石有二」則質明可信。自古說積石者多不了，故詳據《水經》以定之。《括地志》所說，又見《海外北經》「積石」下。案《地理志》云：「金城郡河關，積石山在西南羌中。河水行塞外，東北入塞內。」是郭所本也。注「門」字衍。是山也，萬物無不有焉。《水經》引《山海經》云：「積石山在鄧林山東，河所入也。」懿行案：郭據《水經》引《山海經》者，《海外北經》文也。其云《水經》，今亡，無考。

又西二百里曰長留之山，其神白帝少昊居之。少昊，金天氏，帝摯之號也。懿行案：「昊」當爲「皞」。「長留」或作「長流」。《顏氏家訓·書證篇》引《帝王世紀》云：「帝少昊崩，其神降於長流之山，於祀主秋。」蓋「留」通作「流」也。其獸皆文尾，「文」，或作「長」。其鳥皆文首。「文」，或作「長」。是多文玉石。實惟員神磈音「隗」。氏之宮。是神也，主司反景。日西入，則景反東照。主司察之。懿行案：是神「員神」，蓋即少昊也。紅光，蓋即蓐收，見下文「泑山」。《北堂書鈔》一百四十九卷引此經，「反」

作「仄」，恐誤。

又西二百八十里曰章莪之山，無草木，多瑶碧。碧，亦玉屬。所爲甚怪。多有非常之物。有獸焉，其狀如赤豹，懿行案：《大雅·韓奕篇》云：「赤豹黄羆。」又《穆天子傳》云：「鍾山，爰有赤豹。」《廣韻》引此經，無「赤」字。五尾一角，其音如擊石，其名如猙。京氏《易義》曰：「音如石相擊。」音「静」也。懿行案：經文「如猙」之「如」當爲「曰」字之譌。注文「音静」之上當脱「猙」字也。《廣韻》云：「猙，獸名。音爭，又音浄。」所説形狀與此經同。又「狢」字注云：「獸如赤豹，五尾。」然則狢亦猙類，或一物二名也。有鳥焉，其狀如鶴，一足，赤文青質而白喙，懿行案：《廣韻》作「白面」，疑譌。名曰畢方，懿行案：《廣雅》云：「木神謂之畢方。」《淮南·氾論訓》云：「木生畢方。」高誘注云：「畢方，木之精也。狀如鳥，青色，赤脚，一足，不食五穀。」蓋本此經，而説又小異。《匡謬正俗》引郭氏《圖讚》云：「畢方赤文，離精是炳。旱則高翔，鼓翼陽景。集乃災流，火不炎上。」「上」與「炳」、「景」韻。又「畢方」，《玉篇》、《廣韻》並作「鷝鴋」，非也。其名自叫也，見則其邑有譌火。譌亦妖。「訛」字。懿行案：薛綜注《東京賦》云：「畢方，老父神。如鳥，一足兩翼。常銜火，在人家作怪災。」即此經云「譌火」是也。「譌」，蓋以言語相恐喝。

又西三百里曰陰山，懿行案：張揖注《漢書·司馬相如傳》云：「陰山在昆侖西二千七百里」，謂此也。今校經文二千七百八十里矣。《地理志》云「西河郡，有陰山」，非此。濁浴之水出焉，懿行案：《太平御覽》

八百七卷、九百十三卷並引此經，「浴」作「谷」。而南流注于蕃澤。懿行案：《水經·沮水》注有濁谷水，東南至白渠與澤泉合，疑非此。其中多文貝。餘泉、蚔之類也。見《爾雅》。懿行案：《爾雅·說貝》云：「餘貾，黄白文。餘泉，白黄文。」有獸焉，其狀如貍或作「豹」。懿行案：《初學記》二十九卷引此經亦作「貍」，餘並同。而白首，名曰天狗，其音如榴榴，或作「貓貓」。懿行案：「貓貓」，蓋聲如貓也。「貓貓」與「榴榴」，聲又相近。《北山經》「譙明山孟槐之獸」音亦與此同。又，經內亦有單言「其音如榴」者。此經、注疊字蓋衍。可以禦凶。

又西二百里曰符惕之山，音「陽」。懿行案：《藝文類聚》二卷、《太平御覽》九卷及十卷並引此經，作「符陽之山」，與今本異。其上多椶、枏，下多金、玉。神江疑居之。是山也，多怪雨，風雲之所出也。懿行案：《祭法》云：「山林、川谷、丘陵能出雲，爲風雨，見怪物，皆曰神。」即斯類也。

又西二百二十里曰三危之山，今在燉煌郡。《尚書》云「竄三苗于三危」是也。懿行案：《漢書·司馬相如傳》張揖注云：「三危山在鳥鼠山之西，與嵋山相近。」《水經·江水》注引此經云：「三危在敦煌南，與嵋山相接。」今經無此語，蓋引郭注之文也。《史記》正義引《括地志》云：「三危山有三峯，故曰三危，俗亦名卑羽山。在沙州燉煌縣東南三十里。」劉昭注《郡國志》「隴西郡首陽」，引《地道記》云：「有三危，三苗所處。」三青鳥居之。三青鳥，主爲西王母取食者。別自棲息於此山也。《竹書》曰「穆王西征，至于青鳥所解」也。懿行案：三青鳥之名，見《大荒西經》；爲西王母取食，見《海内北經》；青鳥所解即三危山，見《竹書》。

《藝文類聚》九十一卷引郭氏讚云：「山名三危，青鳥所憩。往來昆侖，王母是隸。穆王西征，旋軫斯地。」是山也，廣員百里。其上有獸焉，其狀如牛，白身懿行案：《廣韻》引此經作「白首」。四角，其豪如披蓑，蓑，辟雨之衣也。音「梭」。懿行案：「蓑」，當爲「衰」。《説文》云：「衰，艸雨衣。秦謂之萆。」其名曰傲狠，「傲」、「噎」二音。懿行案：據郭音「傲」，知經文蓋本作「獓」。「狠」字亦錯。當從《玉篇》作「猰狠」。《廣韻》「狠」字注引此經同。是食人。有鳥焉，一首而三身，其狀如鷄，其名曰鴟。鷄似鵰，黑文赤頸。音「洛」。下句或云「扶獸則死，扶木則枯」，應在上「欽原」下，脱錯在此耳。懿行案：《玉篇》云：「鷄鳥如鵰，黑文赤首」，本郭注爲説也。今東齊人謂鴟爲「老鵰」，蓋本爲「鷄鵰」，聲近轉爲「老鵰」耳。

又西一百九十里懿行案：《文選·琴賦》注云：「騩山在三危西九十里」，疑脱「百」字。曰騩山，懿行案：《琴賦》云：「慕老童於騩隅」，五臣注作「隗」。其上多玉而無石，神耆童居之，耆童，老童。顓頊之子。懿行案：顓頊生老童，見《大荒西經》。李善注《琴賦》引此經及郭注，並與今本同。其音常如鍾磬。其下多積蛇。懿行案：此亦天授然也。其孫長琴所以能作樂風，本此。亦見《大荒西經》。今蛇媒所在有之。其蛇委積，不知所來，不知所去，謂之蛇媒也。

又西三百五十里曰天山，懿行案：《漢書·武帝紀》云：「天漢二年，與右賢王戰於天山。」顔師古注云：「即祁連山也。匈奴謂天爲祁連，今鮮卑語尚然。」《史記》正義引《括地志》云：「祁連山在甘州張掖縣西南二百里。」又云：「天山一名白山，今名折羅漫山，在伊吾縣北百二十里。」晉灼注《漢書》云：「在西域，近蒲類國。去長安八千餘里。」李賢注《後漢書·明帝紀》引《西河舊事》曰：「白山冬夏有雪，故曰白山。匈奴謂之天山，過之皆下馬拜焉。去蒲類海百里之內。」多金、玉，有青雄黄。英水出焉，而西南流，注于湯谷。有神焉，懿行案：《初學記》、《文選》注引此經並作「神鳥」，今本作「焉」字，蓋譌。其狀如黄囊，赤如丹火，體色黄而精光赤也。懿行案：《文選》注王融《曲水詩序》引此經作「其文丹」。六足四翼，渾敦懿行案：《初學記》八卷引此經，無「敦」字。無面目，懿行案：《史記》正義引《神異經》云：「昆侖西有獸焉，有目而不見，有兩耳而不聞，有腹無五藏，有腸直短，食徑過，名渾沌。」是識歌舞，實爲帝江也。夫形無全者，則神自然靈照；精無見者，則闇與理會。其帝江之謂乎？莊生所云「中央之帝混沌，爲儵忽所鑿七竅而死」者，蓋假此以寓言也。懿行案：《莊子·應帝王篇》釋文引崔譔云：「渾沌，無孔竅也。」簡文云：「儵忽，取神速爲名；渾沌，以合和爲貌。」

又西二百九十里曰泑山，「泑」，音黝黑之「黝」。懿行案：《北堂書鈔》一百四十九卷引「泑」作「坳」。李善注《思玄賦》引此經作「濛山」，蓋即《淮南子》云「日至於蒙谷」是也。《尚書大傳》云：「宅西曰柳谷。」鄭注云：「西，在隴西之西。」案隴西郡有西縣，見《地理志》。此爲寅餞入日之地。「柳」、「泑」之聲又相近，疑「柳谷」即「泑山」矣。神蓐收居之。亦金神也。人面、虎爪、白尾、執鉞。見《外傳》云。懿行案：《晉語》云：「虢公夢有神，人面、白毛、虎爪、執鉞。史嚚曰：蓐收也，天之刑神也。」是郭注所本。

「尾」，當爲「毛」字之譌。《海外西經》注亦引《外傳》，正作「白毛」可證。《月令》云：「其神蓐收。」鄭注云：「蓐收，少皞氏之子，曰該，爲金官」也。李善注《思玄賦》引此經郭注作「人面虎身，右手執鉞」，與今本異。其上多嬰短之玉，未詳。　懿行案：上文「羭次之山」作「嬰垣之玉」，郭云「垣或作短」，謂此也。依字當爲「嬰珢」。其陽多瑾瑜之玉，其陰多青雄黄。是山也，西望日之所入，其氣員，日形員，故其氣象亦然也。神紅光之所司也。未聞其狀。　懿行案：「紅光」蓋即蓐收也。《思玄賦》注引此經無「紅」字。《北堂書鈔》引有「紅」字。

西水行百里，至于翼望之山，或作「土翠山」。　懿行案：《中次十一經》「首曰翼望之山」，與此同名。《大荒南經》有「翠山」，非此。無草木，多金玉。有獸焉，其狀如貍，一目而三尾，名曰讙，「讙」音「歡」。或作「原」。　懿行案：《太平御覽》九百十三卷引此經，「讙」作「讙讙」。疑郭注「讙」字本在經文，傳寫者誤入郭注耳。《御覽》又引此經「讙」作「原」，與郭注合。其音如奪百聲，言其能作百種物聲也。或曰「奪百，物名。」亦所未詳。　懿行案：「奪」，《説文》作「夐」。蓋形近誤作「奪」也。《御覽》引此經又誤作「泉」。是可以禦凶，服之已癉。黄癉病也。音「旦」。　懿行案：《説文》云：「癉，勞病也。」「疸，黄病也。」與郭異。有鳥焉，其狀如烏，三首六尾而善笑，名曰鵸䳜，「猗」、「餘」兩音。　懿行案：《北山經》「帶山」有「鵸䳜鳥，自爲牝牡，與此同名。或曰：《周書·王會篇》有「奇榦善芳」，「奇榦」即「鵸䳜」，「善芳」即「善笑」之譌，非也。服之使人不厭，不厭夢也。《周書》曰「服者不眛」，音莫禮反。或曰

「眯」，眯目也。懿行案：「厭」，俗作「魘」，非。《蒼頡篇》云：「厭，眠内不祥也。」高誘注《淮南子》云：「楚人謂厭爲眛。」是則「厭」即「眛」也。故經作「不厭」，郭引《周書》作「不眛」，明其義同。今《周書·王會篇》作「佩之令人不眛」。案「眛」，郭音「莫禮反」，則其字當作「眯」，从「目」从「米」。藏經本作「厭者不眯」，而今本作「眛」，非矣。然「眛」、「眯」古亦通用，《春秋繁露·郊語篇》云：「鴟羽去眛」，「眛」亦作「眯」是也。又，《説文》云：「寐，寐而未厭。从㝱省，米聲。」正「音莫禮反」。是此注「眯」與「寐」音義相近。又可以禦凶。

凡西次三經之首崇吾之山至于翼望之山，凡二十三山，懿行案：今才二十二山。六千七百四十四里。懿行案：今才六千二百四十里。又加流沙四百里，才六千六百四十里。其神狀皆羊身人面，其祠之禮，用一吉玉瘞，玉加采色者也。《尸子》曰：「吉玉大龜」。糈用稷米。

西次四經之首曰陰山，懿行案：上文已有「陰山」，與此同名。畢氏以此爲「彫陰山」。然上郡彫陰，應劭云「彫山在西南」，不名陰山也。上多穀，無石，其草多茆、蕃。茆，鳧葵也。蕃，青蕃，似莎而大。「卯」、「煩」兩音。懿行案：「茆」，見陸機《詩疏》，云「江南人謂之蓴菜」。《説文》云：「茆，鳧葵也。」「薠，青薠似莎者。」《子虛賦》云「薛莎青薠」。是「蕃」依字當爲「薠」。李善注《南都賦》引此郭注正作「薠」，云「薠，青薠，似莎而大。」高誘注《淮南·覽冥訓》云：「薠狀如葴。」葴，如葭也。莎，草名也。陰水出焉，西流注于洛。懿行案：此渭、洛之「洛」，即漆沮水也，出白於山。見下文。

北五十里曰勞山，多茈草。一名茈莀。中染紫也。懿行案：「茈草」即「紫草」。《爾雅》云：「藐，茈草。」《廣雅》云：「茈莀，茈草也。」是郭所本。弱水出焉，懿行案：《地理志》云：「張掖郡刪丹，桑欽以爲道弱水自此，西至酒泉合黎，此《禹貢》弱水也。」《西域傳》云：「條支有弱水、西王母。」《大荒西經》云：「昆侖丘下，弱水環之。」皆非此經之弱水也。《晉書·苻堅載記》云：「堅遣安北將軍、幽州刺史苻洛討代王涉翼犍。翼犍戰敗，遁於弱水。苻洛追之，退還陰山。」此經上有「陰山」，下有「弱水」，當即是也。而西流注于洛。懿行案：《太平寰宇記》云：「保安軍，吃莫河在軍北一十里，源出蕃部吃莫川，南流，在軍北四十里入洛河，不勝船筏。」案此則「吃莫川」即弱水也。今水出陝西靖邊縣，東南流，至保安縣西，入洛。

西五十里曰罷父之山，洱水出焉，音「耳」。懿行案：《玉篇》、《廣韻》並云「洱出罷谷山」。「父」、「谷」字形相近，疑此經「父」當爲「谷」字之譌也。《隋書·地理志》云：「洛源有洱水」，即此水也。在今甘肅慶陽府。而西流注于洛，其中多茈、碧。懿行案：「茈」、「碧」二物也。「茈」即茈石。

北百七十里曰申山，懿行案：《水經·河水》注引此經云：「西次四經之首曰陰山，西北百七十里曰申山。」案自陰山至此凡二百七十里，《水經注》脱「二」字。其上多穀、柞，其下多杻、橿，其陽多金、玉。區水出焉，而東流注于河。懿行案：《水經》云：「河水南過上郡高奴縣東。」注云：「河水又右會區水」，引此經云云，「區水，世謂之清水。」

北二百里曰鳥山，懿行案：《穆天子傳》云：「有鶤鳥之山」，疑即此。「鶤」，《玉篇》同「鷤」。其上多桑，其下多楮，其陰多鐵，其陽多玉。辱水出焉，而東流注于河。懿行案：《穆天子傳》云：「天子飲于溽水之上」，疑即是水也。《水經注》云：「河水又南，右納辱水」，引此經云云：「其水東流，俗謂之秀延水。又東會根水，又東南，露跳水亂流注于河。」

又北百二十里曰上申之山，上無草木，而多硌石，硌，磊硌。大石貌也。音「洛」。懿行案：《老子》下篇云：「不欲琭琭如玉，珞珞如石。」「珞」，本或作「落」，依字當爲「硌」也。《玉篇》引《老子》正作「硌」，云：「硌，山上大石。」李善注《魯靈光殿賦》引此郭注作「礧硌，大石也。」下多榛、楛。榛子似栗而小，味美。楛木可以爲箭。《詩》云：「榛楛濟濟。」「臻」、「怙」兩音。懿行案：榛，楛，見陸璣《詩疏》。《廣雅》云：「亲，栗也。」《説文》云：「楛，木也。」陸機《疏》云：「形似荆，而赤莖似蓍。」獸多白鹿。懿行案：《周書·王會篇》云「黑齒白鹿」。《周語》云：「穆王征犬戎，得四白鹿。」《穆天子傳》云：「白鹿一牾，𧽕逸出走。」其鳥多當扈，或作「户」。懿行案：《玉篇》云：「北鳸，鳥名。」疑即此。鳳、鳸、扈古字通。其狀如雉，以其髯飛，髯，咽下須毛也。食之不眴目。音「眩」。懿行案：《説文》云「旬，或作眴。目摇也。」湯水出焉，東流注于河。懿行案：《水經注》云：「河水又南，諸次之水入焉。又南，湯水注之。」引此經云云。

又北百八十里曰諸次之山。諸次之水出焉，而東流注于河。懿行案：《水經注》云：「諸次水出上郡諸次山」，引此經云云，「其水東逕榆林塞，世又謂之榆林山，即《漢書》所謂榆谿舊塞也。其水東入長城，小榆林水合焉。又東合首積水，又東入於河。」引此經云云。是山也，多木無草，鳥獸莫居，是多衆蛇。懿行案：《水經注》引此經作「象蛇」，則與《北次三經》陽山之鳥同名。今各本並作「衆蛇」，疑《水經注》譌。

又北百八十里曰號山，其木多漆、椶，漆樹似樗也。懿行案：俗語云：「櫄樗栲漆，相似如一。」見《爾雅》注及《詩》釋文。其草多葯、虈、芎藭。葯，白芷別名。虈，香草也。芎藭，一名江蘺。葯，音烏較反。懿行案：王逸注《楚詞·九歌》云：「葯，白芷也。」《廣雅》云：「白芷，其葉謂之葯。」是郭所本也。《說文》云：「茝，虈也。楚謂之蘺，晉謂之虈，齊謂之茝。」是茝、虈即江蘺也。《爾雅》釋文引《本草》云：「蘼蕪，一名江蘺，芎藭苗也。」是芎藭、江蘺又爲一物。《說文》云：「芎藭，香草也。」案芎藭，即鞠藭，《左傳》謂之「山鞠藭」。多汵石。汵，或音「金」。未詳。懿行案：《說文》「汵」本字作「淦」，云「泥也。从水，金聲。」與郭音合。「汵石」，蓋石質柔耎如泥者，今水中、土中俱有此石也。端水出焉，而東流注于河。懿行案：《水經注》云：「圁水又東逕圁陽縣南，東流注于河。河水又東，端水入焉，水西出號山。」引此經云云。

又北二百二十里曰盂山，音「于」。懿行案：《水經注》引此經郭注云「盂，或作明」，今本脱之。「盂，疑當作「孟」。《太平御覽》九百九卷引此經正作「孟」。《大戴禮·誥志篇》云：「明，孟也。」「明」、「孟」同聲，故「孟」或作「明」。其陰多鐵，其陽多銅。其獸多白狼、白虎。《外傳》曰：「周穆王伐犬戎，得四白狼、白虎。虎名魋𧴪。」懿行案：郭引「外傳」者，《周語》文也。《藝文類聚》九十九卷引郭氏讚云：「𤞑𤞑白狼，有道則遊。應符變質，乃銜靈鉤。惟德是適，出殷見周。」案「白狼銜鉤」見緯書。《穆天子傳》云：「爰有赤豹、白虎。」此注「白虎」下「虎」字衍，「𧴪」字衍。據《爾雅》云：「甝，白虎。」「虪，黑虎。」此注或云「白虎名甝，黑虎名虪」，今本又脱「黑虎名」三字也。其鳥多白雉、白翟。或作「白翠」。

懿行案：「雉」、「翟」一物二種。經「白翟」當爲「白翠」。生水出焉，懿行案：「生水」，《水經注》謂之「奢延水」，云「出奢延縣西南赤沙阜，東北流」，引此經「所謂生水出孟山者也」。又云：「洛川在南，俗因縣土，謂之奢延水，又謂之朔水矣。」案《地理志》：上郡有奢延縣，即酈注所指也。「奢延」合聲爲「生」，「生」、「朔」聲之轉，皆方俗語異，字隨音變也。而東流注于河。懿行案：《水經》云：「河水又南過離石縣西。」注云：「奢延水注之」，即此經云「東流注于河」矣。離石，屬西河郡。

西二百五十里曰白於之山，懿行案：山在甘肅安化縣。《元和郡縣志》云：「洛源縣白於山，一名女郎山，在縣北三十里。」上多松、柏，下多櫟、檀。櫟即柞。懿行案：「櫟」，見《爾雅》。其獸多㸲牛、羬羊，其鳥多鴞。鴞似鳩而青色。懿行案：「鴞」，見陸機《詩疏》。洛水出于其陽，懿行案：洛水，雍州浸。《水經注》引闞駰「以爲漆沮水也。」《説文》云：「洛水出左馮翊歸德北夷界中，東南入渭。」《地理志》云：「北地郡歸德，洛水出北蠻夷中，入河。」《淮南·墬形訓》云：「洛出獵山。」高誘注云：「獵山在北地西北夷中。」是則「獵山」即「白於山」之異名矣。又案《西次二經》：「泰冒之山，洛水出焉」，即斯水也。《太平寰宇記》云：「洛水源出白於山，經上郡雕陰秦望山。」「秦望山」當即「泰冒山」。蓋洛水本出白於山，而東經泰冒山。二山一是發源，一是所經，此經則通謂之「出」也。而東流注于渭。懿行案：《禹貢》云：「渭又東過漆沮。」漆沮水即洛水也。《水經》云：「渭水又東過華陰縣北。」注云：「洛水入焉。」《說文》云：「洛，東南入渭。」《地理志》云「入河」者，合渭而入河也。今則直入於河矣。夾水出于其陰，東流注于生水。懿行案：畢氏云：夾水，疑即甘肅靖邊縣東莜麥河也。其水合紅柳河，逕塞外，又東至縣，入於奢延水，水即生水也。

西北三百里曰申首懿行案：《藝文類聚》二卷、《太平御覽》十二卷並引此經作「由首」。之山，無草木，冬夏有雪。懿行案：山當在今陝西榆林府北塞外。地極高寒，故不生草木，冬夏有雪。申水出于其上，潛于其下。是多白玉。

又西五十五里曰涇谷之山，或無「之山」二字。懿行案：《初學記》六卷引此經亦有「之山」二字。涇水出焉，或以此爲今涇水，未詳。懿行案：「涇水」已見《西次二經》「高山」，又見《海内東經》，俱非此。此則涇谷水也。《水經注》云：「渭水逕綿諸道東，又東南，合涇谷水，水出西南涇谷之山。」東南流，注于渭。懿行案：《水經注》云：「涇谷水又東北，歷董亭下，東北流，注于渭。」引此經云云。然經云「東南」，酈云「東北」，與經不合。《初學記》引此經無「南」字。是多白金、白玉。

又西百二十里曰剛山，多柒木，懿行案：「柒」，木名也。《廣韻》以「柒」爲「漆」俗字，俗又以代紀數之「七」字，並非。多瑀琈之玉。剛水出焉，北流注于渭。是多神⿰光鬼，⿰光鬼，亦魑魅之類也。音恥回反。或作「⿰矢鬼」。　懿行案：「⿰光鬼」，疑當爲「魋」字之或體。《説文》云：「魋，神獸也。从鬼，隹聲。」與郭音、義俱合。又云「或作⿰矢鬼」者，「⿰矢鬼」當爲「魅」。《説文》云：「魅，厲鬼也。」《玉篇》云：「魅，丑利切。」其狀人面獸身，一足一手，懿行案：《説文》云：「夔，神魖也。如龍，一足。从夊。象有角、手、人面之形。」許君所説形狀，正與此經合。再證以「魋」字之解，則知「神魋」當爲「神魋」，字之譌也。其音如欽。「欽」亦「吟」字假音。　懿行案：《説文》云：「欽，欠貌。」蓋人呵欠則有音聲也。

又西二百里至剛山之尾，洛水出焉，而北流注于河。懿行案：此又一洛水也。所未能詳。其中多蠻蠻，其狀鼠身而鼈首，其音如吠犬。懿行案：蠻蠻之獸與比翼鳥同名，疑即獱也。「獱」、「蠻」聲相近。《説文》云：「猵，或作獱，獺屬。」《文選·羽獵賦》注引郭氏《三蒼解詁》曰：「獱似狐，青色。居水中，食魚。」

又西三百五十里曰英鞮之山，懿行案：《玉篇》作「莫靴山」。上多漆木，下多金玉。鳥獸盡白。懿行案：《史記·封禪書》云：「蓬萊、方丈、瀛州，此三神山，其物禽獸盡白」，亦此類。涴水出焉，涴，或作「涴」。音「宛杆」之「宛」。　懿行案：《玉篇》正作「涴」，云：「水出莫靴山。」蓋「英鞮山」之異文也。而北注于陵羊之澤。是多冉遺之魚，懿行案：《玉篇》有「鱧」字，音「唯」，無訓。《太平御覽》九百三十九卷引此經作「無遺之魚」。疑即「蒲夷之魚」也，見《北次三經》「碣石之山」下。「蒲」、「無」聲相近，

「夷」、「遺」聲同。魚身、蛇首、六足，其目如馬耳，食之使人不眯，懿行案：《説文》云：「眯，艸入目中也。」可以禦凶。

又西三百里曰中曲之山，其陽多玉，其陰多雄黄、白玉及金。有獸焉，其狀如馬而白身黑尾，懿行案：《爾雅》疏引此經作「身黑二尾」，誤。一角，虎牙爪，音如鼓音，懿行案：《爾雅》注引此經「鼓」下無「音」字。其名曰駮，是食虎豹，《爾雅》説駮不道有角及虎爪。駮亦在畏獸畫中。懿行案：《爾雅》云：「駮如馬，倨牙，食虎豹。」郭注引此經云：「有獸名駮，如白馬，黑尾，倨牙。音如鼓。食虎豹。」今此經無「倨牙」，《海外北經》有之，郭蓋并引二經之文也。劉逵注《吴都賦》引此經云：「駮如馬，白身，黑尾，一角，鋸牙，虎爪，音如鼓，能食虎」，亦并引二文也。《管子·小問篇》云：「桓公乘馬，虎望見之而伏。桓公問管仲，對曰：意者君乘駿馬而洀桓，迎日而馳乎？公曰：然。管仲對曰：此駮象也。駮食虎豹，故虎疑焉。」《説苑》又云：「豹食駮，駮食虎。駮之狀有似駮馬。」二書所説，並與此經合。可以禦兵。養之，辟兵刃也。有木焉，其狀如棠而員葉赤實，實大如木瓜，木瓜如小瓜。懿行案：「楙，木瓜。」見《爾雅》。名曰櫰木，音「懷」。懿行案：《爾雅》云：「櫰，槐。大葉而黑。」非此也。「櫰」，通作「槐」，又通作「褱」。《廣雅》云：「褱，續斷也。」《本草别録》云：「續斷，一名接骨，一名槐。」陶注云：「有接骨樹。」顔師古注《急就篇》云：「續斷，即今所呼接骨木。」據諸書所説，接骨木即此經櫰木與？食之多力。《尸子》曰：「木食之人，多爲仁者，名爲若木。」此之類。懿行案：《大戴禮·易本命篇》云：「食木者多力而拂。」

又西二百六十里曰邽山。音「圭」。　懿行案：《地理志》云：「隴西郡上邽。」應劭曰：「史記故邽戎邑也。」《水經》云：「渭水東過上邽縣。」注云：「渭水東歷縣北邽山之陰。」其上有獸焉，其狀如牛，蝟毛，名曰窮奇，音如獋狗，是食人。或云似虎，蝟毛，有翼。銘曰：「窮奇之獸，厥形甚醜。馳逐妖邪，莫不犇走。是以一名，號曰神狗。」　懿行案：「窮奇」，與《海内北經》所説有異。郭又引「或云似虎，有翼」，則與彼實一物矣。「銘」，蓋郭氏《圖讚》之文。窮奇惡獸，而云「馳逐妖邪」者，《後漢·禮儀志》説大儺逐疫，使十二神，有云「窮奇、騰根，共食蠱」，是窮奇又能驅逐凶邪，爲人除害，故復「號曰神狗」也。濛水出焉，音「蒙」。　懿行案：《水經·渭水》注云：「濛水出縣西北邽山，翼帶衆流，積以成谿，東流南屈，逕上邽縣故城西，側城南出。」南流注于洋水，　懿行案：《水經注》云：「藉水即洋水也，北有濛水注焉。」又云：「濛水又南注藉水。」引此經云云。其中多黄貝、貝，甲蟲。肉如科斗，但有頭尾耳。　懿行案：郭注《爾雅·釋魚》與此注同。蠃魚，音「螺」。　懿行案：「蠃」，《玉篇》、《廣韻》並作「蠃」。《玉篇》云：「魚有翼，見則大水。」魚身而鳥翼，音如鴛鴦，見則其邑大水。

又西二百二十里曰鳥鼠同穴之山，今在隴西首陽縣西南。山有鳥鼠同穴，鳥名曰鵌，鼠名曰鼵。鼵如人家鼠而短尾，鵌似燕而黄色。穿地入數尺，鼠在内，鳥在外，而共處。孔氏《尚書傳》曰「共爲雌雄」，張氏《地理記》云「不爲牝牡」也。　懿行案：《地理志》云：「隴西郡首陽，《禹貢》鳥鼠同穴山在西南。」《史記·夏本紀》正義引《括地志》云：「鳥鼠山今名青雀山，在渭州渭源縣西七十六里。」又引此經郭注云：「鳥名鵌，鼠名猒，如人家鼠而短尾；鵌似鵽而小，黄黑色。穴入地三四尺。鵌音余。猒，扶廢反。鵽，丁刮反，似雉也。」所引郭注與《爾雅》注略同，以校此注則異。然「猒」，《爾雅》仍作「鼵」，與此同也。且《爾雅》説鼠有十三種，中有「猒鼠」，郭云「形則未詳」，若據《史記》正義所引，是「猒鼠」形狀郭亦頗能詮説，不應注《雅》復云「未詳」，是此注之「鼵」不作「猒」字審矣。其上多白虎、白玉。懿行案：李善注《子虚賦》、劉昭注《郡國志》，引此經，並與今本同。渭水出焉，而東流注于河。出山東，至宏農華陰縣入河。懿行案：《説文》云：「渭水出隴西首陽渭首亭南谷，東入河。杜林説《夏書》，以爲出鳥鼠山。」《水經》與《説文》同，「渭首亭」作「渭谷亭」。《地理志》云：「鳥鼠同穴山，渭水所出，東至船司空入河。」其中多鰠魚，音「騷」。懿行案：「鰠」字見《玉篇》，音義與此同。其狀如鱣魚，鱣魚，大魚也。口在頷下，體有連甲也。或作「鮎鯉」。懿行案：「鱣」見《爾雅》，郭注詳之。「鮎」、「鯉」亦見《爾雅》，然非一魚。注蓋本作「鮎魚」。動則其邑有大兵。或脱無從動則以下語者。懿行案：《太平御覽》九百三十九卷引此經《圖讚》云：「物以感應，亦不數動。壯士挺劍，氣激江涌。騷魚潛淵，出則民悚。」濫水出于其西，音「檻」。懿行案：《水經·河水》注云：「洮水又北，逕狄道故城西，東北流，又北，隴水注之，即《山海經》所謂濫水也。水出鳥鼠山西北高城嶺。」西流注于漢水，懿行案：《博物志》「濫」作「温」，云「水出鳥鼠山，下注漢水。」《水經注》云「濫水注于洮水」，與此經異。多絮魮之魚，「如」、「玭」兩音。懿行案：郭氏《江賦》云：「文魮磬鳴以孕璆。」李善注引此經亦作「文魮」，又引郭注作「音毗」，無「絮」字之音，是「絮魮」古本作「文魮」可證。其狀如覆銚，懿行案：《説文》云：「銚，温器也。」鳥首而魚翼魚尾，懿行案：《玉篇》引此經，無「魚翼」二字。《江賦》注引此經「魚翼」，無「魚」字。音如磬石之聲，是生珠玉。亦珠母蚌類，而能生出之。懿行案：《初學記》八卷引《南越志》云：「海中有文魮魚，鳥頭尾，鳴似磬，而生玉。」《説文》云：「宋宏云：『玭，珠之有聲。《夏書》「玭」作「蠙」。』」蓋「玭」即「魮」也，古字通。「有聲」即「音如磬」是矣。《御覽》九百三十九卷引此經《圖讚》云：「形如覆銚，苞玉含珠。有而不積，泄以尾閭。闇與道會，可謂奇魚。」

西南三百六十里曰崦嵫之山，日没所入山也。見《離騷》。「奄」、「兹」兩音。懿行案：《離騷》云：「望崦嵫而未迫。」王逸注云：「崦嵫，日所入山也。下有蒙水，水中有虞淵。」《穆天子傳》云：「天子升于弇山。」郭注云：「弇兹山，日所入也。」《玉篇》引此經作「崦嵫山」。其上多丹木，懿行案：峚山亦有丹木，與此異。其葉如穀，其實大如瓜，赤符懿行案：「符」疑借爲「拊」字，音「府」；或讀如本字。而黑理，食之已癉，可以禦火。其陽多龜，其陰多玉。苕或作「若」。水出焉，懿行案：若水疑即蒙水也。「若」、「苕」字形相近。上文「龍首之山，苕水出焉」，《初學記》亦引作「若水」。而西流注于海，《禹大傳》曰：「洧盤之水，出崦嵫山。」懿行案：《離騷》云：「朝濯髮乎洧盤。」王逸注云：「洧盤，水名也。」引《禹大傳》與此注同，是郭以「洧盤」即苕水矣。其中多砥礪。磨石也。精爲砥，麤爲礪也。懿行案：《説文》云：「厎，柔石也。或作砥。」「厲，旱石也。或作蠣。」「礪」俗字也。《玉篇》云：「崦嵫礪石，可磨刃。」

有獸焉，其狀馬身而鳥翼，人面蛇尾，是好舉人，喜抱舉人。名曰孰湖。有鳥焉，其狀如鴞而人面、蜼身、犬尾，蜼，獮猴屬也。音「贈遺」之「遺」；一音「誄」。見《中山經》。「尾」，又作「眥」。懿行案：「蜼」，見《中次九經》「鬲山」。其名自號也，或作「設」，「設」亦「呼」耳。疑此脱誤。懿行案：注「設亦呼耳」，「設」無「呼」義，是知「設」蓋「詨」字之譌也。郭云「疑此脱誤」者，既云「其名自號」而經無其名，故知是脱。見則其邑大旱。

凡西次四經，自陰山以下至于崦嵫之山，凡十九山，三千六百八十里。懿行案：今三千五百八十五里。其神祠禮，皆用一白雞祈，懿行案：「祈」當爲「蠿」，已見上文畢氏云。糈以稻米，白菅爲席。

右西經之山，懿行案：「山」下脱「志」字。凡七十七山，懿行案：當云「七十八山」。一萬七千五百一十七里。懿行案：經當有一萬七千五百二十一里，今則一萬八千一十二里。

校記

〔一〕《爾雅》乃《説文》之訛。

山海經第三

北山經

北山經之首曰單狐之山，懿行案：《玉篇》、《廣韻》並作「嶤孤山」。多机木，机木似榆，可燒以糞稻田。出蜀中。音「飢」。懿行案：《説文》云：「机，木也。」段氏玉裁注云：「蓋即榿木也。今成都榿木樹。讀若豈，平聲。揚雄《蜀都賦》曰：春机楊柳。机、榿古今字。榿見杜詩。」其上多華草，懿行案：「華草」，未詳。《爾雅》雖云「葭，一名華」，而非山上之草。《吕氏春秋·别類篇》云：「夫草有莘有藟。」《太平御覽》九百九十四卷引「莘」作「華」。然則「華草」豈是與？《吕氏春秋》説此草云：「獨食之，則殺人；合而食之，則益壽。」此經不言，未知其審。存以俟考。漨水出焉，音「逢」。而西流注於泑水，懿行案：「泑水」已見《西次三經》「長沙之山」。其中多茈石、文石。懿行案：《本草别録》云：「紫石華一名茈石華，生中牟山陰。」疑「茈」當爲「茈」。「茈」古字，假借爲「紫」也。《中次六經》云：「婁涿之山，陂水，其中多茈石、文石」。正作「茈」字，明此作「茈」，誤。《鹽鐵論》云：「周人以紫石」，蓋即「茈石」矣。

又北二百五十里曰求如之山，其上多銅，其下多玉。無草木。滑水懿行案：藏經本郭注有「作滑水」

三字。出焉，而西流注于諸𣧑之水。水出諸𣧑山也。懿行案：《西次三經》云：「槐江之山，北望諸𣧑」，即此山也。其中多滑魚，懿行案：藏經本郭注有「作鰨魚」三字。《玉篇》、《廣韻》並云：「鰨，魚名。」其狀如鱓，赤背，鱓魚似蛇。音「善」。其音如梧，如人相枝梧聲。音「吾子」之「吾」。懿行案：義當如「攄梧」之「梧」。《莊子·齊物論篇》釋文引司馬彪云：「梧，琴也。崔譔云：琴瑟也。」食之已疣；疣，贅也。懿行案：「疣」當爲「肬」。《説文》云：「肬，贅也。籀文作黕。」其中多水馬，其狀如馬，文臂，牛尾，臂，前脚也。《周禮》曰：「馬黑脊而斑臂，膢。」漢武元狩四年，燉煌渥洼水出馬，以爲靈瑞者，即此類也。懿行案：《内則》云：「馬黑脊而般臂，漏。」鄭注云：「漏當爲螻。如螻蛄臭也。」其音如呼。如人叫呼。懿行案：「呼」，謂馬叱吒也。《穆天子傳》云「其馬歕沙」，「其馬歕玉」。《説文》云：「歕，吹气也。」

又北三百里曰帶山，其上多玉，其下多青碧。有獸焉，其狀如馬，一角有錯，言角有甲錯也。或作「厝」。懿行案：「錯」，依字正當爲「厝」。《説文》云：「厝，厲石也。」引《詩》曰：「他山之石，可以爲厝。」今《詩》通作「錯」。其名曰䑏疏，音「歡」。懿行案：《周書·王會篇》云：「俞人雖馬。」孔晁注云：「雟，如馬，一角。」案「雟」見《爾雅》。「雟」、「雖」、「疏」俱聲相轉。可以辟火。有鳥焉，其狀如烏，五采而赤文，名曰䳜鵸，上已有此鳥，疑同名。懿行案：「䳜鵸」已見《西次三經》「翼望之山」。《莊子·天運篇》釋文引此經云：「其狀如鳳，五采文，其名曰奇類」，與今本異。是自爲牝牡，懿行案：《廣雅》云：「鵸離，怪鳥屬也。」《玉篇》云：「鵸離鳥自爲牝牡。」《廣韻》亦同。是「鵸離」即「鵸鵌」之異名。食之不疽。無癰疽病也。彭水出焉，而西流注于芘湖之水，其中多儵魚，音「由」。懿行案：「儵」與「鯈」同。《玉篇》作「鯈」，云：「徒堯切。又直流切」是也。其狀如雞而赤毛三尾，懿行案：《玉篇》云：「鯈似雞，赤尾。」與今本異。六足四首，懿行案：「首」當爲「目」字之譌也。今圖正作四目。《玉篇》本此經亦作「四目」，可證。今粵東人說：海中有魚，名儵，形如雞，而有輭殼，多尾足，尾如八帶魚，宜鹽藏，炙食之甚美，可以餉遠。疑即此也。其音如鵲，食之可以已憂。懿行案：《太平御覽》九百三十七卷引此經《圖讚》云：「汨和損平，莫慘於憂。《詩》詠萱草，《山經》則儵。」

又北四百里曰譙明之山。譙水出焉，西流注于河。其中多何羅之魚，一首而十身，其音如吠犬，懿行案：《初學記》三十卷引此經作「犬吠」。食之已癰。懿行案：《初學記》引此經「癰」作「擁」，誤。有獸焉，其狀如貆而赤豪，貆，豪豬也。音「丸」。懿行案：「貆豬」、「白豪」已見《西山經》。其音如榴榴，懿行案：「榴榴」已見《西次三經》「陰山」。名曰孟槐，可以禦凶。辟凶邪氣也。亦在畏獸畫中也。是山也，無草木，多青雄黃。一作「多青碧」。

又北三百五十里曰涿光之山。嚻水出焉，而西流注于河。其中多鰼鰼之魚，音「袴褶」之「褶」。懿行案：「鰼，鰌」，見《爾雅》；非此。《廣韻》引此經作「鰼魚」，不作重文。其狀如鵲而十翼，鱗皆在羽端，其音如鵲，可以禦火，懿行案：《太平御覽》九百三十九卷引此經《圖讚》云：「鼓翮一運，十翼翻翻。厥鳴如鵲，鱗在羽端。是謂怪魚，食之辟燔。」食之不癉。其上多松、柏，其下多椶、橿，其獸多麢羊，其鳥多蕃。未詳。或云即鴞。音「煩」。　懿行案：「蕃」，通作「繁」。《楚詞·天問》云：「繁鳥萃棘。」王逸注引「有鴞萃止」爲釋。《廣雅》亦以鷩鳥爲鴞。「鷩」、「繁」於「蕃」並同聲假借字，皆郭所本也。

又北三百八十里曰虢山，懿行案：《初學記》及《太平御覽》引此經並作「號山」。《爾雅》疏引作「虢山」「虢」即「號」字異文也。其上多漆，其下多桐、椐。桐，梧桐也。椐，樻木。腫節，中杖。「椐」音「袪」。　懿行案：「桐」、「椐」並見《爾雅》，郭注「椐」與此注同。其陽多玉，其陰多鐵。伊水出焉，西流注于河。其獸多橐駝。有肉鞍，善行流沙中，日行三百里，其負千斤，知水泉所在也。　懿行案：《初學記》二十九卷引此經云「善行流沙中云云」，蓋并引郭注也。《爾雅》「犦牛」，郭注云：「領上肉犦胅起，高二尺許，狀如橐駞肉鞍一邊，健行者日三百餘里。」《釋文》云：「橐，字又作馲。音託，又音洛。」引《字林》云：「馲駝似鹿而大，肉鞍。出繞山也。」案「繞山」見下文。郭云「知水泉所在」者，《藝文類聚》九十四卷引《博物志》云：「燉煌西，渡流沙，往外國，濟沙千餘里，中無水。時有伏流處，人不能知。駱駝知水脈，過其處，輒停不行，以足踏地。人於所踏處掘之，輒得水也。」《初學記》引郭氏《圖讚》云：「駝惟奇畜，肉鞍是被。迅騖流沙，顯功絶地。潛識泉淵，微乎其智。」其鳥多寓，懿行案：《方言》云：「寓，寄也。」《爾雅》有「寓屬」，又有「寓鼠」曰「嗛」。此經「寓鳥」蓋蝙蝠之類，唯蝙蝠肉翅爲異。《廣韻》云：「寓鼠，鳥名。」謂是也。《玉篇》云：「䴁，語俱切。似禿鶖，見則兵起。」非此。狀如鼠而鳥翼，其音如羊，可以禦兵。

又北四百里至於虢山之尾，其上多玉而無石。魚水懿行案：《太平御覽》八百七卷引此經作「陰山」、「漁水」。出焉，西流注于河，其中多文貝。

又北二百里曰丹熏之山，其上多樗、柏，其草多韭、䪥，皆山菜。《爾雅》有其名。懿行案：《爾雅》云：「䕯山韭，𦬸山䪥。」多丹雘。熏水出焉，而西流注于棠水。有獸焉，其狀如鼠而菟首麋身，其音如獋犬，懿行案：《初學記》二十九卷引此經，「菟」作「兔」，「麋身」作「麋耳」，「獋」作「嗥」。以其尾飛，或作「髯飛」。「獋」音「豪」。懿行案：《初學記》引此經亦作「尾飛」。名曰耳鼠，懿行案：疑即《爾雅》「鼯鼠」，夷由也。「耳」、「鼯」、「夷」並聲之通轉。其形，肉翅連尾足，故曰「尾飛」。食之不睬，大腹也。見《裨蒼》。音「采」。懿行案：《本草經》云：「鼺鼠主墮胎，令產易。」陶注云：「鼺即鼯鼠，飛生鳥也。入取其皮毛，以與產婦持之，令兒易生。」義與此近。又可以禦百毒。懿行案：《藝文類聚》九十五卷引郭氏讚曰：「或以尾翔，或以髯淩。飛鼠鼓翰，倏然皆騰。用無常所，唯神所憑。」

又北二百八十里曰石者之山，其上無草木，多瑤碧。懿行案：「碧」，藏經本作「玉」。泚水出焉，西流注于河。懿行案：《水經》有兩泚水，《南山經》「長沙之山」亦有泚水，並與此異也。畢氏引《史記·司馬相如傳》正義云：「《山海經》紫淵水出根耆之山，西流注河。今經無此山，疑『石者』『者』字與『耆』字相近，『紫淵』即『泚水』。」當即是也。有獸焉，其狀如豹而文題白身，題，額也。名曰孟極，是善伏，其鳴自呼。

又北百一十里曰邊春之山，或作「春山」。懿行案：《穆天子傳》有「春山」，即鍾山也。已見《西山經》。多葱、山葱，名茖大菜。懿行案：「茖，山葱。」見《爾雅》。山上多葱，疑即葱嶺。《水經》云：「河水南入葱嶺山。」注云：「郭義恭《廣志》云：休循國居葱嶺，其山多大葱。」葵、韭、桃、李。山桃，榹桃。子小，不解核也。懿行案：「榹桃」見《爾雅》，郭注與此同。《初學記》二十八卷引此經云：「邊春之山多李，里人常採之。」《太平御覽》九百六十八卷引亦同。疑本郭注，今脱去之。杠水出焉，懿行案：《穆天子傳》云：「春山之澤，清水出泉。」「清水」或即「杠水」。而西流注于泑澤。懿行案：「泑澤」已見《西山經》「不周之山」。有獸焉，其狀如禺而文身，善笑，見人則卧，言佯眠也。名曰幽鴳，或作「嬻嬒」。「鴳」音「遏」。懿行案：《説文》云：「嬻，媟嬻也。」「嬒，女黑色也。」「鴳」，當爲「頞」字之譌。《太平御覽》九百十三卷引此經《圖讚》云：「幽鴳似猴，俾愚作智。觸物則笑，見人佯睡。好用小慧，終是嬰累。」其鳴自呼。

又北二百里曰蔓聯之山，「萬」、「連」二音。其上無草木。有獸焉，其狀如禺而有鬣，牛尾，文臂，馬蹏，見人則呼，名曰足訾，懿行案：《楚詞·卜居》云：「將哫訾慄斯」。王逸注云：「承顔色也。」「哫訾」即「足訾」，其音同。「慄斯」即「竦斯」聲之轉；鳥名。見下文。其鳴自呼。有鳥焉，羣居而朋飛，朋，猶輩也。其毛如雌雉，名曰鵁，音「交」。或作「渴」也。懿行案：《玉篇》「鵁」云：「白鵁鳥群飛，尾如雌雞」疑經文「毛」當爲「尾」字之譌。又經不言此鳥白色，《玉篇》作「白鵺」，疑因經文「曰鵺」相涉而誤衍也。其「雌雞」，疑亦「雌雉」之譌。其鳴自呼，懿行案：《爾雅》「鳪雉」郭注云：「黄色，鳴自呼。」此鳥「毛如雌雉，其鳴自呼」與《爾雅》合。又「鵺」或作「鵍」，是無正字，疑即鳪雉也。食之已風。

又北百八十里曰單張之山，其上無草木。有獸焉，其狀如豹而長尾，人首而牛耳，一目，名曰諸犍。音如犍牛之「犍」。懿行案：郭既音「犍」，經文必不作「犍」，疑當爲「犍」字之譌。犍牛之「犍」，《説文·新附字》云：「犗牛也。」《玉篇》同；而又云：「獸似豹，人首，一目。」復似經文作「犍」不誤。未知其審。善吒。行則銜其尾，居則蟠其尾。有鳥焉，其狀如雉而文首、白翼、黄足，名曰白鵺，音「夜」。懿行案：「白鵺」即白翰。郭注《爾雅》，謂之「白鵫」。《北次二經》「縣雍之山」謂之「白鶴」。「鶴」、「鵺」聲轉，古無正字，疑皆假借爲之。食之已嗌痛，嗌，咽也。《穀梁傳》曰：「嗌不容粒。」今吴人呼咽爲嗌。音「隘」。懿行案：《説文》云：「咽，嗌也。」「嗌，咽也。」互相訓。郭引《穀梁傳》者，昭十九年文。可以已痸。痸，癡病也。懿行案：《玉篇》云：「癡同瘛，癡也。」與郭義合。又云：「癡，不慧也。」櫟水出焉，而南流注于杠水。

又北三百二十里曰灌題之山，其上多樗、柘，其下多流沙，懿行案：《説文》云：「漠，北方流沙也。」蓋沙漠之地，其沙多流。此之流沙，當即其類。多砥。有獸焉，其狀如牛而白尾，其音如訆，如人呼喚。「訆」音「叫」。名曰那父。懿行案：「那」，《玉篇》作「犕」，云「奴多切。獸似牛。」本此。有鳥焉，其狀如雌雉而人面，見人則躍，躍，跳。名曰竦斯，懿行案：「竦斯」，説已見上文。其名自呼也。匠韓之水出焉，而西流注于泑澤，其中多磁石。可以取鐵。《管子》曰：「山上有磁石者，下必有銅。」音「慈」。懿行案：「磁」，古通用「慈」。《本草》云：「慈石，一名玄石。」《春秋繁露·郊語篇》云：「慈石取鐵，頸金取火。」《水經·渭水》注云：「磁石門在阿房前，悉以磁石爲之。令四夷朝者有隱甲懷刃入門，而脅之，以示神。」郭引《管子》者，《地數篇》文也。《藝文類聚》六卷引郭氏讚云：「磁石吸鐵，琥珀取芥。氣有潛通，數亦冥會。物之相感，出乎意外。」

又北二百里曰潘侯之山，其上多松、柏，其下多榛、楛，其陽多玉，其陰多鐵。有獸焉，其狀如牛而四節生毛，名曰旄牛。今旄牛背、膝及胡、尾皆有長毛。懿行案：《爾雅》「犣牛」郭注云：「旄牛也。髀、厀、尾皆有長毛。」與此注同。或云：旄牛即犛牛也。見《中次八經》「荆山」「犛牛」注。邊水出焉，懿行案：「邊」，《廣韻》作「瀀」，俗字也。而南流注于櫟澤。

又北二百三十里曰小咸之山，懿行案：《藝文類聚》二卷引此經作「小威之山」。無草木，冬夏有雪。

北二百八十里曰大咸之山，懿行案：《藝文類聚》九十六卷及《太平御覽》九百三十三卷引此經並作「大同之山」。無草木，其下多玉。是山也四方，不可以上。有蛇，名曰長蛇，懿行案：《左傳》云：「吳爲封豕長蛇」，即此也。「封豕」見《海内經》。其毛如彘豪，説者云，長百尋。今蝮蛇色似艾，綬文，文間有毛如豬鬐，此其類也。常山亦有長蛇，與此形不同。懿行案：常山蛇，名率然。見《孫子·九地篇》。「蝮蛇」即「蝮虫」，已見《南山經》「猨翼之山」注。其音如鼓柝。如人行夜，敲木柝聲。音「託」。懿行案：《類聚》引郭氏讚云：「長蛇百尋，厥鬣如彘。飛羣走類，靡不吞噬。極物之惡，盡毒之厲。」

又北三百二十里曰敦薨之山，懿行案：《水經注》云：「敦薨之山在匈奴之西，烏孫之東。」其上多椶、枏，其下多茈草。敦薨之水出焉，而西流注于泑澤。懿行案：《水經注》云：「大河又東，右會敦薨之水。其水出焉耆之北、敦薨之山，自西海逕尉犁國，又西出沙山鐵關谷，又西南流逕連城，又屈而南逕渠犁國西。故史記曰『西有大河』，即斯水也。又南流，注于河。」引此經云：「『敦薨之水，西流注于泑澤。』蓋亂河流自西南注也。泑澤，即經所謂蒲昌海也。」出于昆侖之東北隅，實惟河源，即河水出昆侖之虛。懿行案：《水經》及《漢書·西域傳》並言河出昆侖，然後注泑澤。此經泑澤乃在昆侖之上者，敦薨山在昆侖之東，故其水西注泑澤，又西出於昆侖之東北隅；河水則自西南來，亦至昆侖之東北隅，重源顯發，與敦薨水合而爲河源。是河源乃受二水之通稱。此經「河源」，蓋指敦薨之水，郭云「即河水出昆侖之虛」，似誤。其中多赤鮭。今名鯸鮐爲鮭魚。音「圭」。懿行案：《玉篇》云：「鮭，魚名。」「鯸鮐」作「鯸鮔」，云：「鯸鮔，魺也。魺，户多切。食其肝，殺人。」劉逵注《吳都賦》云：「鯸鮐魚狀如蝌斗，大者尺餘。腹下白，背上青黑有黃文。性有毒，雖小獺及大魚不敢啖之。蒸煮啖之，肥美。豫章人珍之。」是其形狀也。一名「河豚」，又名「鯢」。「鯢」即「鮭」之或體字耳。又案經言「赤鮭」，今所見鯸鮐魚背青腹白，絕無赤者。郭云「鯸鮐爲鮭」

既與經不合，而《初學記》三十卷引此經云「鯷魚赤目赤鬣者，食之殺人。」夫「鯷」即「鮎」也。「鯷」與「鮭」聲相近。或《初學記》所引本在郭注，今脱去之邪？其獸多兕、旄牛，或作「樸牛」。「樸牛」，見《離騷》、《天問》。所未詳。懿行案：《天問》云：「恒秉季德，焉得夫朴牛？」王逸注云：「朴，大也。言湯出田獵，得大牛之瑞也。」其鳥多鳲鳩。懿行案：「鳲」當爲「尸」。藏經本正作「尸」。

又北二百里曰少咸之山，無草木，多青碧。有獸焉，其狀如牛而赤身、人面、馬足，名曰窫窳，《爾雅》云：「窫窳似貙，虎爪。」與此錯。「軋」、「愈」二音。懿行案：《海内南經》云：「窫窳龍首，居弱水中。」《海内西經》云：「窫窳蛇身人面。」又與此及《爾雅》不同。「窫窳」，《爾雅》作「猰貐」。其音如嬰兒，是食人。敦水出焉，東流注于雁門之水，水出雁門山間。懿行案：《水經·㶟水》注云：「雁門水東南流逕高柳縣故城北，又東南流，屈而東北，積而爲潭，敦水注之。敦水導源西北少咸山之南麓，東流逕參合縣故城南，又東，㶟水注之，又北合敦水，亂流東北，注雁門水。」引此經及郭注。其中多魳魳之魚，音「沛」。未詳。或作「鯆」。懿行案：《説文》云：「魳，魚名。出樂浪潘國。」「鯆」訓同。「一曰鰯魚出江東，有兩乳。一名鱄䱐。」《廣雅》云：「鱄䱐，鰯也。」「鱄」一作「鯆」。《晉書·夏統傳》云：「後作鯆䱐。」引何超《音義》引《埤倉》云：「鯆䱐，鰯魚也。一名江豚。多膏少肉。」《玉篇》云：「欲風則踊鯆䱐。」語轉爲「䱐魳」。《太平御覽》九百三十九卷引《魏武四時食制》云：「䱐魳魚黑色，大如百斤豬，黃肥不可食。」即此經云「食之殺人」矣。食之殺人。

又北二百里曰獄法之山，瀤澤之水出焉，音「懷」。懿行案：《說文》云：「瀤，北方水也。」即此。《玉篇》引此經。而東北流，注于泰澤。其中多鱳魚，音「藻」。其狀如鯉而雞足，懿行案：《太平御覽》九百三十九卷引此經《圖讚》云：「鱳之爲狀，半鳥半鱗」是也。食之已疣。有獸焉，其狀如犬而人面，善投，見人則笑，其名山㺴，音「暉」。懿行案：《說文》云：「㺴，獸名。」《吳都賦》云：「㺴子長嘯。」劉逵注云：「㺴子，猿類。猿身人面，見人則嘯。」「嘯」，蓋與「笑」通。李善注引此經，正作「見人則笑」，名㺴。㺴，胡奔切。」無「山」字，與今本異。其行如風，言疾。見則天下大風。懿行案：《御覽》九百十二卷引此經《圖讚》云：「山㺴之獸，見乃歡唬。厥性善投，行如矢繳。是惟氣精，出則風作。」

又北二百里曰北嶽之山，懿行案：即恒山也。《水經》謂之「玄嶽」。在今山西大同渾源州。多枳、棘、剛木。檀、柘之屬。懿行案：郭注《中山經》云：「櫄，剛木也，中車材。」此經云：「柘、棘、剛木」，郭云「檀、柘之屬」者，檀中車材，柘中弓材也。有獸焉，其狀如牛而四角、人目、彘耳，其名曰諸懷，懿行案：《玉篇》作「㹸」，云：「獸似牛，四角，人目。」其音如鳴雁，是食人。諸懷之水出焉，懿行案：「諸」，《廣韻》作「儲」，云：「水名，在北嶽。」而西流注于嚻水，其中多鮨魚，音「詣」。懿行案：《說文》云：「鮨，鮪魚名。」魚身而犬首，懿行案：《初學記》及《太平御覽》九百三十九卷並引此經作「犬首」，誤。其音如嬰兒，今海中有虎、鹿魚及海豨，體皆如魚而頭似虎、鹿、豬，此其類也。懿行案：劉逵注《吳都賦》云：「虎魚，頭、身似虎。或云變而成虎。鹿頭魚，有角似鹿。」李善注《江賦》引《臨海異物志》曰：「鹿魚，長二尺餘，有角，腹下有脚如人足。」又引《臨海水土記》曰：「海豨，豕頭，身長九尺。」然則推尋郭義，此經「䱱魚」蓋魚身、魚尾而狗頭，極似今海狗。登州海中有之，其狀非狗非魚，《本草》家謂之「骨肭獸」是也。食之已狂。懿行案：《日華本草》云：「膃肭獸，療驚狂癇疾。」與此經合。「膃肭」，即海狗也。

又北百八十里曰渾夕之山，無草木，多銅、玉。懿行案：銅、玉二物也。《北次二經》「諸餘之山」復多銅、玉。嚻水出焉，而西北流，注于海。有蛇一首兩身，懿行案：藏經本「首」作「頭」，「兩身」下有「四足」二字。名曰肥遺，見則其國大旱。《管子》曰：「涸水之精，名曰蝺，一頭而兩身，其狀如蛇，長八尺。以其名呼之，可使取魚鼈。」亦此類。懿行案：《管子·水地篇》文也。《説文》：「蝺」即「逶」字之或體。「逶迤」即「委蛇」也，與「肥遺」聲相近，豈即是與？

又北五十里曰北單之山，無草木，多葱、韭。

又北百里曰羆差之山，無草木，多馬。野馬也。似馬而小。懿行案：《穆天子傳》云：「野馬走五百里。」郭注云：「野馬亦如馬，而小。」《爾雅·釋畜》云：「野馬。」郭注云：「如馬而小。出塞外。」

又北百八十里曰北鮮之山，是多馬。鮮水出焉，而西北流，注于涂吾之水。漢元狩二年，馬出涂吾水中也。懿行案：《漢書·武帝紀》云：「元狩二年，馬生余吾水中。」應劭注云：「在朔方北。」《文選·長楊賦》注引此經作「北經余吾水。」《史記·匈奴傳》索隱引此經亦作「北流注余吾」。並無「西」字；又並作「余吾」，不加水旁也。《地理志》云：「上黨郡余吾」，疑縣因水爲名。

又北百七十里曰隄山，或作「隄」，古字耳。懿行案：《玉篇》云：「隄，古文作隄。」本此。多馬。懿行案：《左傳》云：「冀之北土，馬之所生。」故此三山並云「多馬」。今名馬多出西北也。有獸焉，其狀如豹而文首，名曰狕。音「幺」。懿行案：《玉篇》云：「狕，獸名。」隄水出焉，而東流注于泰澤，其中多龍龜。懿行案：龍、龜二物也。或是一物，疑即吉弔也。龍種龜身，故曰龍龜。裴淵《廣州記》云：「弔生嶺南，蛇頭龜身，水宿木棲。其膏至輕利，銅及瓦器盛之皆浸出，置雞卵殼中則不漏，其透物甚於醍醐也。」見《證類本草》及李時珍《本草》。

凡北山經之首自單狐之山至于隄山，凡二十五山，五千四百九十里。懿行案：今五千六百八十里。其神皆人面蛇身。其祠之：毛用一雄雞、彘瘞；吉玉用一珪瘞；而不糈。言祭不用米，皆薶其所用牲、玉。其山北人，皆生食不火之物。或作「皆生食而不火」。懿行案：《大戴禮·千乘篇》說四辟大遠皆不火食；此經唯兩言「不火食」，皆在《北山經》篇也。《淮南·原道訓》云：「雁門之北，狄不穀食」，義亦與此同。

北次二經之首在河之東，其首枕汾，臨汾水上也。音「墳」。懿行案：《水經注》引此經作「其東首枕汾。」其名曰管涔之山。今在太原郡故汾陽縣北秀容山。「涔」音「岑」。懿行案：《太平寰宇記》引郭注，有「管音姦」三字，今本蓋脱去之。《記》文又云：「土人云：其山多菅，或以爲名。」是經文「管」當爲「菅」矣。山在今山西静樂縣北。《水經注》引《十三州志》曰：「汾水出武州之燕京山。」亦「管涔」之異名也。「太原郡汾陽」，見《漢書·地理志》。《晉志》爲「太原國」，其「汾陽」屬「河東郡」也。郭云「汾陽縣北秀容山」，《漢志》直謂之「汾陽北山」。其上無木而多草，其下多玉。懿行案：《水經注》引此經云：「其上無草木，而下多玉」，與今本異；然又云「其山有草無木」，復與今本同。汾水出焉，而西流注于河。至汾陽縣北，西入河。懿行案：《地理志》云：「汾水出汾陽，至汾陰入河。」郭注「陽」蓋「陰」字之譌也。「汾水」！詳見《海内東經》及郭注。

又西懿行案：「西」，藏經本作「北」。二百五十里曰少陽之山，懿行案：《元和郡縣志》云：「交城縣，少陽山在縣西南九十五里。」今太原府有交城。其上多玉，其下多赤銀。銀之精也。懿行案：《穆天子傳》有「燭銀」，郭注云：「銀有精光如燭」，疑即此。酸水出焉，而東流注于汾水，懿行案：《水經注》云：「汾水南逕秀容城東，南與酸水合。水原西出少陽之山，東南流，注于汾水。」其中多美赭。《管子》曰：「山上有赭者，其下有鐵。」懿行案：《説文》云：「赭，赤土也。」《本草》謂之「代赭石」。《别録》云：「出代郡者名代赭，出姑幕者名須丸，一名血師。」郭引《管子》者，《地數篇》文也。

又北五十里曰縣雍之山，今在晉陽縣西，名「汲甕」。「雍」，音「甕」。懿行案：《水經》作「縣甕山」。劉昭注《郡國志》引此經及郭注，與今本同。《史記·魏世家》正義引此作「懸壅山」；《括地志》亦作「懸壅」，並非。山今在太原縣也。一名「龍山」。《元和郡縣志》云：「晉陽縣懸甕山，一名龍山，在縣西南十二里。」案《地理志》云：「太原郡晉陽，龍山在西北，晉水所出，東入汾。」高誘注《淮南·墬形訓》亦云「龍山在晉陽之西北」，並非也。《水經注》云：「今在縣之西南。」其上多玉，其下多銅。其獸多閭、麋，「閭」即「羭」也。似驢而岐蹄，角如麢羊。一名山驢。《周書》曰：「北唐以閭。」亦見《鄉射禮》。懿行案：《周書·王會篇》云：「北唐戎，以閭。閭似隃冠。」疑「隃」即「羭」字之譌也。孔晁注云：「射禮以閭象爲射器。」孔氏及郭注俱本《鄉射禮》。《禮》曰：「國中射，則皮樹中；於郊，則閭中。」《初學記》引《廣志》云：「驢羊似驢」，即此也。《集韻》云：「閭一角，岐蹏。」其鳥多白翟、白䳃。即白鵫也。音于六反。懿行案：「白鵫」即「白翰」，雉也。見《爾雅》。晉水出焉，而東南流，注于汾水。東過晉陽南，又東入汾。懿行案：《水經》云：「晉水出晉陽縣西縣甕山，東過其縣南，又東入於汾水。」其中多鮆魚，其狀如鯈而赤麟，小魚曰鯈。懿行案：「鯈」、「儵」字通；「麟」、「鱗」聲同。其音如叱，食之不驕。或作「騷」。騷臭也。懿行案：「騷臭」蓋即蘊羝之疾，俗名「狐騷」也。《太平御覽》九百三十九卷引此經《圖讚》云：「微哉鮆魚，食則不驕。物有所感，其用無標。」

又北二百里曰狐岐之山，懿行案：山在今山西孝義縣西八十里。無草木，多青碧。勝水出焉，而東北流，注于汾水，懿行案：《水經注》云：「文水又東南流，與勝水合。水西出狐岐之山，東逕六壁城南，又東合陽泉水，又東逕中陽縣故城南，又東合文水，文水又東南，入於汾水也。」其中多蒼玉。

又北三百五十里曰白沙山，廣員三百里盡沙也。懿行案：此即所謂沙漠。《説文》云：「漠，北方流沙也。」無草木鳥獸。鮪水出于其上，潛於其下。出山之頂，停其底也。是多白玉。

又北四百里懿行案：「百」，藏經本作「十」。曰爾是之山，無草木，無水。

又北三百八十里曰狂山，無草木。是山也，冬夏有雪。狂水出焉，而西流注于浮水，其中多美玉。

又北三百八十里曰諸餘之山，其上多銅、玉，其下多松、柏。諸餘之水出焉，而東流注于旄水。懿行案：《玉篇》作「㵘」，云「水名」。

又北三百五十里曰敦頭之山，其上多金、玉，無草木。旄水出焉，而東流注于印澤，懿行案：「印澤」，下文「北踞山」作「邛澤」。藏經本正作「邛」。其中多騂馬，音「勃」。懿行案：郭氏《江賦》云：「騂馬騰波以噓蹀。」李善注引此經，與今本同。《初學記》八卷引《南越志》云：「平定縣東巨海，有騂馬，似馬，牛尾，一角。」又，二十九卷引張駿《山海經圖畫讚》曰：「敦山有獸，其名爲教，麟形一角」，即此也。「麟形」蓋釋「牛尾」；「教」即「騂」也，字音同。牛尾而白身，一角，其音如呼。懿行案：李善注《江賦》引此經作「其音如虎。」疑「虎」當爲「嘑」字之譌。「嘑」與「呼」聲同，義亦同。

又北三百五十里曰鉤吾之山，其上多玉，其下多銅。有獸焉，其狀如懿行案：藏經本無「如」字。羊身人面，其目在腋下，懿行案：「腋」，俗字也。《説文》作「亦」，云：「人之臂亦也。」又作「掖」，云：「掖，臂下也。」《文選》注陳琳《爲袁紹檄豫州》，引此經作「其口腋下」，蓋有脱誤。虎齒人爪，其音如嬰兒，名曰狍鴞，是食人。爲物貪惏，食人未盡，還害其身。像在夏鼎。《左傳》所謂「饕餮」是也。「狍」音「咆」。　懿行案：《吕氏春秋·先識覽》云：「周鼎著饕餮，有首無身，食人未咽，害及其身。以言報更。」是郭所本也。注蓋《圖讚》之文，與今世所傳復不同。《文選》注陳琳《爲袁紹檄》引此注，「貪惏」作「貪婪」，「夏鼎」作「禹鼎」。

又北三百里曰北嚻之山，無石。其陽多碧，其陰多玉。有獸焉，其狀如虎而白身犬首，馬尾彘鬣，名曰獨狢。音「谷」。　懿行案：《説文》云：「北嚻山有獨狢獸，如虎，白身，豕鬣，尾如馬。」本此。又云：「豰，似牂羊，出蜀北嚻山中，犬首而馬尾。」今本經無此獸，「北嚻山」又不在蜀也。有鳥焉，其狀如烏，人面，名曰鷲鶥，「般」、「冒」兩音。或作「夏」也。　懿行案：「鷲鶥」，見《玉篇》。郭云「或作夏」者，「夏」形、聲近「賈」。《大荒南經》有「鷹賈」，郭注云：「賈亦鷹屬」。《水經注》引《莊子》有「雅賈」，蓋是烏類。經言此鳥「狀如烏」，疑是也。又言「宵飛晝伏」，則似今訓狐。訓狐即鵂鶹之屬，其狀如鷹；「鷹賈」之名或以此。宵飛而晝伏，鵂鶹之屬。食之已暍。中熱也。音「謁」。涔水出焉，而東流注于邛澤。　懿行案：《説文》云：「涻水出北嚻山，入邙澤。从水，舍聲。」《玉篇》同《説文》。是經文「涔」當爲「涻」，今本或形近而譌也。「邛」亦當爲「邙」，上文作「印澤」，疑亦形近而譌。

又北三百五十里曰梁渠之山，無草木，多金玉。修水出焉，而東流注于雁門。水名。　懿行案：

《地理志》云：「代郡且如，于延水出塞外，東至寧，入沽。」《水經·灅水》注云：「即修水也。水出塞外柔玄鎮西長川城南小山。」引此經云云。又云：「雁門水東逕大寧郡，有修水注之。」引此經。又云：「《地理志》有于延水，而無雁門修水之名。《山海經》有雁門之目而無説。于延河自下，亦通謂之于延水矣。」今案「雁門水」即「灅水」也。《説文》云：「灅水出雁門陰館累頭山，東入海。或曰治水也。」許君此釋，本《地理志》「雁門郡陰館」注而爲説，是雁門水一名治水。《地理志》説「于延水入沽」，即此經云「修水注于雁門」矣。「沽」，當從《説文》作「治」。其獸多居暨，懿行案：「暨」，《玉篇》、《廣韻》並作「蟨」。《玉篇》無「居」字，《廣韻》作「蟨居」。其狀如彙而赤毛，彙似鼠，赤毛。如刺猬也。「彙」音「猬」。懿行案：《爾雅》云：「彙，毛刺。」郭注云：「今蝟，狀如鼠。」與此注同。蝟蒼白色，此注「赤」字、「猬」字並衍。又「彙」，《玉篇》、《廣韻》並作「蝟」，「赤毛」，《廣韻》作「赤尾」也。其音如豚。有鳥焉，其狀如夸父，或作「舉父」。懿行案：《西次三經》云：「崇吾之山，有獸曰舉父」，或作「夸父」。此經「鳥如夸父」或作「舉父」。「舉」、「夸」聲相近，故古字通也。四翼、一目、犬尾，名曰囂，其音如鵲，食之已腹痛，可以止衕。治洞下也。音「洞」。懿行案：《玉篇》云：「衕，下也。」義與郭同。

又北四百里曰姑灌之山，無草木。是山也，冬夏有雪。

又北三百八十里曰湖灌之山，其陽多玉，其陰多碧。多馬。湖灌之水出焉，而東流注于海，其中多䱇。亦鱓魚字。懿行案：李善注王褒《四子講德論》引郭氏此經注曰：「鱓魚，似蛇。時闡切。」疑即今本注下脱文也。《大戴禮·勸學篇》云「虵䱇之穴」，「䱇」即「鱓」字也。《玉篇》云：「䱇魚似蛇。同鱓。」《集韻》云：「䱇，上演切，音善。」有木焉，其葉如柳，而赤理。懿行案：柳有一種赤者，名赤柳。《晉書·地理志》云：「丹陽，丹陽山多赤柳。」

又北，水行五百里，流沙三百里，至于洹山，懿行案：《水經》云：「洹水出上黨泫氏縣。」注云：「水出洹山，山在長子縣也。」計其道里不相應，當在闕疑。其上多金玉。山桑生之，其樹皆無枝，其高百仞。懿行案：《海外北經》云：「三桑無枝，在歐絲東，其木長百仞」，即此。百果樹生之，其下多怪蛇。

又北三百里曰敦題之山，懿行案：畢氏云：「疑即雁門陰館累頭山。敦題、累頭皆音之轉，敦讀如自也。」今案上文有「敦頭山」，與「累頭」之聲尤相近，未審誰是。無草木，多金玉。是錞于北海。懿行案：《西山經》云「錞于西海」，此云「錞于北海」，其義同。

凡北次二經之首，自管涔之山至于敦題之山，凡十七山，懿行案：今才十六山。五千六百九十里。懿行案：今六千一百四十里。其神皆蛇身人面。其祠：毛用一雄雞、彘瘞；用一璧、一圭投，而不糈。擿玉於山中以禮神，不瘞之也。

北次三經之首曰太行之山。今在河内野王縣西北。「行」，音户剛反。懿行案：漢、晉《地理志》並云：「河内郡壄王，太行山在西北。」今在河南輝縣也。《列子·湯問篇》作「太形山」；《淮南·氾論訓》謂之「五行山」，高誘注云：「今太行山也。」其首曰歸山，其上有金玉，其下有碧。懿行案：《藝文類聚》七卷引此經，「碧」下有「玉」字。有獸焉，其狀如麢羊懿行案：劉昭注《郡國志》引此經，「麢」作「麋」，無「羊」字。而四角，馬尾而有距，其名曰驒，懿行案：《説文》云：「驒騱，馬也。」無「驒」字。《玉篇》有「驒騱」，云「駿馬屬。」又有「驒」，云「獸名。」即此也。《廣韻》既云「驒騱，野馬名。驒音壇。」又云「驒騱，野馬。」蓋誤也。劉昭注《郡國志》引此經作「驒」，亦誤。善還，還，旋。旋，舞也。「驒」，音「暉」。

懿行案：「還」，當音「旋」。郭注「旋」上脱「音」字。劉昭注《郡國志》引此經，無「善」字，蓋脱去之。經云「善還」，謂善舞也。宋謝莊有《舞馬賦》。其鳴自訆。有鳥焉，其狀如鵲，懿行案：《廣韻》説「鶾」，云「似鵲」。白身、懿行案：《廣韻》此下有「三目」二字。赤尾、六足，其名曰鶾，音「犇」。是善驚，其鳴自詨。今吴人謂呼爲詨。音呼交反。

又東北二百里曰龍侯之山，無草木，多金玉。決決之水出焉，音「訣」。懿行案：《太平御覽》九百三十八卷引此經「決水」，「決」字不作重文。而東流注于河。其中多人魚，懿行案：人魚即鯢魚。《爾雅》云：「鯢，大者謂之鰕」是也。「鯢」，古文省作「兒」。《周書·王會篇》云：「穢人前兒」亦是也。「兒」从「儿」，即古文「人」字。又「人」、「兒」聲轉。疑經古本作「兒魚」，缺脱其上，即爲「人魚」矣。其狀如鯑魚，四足，其音如嬰兒，鯑，見《中山經》。或曰：人魚即鯢也。似鮎而四足、聲如小兒嗁。今亦呼鮎爲鯑。音「蹏」。懿行案：「鯑」當爲「鮷」。《説文》云：「鮷，大鮎也。」郭云「見《中山經》」者，少室山休水中多鰟魚是也。又云「人魚即鯢」者，《水經注》云：「伊水又東北流，注於洛水。」引《廣志》曰：「鯢魚聲如小兒嗁，有四足，形如鯪鯉。可以治牛。出伊水也。司馬遷謂之人魚，故其著《史記》曰：始皇帝之葬也，以人魚膏爲燭。徐廣曰：人魚似鮎而四足，即鯢魚也。」食之無癡疾。懿行案：《說文》云：「癡，不慧也。」《中山經》云：「鰟魚，食者無蠱疾。」與此異。

又東北二百里曰馬成之山，其上多文石，其陰多金玉。有獸焉，其狀如白犬而黑頭，見人則飛，言肉翅，飛行自在。其名曰天馬，其鳴自訆。有鳥焉，其狀如烏，首白而身青，足黃，是名曰鶌鶋，「屈」、「居」二音。或作「鴟」。懿行案：《爾雅》云：「鶌鳩，鶻鵃。」此「鶌鶋」疑即「鶌鳩」也。聲轉字變，經多此例，唯「白首」爲異耳。孫炎注《爾雅》云：「鶻鵃，一名鴟鳩。」故此經郭云「或作鴟」。其鳴自詨，食之不飢，可以已寓。未詳。或曰：寓，猶誤也。懿行案：「寓」、「誤」蓋以聲近爲義，誤疑昏忘之病也。王引之曰：案「寓」當是「㾢」字之假借。《玉篇》、《廣韻》並音牛具切，疣病也。

又東北七十里曰咸山，其上有玉，其下多銅。是多松柏，草多茈草。條菅之水出焉，「菅」音「間」。而西南流，注于長澤；其中多器酸，三歲一成，所未詳也。食之已癘。

又東北二百里曰天池之山，懿行案：《水經·濕水》注云：「桑乾水潛承太原汾陽縣北燕京山之大池。池在山原之上，世謂之天池。」案，山在今山西静樂縣東北。其上無草木，多文石。有獸焉，其狀如兔而鼠首，以其背飛，用其背上毛飛，飛則仰也。懿行案：《文選·上林賦》云：「蜼玃飛蠝。」張揖注云：「飛蝙，飛鼠也。其狀如兔而鼠首，以其頾飛。」今經「頾」作「背」，或所見本異也。又上文「丹熏山」有「耳鼠」，以其尾飛，郭云「或作髯飛」，「髯」即「頾」字耳。《初學記》二十九卷引郭氏《圖讚》云：「或以尾翔，或以髯淩。飛鼠鼓翰，倏然背騰。固無常所，唯神所憑。」其名曰飛鼠。懿行案：《初學記》引此經云：「以其背飛，名飛兔。」又引《括地圖》，亦作「飛兔」，與今經文異。澠水出焉，潛於其下，停山底也。其中多黄堊。堊，土也。

又東三百里曰陽山，懿行案：《水經注》有「大陽之山」，亦通謂之「薄山」，疑即此。其上多玉，其下多金、銅。有獸焉，其狀如牛而赤尾，其頸腎，其狀如句瞿，言頸上有肉腎。句瞿，斗也。音「劬」。懿行案：《廣雅》云：「腎，堅也。」以句瞿爲斗，所未詳。《元和郡縣志》云：「海康縣多牛，項上有骨，大如覆斗，日行三百里。即《爾雅》所謂犦牛。」疑此是也。其名曰領胡，懿行案：《説文》云：「領，項也。」「胡，牛顫垂也。」此牛頸肉垂如斗，因名之「領胡」與？其鳴自詨，食之已狂。有鳥焉，其狀如雌雉而五采以文，是自爲牝牡，名曰象蛇，其鳴自詨。留水出焉，而南流注于河。懿行案：《水經》云：「河水東過大陽縣南。」注云：「河水又東，左合積石、土柱二谿，並北發大陽之山，南流入於河。」與此經合。但不知二谿之中，誰爲留水耳。其中有䱵父之魚，音「陷」。懿行案：《説文》云：「䱵，魚名。」《玉篇》云：「䱵，魚也。見《山海經》。」其狀如鮒魚，魚首而彘身，懿行案：《太平御覽》九百三十九卷引此經《圖讚》云：「䱵父魚首，厥體如豚。」食之已嘔。懿行案：「嘔」當爲「歐」。《説文》云：「吐也。」

又東三百五十里曰賁聞之山，其上多蒼玉，其下多黄堊，多涅石。懿行案：即礬石也。《淮南·俶真訓》云：「以涅染緇。」高誘注云：「涅，礬石也。」《本草經》云：「礬石，一名羽涅。」《别録》云：「一名羽澤。」《西次二經》「女牀之山」多石涅，郭氏注誤，當移於此。

又北百里曰王屋之山，今在河東東垣縣北。《書》曰「至于王屋」也。懿行案：漢、晉《地理志》並云：「河東郡垣，《禹貢》王屋山在東北。」今在山西垣曲縣也。注「東垣」「東」字衍。是多石。𣶒水出焉，「𣶒」音「輦」。懿行案：《水經》云：「濟水出河東垣縣東王屋山，爲沇水。」注引此經「𣶒水」作「聯水」。劉昭注《郡國志》又作「兖水」，云：「王屋山，兖水出。」「兖」、「沇」、「𣶒」俱聲相近。而西北流，注于泰澤。《地理志》：「王屋山，沇水所出。」「𣶒」、「沇」聲相近，殆一水耳。「沇」則「濟」也。懿行案：《水經注》引此經「泰澤」作「秦澤」，疑即「滎澤」也。《地理志》云：「沇水東南至武德，入河。軼出滎陽北地中，又東至琅槐入海。」今案滎澤在滎陽北也。「濟水」，又見《海内東經》。

又東北三百里曰教山，懿行案：教山在垣縣北，見《水經注》。在今山西垣曲縣也。其上多玉而無石。教水出焉，西流注于河。懿行案：《水經注》云：「河水又東與教水合，水出垣縣北教山云云，南入於河」。引此經亦作「南流注于河」。今本作「西」，疑譌。是水冬乾而夏流，實惟乾河。今河東聞喜縣東北有乾河口，因名乾河里。但有故溝處，無復水。即是也。懿行案：《水經注》云：「今聞喜縣東北谷口，猶有乾河里，故溝存焉。今無復有水，世人猶謂之爲乾澗矣。」其中有兩山。是山也，廣員三百步，其名曰發丸之山，其上有金玉。

又南三百里曰景山，《外傳》曰：「景、霍以爲城。」懿行案：《太平寰宇記》云：「山在聞喜縣東南十八里。」《水經》云：「涑水西過周陽邑南。」注云：「涑水又與景水合，水出景山北谷。」引此經云云，「經不言有水，今有水焉。西北流，注於涑水也。」南望鹽販之澤，即鹽池也。今在河東猗氏縣。或無「販」字。懿行案：《水經注》及《太平御覽》八百六十五卷引此注，「鹽池」上並有「解縣」二字，今本脱也。《穆天子傳》云：「戊子，至於鹽。」郭注云：「鹽，鹽池。今在河東解縣。」《吕氏春秋·本味篇》云：「和之美者，大夏之鹽。」高誘注云：「大夏，澤名。」今案「大夏」，古晉地，此澤亦即鹽澤矣。《地理志》云：「河東郡安邑，鹽池在西南。」《晉書·地理志》云：「河東郡解，有鹽池。」北望少澤。其上多草藷藇，根似羊蹏，可食。「曙」、「豫」二音。今江南單呼爲藷，音儲，語有輕重耳。懿行案：《廣雅》云：「藷藇，署豫也。」《本草》云：「薯蕷，一名山芋。」皆即今之山藥也。此言「草藷藇」，别於木藷藇也。「木藷藇」，見《中次十一經》「兔牀之山」。其草多秦椒，子似椒而細葉，草也。懿行案：《水經注》、《藝文類聚》八十九卷及《太平寰宇記》引此經，並無「其草」二字，非也。依郭注，當有此二字。其陰多赭，其陽多玉。有鳥焉，其狀如蛇而四翼、六目、三足，名曰酸與，其鳴自詨，見則其邑有恐。或曰「食之不醉」。

又東南懿行案：孟門山在今景山西。經云「東南」，疑誤。三百二十里曰孟門之山，《尸子》曰：「龍門未辟，吕梁未鑿，河出於孟門之上，大溢，逆流無有丘陵，高阜滅之，名曰洪水。」《穆天子傳》曰：「北升孟門，九河之隥。」懿行案：今本《穆天子傳》「孟」作「盟」。「盟」、「孟」通也。山在今山西平陽吉州西。《水經注》云：「河南孟門山與龍門山相對。」引此經云云。又引《淮南子》，即此注所引《尸子》之文。又引《穆天子傳》，而云「孟門即龍門之上口也，實爲河之巨阸。」其上多蒼玉，多金，其下多黃堊，多涅石。懿行案：「涅石」，已見上文「賁聞之山」。

又東南三百二十里曰平山，懿行案：《水經注》云：「教水南逕輔山」，疑即平山也。《元和郡縣志》云：「臨汾縣，本漢平陽縣。縣在平水之陽，故曰平陽。山一名壺口山，今名姑射山，在縣西八里，平水出焉。」平水出于其上，潛于其下。懿行案：《水經注》云：「輔山高三十許里，上有泉源，不測其深。山頂周員五六里，少草木。」引此經，云：「孟門東南有平山，水出于其上，潛于其下。又是王屋之次，疑即平山也。」案酈氏言「上有泉源，不測其深」，即此經云「平水出于其上，潛于其下」是矣。是多美玉。

又東二百里曰京山，有美玉，多漆木，多竹。其陽有赤銅，其陰有玄礵。黑砥石也。《尸子》曰：「加玄黃砥」，明色非一也。「礵」，音竹篠之「篠」。懿行案：「礵」字見《玉篇》，同郭義。高水出焉，南流注于河。

又東二百里曰虫尾之山，其上多金玉，其下多竹，多青碧。丹水出焉，南流注于河。薄水出焉，《淮南子》曰：「薄水出鮮于山。」懿行案：《淮南·墬形訓》云：「鎬出鮮于。」郭引作「薄」，或所見本異。而東南流，注于黃澤。懿行案：《穆天子傳》云：「東游於黃澤。」蓋即此。又《地理志》云：「魏郡内黃。」應劭云：「黃澤在西。」

又東三百里曰彭毗之山，其上無草木，多金玉，其下多水。蚤林之水出焉，音「早」。東南流，注于河。肥水出焉，而南流，注于牀水，懿行案：「肥水」，當即《詩》之「肥泉」。「牀水」，未詳。其中多肥遺之蛇。

又東百八十里曰小侯之山，明漳之水出焉，南流注于黃澤。有鳥焉，其狀如烏而白文，多曰鴣鸐，「姑」、「習」二音。懿行案：「鴣鸐」，見《玉篇》。食之不灂。不瞧目也。或作「曜」，音「醮」。懿行案：「瞧」，音「樵」。俗以偷視爲瞧，非也。「曜」音「醮」；《玉篇》云：「目冥也。」

又東三百七十里曰泰頭之山，共水出焉，音「恭」。南注于虖池。「呼」、「佗」二音。下同。其上多金玉，其下多竹箭。

又東北二百里曰軒轅之山，其上多銅，其下多竹。有鳥焉，其狀如梟而白首，其名曰黃鳥，其鳴自詨，食之不妒。懿行案：《周書·王會篇》云：「方揚以皇鳥。」《爾雅》云：「皇，黃鳥。」蓋皆此經黃鳥也。郭注《爾雅》以爲黃離留，誤矣。俗人皆言黃鶯治妒，而梁武帝以倉庚作膳爲郗氏療忌，又本此經文及《爾雅》注而誤也。

又北二百里曰謁戾之山，今在上黨郡涅縣。懿行案：郭注本《地理志》。「謁戾山」，見《水經》。《淮南·墜形訓》作「楬戾」，「謁」、「楬」聲相近也。山在今山西樂平縣。其上多松柏，有金玉。沁水出焉，南流注于河，至滎陽縣東北入河。或出穀述縣羊頭山也。懿行案：「穀述」當爲「穀遠」，字之譌也。《地理志》云：「上黨郡穀遠，羊頭山世靡谷，沁水所出。」是郭所本也。沁水一名涅水。《地理志》云：「上黨郡涅氏。涅，水也。」顏師古注云：「涅水出焉。」《水經》云：「沁水出上黨涅縣謁戾山。」注云：「沁水，即涅水也。」或言出穀遠縣羊頭山世靡谷，是酈氏合沁、涅爲一水也。《地理志》又云：「沁水東南至滎陽入河。」顏師古注云：「今沁水至懷州武陟縣界入河。此云至滎陽，疑轉寫錯誤。」今案，顏氏之説非也。《水經》亦云「至滎陽縣北入河」。滎陽在河南，武陟在河北，相去不遠，説俱得通。今沁水至河南濟源縣入河矣。「沁水」，又見《海内東經》。其東有林焉，名曰丹林，丹林之水出焉，懿行案：《竹書》云：「周元王六年，丹水三日絶不流。」《地理志》云：「高都莞谷，丹水所出，東南入泫水。」《水經注》云：「丹水出上黨高都縣故城東北阜，俗謂之源源水。」引此經云云，即斯水矣。又《水經注》引經，直作「丹水」，無「林」字。南流注于河。懿行案：《地理志》云「丹水入泫水」，又云「泫氏楊谷，絶水所出，南至壄王，入沁。」《水經注》亦云「沁水與丹水合。」此經云「入河」者，蓋丹水合絶水，入沁，又入于河也。又《地理志》「泫氏」，應劭注云：「《山海經》泫水所出者也。」今經無「泫水」，蓋脱去之。而《地理志》「丹水入泫水」，《水經注》引作「入絶水」，未審誰是。嬰侯之水出焉，北流注于汜水。懿行案：《水經·汾水》注引此經作「嬰侯之水出于其陰，北流注于祀水。」云：「水出祀山，其水殊源共合，注於嬰侯之水，亂流逕中都縣南，俗又謂之中都水。」據《水經注》，「汜水」當爲「祀水」；又云「出於其陰」，亦與今本異。

東三百里曰沮洳之山，《詩》云：「彼汾沮洳。」懿行案：《水經注》引此經云：「淇水出沮如山。」是「洳」當爲「如」。或古字通。山在今河南輝縣。無草木，有金玉。濝水出焉，音「其」。懿行案：「濝」即「淇」字。南流注于河。今淇水出汲郡隆慮縣大號山，東過河内縣南，爲白溝。懿行案：《水經》云：「淇水出河内隆慮縣西大號山，又東過内黄縣南，爲白溝」，是郭所本也。《説文》：「淇水出河内共北山，東入河。或曰出隆慮西山。」《地理志》云：「河内郡共北山，淇水所出，東至黎陽入河。」《晉書·地理志》云：「汲郡共北山，淇水所出。」「隆慮」作「林慮」也。

又北三百里曰神囷之山，音如倉囷之「囷」。懿行案：「囷」即「倉囷」之「囷」，郭氏復音如之，知經文必不作「囷」。《廣韻》引作「神箘」，疑是也。據《水經注》，山當在今河南林縣，漢之林慮縣也。其上有文石，其下有白蛇，有飛蟲。懿行案：《史記·周本紀》云：「蜚鴻滿野。」索隱引高誘曰：「蜚鴻，蠛蠓也。言飛蟲蔽日滿野，故爲災。」又《後漢書·南蠻傳》云：「鹽神旦即化爲蟲，與諸蟲羣飛，掩蔽日光。」亦此類也。黄水出焉，而東流注于洹。洹水出汲郡林慮縣，東北至魏郡長樂，入清水。「洹」，音「丸」。懿行案：《地理志》云：「河内郡隆慮。」應劭注云：「隆慮山在北。避殤帝名，改曰林慮也。」《説文》云：「洹水在晉、魯間。」〔一〕《水經》云：「洹水出上黨泫氏縣，東過隆慮縣北。」注云：「縣有黄水，出於神囷之山黄華谷，又東入于洹水也。」又云：「洹水又東逕長樂縣故城南。」又，「清水」亦見《水經》及注。滏水出焉，懿行案：李善注《魏都賦》引此經，與今本同。《魏志·武帝紀》云：「建安九年，公進軍，到洹水。」又云：「臨滏水爲營」，即斯水也。而東流注于歐水。滏水今出臨水縣西釜口山，經鄴西北，至列人縣入於漳。其水熱。　懿行案：劉逵注《魏都賦》云：「漳、滏，二水名。經鄴西北。滏水熱，故曰滏口。」《水經注》云：「滏水出鄴西北石鼓山南巖下，泉源奮涌若釜之揚湯矣。其水冬温夏冷。滏水又東流注於漳，謂之合口。」據《水經注》，「石鼓山」當即「滏口山」之異名也。但此經云「注於歐水」，豈「歐水」亦即「漳水」之異名與？

又北二百里曰發鳩之山，今在上黨郡長子縣西。　懿行案：「發鳩山」，《淮南子》謂之「發包山」。《墬形訓》云：「濁漳出發包。」高誘注云：「發包山一名鹿谷山，亦在上黨長子縣。」《水經注》云：「鹿谷山，與發鳩連麓而在南也。」其上多柘木。　懿行案：《説文》云：「樜木出發鳩山。」是「柘」當爲「樜」。《玉篇》云：「柘，亦作樜。」蓋同聲假借字也。《漢書音義》云：「櫧似樜，葉冬不落。」是「樜」、「櫧」同類之木。「櫧」，見《中次十一經》「前山」。有鳥焉，其狀如烏，　懿行案：《太平御覽》四十五卷引此經「烏」作「鳩」。文首、白喙、赤足，　懿行案：《廣韻》引此經作「白首赤喙」。名曰精衛，其鳴自詨。　懿行案：李善注《吴都賦》引此經作「呼」。是炎帝之少女，名曰女娃，炎帝，神農也。娃，惡佳反。語誤。或作「階」。　懿行案：李善注《吴都賦》引此經作「赤帝之女，姓姜」，誤也。《魏都賦》注引此經仍作「女娃」。是「姓」乃「娃」之譌，「姜」字衍。女娃游于東海，溺而不返，故爲精衛，常銜西山之木石，以堙于東海。堙，塞也。音「因」。　懿行案：「堙」當爲「垔」，見《説文》。《文選》注引此經，「銜」作「取」，「堙」作「填」。唯《魏都賦》注引此仍作「堙」。《列仙傳》載，炎帝少女追赤松而得仙。是知東海溺魂、西山銜石，斯乃神靈之變化，非夫仇海之寃禽矣。女尸之爲䔄草，亦猶是也。《藝文類聚》九十二卷引郭氏讚云：「炎帝之女，化爲精衛。沉形東海，靈爽西邁。乃銜木石，以填攸害。」漳水出焉，濁漳。音「章」。懿行案：《説文》云：「涷水出發鳩山，入於河。从水，東聲。」《水經注》云：「漳水又東，涷水注之。水西出發鳩山，東逕余吾縣故城南，又東逕屯留縣故城北。其水又東流，注于漳。」亦引《説文》「涷水」爲證。然則此經古有二本，許君所見本蓋爲「涷水」，即《説文》及《水經注》所云是也；桑欽所見本蓋爲「漳水」，《水經》云「濁漳水出上黨長子縣西發鳩山，」即此郭注所云是也。東流注于河。或曰：出長子縣鹿谷山，而東至鄴，入清漳。懿行案：《地理志》云：「上黨郡長子，鹿谷山，濁漳水所出，東至鄴，入清漳。」《説文》亦同。是皆郭注所本。

又東北百二十里曰少山，今在樂平郡沾縣。沾縣，故屬上黨。懿行案：山在今山西樂平縣。《水經》云：「清漳水出上黨沾縣西北少山大要谷。」《説文》同。《地理志》：「上黨郡、沾：大要谷，清漳水所出，東北至阜城，入大河。」是「大要谷」即「少山」也。「樂平郡」、「沾」及「上黨郡」，並見《晉書·地理志》。又舊本郭注「沾縣」下復有「沾縣」字，俗本脱。其上有金玉，其下有銅。清漳之水出焉，東流于濁漳之水。清漳出少山大䋲谷，至武安縣南暴宫邑，入于濁漳。或曰：東北至邑城，入於大河也。懿行案：郭注「䋲」蓋「黽」字之譌；「黽」又「𡙇」字之譌也。《地理志》：「北地郡大𡙇」，顔師古注云：「𡙇，即古要字也。」顔本作「𡙇」，而今本於「上黨郡沾縣大𡙇谷」譌爲「大黽谷」，郭氏此注又譌爲「大䋲谷」矣。《説文》云：「清漳出沾山大要谷，北入河。」以此可證。又郭注「暴宮」當爲「黍窖」之譌。《水經》云：「東至武安縣南黍窖邑，入於濁漳」是也。「邑城」當爲「阜城」之譌，今本《地理志》「上黨郡，沾」下亦譌爲「邑城」也。阜城縣屬渤海郡，見漢、晉《地理志》。

又東北二百里曰錫山，懿行案：《地理志》、《水經注》並作「堵山」。或古有二名。《太平寰宇記》云：「磁州武安縣，有錫山。」引此經。山在今河南武安縣。其上多玉，其下有砥。牛首之水出焉，而東流注于滏水。懿行案：《地理志》云：「趙國邯鄲，堵山，牛首水所出。」《水經·濁漳水》注云：「水出邯鄲縣西堵山。漢景帝時，攻趙，圍邯鄲，引牛首，拘水灌城。」

又北二百里曰景山，懿行案：高誘注《淮南·墬形訓》云：「景山，在邯鄲西南。」有美玉。景水出焉，東南流，注于海澤。懿行案：《淮南·墬形訓》云：「西北方曰海澤。」

又北百里曰題首之山，有玉焉，多石，無水。

又北百里曰繡山，其上有玉、青碧。其木多栒，木中杖也。音「荀」。懿行案：郭注未詳所本。《説文》有「楢」，云：「杶也。」又有「椆」，云：「大木。可爲鉏柄。」疑皆非郭義。《本草經》有「栒核」，《別録》云：「味苦。療水，身面癰腫。」蓋即此木也。《説文》云：「杖，榦也。可爲杖。」其草多芍藥、芎藭，芍藥一名辛夷，亦香草屬。懿行案：《廣雅》云：「欒夷，芍藥也。」張揖注《上林賦》云：「留夷，新夷也。」「新」與「辛」同，「留」、「欒」聲轉。王逸注《楚詞·九歌》云：「辛夷，香草也。」是「欒夷」即「留夷」，《離騷》之「留夷」又即《九歌》之「辛夷」，與芍藥正一物也。郭注本《廣雅》及《楚詞》。洧水出焉，而東流注于河，懿行案：《水經》有「洧水」，出馬嶺山，入潁。非此。其中有鱯、鱯似鮎而大，白色也。懿行案：《爾雅》云：「魾，大鱯。」郭注與此同。黽。鼃黽似蝦蟇，小而青。或曰：鱯黽，一物名耳。懿行案：「鼃」當爲「耿」字之譌。「耿黽」，見《秋官·蟈氏》注，亦見《爾雅》。

又北百二十里曰松山，懿行案：畢氏云：「疑即今山西襄垣縣好松山。」陽水出焉，懿行案：畢氏云：「《地形志》云，上黨屯留有陽水，原出三想山，東流合平臺水，東南入絳水。」東北流，注于河。

又北百二十里曰敦與之山，懿行案：山在今直隸臨城縣西南。《太平寰宇記》引此經作「敦輿山」。其上無草木，有金玉。溹水出於其陽，音悉各反。懿行案：《玉篇》云：「溹，所各切。水名。」而東流注于泰陸之水。大陸水。今鉅鹿北廣平澤，即其水。懿行案：「廣平」當爲「廣阿」，字之誤也。《爾雅·十藪》：「晉有大陸。」郭注云：「今鉅鹿北廣阿澤是也。」然今《爾雅》注：「阿」復誤作「河」。《呂氏春秋·九藪》：「趙之鉅鹿」，高誘注云：「廣阿澤也。」《地理志》云：「鉅鹿郡鉅鹿，《禹貢》大陸澤在北。又有廣阿。」劉昭注《郡國志》亦同。泜水出于其陰，音「抵」。肆也。懿行案：「泜」字，晉灼音「邸」，與郭音同。蘇林音「祇」，與《地理志》同。而東流注于彭水。今泜水出中丘縣西窮泉谷，東注於堂陽縣，入於漳水。懿行案：《說文》云：「泜水在常山。」《地理志》云：「常山郡元氏，沮水首受中丘西山窮泉谷，東至堂陽，入黃河。」又：「中丘逢山長谷，諸水所出，東至張邑入濁漳。」是郭所本也。「諸水」即「泜水」矣。《隋書·地理志》云：「房子，有逢水。」案《史記·陳餘傳》索隱引此郭注云：「泜水出常山中丘縣」，今本脱「常山」二字。

槐水出焉，而東流注于泜澤。懿行案：《説文》云：「濟水出常山房子贊皇山，東入泜。」《地理志》云：「常山郡房子贊皇山，石濟水所出，〔二〕東至廮陶入泜。」是「濟水」即「槐水」矣。

又北百七十里曰柘山，其陽有金玉，其陰有鐵。歷聚之水出焉，而北流注于洧水。

又北三百里曰維龍之山，其上有碧玉，其陽有金，其陰有鐵。肥水出焉，而東流注于皋澤，其中多礨石。未詳也。音「雷」。或作「壘」。磈壘，大石貌。或曰：石名。懿行案：《玉篇》云：「礧，不平也。」又云：「礧，磈石。」與郭義近。「礧」、「壘」字通也。又《漢書·鼂錯傳》云「具藺石」。服虔注云：「藺石，可投人石也。」如淳注云：「藺石，城上雷石也。」「藺」、「礨」聲轉，「礨」、「雷」聲近。疑「礨石」即「雷石」矣。敞鐵之水出焉，而北流注于大澤。

又北百八十里曰白馬之山，懿行案：山在今山西盂縣北。《元和郡縣志》云：「盂縣，白馬山在縣東北六十里。」其陽多石、玉，其陰多鐵，多赤銅。木馬之水出焉，懿行案：「木馬水」即俗謂「牧馬水」也。在盂縣，東北至定襄，入虖沱。而東北流，注于虖沱。「呼」、「佗」二音。

又北二百里曰空桑之山，上已有此山，疑同名也。懿行案：《東經》有此山，此經已上無之。檢此篇：「《北次二經》之首自管涔之山至於敦題之山，凡十七山」，今才得十六山，疑經正脱此一山也。經内「空桑」有三，上文脱去之「空桑」蓋在莘、虢間，《吕氏春秋》、《古史考》俱言「尹産空桑」是也。此經「空桑」蓋在趙、代間，《歸藏·啓筮》言蚩尤「出自羊水，以伐空桑」是也。究地亦有「空桑」，見《東山經》。無草木，冬夏有雪。空桑之水出焉，東流注于虖沱。音「佗」。　懿行案：藏經本無郭注「音佗」二字。

又北三百里曰泰戲之山，懿行案：畢氏云：山在今山西繁畤縣西。《淮南·墬形訓》云：「虖沱出魯乎。」《説文》云：「泒水起雁門葰人戍夫山。」《元和郡縣志》云：「繁畤縣泰戲山，一名武夫山，在縣東南九十里。」《太平寰宇記》云：「繁畤縣泰戲山，今曰泒山。」又云：「虖沱河，源出東南孤阜山。」據此，則「戲」字當讀如「呼」。《説文》本從「䖒」聲。「泰戲」、「魯乎」、「戍夫」、「武夫」、「孤阜」皆聲相近字之異也。無草木，多金玉。有獸焉，其狀如羊，一角一目，目在耳後，其名曰䍶䍶，音屋棟之「棟」。　懿行案：《玉篇》「䍶」字云：「泰山有獸，狀如牛，一角。」疑「泰」下脱「戲」字；又「羊」爲「牛」，或字之譌也。《廣韻》引此經作「秦戲山」，餘同。「䍶」音「東」，又音「陳」。吴氏引楊慎《奇字韻》云：「䍶䍶今産於代州雁門谷口，俗呼爲構子，見則歲豐。音東。見《晉志》。」今案《代州志》「構」作「⿰羊冓」，誤也。其鳴自訆。虖沱之水出焉，今虖沱水出雁門鹵成縣南武夫山。　懿行案：「虖沱」，又見《海内東經》。《地理志》云：「勃海郡成平，虖池河，民曰徒駭河。」蓋語聲之轉也。《郡國志》云：「雁門郡鹵城。」劉昭注引此經作「呼沱」。經典或作「惡池」，或作「亞馳」，並聲近假借之字。郭注「鹵成」，「成」當爲「城」。而東流注于漊水。音「樓」。

懿行案：《地理志》云：「代郡鹵城，虖池河東至參合，入虖池別。」疑「虖池別流」即「漊水」矣。液女之水出于其陽，南流注于沁水。「液」，音悦懌之「懌」。　懿行案：泰戲山在繁畤，沁水在沁源，南北遥阻，無緣有水相注。疑經文誤。此云「液女」，下文直云「液水」。

又北三百里曰石山，多藏金玉。懿行案：「藏」，古字作「臧」；善也。《西次三經》「槐江之山，多藏黃金玉」，義同。濩濩之水出焉，「濩」，音尺蠖之「蠖」。而東流注于虖沱。鮮于之水出焉，而南懿行案：吳氏本「南」上有「西」字。流注于虖沱。

又北二百里曰童戎之山，皋涂之水出焉，而東流注于溇、液水。

又北三百里曰高是之山，今在北地靈丘縣。懿行案：在縣西北。《水經》作「高氏」。又案《晉書·地理志》，北地郡無靈丘，代郡下亦無之；《漢志》代郡下則有。滋水出焉，音「玆」。懿行案：《說文》云：「滋水出牛飲山白陘谷，東入呼沱。」《地理志》云：「常山郡南行唐，牛飲山白陸谷，滋水所出，東至新市入虖池。」《郡國志》云：「南行唐，有石臼谷。」谷名三書皆異，未知其審。而南流注于虖沱。其木多椶，其草多條。懿行案：「條草」未詳。或說以《爾雅》「蓧蓨」，恐非。滱水出焉，音「寇」。懿行案：《說文》云：「滱水起北地靈丘，東入河。滱水即漚夷水，并州川也。」《水經》云：「滱水出代郡靈丘縣高氏山。」注云：「即溫夷之水也。出縣西北高氏山。」引此經云云。東流注于河。過博陵縣南，又東北，入於易水。懿行案：《地理志》云：「代郡靈丘，滱河東至文安，入大河。」《說文》亦云「東入河。」與此經合。《水經》云：「滱水東過博陵縣南，又東北，入於易。」注云：「東北至長城，注於易水也。」與郭注合。今案滱水自入易水，易水復不通河流。經言「注河」，未知其審。

又北三百里曰陸山，多美玉。郯水出焉，或作「郯水」。懿行案：「郯」字，《說文》、《玉篇》、《廣韻》俱無之。嚴可均曰：《說文》云：「黃帝娶於姜水。」而東流注于河。

又北二百里曰沂山，音「祈」。般水出焉，音「盤」。懿行案：《地理志》云：「平原郡般。」說者云即《爾雅·九河》「鉤般」也。《元和郡縣志》云：「棣州陽信縣，鉤盤河經縣北四十里。」而東流注于河。

北百二十里曰燕山，懿行案：《隋書·地理志》云：「無終，有燕山。」疑非此。多嬰石。言石似玉，有符彩嬰帶。所謂燕石者。懿行案：「嬰」疑「燕」聲之轉，未必取嬰帶爲義。《水經注》云：「聖水又東逕玉石山，謂之玉石口。山多珉玉、燕石，故以玉石名之。」是燕石出玉石山。將「玉石山」即「燕山」之異名與？而與《水經·鮑丘水》注無終之燕山似異。此蓋別一山也。燕水出焉，東流注于河。

又北，山行五百里，水行五百里，至於饒山，懿行案：《爾雅》釋文引《字林》云：「䮂駝，出繞山。」疑「饒」、「繞」古字通也。《初學記》二十九卷引此經云：「陽光之山，獸多橐駝。」經無「陽光山」，疑亦「饒山」字之誤衍也。是無草木，多瑤碧。其獸多橐駝，懿行案：「橐駝」，已見「虢山」。其鳥多鶹。未詳。或曰：鶹，鵂鶹也。懿行案：「鵂鶹」即「鵋久」，《爾雅》謂之「怪鵋」。《廣雅》又云：「鶹鷅，飛鸓也。」別一物，即鼯鼠也。歷虢之水出焉，而東流注于河，其中有師魚，食之殺人。未詳。或作「鯢」。懿行案：「師」，《玉篇》作「鰤」，非也。郭云「或作鯢」者，「師」、「鯢」聲之轉。鯢即人魚也，已見上文。《西陽雜俎》云：「峽中人食鯢魚，縛樹上，鞭至白汁出如構汁，方可食。不爾，有毒也。」正與此經合。

又北四百里曰乾山，無草木，其陽有金玉，其陰有鐵，而無水。有獸焉，其狀如牛而三足，其名曰獂，懿行案：「獂」當爲「豲」，見《説文》。藏經本「獂」下有「音元」二字。其鳴自詨。

又北五百里曰倫山。倫水出焉，而東流注于河。有獸焉，其狀如麋，其川在尾上，川，竅也。懿行案：《爾雅》云：「白州，驠。」郭注云：「州，竅。」是「州」、「川」其義同。《廣雅》云：「川，臀也。」本此。王引之曰：「川，似當爲州字，形相近而誤。」其名曰羆。懿行案：藏經本作「羆九」，郭氏《圖讚》亦作「羆九」。疑經文「羆」下有「九」字，今本脱去之。

又北五百里曰碣石之山，《水經》曰「碣石山」。今在遼西臨渝縣南水中。或曰：在右北平驪城縣。海邊山。懿行案：《地理志》云：「右北平郡驪成，大揭石山在縣西南。」今直隸撫寧、昌黎二縣是其地。郭引《水經》，今無考。《水經注》云：「河之入海，舊在碣石。今川流所導，非禹瀆也。故張君云碣石在海中，蓋淪於海水也。」繩水出焉，而東流注于河，懿行案：《地理志》「遼西郡臨渝」有「絫」，云「又有揭石水」。疑「揭石水」即「繩水」也。《水經·河水》注引此經云云。劉昭注《郡國志》引此經作「编水」，疑誤。其中多蒲夷之魚。未詳。懿行案：「蒲夷魚」，疑即「冉遺魚」也，已見《西次四經》。《玉篇》有「鯆鮧」，《日華本草》有「胡夷魚」即河豚，並非此。其上有玉，其下多青碧。

又北，水行五百里，至于雁門之山，雁門山，即北陵西隃。雁之所出，因以名云。在高柳北。懿行案：「北陵西隃」，見《爾雅》。「雁門山，雁出其間，在高柳北」，見《海內西經》。山在今山西代州東北。又案，經不言此山有水，而《北次二經》「梁渠之山」有修水東流注于雁門，郭云「水名」；《北山經》首「少咸之山」有敦水東流注于雁門之水，郭云「水出雁門山間」，是此山有水明矣。《水經·㶟水》注引《山海經》曰：「雁門之水出於雁門之山。」蓋古本有此經文，今脱去之。無草木。

又北，水行四百里，懿行案：王崇慶《山海經釋義》云：「凡此皆在晉地。環晉皆山，恐無水行四百里者。然雁門山亦曰水行五百里，豈禹治水時事與？」至于泰澤。懿行案：「泰澤」即「大澤」也。大澤方百里，羣鳥所生及所解，在雁門北。見《海内西經》。其中有山焉，曰帝都之山，廣員百里，懿行案：山疑即「委羽之山」也。崇巘参雲，日月虧蔽。在雁門北。見《淮南·墬形訓》。無草木，有金玉。

又北五百里曰錞于母逢之山。北望雞號之山，懿行案：《説文》、《玉篇》引此經並作「惟號之山」。其風如飈；飈，急風貌也。音「戾」。或云：飄風也。懿行案：「飈」，俗字也。《説文》、《玉篇》引此經並作「劦」。《説文》云：「劦，同力。」《玉篇》云：「急也。」《文選·江賦》注引此注，與今本同。西望幽都之山，懿行案：「幽都之山」在北海之内。見《海内經》。浴水出焉。浴即黑水也。懿行案：「浴」下疑脱「水」字。郭知「浴水即黑水」者，據《海内經》「幽都之山，黑水出焉」而爲説也。《夏小正》云：「黑鳥浴」。疑「浴」當訓「黑」，正與此義合，説者失之耳。是有大蛇，赤首白身，其音如牛，見則其邑大旱。

凡北次三經之首，自太行之山以至于無逢懿行案：「無逢」即「母逢」也。「母」、「無」古音同。之山，凡四十六山，懿行案：今四十七山。萬二千三百五十里。懿行案：今一萬二千四百四十里。其神狀皆馬身而人面者廿神，懿行案：古鐘鼎文「二十」字皆作「廿」。其祠之，皆用一藻茝瘞之；藻，聚藻。茝，香草，蘭之類。音昌代反。懿行案：藻，聚藻。見《毛詩》。茝，香草。見《内則》。其十四神狀皆彘身而載玉，懿行案：「載」亦「戴」也，古字通。其祠之，皆玉，不瘞；不薶所用玉也。其十神狀皆彘身而八足、蛇尾，其祠之，皆用一璧，瘞之。大凡四十四神懿行案：四十六山，其神乃止四十四，蓋有攝山者。皆用稌糈米祠之，此皆不火食。懿行案：其山北人，皆生食不火之物。已見《北山經》首。

右北經之山志，凡八十七山，懿行案：今八十八山。二萬三千二百三十里。懿行案：當二萬三千五百三十里，今則二萬四千二百六十里。

校記

〔一〕晉魯間，今本《說文》作「齊魯間」。

〔二〕「石濟水所出」中之「石」爲衍文，見中華書局二十四史標點本。

山海經第四

東山經

東山經之首曰樕螽之山。「速」、「株」二音。懿行案：《廣韻》云：「樕株，山名。」疑即「樕螽」之異文。北臨乾昧，亦山名也。音「妹」。懿行案：「《東次四經》之首曰北號之山，食水出焉，而東北流，注于海。」與此互證，是「北號」即「乾昧」矣。時水出焉，而東北流，注于海。其中多鱅鱅之魚，音「容」。懿行案：《史記》裴駰《集解》引郭氏云：「鱅似鰱而黑。」非此也。《説文》云：「鱅，魚名。」又云：「鰅魚，皮有文。出樂浪東暆。神爵四年，初捕收，輸考工。周成王時，揚州獻鰅。」《周書·王會篇》云：「揚州禺禺魚，名解隃冠。」「禺禺」即「鰅鰅」聲之轉，古字通也。《史記·司馬相如傳》有「禺禺」。徐廣云：「禺禺，魚牛也。」郭氏注《上林賦》云：「鰅魚有文彩。」又云：「禺禺魚，皮有毛，黄地黑文。」與《説文》「鰅魚皮有文」合。徐廣謂之「魚牛」，即此經「狀如犂牛」是也。《説文》云：「出樂浪東暆」，亦與此經合。《藝文類聚》九卷引《博物志》云：「東海中有牛魚，其形如牛。剥其皮懸之，潮水至則毛起，潮去則伏。」即是魚也。其狀如犂牛，牛似虎文者。懿行案：郭氏注《上林賦》云：「禺禺魚，皮有毛，黄地黑文」，與此注「似虎文」義合。《魏志·文帝紀》注引《獻帝傳》云：「犂牛之駮似虎」，正謂此也。《太平御覽》九百三十九卷引此經《圖讚》曰：「魚號鱅鱅，如牛虎駮。」「犂牛」即「留牛」，見《南山經》「柢山」。其音如彘鳴。

又南三百里曰藟山，音「誄」。其上有玉，其下有金。湖水出焉，東流注于食水，懿行案：《地理志》云：「右北平郡俊靡，灅水南至無終，東入庚。」《說文》亦同。疑「藟山」因「灅水」爲名。「灅」、「藟」聲同。「灅水」即「湖水」，「庚水」即「食水」矣。俟考。其中多活師。科斗也。《爾雅》謂之「活東」。懿行案：蝦蟇叫而生子，其聲聒聒，謂之「聒子」。「活師」、「聒子」聲相近，「科斗」、「活東」亦音相轉也。

又南三百里曰栒狀之山，懿行案：《廣韻》云：「沢水出栒扶山。」此作「栒狀」，字形相似，未審誰是。其上多金玉，其下多青碧石。有獸焉，其狀如犬，六足，其名曰從從，其鳴自詨。有鳥焉，其狀如雞而鼠毛，懿行案：「毛」，《說文》作「尾」。其名曰蚩鼠，音「咨」。懿行案：「蚩」，《說文》作「𪕊」，云：「𪕊鼠似雞，鼠尾。」《玉篇》云：「蚩，蟲也。」見則其邑大旱。沢水出焉，音「枳」。懿行案：《玉篇》云：「沢，水名。」而北流注于湖水。其中多箴魚，其狀如儵，懿行案：「儵」即「鯈」字。其喙如箴，出東海。今江東水中亦有之。懿行案：今登、萊海中有箴梁魚，碧色而長，其骨亦碧，其喙如箴，以此得名。《太平御覽》九百三十九卷引《南楚記》云：「箴魚，口四寸。」食之無疫疾。

又南三百里曰勃亝之山，懿行案：「亝」，篆文「齊」字。見《說文》。無草木，無水。

又南三百里曰番條之山，無草木，多沙。減水出焉，音同減損之「減」。懿行案：減即減損之字，何須用音？知經文必不作「減」。未審何字之譌。北流注于海，其中多鱤魚。一名黄頰。音「感」。懿行案：「鱤」，一名「魠」。《説文》云：「魠，哆口魚也。」《廣雅》云：「鮍魧，鱤魠也。」《玉篇》云：「魠，黄頰魚。」郭氏注《上林賦》云：「魠，鱤也。一名黄頰。」與此注合。又謂之「鱨」。《小雅·魚麗篇》毛傳云：「鱨，楊也。」陸機疏云：「今黄頰魚也。似燕頭魚，身形厚而長，大頰骨。」正黄魚之大而有力解飛者，徐州人謂之「楊」，「黄頰」通語也。今江東呼「黄鱨魚」，亦名「黄頰魚」。尾微黄，大者長尺七八寸許。

又南四百里曰姑兒之山，其上多漆，其下多桑、柘。姑兒之水出焉，北流注于海，其中多鱤魚。

又南四百里曰高氏之山，其上多玉，其下多箴石。可以爲砥針，治癰腫者。懿行案：「砥」當爲「砭」字之譌。《南史·王僧孺傳》引此注作「可以爲砭針」是也。《説文》云：「砭，以石刺病也。」《素問》云：「東方之域，其病爲癰瘍，其治宜砭石。」是砭石正東方所出也。又此云「箴石」，《史記·扁鵲傳》有「鑱石」，「鑱」、「箴」聲相近，然非一物也。《淮南·説山訓》云：「病者寢席，醫之用針石。」高誘注云：「石針，所砥彈人癰痤，出其惡血者也。」諸繩之水出焉，懿行案：《水經注》云：「澠水出營城東，西北入時水。」疑即此。東流注于澤，其中多金玉。

又南三百里曰嶽山，其上多桑，其下多樗。濼水出焉，音「樂」。懿行案：《説文》云：「濼，齊、魯間水也。」《水經注》云：「濼水出歷城縣故城西泉源上，北入於濟，謂之濼口。」計其道里，疑非此。東流注于澤，其中多金玉。

又南三百里曰犲山，懿行案：「犲」即「豺」別字。其上無草木，其下多水，其中多堪孖之魚。未詳。音「序」。懿行案：《玉篇》：「孖」从「子」，从「予」，不从二「予」。有獸焉，其狀如夸父懿行案：「夸父」即「舉父」也，已見《西山經》「崇吾之山」、《北山經》「梁渠之山」。而彘毛，其音如呼，見則天下大水。

又南三百里曰獨山，其上多金玉，其下多美石。末塗之水出焉，而東南流，注于沔。其中多偹蟰，「條」、「容」二音。懿行案：郭氏《江賦》云：「偹蟰拂翼而掣耀。」李善注引此經。《玉篇》有「偹」字，亦引此經。並與今本同。其狀如黃蛇，魚翼，出入有光，見則其邑大旱。

又南三百里曰泰山，即東嶽岱宗也。今在泰山奉高縣西北，從山下至頂四十八里三百步也。懿行案：「泰山郡奉高」，見漢、晉《地理志》。山在今山東泰安縣北。《史記·秦始皇本紀》正義引此注作「百四十八里」。「百」字當爲衍文。故劉昭注《祭祀志》引此注作「四十八里二百步」，亦無「百」字。《初學記》引《漢官儀》及《泰山記》，亦云「自下至古封禪處凡四十里。」其上多玉，其下多金。懿行案：《史記·秦始皇本紀》正義引此，「玉」作「石」。今案作「石」是也。泰山下既多礅礜，又《本草經》紫、白二石英俱生泰山。《魏志·高堂隆傳》云：「鑿泰山之石英」，正謂此也。有獸焉，其狀如豚而有珠，名曰狪狪，音如吟恫之「恫」。懿行案：《玉篇》云：「狪似豕，出泰山。」又「狪」云：「獸名。」《廣韻》「狪」、「狪」，俱云「獸名，似豕，出泰山。」是知古本作「狪」，或作「銅」，今本作「狪」皆一字也。郭云「音如吟恫之恫」，疑「吟」當爲「呻」字之譌。《匡謬正俗》云：「關中謂呻吟爲呻恫。」其鳴自訆。環水出焉，懿行案：《水經注》云：「汶水又南合北汶水，水東南流逕泰山東；又合天門下谿水，水出泰山天門下谷；東南流，又合環水，水出泰山南谿，南流歷中、下兩廟間，其水又屈而東流，入於汶水。」引此經云云。東流注于江，一作「海」。懿行案：當作「汶」。《水經注》引此經作「注于汶」。其中多水玉。

又南三百里曰竹山，錞于江。一作「涯」。懿行案：「江」亦當作「汶」。「竹山」當即「蜀山」，在今汶上縣。獨立波心，故名曰「蜀」。無草木，多瑶碧。激水出焉，而東南流，注于娶檀之水，其中多茈蠃。懿行案：「蠃」當爲「蠃」字之譌。「茈蠃」，紫色蠃也。

凡東山經之首自樕螽之山以至于竹山，凡十二山，三千六百里。懿行案：今才三千五百里。其神狀皆人身龍首。祠：毛用一犬祈，聃用魚。以血塗祭爲「聃」也。《公羊傳》云：「蓋叩其鼻，以聃社。」音釣餌之「餌」。懿行案：《玉篇》云：「以牲告神，欲神聽之，曰聃。」此説與郭異。據郭注，「聃」疑當爲「衈」。《玉篇》云：「耳血也。」《禮·雜記》云：「其衈，皆于屋下。」鄭注云：「衈，謂將封割牲以釁，先滅耳傍毛薦之。」郭引《公羊傳》者，僖十九年文。然《傳》云「蓋叩其鼻，以血社」，不作「衈」字。《穀梁傳》正作「叩其鼻以衈社」。范寧注云：「衈者，釁也。」是郭此注當由誤記，故竟以《穀梁》爲《公羊》耳。

東次二經之首曰空桑之山，此山出琴瑟材。見《周禮》也。懿行案：此兖地之空桑也。《淮南·本經訓》云：「共工振滔洪水，以薄空桑。」高誘注云：「空桑，地名，在魯也。」《思玄賦》舊注云：「少皞金天氏，居窮桑，在魯北。」《太平寰宇記》引于寶云：「徵在生孔子於空桑之地，今名孔竇，在魯南山之穴。」郭引《周禮》者，《春官·大司樂》文。北臨食水，懿行案：「食水」，已見篇首「樕螽山」。東望沮吴，南望沙陵，西望湣澤。音「旻」。懿行案：「湣」疑即「汶」字之異文。有獸焉，其狀如牛而虎文，懿行案：上文「狀如犂牛」，郭注云「牛似虎文者。」其音如欽，或作「吟」。其名曰軨軨。音「靈」。其鳴自叫，見則天下大水。

又南六百里曰曹夕之山，其下多穀而無水，多鳥獸。

又西南四百里曰嶧皋之山，音「亦」。懿行案：《爾雅》云：「山屬者嶧。」其上多金玉，其下多白堊。嶧皋之水出焉，東流注于激女之水，懿行案：《爾雅》疏引此經作「激汝之水」。《玉篇》同。其中多蜃、珧。蜃，蚌也。珧，玉珧，亦蚌屬。「腎」、「遥」兩音。懿行案：《爾雅》云：「蜃，小者珧。」郭注云：「珧，玉珧，即小蚌也。」

又南，水行五百里，流沙三百里，至于葛山之尾，無草木，多砥礪。

又南三百八十里曰葛山之首，無草木。澧水出焉，懿行案：《吕氏春秋·本味篇》作「醴水」。東流注于余澤，其中多珠鼈魚，音「鼈」。懿行案：《吕氏春秋》作「朱鼈」。郭氏《江賦》作「蚢鼈」。是經文

「珠」、「朱」、「鼈」、「鼊」並古字通用。其狀如胇而有目，懿行案：此物圖作四目。《初學記》八卷引《南越志》云：「海中多朱鼈，狀如胇，有四眼六脚而吐珠。」正與圖合。疑此經「有目」當爲「四目」，字之譌也。《文選·江賦》注引此經仍作「有目」，譌與今本同，並當刊正。六足，有珠，懿行案：《吕氏春秋·本味篇》云：「六足，有珠百碧。」「百碧」疑「青碧」，字之譌也。高誘注云：「有珠如蛟皮。」「蛟」當爲「鮫」，皮有珠文。但郭氏《江賦》云：「頳鼈胇躍而吐璣。」《南越志》亦云「朱鼈吐珠。」高誘以爲皮有珠，蓋非也。其味酸甘，食之無癘。無時氣病也。《吕氏春秋》曰：「澧水之魚，名曰朱鱉，六足有珠，魚之美也。」懿行案：《太平御覽》九百三十九卷引此經《圖讚》云：「澧水之鱗，狀如浮胇。體兼三才，以貨賈害。厥用既多，何以自衛？」

又南三百八十里曰餘峩之山，懿行案：《廣韻》引此經。「峩」作「我」。其上多梓、柟，其下多荆、芑。懿行案：《南山經》「虖勺之山，下多荆杞」，此經作「芑」，同聲假借字也。下文並同。雜余之水出焉，東流注于黄水。有獸焉，其狀如菟而鳥喙、鴟目、蛇尾，見人則眠，言佯死也。懿行案：「眠」，依字當爲「瞑」。名曰犰狳，「仇」、「餘」二音。懿行案：《玉篇》「犰」、「狳」二字並云「獸似兔」。「犰」音「几」，無「犰」字。是經文「犰」當爲「犰」，郭注「仇」當爲「几」，並字形之譌也。《廣韻》「犰」字注云：「兔喙」，蓋脱「鳥」字。其鳴自訆，見則螽蝗爲敗。螽，蝗類也。言傷敗田苗。音「終」。懿行案：《説文》云：「蝗，螽也。」「螽，蝗也。」以爲一物。據此又似二種。《太平御覽》九百十三卷引此經，

「螽」作「蟲」。

又南三百里曰杜父之山，無草木，多水。

又南三百里曰耿山，無草木，多水碧，亦水玉類。懿行案：李善注《江賦》引此經及郭注，並與今本同。又注謝靈運《入彭蠡湖口》詩及注江淹《雜體詩》，並引此經郭注云：「碧，亦玉也。」與今本異。又經言水碧生於山間，謝靈運詩云「水碧輟流溫」，江淹詩云「淩波采水碧」，並與經不合。多大蛇。有獸焉，其狀如狐而魚翼，其名曰朱獳，音「儒」。懿行案：《說文》云：「獳，需聲。讀若槈。」與郭音異。然云「需聲」，則與「儒」音相近。《樂記》云：「朱儒獶雜。」蓋獶是獼猴，朱儒似狐，《樂記》所言，皆獸名也，正與此經義合。其鳴自訆，見則其國有恐。

又南三百里曰盧其之山，懿行案：《太平御覽》九百二十五卷引此經「盧其」作「憲期」。無草木，多沙石。沙水出焉，南流注于涔水。其中多鵹鶘，音「黎」。其狀如鴛鴦而人足，今鵜胡足頗有似人脚形狀也。懿行案：《御覽》引此經作「鵜鶘」。「鵹」、「鵜」聲相近也。「鵜鶘」見《爾雅》。陸機《詩疏》又名「淘河」，即「鵜鶘」聲之轉。《魏志》：黃初四年，有鵜鶘鳥集靈芝池。詔曰：「此詩人所謂汙澤」是也。其鳴自訆，懿行案：《御覽》引「訆」作「呼」。見則其國多土功。

又南三百八十里曰姑射之山，懿行案：《莊子·逍遥遊篇》云：「藐姑射之山，汾水之陽。」《隋書·地理志》云：「臨汾，有姑射山。」山在今山西平陽府西。又案，已下三山俱名「姑射」，但分南北耳，皆山在中國者。

《海内北經》有「列姑射」，有「姑射國」，倶地在遠裔者。無草木，多水。

又南，水行三百里，流沙百里，曰北姑射之山，無草木，多石。

又南三百里曰南姑射之山，無草木，多水。

又南三百里曰碧山，無草木，多大蛇，多碧、水玉。

又南五百里曰緱氏之山，一曰「俠氏之山」。懿行案：「俠」即「緱」聲之轉。「緱」，本或作「維」，誤。《地理志》云：「河南郡緱氏。」蓋縣因山爲名也。無草木，多金玉。原水出焉，東流注于沙澤。

又南三百里曰姑逢之山，無草木，多金玉。有獸焉，其狀如狐而有翼，其音如鴻雁。其名曰獙獙，音「斃」。懿行案：「斃」、「獘」同。經文「獙」即「獘」字異文。《玉篇》作「獘」，云：「獸名」。即此。見則天下大旱。

又南五百里曰鳧麗之山，其上多金玉，其下多箴石。有獸焉，其狀如狐而九尾九首懿行案：《廣韻》説「蠪蛭」，無「九首」二字，餘並同。虎爪，名曰蠪姪，「龍」、「蛭」二音。懿行案：《中次二經》「昆吾之山」，有獸名曰「蠪蚔」。郭云：「上已有此獸，疑同名。」是此經「姪」當爲「蛭」，注文「蛭」當爲「姪」，並傳寫之誤也。《廣韻》作「蠪蛭」可證。又云「一名蝺蠪」。其音如嬰兒，是食人。

又南五百里曰硜山，音一真反。懿行案：《玉篇》云：「硜，音真。石山。」蓋即此。郭注「一」、「反」二字疑衍，《中次十一經》注可證。南臨硜水，東望湖澤。有獸焉，其狀如馬而羊目、懿行案：藏經本

「目」作「首」。四角、牛尾，其音如獋狗，其名曰峳峳，音「攸」。懿行案：《説文》、《玉篇》無「峳」字。疑「峳」當爲「莜」。古从艸之字或从屮，屮亦艸也；《海内經》有「⿱屮囷狗」即「菌狗」，亦其例。見則其國多狡客。狡，狡猾也。有鳥焉，其狀如鳧而鼠尾，善登木，其名曰絜鉤，見則其國多疫。

凡東次二經之首，自空桑之山至于磹山，凡十七山，六千六百四十里。其神狀皆獸身人面載觡，麋鹿屬，角爲觡。音「格」。懿行案：「載」亦「戴」也。《説文》云：「骼，骨角之名也。」鄭注《樂記》云：「無鰓曰觡。」《説文》云：「鰓，角中骨也。」《史記·樂書》索隱云：「牛羊有鰓曰角，麋鹿無鰓曰觡。」其祠：毛用一雞祈，嬰用一璧瘞。

又東次三經之首曰尸胡之山，北望𣧛山，音「詳」。懿行案：《玉篇》云：「𣧛，女鬼也。」非此。其上多金玉，其下多棘。有獸焉，其狀如麋而魚目，名曰妴胡，音「婉」。懿行案：《玉篇》云：「妴，同婉。」其鳴自訆。懿行案：嘉慶五年，册使封琉球，歸舟泊馬齒山下，人進二鹿，毛淺而小，眼似魚眼。使者箸記，謂是海魚所化。余以經證之，知是妴胡也。沙魚化麋，海人常見之，非此。

又南，水行八百里，曰岐山，其木多桃李，其獸多虎。

又南，水行五百里，曰諸鉤之山，無草木，多沙石。是山也，廣員百里，多寐魚。即鮇魚。音「味」。懿行案：鮇魚今未詳。《玉篇》云：「鮇音未，魚名。」與郭義合。又有「鮇」字，與「鱴」同，非此也。

又南，水行七百里，曰中父之山，無草木，多沙。

又東，水行千里，曰胡射之山，無草木，多沙石。

又南，水行七百里，曰孟子之山，懿行案：畢氏據藏經本作「孟于」。其木多梓、桐，多桃、李，其草多菌蒲，未詳。音睏眄之「睏」。懿行案：「睏」當從目傍作「睏」。音「窘」。「眄」未聞。《藝文類聚》八十二卷引此經無「菌」字。其獸多麋、鹿。是山也，廣員百里。其上有水出焉，名曰碧陽，懿行案：《開元占經》一百十三卷引《竹書紀年》云：「今王四年，碧陽君之諸御産二龍。」「碧陽君」豈即斯水之神邪？其中多鱣、鮪。鮪即鱏也。似鱣而長鼻，體無鱗甲。別名鮔鱧，一名鱑也。懿行案：「鱣」、「鮪」並見《爾雅》。郭云「別名鮔鱧」者，《史記》集解引郭氏注《上林賦》云：「鮔鱧，鮪也。」李奇注《漢書》云：「周、洛曰鮪，蜀曰鮔鱧。」《説文》作「鮔鯍」，蓋古今字耳。云「一名鱑也」者，鱣魚一名鱘鱑魚，鱣、鮪同類，故亦同名。郭注《爾雅》「鱣」云：「今江東呼爲黄魚。」「黄」即「鱑」矣。

又南，水行五百里，曰流沙。行五百里，有山焉，曰跂踵之山，「跂」音「企」。廣員二百里，無草木，有大蛇。其上多玉。有水焉，廣員四十里皆涌，今河東汾陰縣有瀵水，源在地底，濆沸涌出，其深無限，即此類也。懿行案：《爾雅》云：「瀵大出，尾下。」郭注與此注，文有詳略，其義則同。其名曰深澤，其中多蠵龜；蠵，觜蠵。大龜也。甲有文彩，似瑇瑁而薄。音遺知反。懿行案：「瑇瑁」，《玉篇》作

「緣中文似瑇瑁，俗呼爲靈龜，即今觜蠵龜，一名靈蠵，能鳴。」《初學記》三十卷引郭氏此經《圖讚》曰：「水圓二方，潛源溢沸。靈龜爰處，掉尾養氣。莊生是感，揮竿傲貴。」有魚焉，其狀如鯉而六足鳥尾，名曰鮯鮯之魚，音「蛤」。懿行案：《廣雅·釋地》本此經云：「東方有魚焉，如鯉，六足鳥尾，其名曰鮯。」不作重文。《玉篇》亦然。其名自訆。懿行案：「名」，藏經本作「鳴」，是。

又南，水行九百里，曰踇隅之山。音「敏」字。懿行案：《玉篇》、《廣韻》並作「踇偶山」。踇，莫后切。其上多草木，多金玉，多赭。有獸焉，其狀如牛而馬尾，名曰精精，其鳴自叫。

又南，水行五百里，流沙三百里，至于無皋之山。南望幼海，即少海也。《淮南子》曰：「東方大渚曰少海。」懿行案：《初學記》六卷引此經及郭注，並與今本同。又，「少海」，即「裨海」也。《史記·騶衍傳》云：「裨海環之。」索隱云：「裨海，小海也。」郭引《淮南子》者，《墬形訓》文也。東望榑木。「扶」、「桑」二音。懿行案：「榑木」即「扶桑」，但不當讀「木」爲「桑」。注有脱誤。《鴻範五行傳》云：「東方之極，自碣石東至日出榑木之野。」《吕氏春秋·求人篇》云：「禹東至榑木之地，日出九津。」高誘注云：「榑木，大木。津，崖也。」案「扶桑」，見《海外東經》。無草木，多風。懿行案：東極多風。爰有神人來風曰俊，處東極，以出入風也。見《大荒東經》。是山也，廣員百里。

凡東次三經之首，自尸胡之山至于無皋之山，凡九山，六千九百里。懿行案：今才六千四百里。其神狀皆人身而羊角。其祠：用一牡羊，米用黍。是神也，見則風，雨水爲敗。

又東次四經之首曰北號之山，臨于北海。有木焉，其狀如楊，赤華，其實如棗而無核，懿行案：《爾雅》云：「皙，無實棗。」郭注云：「不著子者。」即此。今樂陵縣亦出無核棗。其味酸甘，食之不瘧。懿行案：《本草經》「腐婢」，陶注云：「今海邊有小樹，狀如卮子，莖條多曲，氣作腐臭。土人呼爲腐婢，用療瘧，有效。」即此。食水出焉，而東北流，注于海。懿行案：「食水」已見篇首。其云「北臨乾昧」，當即此經「北號之山」。有獸焉，其狀如狼，赤首鼠目，其音如豚，名曰猲狚，「葛」、「苴」二音。懿行案：經文「猲狚」，當爲「獦狚」，注文「葛苴」，當爲「葛旦」：俱字形之譌也。《玉篇》、《廣韻》並作「獦狚」，云：「狚，丁旦切。獸名。」可證今本之譌。《説文》云：「狚，玃屬。」《莊子·齊物論》釋文引司馬彪云：「狚，一名獦牂。似猨而狗頭，憙與雌猨交。」所説形狀與此經異，非一物也。是食人。有鳥焉，其狀如雞而白首，鼠足而虎爪，其名曰鬿音「祈」。雀，懿行案：《楚詞·天問》云：「鬿堆焉處？」王逸注云：「鬿堆，奇獸也。」柳子《天對》云：「鬿雀在北號，惟人是食。」則以「鬿堆」爲即「鬿雀」字之誤。王逸注蓋失之。亦食人。

又南三百里曰旄山，無草木。蒼體之水出焉，而西流注于展水，其中多鱃魚，今蝦鰌，字亦或作「鱃」。音「秋」。懿行案：《廣雅》云：「鱃，鰌也。」是本二字，郭音鱃爲「秋」，與「鰌」同音。其狀如鯉懿行案：《太平御覽》七百四十卷引此經，「鯉」作「鱧」。而大首，食者不疣。懿行案：「疣」當爲「肬」。

又南三百二十里曰東始之山，上多蒼玉。有木焉，其狀如楊而赤理，其汁如血，不實，其名曰芑，音「起」。懿行案：李善注《西京賦》引此經作「杞」，云：「杞如楊，赤理。」是知「杞」假借作「芑」也。經内多此例。李善又云：「杞即梗木也。」未知其審。可以服馬。以汁塗之，則馬調良。懿行案：良馬有汗血者，以芑汁塗馬則調良，或取此義與？泚水出焉，而東北流，注于海，其中多美貝，多茈魚，其狀如鮒，一首而十身，懿行案：似何羅魚。其臭如蘪蕪，食之不糟。孚謂反。止失氣也。懿行案：《廣韻》云：「糟同屁。氣下洩也。匹寐切。」《玉篇》音義同郭注。

又東南三百里曰女烝之山，其上無草木。石膏水出焉，而西注于鬲水。其中多薄魚，懿行案：《玉篇》、《廣韻》並作「鱄魚」，又云：「似鯉也」。其狀如鱣魚而一目，其音如歐，如人嘔吐聲也。懿行案：「歐吐」之字古書作「歐」，俗作「嘔」。《初學記》三十卷引此經及郭注並與今本同。見則天下大旱。懿行案：《初學記》引此經作「見則天下反。」

又東南二百里曰欽山，多金玉而無石。師水出焉，而北流注于皋澤，其中多鱃魚，多文貝。有獸焉，其狀如豚而有牙，其名曰當康，懿行案：《太平御覽》九百十三卷引《神異經》云：「南方有獸，似鹿而豕首，有牙，善依人求五穀，名無損之獸。」所説形狀與此獸近，當即此。其鳴自叫，見則天下大穰。

懿行案：「當康」、「大穰」聲轉義近。蓋歲將豐稔，茲獸先出以鳴瑞。聖人通知鳥獸之音，故特記之。凡經中諸物，或出而兆妖祥，皆動於幾先，非所常有，故世人希得見之爾。

又東南二百里曰子桐之山，懿行案：《玉篇》引司馬相如《梓桐山賦》云「礲硝」，疑即斯山也。「梓」、「子」聲同。子桐之水出焉，而西流注于餘如之澤，其中多鰨魚，音「滑」。懿行案：「鰨魚」見郭氏《江賦》。李善注引此經及郭音，並與今本同。《玉篇》云：「鰨魚如鳥。」《太平御覽》九百三十九卷引此經作「鰨魚」，誤。其狀如魚而鳥翼，出入有光，其音如鴛鴦，見則天下大旱。懿行案：《廣韻》引此經同。

又東北二百里曰剡山，懿行案：《藝文類聚》八卷引「剡山」作「刾山」，蓋誤。多金玉。有獸焉，其狀如彘而人面，黃身而赤尾，其名曰合窳，音「庾」。其音如嬰兒。是獸也食人，亦食蟲蛇，見則天下大水。懿行案：是獸蓋即彘屬而異者也。彘爲水祥者，以坎爲豕，爲水故也。彘能啗蛇，見蘇鶚《杜陽雜編》。

又東二百里曰太山，上多金玉、楨木。女楨也。葉冬不凋。懿行案：《説文》云：「楨，剛木也。上郡有楨林縣。」《玉篇》云：「楨，堅木也。」引此經作「大山多楨木」。又引郭注，與今本同。有獸焉，其狀如牛而白首，一目而蛇尾，其名曰蜚，音如翡翠之「翡」。懿行案：「蜚」，《廣韻》作「犕」，非也。《玉篇》引此經與今本同。又此與《春秋》之「蜚」同名異實，劉敞解《春秋》便引此經以爲一物，非也。行水則竭，行草則死，見則天下大疫。言其體含災氣也。其銘曰：「蜚之爲名，體似無害。所經枯竭，甚於鴆厲。」

萬物斯懼，思爾遐逝。」懿行案：《廣韻》引此經作「見則有兵役」，與今本異。又引郭氏讚，即今注中銘語也。「萬物斯懼」，「斯」作「攸」，餘同。又案藏經本所載《圖讚》復與此絶異，所未能詳。鉤水出焉，而北流注于勞水，其中多鱃魚。

凡東次四經之首，自北號之山至于太山，凡八山，一千七百二十里。懿行案：畢氏本「里」字作「三」，此字形之譌。又案此經不言神狀及祠物所宜，疑有闕脱。

右東經之山志，凡四十六山，萬八千八百六十里。懿行案：今才萬八千二百六十里。

山海經第五

中山經

中山經薄山之首懿行案：山在今山西蒲州府南。禹都平陽，或在安邑，故以薄山爲中山也。《地理志》云：「河東郡蒲反，雷首山在南。」《史記·封禪書》云：「薄山者，襄山也。」正義引《括地志》云：「薄山亦名襄山，一名雷首山。」案正義「襄」音「色眉反」，則當作「衰」。然《穆天子傳》云「河首襄山」，是字仍當作「襄」也。《水經·河水》注引揚雄《河東賦》注云：「襄山在潼關北十餘里」；又引此經「薄山」作「蒲山」，蓋「薄」、「蒲」聲有輕重耳。曰甘棗之山，懿行案：「甘棗」，《水經注》引作「甘桑」。又《括地志》説兹山凡十餘名，以州縣分之，多在蒲州。見《史記》正義。共水出焉，音「恭」。而西流注于河。懿行案：《水經注》云：「蓼水出襄山蓼谷，西南注於河。」又云：「今診蓼水川流所趣，與共水相扶。」是酈氏以蓼水即共水也。其上多杻木，其下有草焉，葵本而杏葉，或作「楛葉」。黄華而莢實，懿行案：《説文》云：「莢，草實。」鄭注《地官》司徒職云：「莢物，薺莢，王棘之屬。」名曰籜，他落反。可以已瞢。音「盲」。懿行案：《説文》云：「瞢，不明也。」有獸焉，其狀如鼣鼠而文題，鼣鼠，所未詳。音「虺」。字亦或作「虺」。懿行案：「鼣」，《玉篇》以爲古文「獨」字，非郭義也。《廣韻》「鼣」音「徒各切」，云：「獸名。似鼠。」又與郭音異。鼣鼠，《爾雅》十三鼠中無之。其字或作「虺」，蓋同聲假借也。其名曰難，音「那」。或作「熊」也。懿行案：「難」，或云即古「熊」字，非也。古文「熊」字作「難」，見《玉篇》。又《玉篇》云：「難，乃何切。獸似鼠，食之明目。」《廣韻》亦云：「獸名，似鼠，班頭。食之明目。」蓋皆本此經而誤記也。「可以已瞢」在上文。食之已瘻。

又東二十里曰歷兒之山，懿行案：《水經注》云：「河東郡南有歷山，舜所耕處也。」《史記》正義引《括地志》云：「蒲山亦名歷山。」即此也。蓋與薄山連麓而異名。《太平御覽》四百九十卷引此經作「歷小之山」。疑「兒」本或作「尒」，聲近而通；「尒」又譌作「小」也。其上多橿，多櫔木。音「厲」。懿行案：《玉篇》云：「櫔，木名。實如栗。」是木也，方莖而員葉，黄華而毛，其實如揀，揀，木名。子如指頭，白而黏，可以浣衣也。音「練」。或作「簡」。懿行案「揀」，當作「楝」。《説文》云：「楝，木也。」《玉篇》云：「子可以浣衣。」《爾雅翼》云：「木高丈餘，葉密如槐而尖，三四月開花紅紫色。實如小鈴，名金鈴子。俗謂之苦楝。可以湅，故名。」服之不忘。

又東十五里曰渠豬之山，懿行案：《史記》正義引《括地志》云：「雷首山亦名渠山。」又云：「薄山亦名豬山。」即此。其上多竹。渠豬之水出焉，懿行案：《水經注》云：「永樂谿水又南入於河。」余按《中山經》，即渠豬之水也。」《太平寰宇記》云：「永樂縣渠豬水，一名蓼水，今名百丈澗，源出縣北中條山。」今案《括地志》，中條山亦雷首之異名也。而南流注于河。其中是多豪魚，狀如鮪，鮪似鱣也。赤喙尾，赤羽，懿行案：《太平御覽》九百三十九卷引此經，「赤喙」上有「而」字。《廣韻》引作「赤尾、赤喙、有羽」，而無「狀如鮪」三字。可以已白癬。懿行案：《説文》云：「癬，乾瘍也。」

又東三十五里曰蔥聾之山，懿行案：自此已下七山，亦皆與薄山連麓而異名。其中多大谷，是多白堊，黑、青、黄堊。言有雜色堊也。

又東十五里曰涹山，音「倭」。懿行案：《玉篇》云：「涹，山名也。」其上多赤銅，其陰多鐵。

又東七十里曰脱扈之山，有草焉，其狀如葵葉而赤華、莢實，實如椶莢，今椶木莢似皂莢也。懿行案：今椶木結實，作房如魚子狀，絶不似皂莢也。未知其審。名曰植楮，可以已癙，癙病也。《淮南子》曰：「貍頭已癙」也。懿行案：《太平御覽》七百四十二卷引郭注作「癙，瘻也。」今本作「癙病」，蓋本《爾雅·釋詁》文，非誤也。又引《淮南子》者，《説山訓》文，本作「貍頭愈鼠」。今人正以貍頭療鼠瘍。鼠瘍即瘻。《説文》云：「瘻，頸腫也。」食之不眯。

又東二十里曰金星之山。多天嬰，其狀如龍骨，懿行案：《本草別録》云：「龍骨生晉地川谷，及太山巖水岸土穴中，死龍處。」可以已痤。癰，痤也。懿行案：注疑當爲「痤，癰也。」《説文》云：「痤，小腫也。一曰族絫。」《韓非子·六反篇》云：「彈痤者痛」。

又東七十里曰泰威之山。其中有谷，曰梟谷，或無「谷」字。其中多鐵。

又東十五里曰橿谷之山，或作「檀谷之山」。其中多赤銅。

又東百二十里曰吳林之山，懿行案：《地理志》云：「河東郡大陽，吳山在西，上有吳城。」《史記》正義引《括地志》云：「雷首山亦名吳山」，即此也。已上諸山，西起雷首，東至吳坂，隨地異名，大體相屬也。吳山，在今山西平陸縣。其中多葌草。亦「菅」字。懿行案：《説文》云：「葌，香艸，出吳林山。」本此經爲説也。《衆經音義》引《聲類》云：「葌，蘭也。」又引《字書》云：「葌，與蕳同。」蕳即蘭也。是葌乃香草。《中次十二經》「洞庭之山」，以「葌」與「蘼蕪」並稱，其爲香草審矣。郭注以「葌」爲「菅」字，菅乃茅屬，恐非也。

又北三十里曰牛首之山，今長安西南有牛首山，上有館，下有水，未知此是非。懿行案：此山在霍太山之南，當在今山西浮山縣界，非長安鄠縣之牛首山也。《水經·汾水》注有「黑山」，即此。《太平寰宇記》云：「神山縣黑山，在縣東四十四里，一名牛首，今名烏嶺山。」有草焉，名曰鬼草，其葉如葵而赤莖，其秀如禾，懿行案：《大雅·生民篇》云：「實發實秀。」是禾謂之秀也。服之不憂。懿行案：《太平御覽》四百六十九卷引此經《圖讚》曰：「焉得鬼草，是樹是藝。服之不憂，樂天傲世。如彼浪舟，任波流滯。」勞水出焉，而西流注于潏水。音如譎詐之「譎」。懿行案：長安亦有澇水、潏水，見《地理志》，非此也。《太平寰宇記》云：「臨汾縣，澇水源出烏嶺山，俗名長壽水」是也。《水經注》云：「黑水出黑山，西逕楊城南，又西與巢山水會。」引此經云云。「疑是水也。潏水即巢山之水也。水源東南出巢山東谷，北逕浮山東，又西北流，與勞水合，亂流西北，逕高粱城北，西流入於汾。」《元和郡縣志》云：「臨汾縣潏水，今名三交水」也。是多飛魚，其狀如鮒魚，懿行案：《中次三經》復有「飛魚」，與此異。《太平御覽》九百三十九卷引張駿《山海經飛魚讚》曰：「如鮒，登雲游波。」今案「如鮒」之上當脱「飛魚」二字，遂不成文。又引《林邑國記》曰：「飛魚身圓，長丈餘，羽重沓，翼如胡蟬。出入羣飛，遊翔翳會，而沉則泳海底。」食之已痔衕。

又北四十里曰霍山，今平陽永安縣、廬江灊縣、晉安羅江縣、河南鞏縣皆有「霍山」，明山以「霍」名者非一矣。案《爾雅》：大山繞小山爲霍。懿行案：此平陽永安之霍山也。山在今山西霍州東南。《地理志》云：「河東郡彘，霍太山在東。冀州山。」《晉書·地理志》云：「平陽郡永安，霍山在東。」案《水經·汾水》注，有「彘水」、「霍水」，並出霍太山，西南流，注於汾水。此經絶不言有水。又《爾雅》記「西方之美」，有「霍山之多珠玉」，此經亦復不言。其木多穀。有獸焉，其狀如貍而白尾、有鬣，名曰朏朏，養之可以已憂。謂蓄養之也。普昧反。懿行案：陳藏器《本草拾遺》云：「風貍似兔而短，人取籠養之。」即此也。

又北五十三里曰合谷之山，懿行案：《玉篇》作「金谷多薝棘。」是多薝棘。未詳。音「瞻」。懿行案：《本草》云：「天藿冬，一名顛棘。」即《爾雅》「髦顛棘」也。「薝」，《玉篇》云「丁敢切」。疑「薝」、「顛」古字或通。

又北三十五里曰陰山，亦曰「險山」。多礪石、文石。礪石，石中磨者。懿行案：「礪」當爲「厲」。

《說文》云：「厲，旱石也。」少水出焉，懿行案：《水經注》云：「沁水又逕沁水縣故城北，《春秋》之少水也。」又云：「少水，今沁水。」酈氏此説，蓋言沁水隨地異名耳，不云即此經之少水也。且沁水出謁戾山，少水出陰山，既不同源，非一水明矣。其中多彫棠，懿行案：《西次二經》云：「中皇之山，多蕙棠。」郭云：「彫棠之屬。」此作「彫棠」，疑形近而譌。其葉如榆葉而方，其實如赤菽，菽，豆。懿行案：「菽」當爲「尗」，見《說文》。食之已聾。

又東北四百里曰鼓鐙之山，懿行案：畢氏云：即鼓鍾山，在今山西垣曲縣。「鍾」、「鐙」形聲皆相近。《水經注》云：「平水南流，歷鼓鍾上峽，水廣一十許步。南流歷鼓鍾川，分爲二澗：一水歷冶官西，世人謂之鼓鍾城，城之左右猶有遺銅及銅錢也。」即此山。而引《中次七經》「鼓鍾山」，蓋酈元之疏也。多赤銅。懿行案：畢氏云：「詳《水經》。《注》云有冶官、遺銅，則知古者冶銅於此。《經》言多赤銅，信也。」有草焉，名曰榮草，其葉如柳，其本如雞卵，食之已風。懿行案：《本草經》云：「藺茹，味辛寒，除大風。」陶注云：「葉似大戟。」蜀本注云：「根如蘿蔔。」並與此合，豈是與？

凡薄山之首，自甘棗之山至于鼓鐙之山，凡十五山，六千六百七十里。懿行案：今才九百三十七里。經有誤。歷兒，冢也。其祠禮：毛太牢之具，縣以吉玉。「縣」，祭山之名也。見《爾雅》。懿行案：《爾雅》云：「祭山曰庪、縣。」郭注云：「或庪或縣，置之於山。」亦引此經文。其餘十三山者，懿行案：《風俗通》云：「趙襄子齋三日，親自剖竹，有朱書曰：『無卹，余霍太山陽侯大吏』云云。」是霍山之神名

「陽侯」也。其餘未聞。毛用一羊，縣嬰用桑封，瘞而不糈。桑封者，懿行案：畢氏云：「桑封」以下，疑周、秦人釋語，亂入經文。桑主也，懿行案：《穆天子傳》云：「乃駕鹿以遊于山上，爲之石主。」《淮南·齊俗訓》云：「殷人之禮，其社用石。」是土神、山神之主例當用石，此則用木耳。又，祭山不獨有主，兼亦有尸，故《中次五經》云「尸水合天」也。方其下而鋭其上，而中穿之，加金。言作神主而祭，以金銀飾之也。《公羊傳》曰：「虞主用桑。」「主」，或作「玉」。懿行案：郭引《公羊》，《文二年傳》也。經言：「作僖公主。」何休注云：「主狀正方，穿中央，達四方。」彼是説天子、諸侯之主。此言山神之主，所未聞也。郭云「主，或作玉」，蓋字形之譌。

中次二經。濟山之首曰煇諸之山，懿行案：山在上黨。其上多桑，其獸多閭麋，其鳥多鶡。似雉而大，青色，有毛。勇健，鬬死乃止。音「曷」。出上黨也。懿行案：張揖注《上林賦》云：「鶡似雉，鬬死不卻。」《説文》云：「鶡似雉，出上黨。」劉昭注《郡國志》「上黨郡猗氏」，引《漢書》音義云：「縣出鶡。」因知此經「煇諸之山」在上黨猗氏縣矣。李善注《鷫鷞賦》引此經郭注作「青色，有角」，今本作「有毛」，二者皆誤。李賢注《後漢書·西南夷傳》引此注云：「䳭雞似雉而大，青色，有毛角，鬬敵死乃止。」是「鶡」或作「䳭」，又增「雞」字，非也，其作「毛角」則是。《玉篇》云：「鶡，何葛切。鳥似雉而大，青色，有毛角，鬬死而止。」《藝文類聚》九十卷引郭氏讚云：「鶡之爲鳥，同羣相爲。疇類被侵，雖死不避。毛飾武士，兼厲以義。」

又西南二百里曰發視之山，其上多金、玉，其下多砥、礪。即魚之水出焉，而西流注于伊水。

又西三百里曰豪山，其上多金玉而無草木。

又西三百里曰鮮山，懿行案：《爾雅》云：「小山別，大山鮮。」《水經·伊水》注有「鮮山」。山當在今河南嵩縣。多金玉，無草木。鮮水出焉，而北流注于伊水，懿行案：《水經》云：「伊水東北過郭落山。」注云：「伊水又東北，鮮水入焉。水出鮮山，北流注于伊水。」其中多鳴蛇，其狀如蛇而四翼，其音如磬，見則其邑大旱。懿行案：「鳴蛇」見《南都賦》，李善注引此經，與今本同。

又西三百里懿行案：「三百」當爲「三十」，字之譌。曰陽山，懿行案：「陽山」，見《水經·伊水》注。《隋書·地理志》云：「陸渾縣，有陽山。」多石，無草木。陽水出焉，而北流注于伊水。懿行案：《水經注》云：「陽水出陽山陽谿，世人謂之太陽谷，水亦取名焉，東流入伊水。」其中多化蛇，其狀如人面而豺身，鳥翼而蛇行，懿行案：《廣雅·釋地》説「化蛇」，本此經，文同。其音如叱呼，見則其邑大水。

又西二百里曰昆吾之山，其上多赤銅。此山出名銅，色赤如火，以之作刀，切玉如割泥也。周穆王時西戎獻之，《尸子》所謂「昆吾之劍」也。《越絶書》曰：「赤堇之山破而出錫，若邪之谷涸而出銅，歐冶子因以爲純鉤之劍。」汲郡冢中得銅劍一枝，長三尺五寸，乃今所名爲干將劍。汲郡亦皆非鐵也。明古者通以錫雜銅爲兵器也。懿行案：《列子·湯問篇》云：「周穆王大征西戎，西戎獻錕鋙之劍。其劍長尺有咫，練鋼赤刃，用之切玉如切泥焉。」是郭所本也。又《博物志》引《周書》曰：「昆吾氏獻切玉刀，切玉如蠟也。」《子虛賦》云：「琳瑉昆吾。」張揖注云：「昆吾，山名也。出美金。《尸子》曰『昆吾之金』。」又郭注《海内經》「昆吾之丘」，亦引《尸子》曰「昆吾之金」。此注引作「劍」，蓋字之譌也。又「銅劍一枝」，「枝」當爲「枚」，亦字之譌也。《藝文類聚》六十卷引此注，「枝」正作「枚」。又「汲郡亦皆非鐵」，郭氏欲明古劍皆銅爲之耳。然《越絶書》云「歐冶子、干將，鑿茨山，洩其溪，取鐵英，作爲鐵劍三枚。」《史記》亦云「楚之鐵劍利而倡優拙。」是知古劍亦不盡用銅矣。《類聚》又引《龍魚河圖》云：「流洲在西海中，上多積石，名爲昆吾石。治其石成鐵，作劍光明四照，洞如水精。」案《河圖》所説，此自别有昆吾石，非昆吾山之所出銅也。《類聚》六卷引《十洲記》，與《河圖》同。有獸焉，其狀如彘而有角，其音如號，如人號哭。名曰蠪蚳，上已有此獸，疑同名。懿行案：「蚳」，疑當爲「蛭」。已見《東次二經》「鳧麗之山」。食之不眯。

又西百二十里曰葌山，音「間」。懿行案：《水經·伊水》注有「葌山」。山當在今河南盧氏縣西南。葌水出焉，而北流注于伊水。懿行案：《水經注》云：「伊水自熊耳，東北逕鸞川亭北；葌水出葌山，北流際其城東，而北入伊水。世人謂伊水爲鸞水，葌水爲交水，故名斯川爲鸞川也。」其上多金玉，其下多青雄黄。有木焉，其狀如棠而赤葉，名曰芒草，音「忘」。懿行案：「芒草」亦單謂之「芒」。《海内經》説「建木」云：「其葉如芒。」郭注云：「芒木，似棠梨。」本此經爲説也。又《爾雅》云：「葞，春草。」郭注引《本草》云：「一名芒草。」疑此非也。然芒草即草類，而經言「木」者，雖名爲木，其實則草。正如侖者之山，有木如穀而赤理，其名白蓉。白蓉即莫蘇，亦草屬也，故《廣雅》列於草部。又如竹屬，《爾雅》居於《釋草》，而此經或言「草」或言「木」也。可以毒魚。

又西一百五十里曰獨蘇之山，無草木而多水。

又西二百里曰蔓渠之山，懿行案：《水經注》云「即熊耳山之連麓」是也。山在今河南盧氏縣熊耳山西。其上多金玉，其下多竹箭。伊水出焉，而東流注于洛。今伊水出上洛盧氏縣熊耳山，東北至河南洛陽縣入洛。懿行案：《地理志》云：「宏農郡盧氏，熊耳山在東，伊水出，東北入洛。」是郭所本也。《晉書·地理志》云：「上洛郡盧氏，熊耳山在東，伊水所出。」與郭注合。《水經》云：「伊水出南陽魯陽縣西蔓渠山。」注引此經云云，又引「《淮南子》曰：『伊水出上魏山。』《地理志》曰：『出熊耳山。』即麓大同，陵巒互別爾。」有獸焉，其名曰馬腹，其狀如人面虎身，其音如嬰兒，是食人。懿行案：《刀劍録》云：「漢章帝建初八年，鑄一金劍，令投伊水中，以厭人膝之怪。弘景案：《水經》云：『伊水有一物，如人膝頭，有爪，人浴輒没不復出。』」陶氏所説，参以劉昭注《郡國志》「南郡中盧」，引《荆州記》云：「陵水中有物如馬，甲如鯪鯉不可入。七八月中，好在磧上自曝。膝頭如虎掌爪，小兒不知，欲取弄戲，便殺人。或曰：生得者，摘其鼻，厭，可小小便。〔二〕名爲水盧。」《水經·沔水》注與《荆州記》小有異同。然則「人膝」之名蓋取此。據陶、劉二家所説，形狀與「馬腹」相近，因附記焉。陶氏所引《水經》，蓋即郭所注者，今亡，無考。

凡濟山經之首，自煇諸之山至于蔓渠之山，凡九山，一千六百七十里。懿行案：今一千七百七十里。

其神皆人面而鳥身。祠用毛，搴用毛色。用一吉玉，投而不糈。

中次三經。萯山之首「萯」，音「倍」。懿行案：《竹書》云：「夏帝孔甲三年，畋于萯山。」即此。《水經·河水》注引《吕氏春秋·音初篇》云：「田於東陽萯山。」《帝王世紀》以爲「即東首陽山也。」蓋是山之殊目矣。曰敖岸之山，或作「獻」。懿行案：畢氏云：《春秋傳》云「敖鄗之間」，疑即此山。音相近。其陽多㻬琈之玉，其陰多赭、黄金。神熏池居之。是常出美玉。或作「石」。北望河林，懿行案：《思玄賦》云：「怬河林之蓁蓁」，即此。其狀如蒨如舉。説者云：蒨、舉，皆木名也。未詳。「蒨」，音「倩」。懿行案：蒨，草也；舉，木也。舉即欅柳，《本草》陶注詳之。李善注《思玄賦》及李賢注《後漢書·張衡傳》引此經，並無「如舉」二字，蓋脱。有獸焉，其狀如白鹿而四角，名曰夫諸，懿行案：《玉篇》云：「麌音夫，麐音諸。」蓋「夫諸」本或作「麌麐」也。見則其邑大水。

又東十里曰青要之山，懿行案：山在今河南新安縣西北二十里。《水經注》云：「新安縣青要山，今謂之彊山。」實維帝之密都。天帝曲密之邑。懿行案：《爾雅》云：「山如堂者，密。」北望河曲，河千里一曲一直也。懿行案：「河曲」及郭注並見《爾雅》。是多駕鳥。未詳也。或曰「駕」宜爲「鴐」。鴐，鵝也。音「加」。懿行案：《説文》云：「䳧，鴚䳧也。」「鴚」，通作「駕」，又通作「鴐」。《漢書·司馬相如傳》云：「連駕鵞」，《史記》正作「鴐」。又，魯大夫有榮駕鵞也。南望墠渚，水中小州名渚。「墠」者「填」。懿行案：《水經·伊水》注云：「禪渚水，上承陸渾縣東禪渚。渚在原上，陂方十里，佳饒魚葦。」即引此經云云；「墠」作「禪」。又引郭注云：禪，「一音暖。」今本脱此三字。禹父之所化，鯀化於羽淵，爲黄熊。今復云在此。然則一已有變化之性者，亦無往而不化也。　懿行案：《水經注》引郭注云：「鯀化羽淵，而復在此。然已變怪，亦無往而不化矣。」與今本詳略異。又案《山海經》，禹所著書，不應自道「禹父之所化」，疑此語亦後人羼入之。是多僕纍、蒲盧。僕纍，蝸牛也。《爾雅》曰：「蒲盧者，螟蛉也。」　懿行案：蝸牛名蚹蠃，見《爾雅》。蒲盧者，《夏小正》傳云：「蜃者，蒲盧也。」《廣雅》云：「蛙蛤，蒲盧也。」是蒲盧爲蜃、蛤之屬，「蒲盧」聲轉爲「僕纍」，即「蜾螺」也。郭注《西次三經》「槐江之山」云：「蠃母即蜾螺」，是矣。又聲轉爲「蚹蠃」，即「蒲蠃」也。《吴語》云：「其民必移就蒲蠃於東海之濱」是矣。是「僕纍」、「蒲盧」同類之物，並生於水澤下溼之地。至於《爾雅》之「蒲盧」，非水蟲也，郭氏引之，誤矣。以「蒲盧」爲螟蛉，尤誤。魋武羅司之，武羅，神名。「魋」，即「神」字。　懿行案：《説文》云：「魋，神也。」《玉篇》云：「山神也。」俱本此。李善注《魏都賦》引此經郭注云：「魋，音神。」與今本不同。其狀人面而豹文，小要而白齒，或作「首」。　懿行案：「白齒」，即《左傳》所云「晳幘」。而穿耳以鐻，鐻，金銀器之名。未詳也。音「渠」。

懿行案：「鐻」，假借字也。《説文》以爲「虡」或字；其《新附字》引此經則作「璩」，云：「璩，環屬也。」《後漢書·張奐傳》云：「遺金鐻八枚。」《魏都賦》云：「鐻耳之傑。」李善、李賢注並引此注。其鳴如鳴玉。如人鳴玉佩聲。是山也，宜女子。懿行案：「宜女」之義未詳。吴氏引《淮南子》：「青要玉女，降霜神也。」今考《淮南·天文訓》雖有「青女乃出，以降霜雪」之文，而無「青要玉女」之説。當在闕疑。 畛水出焉，音「軫」。而北流注于河。懿行案：《水經注》云：「河水與教水合，又與畛水合；水出新安縣青要山，其水北流，入於河。」引此經云云。即是水也。其中有鳥焉，名曰鴢，音如窈窕之「窈」。懿行案：《爾雅》云：「鴢，頭鵁。」郭注云：「似鳧，脚近尾，略不能行。江東謂之魚鵁。」李善注《江賦》引此經，與今本同。其狀如鳧，青身而朱目，赤尾，朱，淺赤也。懿行案：李善注《江賦》引此經，與今本同。食之宜子。有草焉，其狀如葌菅，似茅也。懿行案：「葌」非「菅」，已見上文「㚖林山」。而方莖，黄華赤實，其本如藁本，根似藁本。亦香草。懿行案：《廣雅》云：「山茝、蔚香，藁本也。」名曰荀草，或曰「苞草」。服之美人色。令人更美豔。懿行案：《本草經》云：「旋花主面皯黑、色媚好。一名金沸。」《别録》云：「一名美草。生豫州平澤。」陶注云：「根似杜若，亦似高良薑。」又云：「葉似薑，花赤色，子狀如豆蔻。」今案旋花一名金沸，明是黄色，陶注云「赤色」，誤矣。又唐宋《本草》或以旋花爲今鼓子花，然與本經不合。此皆非矣。唯陶説形狀與此經同；《别録》云「生豫州」，地亦相近。「荀」、「旋」聲近也。

又東十里曰騩山，音「巍」。懿行案：《水經注》云：「騩山，彊山東阜也。《鄭語》云：主芣、騩而食溱、洧。騩即騩也，古字通用。」其上有美棗，其陰有㻬琈之玉。正回之水出焉，而北流注于河。懿行案：《水經注》云：「河水與畛水合，又東，正回之水入焉。水出騩山，東流，俗謂之彊川水。與石瓜䜝川合，又東逕彊治鐵官東，東北流，注于河。」其中多飛魚，其狀如豚而赤文，服之不畏雷，可以禦兵。懿行案：上文勞水飛魚，與此同名，非一物也。《初學記》一卷引郭氏讚云：「飛魚如豚，赤文無君。食之辟兵，不畏雷音。」案「無君」二字譌。《藝文類聚》二卷引作「赤文無羽」是矣；而「不畏雷」下復脱一字。疑《初學記》「雷音」當爲「雷鼓」，字之譌。

又東四十里曰宜蘇之山，　懿行案：《水經注》：「山在河南垣縣。」今爲孟津縣。「垣」上當脱「東」字。其上多金玉，其下多蔓居之木。未詳。　懿行案：《廣雅》云：「牡荆，曼荆也。」「曼」，《本草》作「蔓」。此經「曼居」，疑「蔓荆」聲之轉。「蔓荆」列《本草·木部》，故此亦云「蔓居之木」也。滽滽之水出焉，音「容」。而北流注于河，　懿行案：「滽滽」，《水經注》作「庸庸」，云：「河水又東，正回之水入焉。又東合庸庸之水，水出河南垣縣宜蘇山，俗謂之長泉水，伊洛門也。其水北流，分爲二水，一水北入河，一水又東北流，注於河。」是多黄貝。

又東二十里曰和山，　懿行案：《水經注》云：「河水又東，湨水入焉。」引此經云云。案山當在今河南孟津縣界。其上無草木而多瑶碧，　懿行案：李善注《洛神賦》引此經，與今本同。實惟河之九都。九水所潛，故曰九都。　懿行案：都者，瀦也。《史記·夏本紀》索隱曰：「都，古文《尚書》作豬。孔安國云：水所停曰豬。鄭玄云：南方謂都爲豬。」則是水聚會之義。郭注「潛」字誤。藏經本作「聚」。李善注《海賦》引此經及郭注，並與今本同。是山也五曲，曲回五重。　懿行案：李善注沈約《鍾山應西陽王教》詩引此經郭注作「曲，回也。」九水出焉，　懿行案：《水經注》據《帝王世紀》，以是山即東首陽山也。云：「今於首陽東山無水以應之，當是今古世懸，川域改狀矣。」合而北流，注于河，其中多蒼玉。懿行案：《水經注》引此經作「其陽多蒼玉。」吉神泰逢司之，吉猶善也。　懿行案：「逢」，《玉篇》作「䗬」，云「神名」。《廣韻》亦作「䗬」。其狀如人而虎尾。或作「雀尾」。是好居于萯山之陽，出入有光，泰逢神動天地氣也。言其有靈爽，能興雲雨也。夏后孔甲田於萯山之下，天大風晦冥。孔甲迷惑，入於民室。見《吕氏春秋》也。

懿行案：見《吕氏春秋·音初篇》。《廣韻》「䗬」字云：「大黄萯山神，能動天地氣。昔孔甲遇之。」《廣韻》此言，蓋以大風晦冥即是神所爲也。「大黄」二字今未詳。《太平御覽》十一卷引《遁甲開山圖》曰：「鄭有不毛山，上有無爲之君，分布雲雨於九州之内。」榮氏解曰：「不毛山不生樹木，古無爲君常處其上，布灑雲雨，九州之内平均。」今案和山上無草木，當即不毛山，其無爲君當即泰逢矣。存以俟考。

凡萯山之首，自敖岸之山至于和山，凡五山，四百四十里。懿行案：今才八十里。其祠：泰逢、熏池、武羅皆一牡羊，副，副謂破羊骨，磔之以祭也。見《周禮》。音悃愊之「愊」。　懿行案：《說文》云：「副，判也。」引《周禮》曰：「副辜。」籀文作「疈」。今《周禮·大宗伯》正作「疈」。嬰用吉玉；其二神，用一雄雞，瘞之，糈用稌。

中次四經。釐山之首音「狸」。曰鹿蹄之山，　懿行案：《水經》云：「鹿蹄山在宜陽縣。」注云：「山在河南陸渾縣故城西北，俗謂之縱山。」又云「世謂之非山。」又云「山石之上有鹿蹄，自然成著，非人功所刊。

其山陰峻絶百仞，陽則原阜隆平。」其上多玉，其下多金。甘水出焉，而北流注于洛， 懿行案：《水經》云：「甘水出宏農宜陽縣鹿蹏山。」注引京相璠曰：「今河南縣西南有甘水，北入洛。」又云：「甘水發於東麓，北流注於洛水也。」其中多泠石。泠石，未聞也。「泠」或作「涂」。 懿行案：「泠」，當爲「汵」。《西次四經》「號山多汵石」是也。郭云「泠或作涂」。「涂」亦借作泥塗字，「汵」又訓泥，二字義同，故得通用。又「涂」或「淦」字之譌也，《説文》「汵」、「淦」同。

西五十里曰扶豬之山， 懿行案：《水經注》云：「南則鹿蹏之山也。」此經云「西」者，蓋在西北。《玉篇》引此經作「狀䐗之山」，蓋「豬」亦作「䐗」，見《玉篇》。其上多礝石。音「耎」。今雁門山中出礝石，白者如冰。水中有赤色者。 懿行案：「礝」當爲「碝」。《説文》云：「碝，石次玉者。」《玉篇》同，云：「亦作瑌」，引此經作「瑌石」。或所見本異也。張揖注《上林賦》云：「碝石，白者如冰，半有赤色。」《玉篇》引此郭注同，與今本異。有獸焉，其狀如貉而人目，「貉」或作「貗」，古字。 懿行案：《玉篇》云：「貗同貈」，本於郭注也。《玉篇》、《廣韻》引此經，「人目」並作「八目」，誤。其名曰麐。音「銀」。或作「麖」。 懿行案：《玉篇》云：「麐，獸名。」引此經。號水出焉，而北流注于洛， 懿行案：《水經注》云：「洛水又與號水會。水出扶豬之山，北流注于洛。」其中多瑌石。言亦出水中。 懿行案：「瑌」亦當爲「碝」。

又西一百二十里曰釐山， 懿行案：山在今河南嵩縣西。其陽多玉，其陰多蒐。音「搜」。茅蒐，今之蒨草也。　懿行案：「茹藘，茅蒐。」見《爾雅》。郭音蒐爲「搜」，非也。《詩》鄭箋及《晉語》韋昭注並以「茅蒐」、「韎韐」爲合聲及聲轉之字；是蒐从鬼得聲，當讀如「鬼」，不合音「搜」。後人借爲「春蒐」之字，亦誤矣。說見《爾雅略》。有獸焉，其狀如牛，蒼身，其音如嬰兒，是食人，其名曰犀渠。　懿行案：犀渠蓋犀牛之屬也。《吳語》云：「奉文犀之渠。」《吳都賦》云：「户有犀渠。」疑古用此獸皮蒙楯，故因名楯爲犀渠矣。滽滽之水出焉，而南流注于伊水。　懿行案：《水經》云：「伊水又東北，過陸渾縣南。」注引此經云云：「今水出陸渾縣之西南王母澗，澗北山上有王母祠，故世因以名谿。東流注于伊水，即滽滽之水也。」是酈氏所稱王母澗，當即釐山。有獸焉，名曰獺，音蒼頡之「頡」。　懿行案：「獺」字諸書所無。郭氏《江賦》有「獱獺」，李善注引此經亦作「獺」。又引郭注云：「音蒼頡之頡。與獺同。」然「獺」不與「頡」同音。未知其審。其狀如獳犬　懿行案：《說文》云：「獳，怒犬皃。讀若槈。」李善注《江賦》引此經作「狀如獳」，無「犬」字。云：「獳，如珠切。」與今本異也。而有鱗，　懿行案：《江賦》注引經，無此三字。其毛如彘鬣。生鱗間也。

又西二百里曰箕尾之山，　懿行案：或云即箕山，許由所隱；非也。箕山在釐山之東二百里，與經言「西」不合。多穀，多涂石，　懿行案：上文「鹿蹄山」云「多泠石」，郭云「泠」或作「涂」，說已見上。其上多㻬琈之玉。

又西二百五十里曰柄山，其上多玉，其下多銅。滔雕之水出焉，而北流注于洛。　懿行案：「柄山」、「滔雕水」及下文「白邊山」，計其道里，當在宜陽、永寧、盧氏三縣之境。其中多羬羊。　懿行案：「羬」當爲「麢」。見《説文》。有木焉，其狀如樗，其葉如桐而莢實，其名曰茇，可以毒魚。「茇」，一作「艾」。　懿行案：《爾雅》云：「杬，魚毒。」《説文》「杬」从艸，作「芫」。疑作「艾」者因字形近「芫」而譌。又《本草别録》云：「狼跋子，主殺蟲魚。」陶注云：「出交廣。形扁扁，制擣以雜木，投水中，魚無大小皆浮水而死。」今案「狼跋」之名雖與此經名「茇」相合，但彼列草部，非此木之比也。

又西二百里曰白邊之山，其上多金玉，其下多青雄黄。

又西二百里曰熊耳之山，今在上洛縣南。　懿行案：《地理志》云：「宏農郡上洛，熊耳、獲輿山在東北。」是郭所本也。山在今陝西洛南縣東南，河南盧氏縣西南。洛水所經。《史記》正義引《括地志》云：「熊耳山在虢州，洛所經。」又云：「在虢州盧氏縣南五十里。與《禹貢》導洛自熊耳别一山也。」其上多漆，其下多椶。浮濠之水出焉，　懿行案：「濠」，《水經注》及劉昭注《郡國志》並作「豪」。《水經注》云：「洛水逕隝渠關北；隝渠水南出隝渠山，即荀渠山也，其水一源兩分，川流半解，一水西北流，屈而東北，入於洛。」引此經云云。疑即是水也。「荀渠」蓋「熊耳」之殊稱也。而西流注于洛，　懿行案：《水經注》及劉昭注《郡國志》並引此經，「西」下有「北」字。其中多水玉、　懿行案：劉昭注《郡國志》引此經作「美玉」。多人魚。有草焉，　懿行案：《玉篇》作「熊耳山有細草」。其狀如蘇而赤華，名曰葶薴，「亭寧」、「町聹」二音。　懿行案：《廣雅》云：「薴，蘇也。」「薴」上疑脱「葶」字。此經云「其狀如蘇」，是必蘇類。其味辛香，故可以毒魚也。蘇頌《本草圖經》云：「蘇有魚蘇，似茵蔯，大葉而香，吳人以煮魚者。一名魚薪。生山石間者名山魚蘇。」可以毒魚。

又西三百里曰牡山，懿行案：《爾雅》疏引此經作「牝山」。藏經本作「壯山」。其上多文石，其下多竹箭、竹䉋，懿行案：「䉋」上「竹」字疑衍。其獸多㸲牛、羬羊，鳥多赤鷩。音「閉」。即鷩雉也。懿行案：「鷩雉」，見《爾雅》。

又西三百五十里曰讙舉之山，懿行案：《水經》云：「洛水出京兆上洛縣讙舉山。」《地理志》云：「宏農郡上雒，《禹貢》雒水出冢領山。」「冢領山」當即「讙舉山」也。《地理志》又云：「上雒，熊耳、獲輿山在東北。」或以「獲輿」、「讙舉」字形相近，疑爲一山，然據《地理志》及《水經注》，蓋二山也。劉昭注《郡國志》引此經，「讙」作「護」。雒水出焉，而東北流，注于玄扈之水，懿行案：《水經注》云：「洛水又東至陽虛山，合玄扈之水。」引此經文是也。「洛水」，又見《海内東經》。其中多馬腸之物。懿行案：上文「蔓渠山」，「馬腹」一本作「馬腸」，蓋此是也。《大荒西經》「女媧之腸」或作「女媧之腹」，亦其例。此二山者，洛間也。洛水今出上洛縣冢領山。《河圖》曰：「玄扈洛汭」，謂此間也。懿行案：經言「此二山者」，謂玄扈、讙舉也。《水經注》引此經，又云：「玄扈之水出於玄扈之山」，蓋山水兼受其目也。

凡鳌山之首，自鹿蹄之山至于玄扈之山，凡九山，懿行案：《水經注》引此經而釋之云：「玄扈亦山名也，而通與讙舉爲九山之次焉。」千六百七十里。其神狀皆人面獸身。其祠之，毛用一白雞，祈而不糈，言直祈禱。　懿行案：「祈」當爲「盤」。以采衣之。以彩飾雞。　懿行案：以彩飾雞，猶如以文繡被牛。

中次五經。薄山之首　懿行案：薄山，即篇「薄山曰甘棗山」者。曰苟牀之山，或作「苟林山」。　懿行案：下文正作「苟林山」。《文選·江賦》注引此經亦作「苟林山」。無草木，多怪石。怪石，似玉也。《書》曰：「鉛松怪石」也。

東三百里曰首山，　懿行案：《史記·封禪書》：「申公曰：天下名山八，而三在蠻夷，五在中國。五山，黄帝之所常游。」首山其一。以首山與華山、太室並稱，蓋山起蒲州蒲坂，與嵩、華連接而爲首，故山因取名與？《呂氏春秋·有始覽》亦以首山與太華並稱。高誘注云：「首山在蒲坂之南，河曲之中，伯夷所隱也。」其陰多穀、柞，草多茮、芫；茮，山薊也。芫，華中藥。　懿行案：茮見《爾雅》，芫見《本草》。又《爾雅》有「杬，魚毒。」在《釋木》，亦是也。《説文》云：「芫，魚毒也。」其陽多㻬琈之玉，木多槐。其陰有谷曰机谷，多䳋鳥，　音如鉗釱之「釱」。　懿行案：《玉篇》有「䳋」字，云：「徒賴切。」其狀如梟　懿行案：李善注《江賦》引此經作「其狀如梟」，《玉篇》作「䳋鳥似烏」。而三目、有耳，其音如録，　懿行案：「録」蓋「鹿」字假音。《玉篇》作「音如豕」。食之已墊。未聞。　懿行案：《尚書》云：「下民昏墊。」《方言》云：「墊，下也。」是墊蓋下溼之疾。《玉篇》説此鳥作「食之亡熱」，非郭義也。又《説文》云：「霸，寒也。讀若《春秋傳》墊阨。」義亦相近。

又東三百里曰縣斸之山，音如斤斸之「斸」。無草木，多文石。

又東三百里曰葱聾之山，無草木，多摩石。未詳。　懿行案：畢氏云：「摩」當爲「玤」。《説文》云：「石之次玉者。」

東北五百里曰條谷之山，其木多槐、桐，其草多芍藥、虋冬。《本草經》曰：「虋冬，一名滿冬。」今作「門」，俗作「耳」。　懿行案：「虋」當爲「蘴」。《爾雅》云：「蘠蘼，蘴冬。」郭引《本草》與此同。今檢《本草》無「滿冬」之名，必郭所見本尚有之，今闕脱。

又北十里曰超山，其陰多蒼玉，其陽有井，冬有水而夏竭。　懿行案：視山有井，夏有水，冬竭，與此相反。見《中次一十一經》。

又東五百里曰成侯之山，其上多櫄木，似樗樹，材中車轅。吳人呼櫄音「輴」，車或曰「輴車」。　懿行案：《説文》云：「杶，或作櫄。」即今「椿」字也。其草多芃。　懿行案：「芃」，《説文》訓「草盛」，非草名也。疑「芃」當爲「艽」字之譌。「艽」音「交」，即藥草「秦艽」也，見《本草》。《玉篇》云：「艽，秦艽藥。同芃。」

又東五百里曰朝歌之山，谷多美堊。

又東五百里曰槐山，　懿行案：畢氏云：「槐」當爲「稷」，即「稷」字古文。見《説文》。形相近，字之誤也。稷山在今山西稷山縣。杜預注《左傳》云：「河南聞喜有稷山。」今案杜預注「河南」當爲「河東」，字之譌也。《太平御覽》四十五卷引《隋圖經》曰：「稷山在絳郡。后稷播百穀於此山。」亦《左氏傳》謂「晉侯治兵於稷，以略狄土。」是此也。谷多金、錫。

又東十里曰歷山，懿行案：即上文「歷兒山」。《水經注》云：「河東郡南有歷山，舜所耕處也。」其木多槐，懿行案：《廣韻》去聲九御及上聲八語並收「楚」字，《九御·楚》云：「木名，出歷山。」疑此經「槐」本或作「楚」，抑或經文脱「楚」字也。俟考。其陽多玉。

又東十里曰尸山，懿行案：《水經·洛水》注有「尸山」，「尸」作「户」。多蒼玉。其獸多麖。似鹿而小，黑色。懿行案：《爾雅》云：「麠，大麃，牛尾，一角。」《説文》云：「麠，或作麖。」是麖當似鹿而大，郭云「小」，疑誤。尸水出焉，南流注于洛水，懿行案：《水經注》云：「洛水又東，尸水注之；水北發尸山，南流入洛。」「尸」，《水經注》作「户」。其中多美玉。

又東十里曰良餘之山，懿行案：《水經注》有「良餘山」。本或作「粮」，非。其上多穀、柞，無石。餘水出于其陰，而北流注于河；懿行案：《水經》云：「渭水又東過鄭縣北。」注云：「渭水又東，餘水注之，水南出粮餘山之陰，北流入於渭，俗謂之宣水也。」案餘水入渭，此經云「注河」者，蓋合渭而入於河。乳水出于其陽，而東南流注于洛。懿行案：《水經注》云：「洛水又東，得乳水；水北出良餘山南，南流注于洛。」

又東南十里曰蟲尾之山，懿行案：《水經注》作「蟲尾」。多礪石、赤銅。龍餘之水出焉，而東南流，注于洛。懿行案：《水經注》云：「洛水得乳水，又東，會於龍餘之水；水出蟲尾之山，東流入洛。」

又東北二十里曰升山，懿行案：《水經·渭水》注有「升山」。其木多穀、柞、棘，其草多藷萸、蕙，蕙，香草也。懿行案：「蕙」已見《西山經》「浮山」及「嶓冢山」。多寇脱。寇脱草生南方，高丈許，似荷葉而莖中有瓤正白。零、桂人植而日灌之，以爲樹也。懿行案：「寇脱」即「活脱」也。「寇」、「活」聲之轉。《爾雅》云：「離南，活莌。」郭注與此同。又云：「倚商，活脱。」亦是也。黄酸之水出焉，而北流注于河，懿行案：《水經注》云：「渭水又東合黄酸之水，世名之爲千渠水；水南出升山，北流注于渭。」案此經云「注河」者，亦合渭而入河。其中多璇玉。石次玉者也。孫卿曰：「璇玉瑶珠不知佩。」「璇」，音「旋」。懿行案：「孫卿」本作「荀卿」。所引見《荀子·賦篇》。《韓詩外傳》亦引作「璇」，並非也。古無「璇」字。有「琁」，與「瓊」同，赤玉也。「璇玉」之「璇」當爲「璿」，古文作「璿」，美玉也。並見《説文》。後世作《字通》，以「琁」代「璿」，故經典多誤。李善注顔延之《陶徵士誄》，引此經亦作「琁玉」；又引《説文》曰：「琁亦璿字。」非也。

又東十二里曰陽虚之山，多金。臨于玄扈之水。《河圖》曰：「蒼頡爲帝南巡狩，登陽虚之山，臨于玄扈洛汭。靈龜負書，丹甲青文，以授之。」出此水中也。懿行案：《水經注》云：「洛水又東至楊虚山，合玄扈之水。」又云：「玄扈水逕於陽虚之下。」引此經云云，有「是爲洛汭」四字，今本蓋脱去之。又引《河圖玉版》，與郭所引同也。陽虚山在今陝西洛南縣。

凡薄山之首，自苟林之山至于陽虛之山，凡十六山， 懿行案：今才十五山。二千九百八十二里。升山，冢也。其祠禮：太牢，嬰用吉玉。首山，魋也。其祠：用稌，黑犧，太牢之具，糵釀；以糵作醴酒也。 懿行案：糵，牙米也。見《說文》。今以牙米釀酒極甘，謂之餹酒。 干儛，干儛，萬儛。干，楯也。 懿行案：「儛」，與「舞」同。《夏小正》傳云：「萬也者，干戚舞也。」《邶風·簡兮篇》云「方將萬舞」是也。」置鼓；擊之以舞。 懿行案：「置」亦「植」也，古字通用。鄭注《明堂位》引《殷頌》曰「植我鼗鼓」，今《商頌·那》篇「植」作「寘」也。嬰用一璧。尸水，合天也。天，神之所馮也。肥牲祠之：用一黑犬于上，用一雌雞于下，刉一牝羊，獻血；以血祭也。刉，猶刲也。《周禮》曰：「刉珥，奉犬牲。」 懿行案：《秋官·士師》云：「凡刉珥，則奉犬牲。」鄭注云：「釁禮之事用牲，毛者曰刉，羽者曰衈。」嬰用吉玉，采之，又加以繒采之飾也。饗之。勸强之也。《特牲·饋食禮》曰「執奠祝饗」是也。 懿行案：「勸强之」者，《考工記》云：「祭侯之禮，以酒、脯、醢。其辭曰：强飲强食，詒女曾孫，諸侯百福。」《特牲·饋食禮》云：「尸答拜，執奠祝饗。」鄭注云：「饗，勸彊之也。」是郭注所本。

中次六經。縞羝山之首曰平逢之山， 懿行案：《水經·穀水》注引此經作「平蓬山」，即北邙山，郟山之異名也。《太平寰宇記》云：「河南縣芒山，在縣地十里，一名平逢山。」南望伊、洛，東望穀城之山。在濟北穀城縣西。黄石公石在此山下，張良取以合葬爾。 懿行案：《地理志》云：「河南郡穀成。」蓋縣因山爲名。山在今河南洛陽縣西北。郭云「在濟北」者，《晉書·地理志》云：「濟北國，穀城」是矣。《水經》：「濟水過穀城縣西。」注引《魏土地記》曰：「縣有穀城山，山出文石。」又云：「有黃山臺，黃石公與張子房期處也。」無草木，無水，多沙石。有神焉，其狀如人而二首，名曰驕蟲，懿行案：《太平御覽》九百五十卷引此經，「驕」作「嬌」。是爲螫蟲，爲螫蟲之長。實惟蜂蜜之廬。言羣蜂之所舍集。蜜，赤蜂名。懿行案：「赤」，疑「亦」字之譌。蜂凡數種，作蜜者即呼蜜蜂，故曰「蜜亦蜂名」。《説文》云：「蠠，或作蜜。蠭甘飴也。」其祠之，用一雄雞，禳而勿殺。禳亦祭名，謂禳却惡氣也。

西十里曰縞羝之山，懿行案：《水經注》云：「平蓬山西十里廆山」，是不數此山也。然得此乃合于此經「十四山」之數，疑《水經注》脱去之。無草木，多金玉。

又西十里曰廆山，音如瓌偉之「瓌」。懿行案：《初學記》二十八卷引此經作「沃山」，誤。畢氏云：山當在今河南河南縣西。《隋·地理志》云：「新安，有魏山，有孝水。」「魏」、「廆」音同也。新安與河南接境。其陰懿行案：《水經注》及《太平御覽》六十三卷引此經作「其陽」。多㻬琈之玉。其西有谷焉，名曰雚谷，懿行案：《左傳·昭二十六年》云：「王次于雚谷。」杜預注云：「雚谷，周地。」《釋文》云：「雚音丸。本又作萑，古亂反。」即此經「雚谷」也。其地當去河南洛陽爲近。《初學記》引此經云：「沃山之西有谷焉，名均雚谷，其木多柳。」「均」字衍。其木多柳、楮。其中有鳥焉，狀如山雞而長尾，赤如丹火而青喙，名曰鴒鸚，「鈴」、「要」二音。懿行案：《玉篇》「鸚」字，説與此經同。其鳴自呼，服之不眯。

交觴之水出于其陽，而南流注于洛。　懿行案：「觴」，《水經·洛水》注作「觴」。云：「惠水又東南，謝水北出瞻諸之山，東南流，又有交觸之水，北出廆山，南流，俱合惠水。惠水又南流，入於洛水。」俞隨之水出于其陰，而北流注于穀水。　懿行案：《水經注》云：「穀水又東，俞隨之水注之。」引此經云云：「世謂之孝水也。潘岳《西征賦》曰：澡孝水以濯纓，嘉美名之在兹。是水在河南城西十餘里，故吕忱曰孝水在河南」也。

又西三十里曰瞻諸之山，　懿行案：山見《水經注》。《玉篇》作「瞻渚山」。其陽多金，其陰多文石。謝水出焉，而東南流注于洛。音「謝」。　懿行案：《玉篇》云：「謝水出瞻渚山。」「謝」，《水經注》作「謝」，已見上文。蓋謝水會交觸之水，南流，俱合惠水，又南流入洛也。少水出其陰，而東流注于穀，世謂之慈澗也。」又《澗水》注云：「今孝水東十里有水，世謂之慈澗，又謂之澗水。按《山海經》，則少水也，而非澗水，蓋習俗之誤爾。」

又西三十里曰婁涿之山，無草木，多金玉。瞻水出于其陽，而東流注于洛。　懿行案：《水經·洛水》注云：「惠水出白石山之陽，東南流，與瞻水合；水東出婁涿之山，而南流入惠水。」陂水出于其陰，而北流注于穀水，　懿行案：「陂」，《水經注》作「波」。云：「穀水又東，波水注之。」引此經云云：「世謂之百荅水，北流注于穀。」其中多茈石、文石。　懿行案：《北山經》首「滏水」中多此二石，其「茈」誤作「芘」也。

又西四十里曰白石之山。　懿行案：《水經》云：「澗水出新安縣南白石山。」注云：「世謂是山曰廣陽山。」惠水出于其陽，而南流注于洛，　懿行案：《水經注》云：「洛水自枝瀆又東，出關，惠水右注之，世謂之八關水；水出白石山之陽。」引此經云云。又《澗水》注引此經作「東南注于洛」。《洛水》注引此經又無「東」字，與今本同。其中多水玉。澗水出于其陰，《書》曰：「伊、洛、瀍、澗。」　懿行案：《說文》云：「澗水出宏農新安，東南入洛。」本《地理志》爲說也。《水經》云：「澗水出新安縣南白石山。」注引此經云云：「世謂是水曰赤岸水，亦曰石子澗。」西北流，注于穀水，　懿行案：《地理志》、《說文》、《水經》並言澗水入洛水；此經云「注于穀水」者，蓋合穀水而入洛水也。又《水經·澗水》及《穀水》注引此經，並無「西」字。其中多麋石、櫨丹。皆未聞。　懿行案：「麋石」或是畫眉石。「眉」、「麋」古字通也。「櫨丹」疑即黑丹。「櫨」、「盧」通也。又，《說文》云：「宅櫨木，出宏農山。」陶注《本草》引李當之曰：「溲疏，一名楊櫨。」《別録》云：「生熊耳川谷。」《說文》「宅櫨」，或即此。

又西五十里曰穀山，　懿行案：山見《水經注》。《太平寰宇記》云：「澠池縣，穀山在縣南八十里。」其上多穀，其下多桑。爽水出焉，世謂之紵麻澗。而西北流注于穀水，　懿行案：《水經注》云：「穀水又東北，逕函谷關城東，右合爽水。」引此經云云：「世謂之紵麻澗，北流注於穀。」案酈氏引此經直作「北流」，無「西」字。「世謂之紵麻澗」句，蓋並引郭注也。上文同。其中多碧緑。

又西七十二里曰密山，今滎陽密縣亦有密山，疑非也。懿行案：《爾雅》云：「山如堂者，密。」此「密」在今河南新安縣也。《水經注》云：「洛水又東，與豪水會；水出新安縣密山。」其陽多玉，其陰多鐵。豪水出焉，而南流注于洛，懿行案：《水經注》云：「洛水又東，與豪水會，南流歷九曲東，而南流入於洛。」其中多旋龜，其狀鳥首而鼈尾，其音如判木。懿行案：「旋龜」之狀已見《南山經》「杻陽之山」。無草木。

又西百里曰長石之山，懿行案：山在今河南新安縣。見《水經注》。無草木，多金玉。其西有谷焉，名曰共谷，多竹。共水出焉，西南流，注于洛，懿行案：《水經注》云：「洛水又東，共水入焉；水北出長石之山，山無草木。其西有谷焉，厥名共谷。共水出焉，南流得尹谿口，又西南與左澗水會，又南與李谷水合。共水，世謂之石頭泉，而南流注於洛。」其中多鳴石。晉永康元年，襄陽郡上鳴石，似玉，色青，撞之，聲聞七八里。今零陵泉陵縣永正鄉有鳴石二所，其一狀如鼓，俗因名爲石鼓。即此類也。懿行案：郭氏《江賦》云：「鳴石列於陽渚。」李善注引此經及郭注，並與今本同。《初學記》十六卷引王韶之《始興記》云：「縣下流有石室，內有懸石，扣之，聲若磬，響十餘里。」亦此類也。郭云「襄陽郡上鳴石」，見《晉書·五行志》。

又西一百四十里曰傅山，懿行案：山見《水經注》。無草木，多瑶碧。厭染之水出于其陽，而南流注于洛，懿行案：「染」，《水經注》作「梁」。云：「洛水又東，逕宜陽縣故城南，又東，與厭梁之水合；

水出縣北傅山大陂，山無草木，其水自陂。」其中多人魚。　懿行案：「人魚」已見《北次三經》「決決之水」。其西有林焉，名曰墦冢，音「番」。穀水出焉，而東流注于洛，今穀水出穀陽谷，東北至穀城縣，入洛河。　懿行案：《地理志》云：「宏農郡黽池，穀水出穀陽谷，東北至穀城，入雒。」是郭所本也。洛謂之「河」者，北方人凡水通名河也。《水經》云：「穀水出宏農黽池縣南墦冢林穀陽谷。」注引此經云云：「今穀水出千崤東馬頭山穀陽谷。」其中多珚玉。未聞也。「珚」音「堙」。　懿行案：《太平御覽》六十二卷引此經作「珚玉」。《廣雅》云：「璑，珚玉。」《玉篇》云：「珚，齊玉。奇殞切。」是此經「珚」本又作「珚」也。《水經注》引此經又作「珉玉」。

又西五十里曰橐山，其木多樗，　懿行案：「樗」，當爲「杼」。《説文》云：「杼木出橐山。」謂此也。《廣韻》十一模曰：「黃杼木，可染。」十姥曰：「杼，木名。可染繒。」多構木。今蜀中有構木，七八月中吐穗，穗成，如有鹽粉著狀，可以酢羹。音「備」。　懿行案：《玉篇》云：「構，木名。」説與郭同。郭注「酢」蓋「作」字之譌也。《本草》：「鹽麩子即五構子，俗譌爲『五倍子』。」陳藏器《本草拾遺》云：「鹽麩子，生吳、蜀山谷，樹狀如椿。七月，子成穗，粒如小豆，上有鹽似雪，可爲羹用」是也。《太平御覽》引此經作「構」，云：「音謾。」或所見本異也。《管子·地員篇》云：「其木乃構。」其陽多金玉，其陰多鐵、多蕭。「蕭，蒿。」見《爾雅》。　懿行案：《爾雅》云：「蕭，萩。」郭注云：「即蒿也。」橐水出焉，而北流注于河，懿行案：《水經》云：「河水又東過陝縣北。」注云：「橐水出橐山，西北流出谷，謂之漫澗。西逕陝縣故城南，又西北逕陝城西，西北入於河。」其中多脩辟之魚，　懿行案：此魚即黽屬也。黽，亦名黽魚，見《漢書·東方朔傳》。狀如黽黽，蛙屬也。懿行案：詹諸，在水者名黽。見《爾雅》。而白喙，其音如鴟，食之已白癬。

又西九十里曰常烝之山，　懿行案：山見《水經注》。無草木，多堊。潐水出焉，音「譙」。而東北流注于河，　懿行案：《水經注》云：「河水又東，合潐水，水導源常烝之山，俗謂之干山，山在陝城南八十里。其川二源雙導，同注一壑，而西北流，注於河。」其中多蒼玉。菑水出焉，而北流注于河。　懿行案：《水經注》云：「河水又東，菑水注之，水出常烝之山，西北逕曲沃城南，又屈逕其城西，西北入河。」又引潘岳《西征賦》曰：「『憩於曹陽之墟。』以《山海經》求之，菑、曹字相類，是或有曹陽之名也。」

又西九十里曰夸父之山，　懿行案：山一名秦山，與太華相連。在今河南靈寶縣東南。《水經注》云：「槃澗水出湖縣夸父山。」其木多椶、枏，多竹箭；其獸多㸲牛、羬羊；其鳥多鷩。其陽多玉，其陰多鐵。其北有林焉，名曰桃林，桃林，今宏農湖縣閿鄉南谷中是也。饒野馬、山羊、山牛也。　懿行案：《郡國志》「宏農郡湖」有「閿鄉」。「閿」，俗字也。《水經注》引《三秦記》曰：「桃林塞在長安東四百里。」又引《春秋·文公十三年》：「晉侯使詹嘉守桃林之塞，處此以備秦。」《史記·趙世家》正義引《括地志》云：「桃林在陝州桃林縣，西至潼關皆爲桃林塞地。」又《留侯世家》索隱引應劭《十三州記》：「宏農有桃丘聚，古桃林也。」亦見《郡國志》。劉昭注引《博物記》曰：「在湖縣休與之山。」是廣員三百里，其中多馬。　懿行案：《史記·趙世家》云：「造父取桃林盜驪、驊騮、緑耳，獻之穆王。」正義引此經「廣員」作「廣闊」，蓋誤。《留侯世家》索隱引此經又作「廣三百里」，無「員」字。湖水出焉，而北流注于河，　懿行案：《水經注》云：「河水又東逕湖縣故城北，湖水出桃林塞之夸父山，又北逕湖縣東，而北流入於河。」《魏土地記》曰：宏農湖縣有軒轅黄帝登仙處，名其地爲鼎湖」也。其中多珚玉。

又西九十里曰陽華之山，　懿行案：《吕氏春秋·有始覽》説「九藪」云：「秦之楊華。」高誘注云：「或曰在華陰西。又云桃林縣西長城是也。」劉昭注《郡國志》，於「宏農華陰」亦引《吕氏春秋》及高注。又《爾雅·十藪》「秦有陽陓」。郭注云：「今在扶風汧縣西。」劉昭注《郡國志》，於「古扶風汧」亦引《爾雅》及郭注。然則「陽華」、「楊陓」非一地明矣。或説以二者是一，故附辨于此。其陽多金玉，其陰多青雄黄，其草多藷萸，多苦辛——其狀如橚，即「楸」字也。　懿行案：《説文》云：「橚，長木皃。」《玉篇》同。非郭義也。《晏子春秋·外篇》云：「景公登箐室而望，見人有斷雍門之橚者。」「橚」即「楸」也，《左傳》有「伐雍門之萩」之語，「萩」蓋「楸」之同聲假借字也。橚亦一音爾。其實如瓜，其味酸甘，食之已瘧。　懿行案：《本草經》云：「常山味苦辛，主温瘧。」又云：「蜀漆主瘧。」《别録》云：「常山苗也。」蘇頌《圖經》云：「海州出者，葉似楸葉。」與此經合。但常山「味苦辛」，此云「味酸甘」爲異，常山實又不似瓜也。《玉篇》云：「萿，草名。其實似瓜，食之治瘧。」蓋即此矣。而經復無「萿」名，未審《玉篇》何據。楊水出焉，而西南流注于洛，　懿行案：「楊水」即緒姑水之分流岐出者也。其水流入門水，又注于洛水。説見下文。其中多人魚。門水出焉，而東北流注于河，懿行案：《水經注》云：「河水東合柏谷水，又東，右合門水。門水又東北，歷陽華之山，即《山海經》所謂『陽華之山，門水出焉』者也。」又云：「門水又北逕宏農縣故城東，其水側城北流，而注於河。」其中多玄礵。黑砥石。生水中。懿行案：《玉篇》：「礵，思六、先鳥二切。」云：「黑砥石。」又云：「磁礵，青礪也。」蓋亦礵類。緍姑之水出于其陰，「緍」，音「藉」。而東流注于門水，懿行案：《水經注》云：「門水又東北，歷邑川，二水注之：左水出于陽華之陰，東北流逕盛牆亭西，東北流，與右水合；右水出陽華之陽，東北流逕盛牆亭東，東北與左水合，即《山海經》所謂『緍姑之水出於陽華之陰，東北流注於門水』者也。」今本無「北」字，蓋脱去之。又云：「東北，燭水注之；是水亂流東注於緍姑之水，二水悉得通稱矣。燭水又北入門水，水之左右即函谷山也。」其上多銅。門水出于河，七百九十里，入雒水。懿行案：《水經注》云：「門水，即洛水之支流者也。洛水自上洛縣東北，於拒陽城之西北分爲二水，枝渠東北出爲門水也。」然則門水本出洛水，此經又云「入洛」者，蓋其枝流復入於本水也。《爾雅》云：「洛爲波。」《水經注》引其文，蓋以門水即《爾雅》所謂波水矣。

凡縞羝山之首，自平逢之山至于陽華之山，凡十四山，七百九十里。懿行案：今八百二里。嶽在其中，以六月祭之，六月亦歲之中。懿行案：「嶽」，當謂華山也。郭以爲中嶽，蓋失之。中嶽在下文。如諸嶽之祠法，則天下安寧。懿行案：後漢順帝陽嘉元年，望都蒲陰狼殺人。《東觀書》言：朱遂不祠北嶽，致有斯災。推此而言，嶽祠如法即天下安寧，經語不虚也。

中次七經。苦山之首曰休與之山，「與」或作「輿」。下同。懿行案：劉昭注《郡國志》「宏農桃林」引《博物志》曰：「在湖縣」。「休與之山」，《初學記》五卷引《博物志》作「休馬之山」。「馬」、「與」聲相近。《藝文類聚》六卷又引作「休牛之山」。「牛」、「與」，聲之轉也。其上有石焉，名曰帝臺之棊，帝臺，神人名。棋，謂博棋也。懿行案：《南次二經》「漆吴之山，多博石」，郭云「可以爲博棊石」。亦此類。五色而文，其狀如鶉卵。懿行案：《初學記》引《博物志》作「狀如雞卵」。《藝文類聚》引此經，與今本同。帝臺之石，所以禱百神者也，禱祀百神則用此石。服之不蠱。懿行案：《本草經》云：「石膽，主諸邪毒氣。」《别録》云：「一名棊石。」蘇恭注云：「有塊如雞卵者爲真。」並與此經義合。有草焉，其狀如蓍，赤葉，而本叢生，名曰夙條，懿行案：《説文》云：「蓍，蒿屬。」《廣雅》云：「蓍，耆也。」赤葉，而本叢生，名曰夙條，懿行案：「夙」，俗字。《説文》作「俎」。可以爲簳。中箭笴也。懿行案：「簳」，當爲「榦」。鄭注《考工記》云：「笴，矢榦也。」《廣雅》云『笴，箭也。」

東三百里曰鼓鍾之山，懿行案：吴氏云：「今名鍾山，在河南陸渾縣西南三十里。」畢氏云：「别有鼓鍾峽，在山西垣曲縣。《水經注》引此經以爲即山西鼓鍾山，非也。」已見上文「鼓鐙山」注。帝臺之所以觴百神也。舉觴燕會則於此山，因名爲鼓鍾也。懿行案：《初舉記》八卷引郭注，「此山」句下有「在伊闕西南」五字，蓋今本脱去之。有草焉，方莖而黄華，員葉而三成，葉三重也。其名曰焉酸，懿行案：「焉酸」，一本作「烏酸」。可以爲毒。爲，治。　懿行案：「治」，去之也。其上多礪，其下多砥。

又東二百里曰姑媱之山，音「遥」。或無「之山」字。　懿行案：《文選·別賦》注引此經作「姑瑶」。《博物志》作「古䔄」。俗本譌作「古詹」。帝女死焉，其名曰女尸，化爲䔄草，亦音「遥」。　懿行案：「䔄」，通作「瑶」。《文選·別賦》云：「惜瑶草之徒芳。」李善注引宋玉《高唐賦》曰：「我帝之季女，名曰瑶姬。未行而亡，封於巫山之臺。精魂爲草，實爲靈芝。」今《高唐賦》無之。又注《高唐賦》引《襄陽耆舊傳》云：「赤帝女名瑶姬。」此說非也。《水經》：「江水東過巫縣南。」注云：「巫山，帝女居焉。宋玉所謂『天帝之季女，名曰瑶姬。未行而亡，封於巫山之陽。精魂爲草，實爲靈芝。』」與《別賦》注同。是「帝女」，即天帝之女；以爲「赤帝女」者，誤也。又，宣山有「帝女之桑」，亦是天帝之女，明矣。又案《別賦》雖作「瑶草」，注引此經仍作「䔄草」，又引郭注云：「瑶與䔄，並音遥。」亦今本所無。其葉胥成，言葉相重也。　懿行案：《博物志》作「䔄草，其葉鬱茂。」其華黄，其實如菟丘，菟丘，菟絲也。見《爾雅》。　懿行案：「菟丘，兔絲也。」見《廣雅》。今各本俱作「《爾雅》」，誤。又《別賦》注引此經文，竟作「兔絲」，亦誤。《博物志》作「實如豆」。服之，媚于人。爲人所愛也。《傳》曰：「人服媚之如是。」一名荒夫草。

又東二十里曰苦山。有獸焉，名曰山膏，其狀如逐，即「豚」字。　懿行案：《玉篇》云：「䝐，音逐。獸名。」即此。郭云「即豚字」者，畢氏云：「借遯字爲之。逐又遯省文。」懿行謂：「遯」，古文作「逯」。見鄭《易》。「遯」从「豚」得聲。「逯」作「逐」文省，正如《歸藏》易「渙」作「奐」，「損」作「員」，並古字省文也。是此經之「逐」从「遯」或「逯」省，當讀爲「豚」，故曰「逐即豚字」也。赤若丹火，善詈。好罵人。其上有木焉，名曰黄棘，黄華而員葉，其實如蘭，服之不字。字，生也。《易》曰：「女子貞，不字。」懿行案：蘭、蕙皆有實。女子種蘭，美而芳。有草焉，員葉而無莖，懿行案：《管子·地員篇》云：「葉下於鬱。」房氏注云：「葉，草名。唯生葉，無莖。」與此經合，即是物也。赤華而不實，名曰無條，懿行案：「無條」，已見《西山經》「皋塗之山」，與此同名異物。服之不癭。

又東二十七里曰堵山，懿行案：《地理志》云：「南陽郡堵陽。」疑縣因山爲名。神天愚居之，是多怪風雨。其上有木焉，名曰天楄，音「鞭」。懿行案：《説文》云：「楄部，方木也。」此木方莖，故以名焉。方莖而葵狀，服者不哽。食不噎也。懿行案：《玉篇》：「哽，同咽。」《廣韻》「楄」字兩見，並云「木名」，一云「食，不噎」，一云「食之不咽」。蓋「咽」、「噎」聲轉，或古字通也。《説文》云：「噎，飯窒也。」

又東五十二里曰放皋之山，「放」，或作「效」，又作「牧」。懿行案：《初學記》引此經作「放皋」，《水經注》作「狼皋山」。山在今河南魯山縣北。明水出焉，南流注于伊水，懿行案：《水經》云：「伊水又東北過新城縣南。」《注》云：「明水出梁縣西狼皋山，俗謂之石澗水也。西北流逕楊亮壘南，西北合康水，又西南流，入於伊。」引此經云云。其中多蒼玉。有木焉，其葉如槐，黄華而不實，其名曰蒙木，懿行案：此即槐屬，但「不實」爲異爾。「蒙」，《玉篇》作「檬」，云：「木名。似槐，葉黄。」「葉」蓋「華」字之譌也。服之不惑。懿行案：槐味苦寒，主熱，可以通神明，故服之不惑與？有獸焉，其狀如蜂，枝尾而反舌，懿行案：「枝尾」，岐尾也。《説文》云「燕，枝尾反舌」者，蓋舌本在前，不向喉。《淮南·墬形訓》有「反舌民」。善呼，好呼唤也。其名曰文文。

又東五十七里曰大𦬁之山，懿行案：「𦬁」當爲「苦」。《初學記》「龜」下引此經作「丈若山」，誤。多㻬琈之玉，懿行案：《水經注》引此經作「㻦琈」，亦古字所無。説已見前。多麋玉。未詳。懿行案：「麋」，疑「瑂」之假借字也。《説文》云：「瑂，石之似玉者。」讀若「眉」。有草焉，其狀葉懿行案：當爲「葉狀」。本或無「葉」字。如榆，方莖而蒼傷，懿行案：《本草經》「續斷」，陶注引李當之云：「是虎薊，能療血。」蜀本《圖經》云：「葉似苧，莖方。」范汪方云：「葉似旁翁菜而小厚，兩邊有刺，刺人。」其名曰牛傷，猶言牛棘。懿行案：「牛棘」見《爾雅》。郭注《方言》云：「《山海經》謂刺爲傷也」，即指此。下文「講山」，亦云「反傷赤實」。其根蒼文，服者不厥，厥，逆氣病。懿行案：《説文》云：「瘚，屰氣也。」或省作欮。」《史記·扁鵲傳》云：「暴蹷。」正義引《釋名》云：「蹷，氣從下蹷起，上行，外及心脅也。」是「蹷」與「瘚」通。可以禦兵。懿行案：《本草經》云：「續斷，主金創。」與此義合。其陽，狂水出焉，西南流，注于伊水，懿行案：《水經注》云：「伊水又北逕當階城西，狂水入焉；水東出陽城縣之大苦山」，引此經云云。李善注《東京賦》引此經作「陽狂水」；以「陽狂」爲水名，誤也。其中多三足龜，今吳興陽羨縣有君山，山上有池，水中有三足六眼龜鼈。懿行案：《爾雅》注亦引此經，與今本同。《地理志》云：「會稽郡陽羨」。《晉志》有「吳興郡」，無「陽羨」。食者無大疾，可以已腫。

又東七十里曰半石之山，懿行案：山在今河南偃師縣東南。見《水經注》。其上有草焉，生而秀，其高丈餘，赤葉赤華，華而不實，初生先作穗，卻著葉，花生穗間。懿行案：《爾雅》云：「草謂之榮，不榮而實者謂之秀。」此草既謂之秀，又名爲榮，卻又不實，所以異也。其名曰嘉榮，懿行案：《呂氏春秋·本味篇》云：「有菜名曰嘉樹，其色若碧。」高誘注云：「食之而靈。」疑即此草。「而靈」或「不霆」字之譌也。又案《本草經》有「蘘荷」，與巴蕉同類。《太平御覽》引干寶《搜神記》，以蘘荷爲「嘉草」，蓋即「嘉榮草」也。秋官庶氏掌除蠱毒，以嘉草攻之，是干寶所本。蘘荷，華生根中，可食，見《古今注》；而不說實狀，證知此草有華無實也。因其可食，故《呂氏春秋》謂之「菜」矣。《名醫别録》云：「蘘草主邪氣，辟不祥。」又與此經「服者不霆」義合。服之者不霆。不畏雷霆霹靂也。音廷搏之「廷」。懿行案《北堂書鈔》一百五十二卷引此經，「霆」上有「畏」字，注無「雷霆」二字，今本脱衍也。《説文》云：「霆，雷餘聲也鈴鈴，所以挺出萬物。」又云：「震，劈歷振物者。」郭云「音廷搏之廷」，不成語，當爲「脡脯」，字之譌也。《公羊傳·昭二十五年》云：「與四脡脯」。來需之水出于其陽，而西流注于伊水，懿行案：「需」，《水經注》作「儒」。云：「伊水又北逕高都城東，來儒之水出於半石之山，至高都城東，西入伊水，謂之曲水也。」其中多鯩魚，音「倫」。黑文，其狀如鮒，懿行案：《廣雅》云：「鰿，鮒也。」即今之鯽魚。食者不睡。懿行案：李善注《江賦》引此經，作「食之不腫」。《太平御覽》九百三十九卷亦引作「食者不腫」。合水出于其陰，而北流注于洛，懿行案：《水經》云：「洛水東過洛陽縣南。」《注》云：「合水南出半石之山，北逕合水隖而東北流，注於公路澗；合水北與劉水合，水出半石東山；合水又北流，注於洛水也。」多螣魚，音「騰」。懿行案：《玉篇》云：「螣魚似鯆，蒼文赤尾。」郭氏《江賦》作「鰧」。李善注引此注云：「鰧音滕。」狀如鱖，居逵，鱖魚大口大目細鱗，有班彩。逵，水中之穴道交通者。「鱖」，音「劌」。懿行案：《爾雅》云：「鱖，鯞。」注云：「小魚也。似鮒子而黑。」《初學記》「魚」下引此經云：「鱖魚大口而細鱗，有班彩。」蓋引郭注，誤作經文也。「如鱖」，《玉篇》作「似鯆」。蒼文赤尾，食者不癰，可以爲瘻。瘻，癰屬也。中多有蟲。《淮南子》曰：「雞頭已瘻。」音「漏」。懿行案：《説文》云：「癰，腫也。」「瘻，頸腫也。」郭引《淮南·説山訓》文，高誘注云：「瘻，頸腫疾。雞頭，水中芡。」

又東五十里曰少室之山，今在河南陽城西。俗名泰室。懿行案：《晉書·地理志》云：「河南郡陽城。」《郡國志》：「潁川郡陽城，有嵩高山。」《地理志》云：「宗高，武帝置，以奉泰室山，是爲中嶽。有太室、少室山廟。古文以崇高爲外方山也。」《初學記》五卷引戴延之《西征記》云：「其山東謂太室，西謂少室，相去十七里，嵩其總名也。謂之室者，以其下各有石室焉。」百草木成囷。未詳。懿行案：《説文》云：「囷，廩之圜者。」經蓋言草木屯聚如倉囷之形也。其上有木焉，其名曰帝休，葉狀如楊，懿行案：《文選》注王巾《頭陁寺碑》引此經，「葉」下有「茂」字，疑衍。其枝五衢，言樹枝交錯，相重五出，有象衢路也。《離騷》曰：「靡萍九衢。」懿行案：王逸注《楚詞·天問》云：「九交道曰衢。」《文選》注《頭陁寺碑》引此注作「靡華九衢。」黄華黑實，服者不怒。其上多玉，此山巔亦有白玉膏，得服之即得仙道，世人不能上也。

懿行案：郭注《西次三經》「峚山」，引《河圖玉版》曰：「少室山，其上有白玉膏，一服即仙矣。」謂此。其下多鐵。休水出焉，而北流注于洛，懿行案：《水經注》云：「洛水東逕偃師故縣南，與緱氏分水。又東，休水自南注之，其水導源少室山。」其中多鯑魚，狀如盩蜼未詳。「盩」音「侜」。懿行案：「盩」，當爲「盩」。《廣雅》云：「狖，蜼也。」「狖」、「盩」聲相近。郭注《爾雅》云：「蜼似獼猴。」「鯑即鯢也。」《北次三經》注云：「鯑見《中山經》。」謂此也。「鯢」省作「兒」。《周書·王會篇》云：「兒若獼猴。」與此經合。而長距，足白而對，未詳。懿行案：「對」，蓋謂足趾相向也。《史記·天官書》云：「疾其對國。」食者無蠱疾，懿行案：《北次三經》云：「人魚如鯑魚，四足，食之無癡疾」。此言「食者無蠱疾」。「蠱」，疑惑也；「癡」，不慧也。其義同。可以禦兵。

又東三十里曰泰室之山，即中嶽嵩高山也。今在陽城縣西。懿行案：今在河南登封縣北。《藝文類聚》七卷引郭氏讚云：「嵩惟嶽宗，華岱恒衡。氣通元漠，神洞幽明。嵬然中立，衆山之英。」其上有木焉，葉狀如梨而赤理，其名曰栯木，音「郁」。懿行案：《玉篇》云：「栯，於六、禹九二切。」引此經。《類聚》七卷及三十五卷引此經「栯」並作「指」，疑誤。服者不妒。有草焉，其狀如茦，「茦」似薊也。懿行案：「茦」有赤茦、白茦二種。《爾雅》云：「茦，山薊。楊，枹薊。」白華黑實，澤如蘡薁，言子滑澤。懿行案：《説文》云：「薁，嬰薁也。」《廣雅》云：「燕薁，蘡舌也。」蓋即今之山葡萄。《齊民要術》引陸機《詩義疏》云：「櫻薁實大如龍眼，黑色，今車鞅藤實是。」又引《疏》云：「櫐似燕薁，連蔓生。」皆其形狀也。其名曰䔄草，服之不眛。上多美石。次玉者也。啟母化爲石而生啟，在此山。見《淮南子》。懿行案：郭注《穆天子傳》云：「太室之丘嵩高山，啟母在此山化爲石。而子啟亦登仙，故其上有啟石也。皆見《歸藏》及《淮南子》。」今《淮南子》無之，蓋有闕脱也。劉昭注《郡國志》引《帝王世紀》曰：「陽城有啟母冢。」《太平御覽》一百三十五卷引《連山易》曰：「禹娶塗山之子名曰攸女，生啟也。」

又北三十里曰講山，其上多玉，多柘，多柏。有木焉，名曰帝屋，葉狀如椒，反傷，赤實，反傷，刺下勾也。懿行案：郭注《方言》云：「《山海經》謂刺爲傷也。」可以禦凶。懿行案：此別一種椒也。蘇頌《本草圖經》云：「欓子出閩中、江東，其不似樗，莖間有刺，子辛辣如椒，主遊蠱飛尸。」

又北三十里曰嬰梁之山，上多蒼玉，錞于玄石。言蒼玉依黑石而生也。或曰錞于，樂器名，形似椎頭。懿行案：「錞于」，已見《西山經》首「䰠山」。或曰樂器，似非也。

又東三十里曰浮戲之山，懿行案：山見《水經注》。有木焉，葉狀如樗而赤實，名曰亢木，食之不蠱。懿行案：《本草經》：「衛矛，一名鬼箭，主除邪殺蠱。葉狀如野茶，實赤如冬青。」即此也。汜水出焉，懿行案：《郡國志》云：「成皋有汜水。」今在汜水縣東。「汜」，音「似」。《水經》云：「河水又東過成皋縣北。」注云：「河水又東合汜水，水南出浮戲山，世謂之曰方山也。」又云：「洧水東流，綏水會焉；水出方山綏谿，即《山海經》所謂浮戲之山也。」案「綏水」即「汜水」，聲之轉。而北流注于河。其東有谷，因名曰蛇谷。言此中出蛇，故以名之。上多少辛。細辛也。懿行案：《廣雅》云：「細條，少辛，細辛也。」是郭所本。又名「小辛」，見《本草》及《管子·地員篇》。

又東四十里曰少陘之山，懿行案：《水經注》云：「濟水右受黄水，黄水北至故市縣，重泉水出京城西南少陘山。」《太平寰宇記》云：「滎陽縣嵩渚山，一名小陘山，俗名周山，在縣南三十五里。」有草焉，名曰䔄草。音「剛」。懿行案：「䔄草」，見《玉篇》。葉狀如葵而赤莖白華，實如蘡薁，食之不愚。言益人智。器難之水出焉，或作「囂」。懿行案：《水經·濟水》注云：「索水出京縣西南嵩渚山，即古旃然水也。其水東北流，器難之水注之。其水北流逕金亭，又北逕京縣故城西，入於旃然之水。」而北流注于役水。一作「侵」。懿行案：《水經注》引此經正作「侵水」。又云：「器難之水入於旃然之水，亦謂之鴻溝水。」疑「侵水」即「索水」。

又東南十里曰太山，别有東小太山，今在朱虚縣，汶水所出，疑此非也。懿行案：《地理志》云：「琅邪郡朱虚，東泰山，汶水所出。」以道里計之，非此明矣。有草焉，名曰梨，懿行案：《本草别録》云：「芥一名梨，葉如大青。」即此。其葉狀如荻「荻」亦蒿也。音「狄」。懿行案：「荻」，當爲「萩」，「狄」亦當爲「秋」，皆字形之譌也。《爾雅》云：「蕭，萩。」郭注云：「即蒿。」而赤華，可以已疽。懿行案：《太平御覽》九百九十八卷引此經，作「可以爲菹」。郭注云：「爲，治也。」與今本異。太水出于其陽，而東南流注于役水。世謂之禮水。懿行案：《水經注》云：「承水東北流，太水注之；水出太山東平地。」引此經云：「世謂之禮水。」蓋並引郭注也。下同。承水出于其陰，而東北流注于役。世謂之靖澗水。懿行案：《水經注》引司馬彪《郡國志》云：「中牟有清口水，白溝水注之。水有二源：北水出密之梅山東南，而東逕靖城南，與南水合；南水出太山西北，流至靖城南，左注北水，即承水也。」引此經云云：「世亦謂之靖澗水。」畢氏云：「此經太水、承水皆云注于役，與《水經注》不同者。案《水經注》：太水注承水，承水注清水，清水注渠水，渠水又東逕陽武縣故城南，與役水合也。」

又東二十里曰末山，懿行案：《水經·渠水》注引此經作「沬」，云：「沬山，沬水所出。」上多赤金。末水出焉，北流注于役。《水經》作「沬」。懿行案：《水經注》引此經亦作「役水」，云：「役水東逕曹公壘南，東與沬水合，東北流逕中牟縣故城西，又東北注於役水。」又案，郭云「水經作沬」，郭注《水經》二卷，今亡，無考。

又東二十五里曰役山，上多白金，多鐵。役水出焉，懿行案：《水經注》云：「渠水左逕陽武縣故城南，東爲官渡水，渡在中牟；又東，役水注之：水出苑陵縣西隙侯亭東中平陂，世名之逕泉也，即古役水矣。」引此經云云。北注于河。懿行案：《水經注》云「役水注渠水」，此云「注河」，未詳。

又東三十五里曰敏山，懿行案：《郡國志》云：「密，有大騩山，有梅山。」劉昭注引《左傳·襄十八年》：「楚伐鄭，右迴梅山。」在縣西北。今案山在河南鄭州。梅山蓋即敏山。「梅」，「敏」聲之轉也。此經「敏山」去大騩山三十里，是今梅山審矣。上有木焉，其狀如荆，白華而赤實，名曰葪柏，音「計」。懿行案：《玉篇》云：「葪，俗薊字。」《初學記》二十八卷引《廣志》云：「柏有計柏。」「計」、「葪」聲同，疑是也。服者不寒。令人耐寒。其陽多㻬琈之玉。

又東三十里曰大騩之山，今滎陽密縣有大騩山。騩，固溝水所出。音「歸」。懿行案：《地理志》云：「河南郡密，有大騩山，溱水所出。」此注云「騩，固溝水所出。」疑「溝」即「溱」字之譌，「固」即「山」字之譌也。「騩」，《説文》作「隗」。《廣韻》同。《莊子·徐無鬼篇》云：「黄帝將見大隗乎具茨之山。」釋文引司馬彪云：「在滎陽密縣東，今名泰隗山。」《水經注》云：「大隗，即具茨山也。」《廣韻》云：「具茨山在滎陽，出《山海經》。」即此。其陰多鐵、美玉、青堊。懿行案：劉昭注《郡國志》引此經作「多美堊」。有草焉，其狀如蓍而毛，青華而白實，其名曰𦬸，音狼戾。懿行案：《玉篇》云：「𦬸，胡懇切。草名。似蓍，花青白。」《廣韻》同。是「𦬸」當爲「莨」，「狼」當爲「很」，今本經、注並譌。服之不夭，言盡壽也。或作「芺」。懿行案：「盡壽」，蓋「益壽」字之譌也。「芺」即「夭」，古今字爾。可以爲腹病。爲，治也。一作「已」。

凡苦山之首，自休與之山至于大騩之山，凡十有九山，千一百八十四里。懿行案：今才一千有五十六里。其十六神者皆豕身而人面。其祠：毛牷用一羊羞，言以羊爲薦羞。嬰用一藻玉瘞。藻玉，玉有五彩者也。或曰：所以盛玉。藻，藉也。懿行案：「藻玉」，已見《西次二經》「泰冒山」。此「藻」疑當與「璪」同。《説文》云：「璪，玉飾。如水藻之文也。」藻藉，見《周官·大行人》。苦山、少室、太室皆冢也。其祠之：太牢之具，嬰以吉玉。其神狀皆人面而三首。其餘屬，皆豕身人面也。

中次八經。荆山之首曰景山，今在南郡界中。懿行案：山在今湖北房縣西南二百里，俗名馬塞山。《初學記》三十卷引《荆州圖記》曰：「沮縣西北半里有雁浮山，是《山海經》所謂景山，沮水之所出也。高三十餘里，修巖遐亘，擢榦干霄，雁南翔北歸，徧經其上，土人由兹改名焉。」其上多金玉，其木多杼、檀。杼音椽柱之「柱」。懿行案：杼，見《爾雅》及陸機《詩疏》。睢水出焉，「睢」音癰疽之「疽」。懿行案：「睢」亦作「沮」。《地理志》云「南郡臨沮」是也。《水經》云：「沮水出漢中房陵縣東山。」《注》云：「沮水出東汶陽郡沮陽縣西北景山，即荆山首也，故《淮南子》云沮出荆山。」又引杜預云：「水出新城郡之西南發阿山，蓋山異名也。」與郭義合。李善注《南都賦》引此經。東南流，注于江，今睢水出新城魏昌縣東南發阿山，東南至南郡枝江縣入江也。懿行案：《晉書·地理志》云：「新城郡昌魏」，郭作「魏昌」，譌也。《水經》云：「沮水東南過臨沮縣界，又東南過枝江縣，東南入於江。」《注》云：「謂之沮口也。」李善注《江賦》引此經，「江」上有「沔」字，疑衍。其中多丹粟，懿行案：李善注《南都賦》引此經郭注云「細沙如粟」，今本無之。已見《南次二經》「柜山」注。多文魚。有斑彩也。

東北百里曰荆山，今在新城沐鄉縣南。懿行案：《晉書·地理志》云：「新城郡沶鄉。」《水經注》云：「荆山在景山東百餘里，新城沶鄉縣界。」「沶」，郭注作「沐」，字形之譌也。《地理志》云：「南郡臨沮，《禹貢》南條荆山在東北，漳水所出。」劉昭注《郡國志》引《荆州記》曰：「西北三十里有清溪，溪北即荆山首曰景山，即卞和抱璞之處。」《藝文類聚》七卷引《河圖括地象》云：「荆山爲地雌，上爲軒轅星。」其陰多鐵，其陽多赤金。懿行案：劉昭注《郡國志》引此經云：「其陽多鐵，其陰多赤金。」其中多犛牛，旄牛屬也。黑色。出西南徼外也。音「貍」。一音「來」。懿行案：《説文》云：「犛，西南夷長髦牛也。从牛，𠩺聲。」是知「犛」古音「貍」也。「貍」、「來」古同聲。「旄牛」，見《北次二經》「潘侯之山」。「旄」、「髦」、「犛」實一字耳。郭意以犛牛非即旄牛，故云「旄牛屬也」。《文選·西都賦》注及《後漢書·班固傳》注引此注，並云「犛，力之切」，與今本小異，其音則同。多豹虎，其木多松柏，其草多竹，多橘、櫾。櫾似橘而大也，皮厚味酸。懿行案：《説文》云：「橘果出江南。」劉逵注《蜀都賦》云：「大曰柚，小曰橘。犍爲南安縣出黄甘橘。」《地理志》云：「蜀郡嚴道，巴郡朐忍、魚復二縣出橘，有橘官。」案今《地理志》嚴道有木官，「木」蓋「橘」字之譌也。櫾，本字作「柚」。《説文》云：「柚，條也。」本《爾雅》。又云：「似橙而酢。」引《夏書》曰：「厥包橘柚。」又《吕氏春秋·本味篇》云：「江浦之橘，雲夢之柚。」漳水出焉，而東南流注于睢，出荆山，至南郡當陽縣入沮水。懿行案：《水經》云：「漳水出臨沮縣東荆山。」《注》云：「《地理志》曰：荆山，漳水所出，東至江陵入陽水，注于沔。非也。今漳水於當陽縣之東南百里餘而右會沮水也。」《文選·江賦》及《登樓賦》注引此經，並作「注于睢」，云：「睢與沮同。」其中多黄金，多鮫魚。鮫，鮒魚類也。皮有珠文而堅。尾長三四尺，末有毒，螫人。皮可飾刀劍口，錯治材角。今臨海郡亦有之。音「交」。懿行案：鮫魚即今沙魚，郭注「鮒」字譌。李善注《南都賦》引此注云：「鮫，鯌屬。」是也。又云：「皮有斑文而堅。」「斑」疑「珠」字之譌。《初學記》三十卷引劉欣期《交州記》曰：「鮫魚出合浦。長三尺，背上有甲，珠文堅彊，可以飾刀口，又可以鑢物。」與郭注合。「三尺」疑當爲「三丈」，字之譌。又引此經「荆山」，譌作「燕山」；郭注「尾有毒」譌作「尾青毒」。張揖注《子虛賦》云：「蛟狀，魚身而蛇尾，皮有珠也。」「蛟」即「鮫」字，古通用。其獸多閭、麋。似鹿而大也。懿行案：「閭」，注已見《北次二經》「縣雍之山」。「麋」，注已見《西次二經》「西皇之山」。此注又云「似鹿而大」，疑經文「麋」當爲「麈」字之譌。下文「閭麈」疊見，郭皆無注，益知此爲「麈」字之注無疑也。張揖注《上林賦》云：「麈，似鹿而大。」《埤雅》亦云「麈似鹿而大。」並與郭注合。《埤雅》又云：「其尾辟塵」。又引《名苑》曰：「鹿之大者曰麈。羣鹿隨之，皆視麈所往、麈尾所轉爲準。古之談者揮焉，良爲是也。」李石《續博物志》云：「麈尾掃氈，氈不蠹。」《說文》云：「麈，麋屬。」《周書·世俘篇》云：「武王狩，禽麈十有六。」《王會篇》云：「稷慎大麈。」孔晁注云：「麈，似鹿。」《廣韻》亦云：「麈，鹿屬。」引《華陽國志》曰：「郪縣宜君山出麈尾。」

又東北百五十里曰驕山，懿行案：李善注《南都賦》引此經云：「景山之西曰驕山」，誤。其上多玉，其下多青雘，懿行案：《南都賦》注引此經郭注云：「雘，黝屬。音瓠。」今本無之。已見《南山經》「有丘之山」注。其木多松、柏，多桃枝、鉤端。神蟲圍處之，「蟲」音鼉魚之「鼉」。其狀如人面，懿行案：《廣韻》「蟲」字注本此文，無「面」字。羊角虎爪。恒遊于睢、漳之淵，淵，水之府奥也。出入有光。

又東北百二十里曰女几之山，懿行案：山在今河南宜陽縣西。《水經注》云：「洛水又東，渠谷水出宜陽縣女几山。」又云：「七谷水西出女几山，東南流，注於伊水。」又云：「蚤谷水出女几山，東流入於伊水。」今本

《水經注》作「女机山」，《玉篇》作「女屼山」。其上多玉，其下多黃金，其獸多豹、虎，多閭、麋、麖、麂，麂似獐而大，偎毛，豹脚。音「几」。　懿行案：「麂」、「麐」同。《爾雅》云：「麐，大麕。旄毛，狗足。」郭注云：「旄，毛猥長。」疑此注「偎」當爲「猥」，「豹」當爲「狗」，皆字形之譌也。其鳥多白鷮，「鷮」似雉而長尾，走且鳴。音「驕」。　懿行案：「鷮雉」，見《爾雅》。郭注云：「即鷮雞也。」餘同此注。多翟，多鴆。「鴆」大如鵰，紫緑色，長頸赤喙，食蝮蛇頭。雄名運日，雌名陰諧也。　懿行案：《說文》云：「鴆，毒鳥也。一名運日。」《廣雅》云：「鴆鳥，其雄謂之運日，其雌謂之陰諧。」是郭所本也。郭云「大如鵰」；《廣韻》引《廣志》云「大如鴞」，疑誤也。又云：「紫緑色，有毒，頸長七八寸。以其毛歷飲食，則殺人。」餘與郭同也。劉逵注《吳都賦》云：「鴆鳥一名雲白。黑色，長頸，赤喙。食蝮蛇。體有毒，古人謂之鴆毒。江東諸大山中皆有之。」案「雲白」蓋「雲日」之譌。《淮南·繆稱訓》云：「暉目知晏，陰諧知雨。」「目」亦「日」字之譌，「雲」、「暉」並聲近假借字也。

又東北二百里曰宜諸之山，懿行案：即洈山。因水得名。其上多金玉，其下多青雘。洈水出焉，音「詭」。而南流注于漳，今洈水出南郡東洈山，至華容縣入江也。　懿行案：《說文》云：「洈水出南郡高成洈山，東入繇。」本《地理志》文也。《志》云：「繇水南至華容入江。」此言「注于漳」者，《水經注》云：「漳水又南逕當陽縣，又南，洈水注之。」引此經云云。據諸書所說，「洈山」即「宜諸山」之異名矣。其中多白玉。

又東北三百五十里曰綸山，音「倫」。其木多梓、柟，多桃枝，多柤、栗、橘、櫾，柤似梨而酢濇。懿行案：注與《爾雅》注同。《説文》云：「樝，果似梨而酢。」鄭注《内則》云：「樝，梨之不臧者。」其獸多閭、麈、麢、㚟。㚟似菟而鹿脚，青色。音「綽」。懿行案：「㚟」，俗字也。當爲「㲋」，見《説文》。

又東北二百里曰陸郃之山，音如跪告之「跪」。懿行案：《玉篇》引此經云：「綸山東，陸郃山。」李善注《南都賦》引此注云：「郃，音跪。」其上多㻬琈之玉，其下多堊，懿行案：李善注《南都賦》引此注云：「堊似土，白色也。」今本無之。已見《西次二經》「大次之山」。其木多杻、橿。

又東百三十里曰光山，懿行案：今汝寧有光山，春秋時爲弦國。未審此是非。其上多碧，其下多木。懿行案：「木」疑「水」字之譌。神計蒙處之，其狀人身而龍首，恒遊于漳淵，出入必有飄風暴雨。

又東百五十里曰岐山，其陽多赤金，其陰多白珉，石似玉者。音「旻」。懿行案：《説文》云：「珉，石之美者。」通作「瑉」。《聘義》云：「君子貴玉賤瑉。」鄭注云：「石似玉。」又作「玟」。《玉藻》云：「士佩瓀玟。」經典諸書無言珉色者，此言「白珉」，明珉多白者也。下文「琴鼓之山」、「岷山」、「鬲山」皆多白珉。其上多金、玉，其下多青雘；其木多樗。神涉䖝處之，徒河切。一作「䖝」，笑遊切。懿行案：「䖝」字音義並所未詳。其狀人身而方面，三足。

又東百三十里曰銅山，其上多金、銀、鐵，懿行案：「銅山」蓋以所産三物得名。其木多穀、柞、柤、栗、橘、櫾，其獸多犳。懿行案：「犳」，本或作「豹」，非。「犳」音「灼」，豹文獸也。見《西次二經》「庡陽之山」。

又東北一百里曰美山，其獸多兕牛，多閭、麈，多豕、鹿；其上多金，其下多青雘。

又東北百里曰大堯之山，懿行案：《水經》有堯山，溠水所出。劉昭注《郡國志》「魯陽魯山」，引《南都賦》注，有堯山，封劉累，立堯祠，疑非此。其木多松、柏，多梓、桑，多机，懿行案：「机」，已見《北山經》首「單狐山」。注云：「木似榆，出蜀中。」即此。其草多竹，其獸多豹、虎、麢、㚟。

又東北三百里曰靈山，懿行案：今汝寧府信陽州有靈山，非此。其上多金、玉，其下多青雘，其木多桃、李、梅、杏，梅，似杏而酢也。懿行案：郭注《爾雅》「梅，柟」云：「似杏，實酢。」非也。説見《南山經》注。此「梅」蓋《爾雅》「時英」。「梅」，《説文》作「某」，云：「酸果。」是也。見陸機《詩疏》。

又東北七十里曰龍山，上多寓木。寄生也。一名「宛童」，見《爾雅》。懿行案：郭注《爾雅》云：「寄生樹，一名蔦。」《廣雅·釋草》云：「寄屑，寄生也。」《釋木》云：「宛童、寄生，樢也。」「樢」與「蔦」同。蓋此物雖生於木，其質則草。故《廣雅》列於《釋草》、《釋木》，而寄生樹今亦謂之寄生草也。其上多碧，其下多赤錫，其草多桃枝、鉤端。

又東南五十里曰衡山，上多寓木、穀、柞，多黄堊、白堊。

又東南七十里曰石山，其上多金，其下多青雘，多寓木。

又南百二十里曰若山，「若」，或作「前」。懿行案：《地理志》云：「南郡若，楚昭王畏吴，自郢徙此。」

疑縣因山爲名。其上多瑀玗之玉，多赭，赤土。懿行案：李善注《南都賦》引此經云：「若之山，其上多赭。」「之」字衍。又引郭注云：「赭，赤土也。」與今本同。多邽石，未詳。懿行案：「邽」疑「封」字之譌也。「封石」，見《中次十經》「虎尾之山」。多寓木，多柘。

又東南一百二十里曰堯山，多美石，多柘。

又東南一百五十里曰玉山，其上多金、玉，其下多碧、鐵，其木多柏。一作「楢」。懿行案：《藝文類聚》七卷引王韶之《始興記》云：「郡東有玉山，草木滋茂，泉石澄潤。」當即斯山也。俟考。

又東南七十里曰讙山，其木多檀，多邽石，懿行案：疑即「封石」之譌，見下文「虎尾山」。多白錫。今白鑞也。懿行案：《夏官·職方》云：「揚州，其利金、錫。」鄭注云：「錫，鑞也。」《爾雅·釋器》云：「錫謂之鈏。」郭注云：「白鑞也。」案經內亦有「赤錫」，見上文「龍山」，下文「嬰侯山」、「服山」。郁水出于其上，潛于其下，其中多砥、礪。

又東北百五十里曰仁舉之山，其木多穀、柞，其陽多赤金，其陰多赭。

又東五十里曰師每之山，其陽多砥、礪，其陰多青雘，其木多柏，多檀，多柘，其草多竹。

又東南二百里曰琴鼓之山，其木多穀、柞、椒、柘，椒，爲樹小而叢生，下有草木則蠚死。懿行案：「檓，大椒。」見《爾雅》。李善注顏延之《陶徵士誄》引此經。其上多白珉，其下多洗石，懿行案：「洗石」，已見《西山經》首「錢來之山」。其獸多豕、鹿，多白犀，懿行案：茲山有白犀，西域有白象，皆異種也。其鳥多鴞。

凡荆山之首，自景山至琴鼓之山，凡二十三山，二千八百九十里。懿行案：今三千有一十里。其神狀皆鳥身而人面。其祠：用一雄雞祈瘞，禱請已，𥟵之也。懿行案：「祈」，當爲「𧣾」。用一藻圭，糈用稌。驕山，冢也。其祠：用羞酒、少牢祈、瘞；嬰毛一璧。

中次九經。岷山之首曰女几之山，懿行案：畢氏云：山在今四川雙流縣。《淮南子·天文訓》云：「日回於女紀，是謂大遷。」《隋書·地理志》云：「蜀郡雙流，有女伎山。」「紀」、「伎」、「几」三音同也。其上多石涅；其木多杻、橿，其草多菊、茓。懿行案：「大菊，瞿麥。」見《爾雅》。洛水出焉，東注于江，懿行案：《地理志》云：「廣漢郡雒，章山，雒水所出，南至新都谷，入湔。」《水經》云：「江水又東過江陽縣南，雒水從三危山，東過廣魏雒縣南，東南注之。」《注》云：「雒水出雒縣漳山，亦言出梓潼縣柏山。」又云：「洛水與綿水合，又與湔水合，亦謂之郫江也。案左思《蜀都賦》云：『浸以綿、洛』，即此洛水。劉逵注以爲上雒桐柏山之雒水，誤矣。此洛在四川入江，李冰之所導也。」其中多雄黄，雄黄亦出水中。懿行案：吴氏引蘇頌曰：「階州出水窟雄黄，生於山巖中有水流處。」其獸多虎、豹。

又東北三百里曰岷山，江水出焉，岷山今在汶山郡廣陽縣西，大江所出。懿行案：《説文》云：「㟭山在蜀湔氐西徼外。」《地理志》云：「蜀郡湔氐道，《禹貢》㟭山在西徼外，江水所出，東南至江都入海。」《水經注》云：「岷山即瀆山也，又謂之汶阜山。在徼外，江水所導也。」今案「汶」即「岷」，古字通。岷山在今四川茂州東南，即漢之徼外地也。汶山郡，漢武帝所開，宣帝省併蜀郡。見《後漢書·西南夷傳》。郭注「廣陽」，《史記·封禪書》索隱引此注亦作「廣陽」，蓋晉時縣也。漢汶江縣，晉改爲廣陽縣，屬汶山郡。見《晉書·地理志》。《藝文類聚》八卷引郭氏讚云：「岷山之精，上絡東井。始出一勺，終致淼溟。作紀南夏，天清地静。」東北流注于海，至廣陽縣入海。　懿行案：《海内東經》注云：「至廣陵郡入海。」此注「廣陽縣」，當爲「廣陵郡」或「廣陵縣」，字之譌也。並見《晉書·地理志》。劉昭注《郡國志》引此經，「注」上無「流」字，「海」下有「中」字。其中多良龜，良，善。多鼉。似蜥蜴，大者長二丈，有鱗，彩皮可以冒鼓。　懿行案：《説文》云：「鼉，水蟲。似蜥易，長大。」陸機《詩疏》云：「鼉似蜥蜴，長丈餘。其甲如鎧，皮堅厚可冒鼓。」是郭所本也。「鼉」，亦作「䵶」。《周書·王會篇》云：「會稽以䵶。」又或作「鱓」。《夏小正》云：「二月剝鱓。」《傳》云：「以爲鼓也。」是「鱓」即「鼉」矣。李善注《西京賦》引此注，有「徒多切」三字，蓋今本脱去之。其上多金、玉，其下多白珉，其木多梅、棠，懿行案：棠有赤白二種，具見《爾雅》。又劉逵注《蜀都賦》云：「風連出岷山。岷山獨多藥草，其椒尤好，異於天下。」而此經曾不言焉。其獸多犀、象，多夔牛，今蜀山中有大牛，重數千斤，名爲夔牛。晉太興元年，此牛出上庸，郡人弩射殺，得三十八擔肉。即《爾雅》所謂「魏」。　懿行案：注「射殺」下當脱「之」字。今本《爾雅》作「犩」，注引此經作「㹅」，並加「牛」，非。其鳥多翰、鷩。白翰、赤鷩。　懿行案：「翰」、「鷩」，並見《爾雅》。

又東北一百四十里曰崍山，江水出焉，邛來山，今在漢嘉嚴道縣，南江水所自出也。山有九折坂，出狛。狛似熊而黑白駁，亦食銅鐵也。　懿行案：《初學記》八卷引此經作「峽山，邛水出焉。」「峽」蓋「崍」字之譌也。《晉志》有「漢嘉郡嚴道」。《漢·地理志》云：「蜀郡嚴道邛來山，邛水所出，東入青衣。」《郡國志》：「蜀郡嚴道，有邛僰九折坂。」劉昭注引《華陽國志》云：「邛崍山，今名邛筰。」《水經注》云：「崍山，邛崍山也。在漢嘉嚴道縣。一曰：新道南山有九折阪，夏則凝冰，冬則毒寒，平恒言是中江所出矣。」案酈氏言，崍山中江所出；郭云「南江所出」者，蓋據《海内東經》「南江出高山」之文也。是「崍山」一名「高山」，「南江」一名「邛水」，皆山水之異名者也。「崍」，俗字也；當作「來」。山在今雅州榮經縣西。又，劉昭注引此經郭注云「中江所出」；李善注《江賦》及李賢注《後漢書·西南夷傳》引此經郭注，並云「崍山，中江所出」，俱誤矣。「狛」即「貘」，白豹；見《爾雅》及注。又即「猛豹」；見《西山經》首「南山」注。東流注大江。懿行案：《水經》云：「青衣水至犍爲南安縣，入於江。」《注》云：「青衣水又東，邛水注之，又東流，注於大江。」其陽多黄金，其陰多麋、麈，其木多檀、柘，其草多䪥、韭，多葯、即「䖪」。懿行案：郭云「葯即䖪」，非也。《西次四經》：「號山，草多葯䖪」，郭既分釋於下，此注又謂一草，誤也。《玉篇》云：「葯，白芷；葉即䖪也。」又承郭注而誤。空奪。即蛇皮脱也。　懿行案：郭知「空奪即蛇皮脱」者，《玉篇》、《廣韻》並云：「蛇，蟬脱蛇皮。」蓋空字後人加虫作「蛇」也。《説文》云：「蜕，蛇、蟬所解皮。」《廣韻》云：「蜕，又他臥切。」與「奪」聲近。「奪」，古字作「敓」。疑「空奪」本作「空敓」，譌「蜕」爲「敓」，又改

「敚」爲「奪」耳。

又東一百五十里曰崌山，音「居」。江水出焉，北江。懿行案：畢氏云：「《海内東經》云『北江出曼山。』今西川名山縣西有蒙山。「曼」、「蒙」音相近，疑是也。沫水經此，或即郭所云北江與？」今案畢説當是也。《郡國志》云：「蜀郡漢嘉，有蒙山。」劉昭注引《華陽國志》云：「有沫水從西來，出岷江，又從岷山西來入江；合郡下青衣江，入大江。」又《水經》亦云：「沫水與青衣水合，東入於江。」案其道里，「沫水」當即「中江」矣。李善注《江賦》引此經郭注云：「崌山，北江所出。」東流注于大江，其中多怪蛇，今永昌郡有鉤蛇，長數丈，尾岐。在水中，鉤取岸上人牛馬啖之。又呼馬絆蛇。謂此類也。懿行案：《水經·若水》注云：「山有鉤蛇，長七八丈，尾末有岐。蛇在山澗水中，以尾鉤岸上人牛食之。」李善注《江賦》引此注作「鉤取斷岸人及牛馬啖之」，其餘則同。又李石《續博物志》云：「先提山有鉤蛇」云云，與《水經注》所説同。多鰲魚。音「贄」。未聞。懿行案：「鰲」，見《玉篇》，云：「魚名。」其木多楢、杻，楢，剛木也。中車材。音「秋」。懿行案：《説文》云：「楢，柔木也，工官以爲耎輪。讀若糗。」郭以楢爲「剛木」，而云「楢音秋」，未詳。多梅、梓；其獸多夔牛、麢、㚟、犀、兕。有鳥焉，狀如鴞，懿行案：《太平御覽》四十四卷及八百七十卷引此經，「鴞」作「鶚」。而赤身白首，其名曰竊脂，今呼小青雀曲觜肉食者爲竊脂，疑此非也。懿行案：與《爾雅》「竊脂」同名異物。可以禦火。

又東三百里曰高梁之山，懿行案：畢氏云：山在今四川劍州北。《太平寰宇記》云：「劍門縣大劍山，亦曰梁山。」《山海經》：「高梁之山，西接岷、嶓，東引荆、衡。」其上多堊，其下多砥、礪，其木多桃枝、鉤端。有草焉，狀如葵而赤華、莢實、白柎，可以走馬。懿行案：「柎」，當爲「拊」。《西山經》首「天帝之山，有草焉，其狀如葵，臭如蘼蕪，名曰杜衡，可以走馬。」亦此之類。

又東四百里曰蛇山，其上多黄金，其下多堊，其木多栒，懿行案：「栒木」，已見《北次三經》「繡山」。多豫章，懿行案：「豫章」，已見《西次二經》「底陽之山」。其草多嘉榮、懿行案：「嘉榮」，已見《中次七經》「半石之山」。少辛。懿行案：「少辛」，已見《中次七經》「浮戲之山」。有獸焉，其狀如狐而白尾、長耳，名独狼，音「巴」。懿行案：郭蓋音「巳」字，譌作「巴」也。《玉篇》云：「独，時爾切。」云：「獸如狐，白尾。」見則國内有兵。一作「國有亂」。

又東五百里曰鬲山，其陽多金，其陰多白珉。蒲鸏音「甍」。懿行案：《説文》、《玉篇》並無「鸏」字。之水出焉，而東流注于江，其中多白玉。其獸多犀、象、熊、羆，多猨、蜼。蜼似獮猴，鼻露上向，尾四五尺，頭有岐。蒼黄色。雨則自縣樹，以尾塞鼻孔，或以兩指塞之。懿行案：「蜼」見《爾雅》，郭注同此。《廣雅》云：「狖，蜼也。」高誘注《淮南·覽冥訓》云：「狖，猨屬也，長尾而昂鼻。狖讀『中山人相遺物』之遺。」郭注《西次四經》亦云：「蜼，獮猴屬也。音贈遺之遺。」是則「蜼」即「狖」矣，音義同。

又東北三百里曰隅陽之山，其上多金、玉，其下多青雘，其木多梓、桑，其草多茈。徐之水出焉，東流注于江，其中多丹粟。

又東二百五十里曰岐山，今在扶風美陽縣西。　懿行案：《地理志》云：「右扶風美陽，《禹貢》岐山在西北。」《郡國志》云：「美陽，有岐山。」劉昭注引此經。《晉志》「右扶風」爲「扶風郡」也。其上多白金，其下多鐵，其木多梅、梓，「梅」，或作「䔡」。多杻、楢。減水出焉，　懿行案：劉昭注《郡國志》引此經作「城水」。「城」疑「域」字之譌，或古本「減」有作「城」者也。畢氏云：「岐山當在四川，俗失其名。減水疑即黚水也。《説文》又作黔，皆音相近。」《地理志》云：「犍爲符，黚水南至鄨，入江。」《水經注》云：「鬬駟謂之鬬水。」東南流，注于江。

又東三百里曰勾檷之山，音絡椐之「椐」。　懿行案：「絡椐之椐」不成語，疑「椐」當爲「柅」字之譌也。《説文》云：「檷，絡絲檷。讀若柅。」又云：「杘，或作柅，籆柄也。」《方言》云：「籆，榬也。」郭注云：「所以絡絲也。」《玉篇》亦云：「檷，絡絲柎也。」本《説文》。然則籆柄即絡絲之柅，故郭音「絡柅」，本《説文》、《方言》也。今譌爲「絡椐」，遂不復可讀。又《玉篇》云：「檷拘，山名。」疑「擟拘」即「句檷」，誤倒其文爾。其上多玉，其下多黄金，其木多櫟、柘，其草多芍藥。

又東一百五十里曰風雨之山，其上多白金，其下多石涅，其木多椒、樿，椒木，未詳也。樿木白理，中櫛。「騶」、「善」二音。　懿行案：《説文》云：「椒，木薪也。」疑非此。又云：「樿，木也，可以爲櫛。」《玉藻》云：「櫛用樿櫛。」鄭注云：「樿，白理木也。」多楊。　懿行案：「楊」，見《爾雅》。宣余之水出焉，東流注于江，其中多蛇。　懿行案：水蛇也。一名公蠣蛇。其獸多閭、麋，多麈、豹、虎，其鳥多白鷂。

又東北二百里曰玉山，其陽多銅，其陰多赤金，懿行案：「銅」與「赤金」並見，非一物明矣。郭氏誤注見《南山經》「杻陽之山」。其木多豫章、楢、杻，其獸多豕、鹿、麢、㚟，其鳥多鴆。

又東一百五十里曰熊山，有穴焉，熊之穴，恒出神人，夏啓而冬閉。是穴也，冬啓乃必有兵。今鄿西北有鼓山，下有石鼓象懸著山旁，鳴則有軍事。與此穴殊象而同應。懿行案：劉逵注《魏都賦》引《冀州圖》：「鄿西北鼓山，山上有石鼓之形，俗言時時自鳴。劉劭《趙都賦》曰：「神鉦發聲。」俗云石鼓鳴則天下有兵革之事。」是郭所本也。《水經·渭水》注云：「朱圉山在梧中聚，有石鼓，不擊自鳴，鳴則兵起。」亦此類。其上多白玉，其下多白金，其木多樗、柳，其草多寇脱。

又東一百四十里曰騩山，其陽多美玉、赤金，其陰多鐵，其木多桃枝、荆、芭。懿行案：「芭」蓋「芑」字之譌，「芑」又「杞」之假借字也。《南次二經》云：「虖勺之山，其下多荆杞。」《中次十一經》云：「歷石之山，其木多荆芑。」並以「荆芑」連文，此誤審矣。

又東二百里曰葛山，其上多赤金，其下多瑊石，瑊石，勁石似玉也。音「緘」。懿行案：《子虛賦》云：「瑊功玄厲。」張揖注云：「瑊功，石之次玉者。」《説文》作「玪塾」，云：「玪塾，石之次玉者。」《玉篇》云：「玪，同瑊。」郭云「勁石」，疑「勁」當爲「功字之譌。「瑊石」、「石」字衍。其木多柤、栗、橘、櫾、楢、杻，懿行案：《太平御覽》九百六十四卷引此經云：「葛山，其上多桐。」今本無「桐」字，疑有脱誤。

其獸多麢、臭，其草多嘉榮。

又東一百七十里曰賈超之山，其陽多黄堊，其陰多美赭，其木多柤、栗、橘、櫾，其中多龍脩。龍鬚也。似莞而細，生山石穴中，莖倒垂，可以爲席。 懿行案：「龍脩」，「龍須」聲轉耳。《廣雅》云：「龍木，龍修也。」《述異記》云：「周穆王東海島中養八駿處，有草名龍芻。」「龍芻」亦「龍須」也，「須」、「芻」聲相近。

凡岷山之首，自女几山至于賈超之山，凡十六山，三千五百里。 懿行案：今三千六百五十里。 其神狀皆馬身而龍首。其祠：毛用一雄雞、瘞，糈用稌。文山、 懿行案：此上無「文山」，蓋即「岷山」也。《史記》又作「汶山」。並古字通用。《穆天子傳》云：「天子三日遊于文山，於是取采石。」郭注云：「以有采石，故號文山。」案經云「岷山多白珉」，《傳》言「取采石」，蓋謂此。然則「文山」即「岷山」審矣。 勾檷、風雨、䲰之山，是皆冢也。其祠之：羞酒，少牢具，嬰毛一吉玉。熊山，席也，席者，神之所馮止也。 懿行案：「席」當爲「帝」，字形之譌也。上下經文並以「帝」「冢」爲對，此譌作「席」，郭氏意爲之説，蓋失之。其祠：羞酒，太牢具，嬰毛一璧。干儛，用兵以禳；禳，祓除之祭名。儛者持盾，武儛也。祈，璆、冕舞。祈，求福祥也。祭用玉；舞者冕服也。美玉曰璆。已求反。 懿行案：《爾雅·釋器》云：「璆琳，玉也。」郭注云：「美玉名。」

中次十經之首曰首陽之山，懿行案：《地理志》云：「隴西郡首陽，《禹貢》鳥鼠同穴山在西南。」蓋縣因山爲名也。此云「首陽」，下文又稱「首山」。《史記·封禪書》説「天下名山八」，「首山」其一。又云：「黄帝采首山銅，鑄鼎於荆山下。」蓋皆不謂此山也。晉灼據《地理志》「首山」屬河東蒲坂，彼《中次五經》「首山」也，非此。其上多金玉，無草木。

又西五十里曰虎尾之山，其木多椒、椐，多封石，懿行案：《本草别録》云：「封石味甘無毒，生常山及少室。」下文「游戲之山」、「嬰侯之山」、「豐山」、「服山」、「聲匈之山」並多此石。其陽多赤金，其陰多鐵。

又西南五十里曰繁績音「潰」。之山，其木多楢、杻，其草多枝勾，今山中有此草。懿行案：《説文》：「穦，多小意而止也。一曰木也。」「稘，穦稘也。一曰木名。」然則「枝勾」即「穦稘」之省文，蓋草木通名耳。

又西南二十里曰勇石之山，無草木，多白金，多水。

又西二十里曰復州之山，其木多檀，其陽多黄金。有鳥焉，其狀如鴞懿行案：《太平御覽》七百四十七卷引此經作「雞」。而一足、彘尾，其名曰跂踵，音「企」。懿行案：「跂踵」，《御覽》引作「企踵」。《海外北經》有「跂踵國」，郭注云：「其人行，脚跟不著地也。」疑是鳥亦以此得名。見則其國大疫。銘曰：「跂踵爲鳥，一足似夔。不爲樂興，反以來悲。」懿行案：《銘》蓋亦郭氏《圖讚》之文，而與今世所傳復不同。

又西三十里曰楮山，一作「渚州之山」。多寓木，多椒、椐，多柘，多堊。

又西二十里曰又原之山，其陽多青雘，其陰多鐵，其鳥多鸜鵒。鴝鵒也。《傳》曰：「鴝鵒來巢。」音「臞」。　懿行案：《説文》云：「鵒，鴝鵒也。古者鴝鵒不踰泲。鵒，或作鵙」。《説文》義本《考工記》。

又西五十里曰涿山，懿行案：郭注《海内經》引《世本》云：「顓頊母，濁山氏之子，名昌僕。」《大戴禮·帝繫篇》作：「昌意娶于蜀山氏之子，謂之昌濮。」「濁」、「蜀」古字通；「涿」、「濁」聲又同。《史記》索隱云：「涿鹿或作蜀鹿。」是此經「涿山」即「蜀山」矣。史稱「昌意降居若水。」索隱云：「若水在蜀。」然則昌意居蜀而娶蜀山氏之女，蓋蜀山國因山爲名也，即此經「涿山」矣。其木多穀、柞、杻，其陽多㻬琈之玉。

又西七十里曰丙山，其木多梓、檀，多弞杻。「弞」，義所未詳。　懿行案：《方言》云：「弞，長也。東齊曰弞。」郭注云：「弞，古矧字。」然則「弞杻」，長杻也。杻爲木多曲少直，見陸機《詩疏》。此杻獨長，故著之。俟考。

凡首陽山之首，自首山　懿行案：「首山」即「首陽山」。至于丙山，凡九山，二百六十七里。懿行案：今三百一十里。其神狀皆龍身而人面。懿行案：《太平御覽》九百四十卷引《汲冢瑣語》云：「晉平公與齊景公乘，至于澮，見人乘白驂八駟以來平公之前。公問師曠曰：『有犬貍身而狐尾者乎？』師曠有頃而答曰：『有之。來者其名曰首陽之神，飲酒霍太山而歸其居。而于澮乎見之，甚善，君有喜焉。』」所説神形狀與此經異。《汲冢瑣語》，《水經·澮水》注引作《古文瑣語》。其祠之：毛角一雄雞瘞；糈用五種之糈。堵山，冢也；其祠之：少牢具，羞酒祠，嬰毛一璧瘞。騩山，帝也；其祠：羞酒，太牢其，懿行案：「其」，當爲「具」字之譌。合巫祝二人儛，嬰一璧。

中次一十一山經。荆山之首曰翼望之山，懿行案：山在今河南内鄉縣，見《水經注》。《元和郡縣志》云：「臨湍縣，翼望山在縣西北二十里。」湍水出焉，鹿摶反。 懿行案：水名之「湍」，《集韻》：「朱遄切，音專。」郭音「鹿摶反」，似誤。然《文選·南都賦》注引此經郭注，亦作「湍，鹿摶切。」又非誤也。未知其審。《地理志》云：「宏農郡析，黄水出黄谷，鞠水出析谷，俱東至酈，入湍水。」《水經》云：「湍水出酈縣北芬山。」《注》云：「湍水出宏農界翼望山。」東流注于濟。今湍水逕南陽穰縣而入清水。 懿行案：經文「濟」、注文「清」，並當爲「淯」字之譌也。《文選·南都賦》注引此經郭注云：「今湍水逕南陽穰縣而入淯也。」《水經》亦云：「湍水至新野縣東，入於淯。」《郡國志》云：「盧氏，有熊耳山，淯水出，《地理志》作育水也。」又案《晉書·地理志》，南陽無穰縣，義陽郡有穰。義陽郡，太康中置。是郭注「南陽」當爲「義陽」，字之譌也。貺水出焉，音「況」。 懿行案：《玉篇》云：「䏜，虛放切。水名。」蓋即此。是「貺」當爲「䏜」字之譌也。然其水，今未聞。東南流，注于漢，其中多蛟。似蛇而四脚，小頭細頸，有白癭。大者十數圍，卵如一二石甕。能吞人。 懿行案：《廣雅》云：「有鱗曰蛟、龍。」《説文》云：「蛟，龍之屬也。池魚滿三千六百，蛟來爲之長。能率魚飛，置笱水中，即蛟去。」《史記·司馬相如傳》正義引此注，「小頭細頸」作「小細頭」，「瘦」作「嬰」，「十數圍」作「數十圍」，「一二石」作「一二斛」。《太平御覽》九百三十卷引與《史記》正義同，「小頭細頸」句與今本同。《藝文類聚》九十六卷引此注，「瘦」亦作「嬰」，「小頭細頸」下復有「頸」字，「十數圍」下有「卵生子」三字，「一二石甕」作「三斛瓮」三字；又引郭氏讚云：「匪蛇匪龍，鱗采暉焕。騰躍濤波，蜿蜒江漢。漢武飲羽，佽飛疊斷。」其上多松、柏，其下多漆、梓，其陽多赤金，其陰多珉。

又東北一百五十里曰朝歌之山，懿行案：山在今河南泌陽縣西北。見《水經注》。潕水出焉，潕水今在南陽舞陽縣。音「武」。懿行案：《地理志》云：「潁川郡舞陽。」應劭注云：「舞水出南。」蓋「舞水」即「潕水」矣。而《水經》云：「潕水出潕陰縣西北扶予山，東過其縣南。」《注》引此經而釋之云：「經書扶予者，其山之異名乎？」明「扶予」即「朝歌」也。東南流，注于滎，懿行案：《説文》云：「潕水出南陽舞陰，東入潁。」《水經》云：『潕水東過定潁縣北，東入於汝。』二説不同。蓋潕水合汝而入潁也。經言「注于滎」者，《水經注》云「滎水又東北，於潕陰縣北，左會潕水。」其中多人魚。其上多梓、枏，其獸多麢、麋。有草焉，名曰莽草，可以毒魚。今用之殺魚。懿行案：《秋官·翦氏》：「掌除蠹物，以莽草熏之。」鄭注云：「藥物殺蟲者。」《本草》云：「莽草。」《别録》云：「一名葞，一名春草。」《爾雅》云：「葞，春草。」郭注引《本草》云：「一名芒草。」是「芒草」即「莽草」。《中次二經》云：「葌山，有芒草，可以毒魚也。」

「芒」，又通作「莔」。《水經·夷水》注云：「郫人以莔草投淵上流，魚則多死」是也。

又東南二百里曰帝囷之山，去倫反。懿行案：「囷」，《廣韻》引作「箘」。其陽多㻬琈之玉，其陰多鐵。帝囷之水出于其上，潛于其下，多鳴蛇。懿行案：「鳴蛇」已見《中次二經》「鮮山」。

又東南五十里曰視山，其上多韭。有井焉，名曰天井，夏有水，冬竭。懿行案：《爾雅》云：「井一有水，一無水，爲瀱汋。」郭注引此經爲説也。又《中次五經》云：「超山有井，冬有水而夏竭。」與此相反。其上多桑，多美堊、金、玉。

又東南二百里曰前山，懿行案：郭注《中次八經》「若山」云：「若，或作前。」其木多櫧，似柞，子可食。冬夏生。作屋柱難腐。音「諸」。或作「儲」。懿行案：《上林賦》云：「沙棠櫟櫧。」郭注云：「櫧似柃，葉冬不落。」《漢書》音義云：「櫧似槺，葉冬不落也。」《玉篇》亦云：「櫧，木名，冬不凋。」郭云「或作儲」者，聲近假借字。多柏，其陽多金，其陰多赭。

又東南三百里曰豐山，懿行案：山在今河南南陽府東北。有獸焉，其狀如蝯，赤目、赤喙、黄身，名曰雍和，見則國有大恐。懿行案：禺似蝯而赤目、長尾，即此類。神耕父處之，懿行案：「耕」，《玉篇》作「畊」，云：「神名。」李善注《南都賦》引此經。劉昭注《郡國志》引《南都賦》注云：「耕父，旱鬼也。」其注《禮儀志》又引《東京賦》注云：「耕父，旱鬼也。」今注並無之。常遊清泠之淵，出入有光，清泠水在西號郊縣山上，神來時水赤有光耀。今有屋祠之。懿行案：《莊子·讓王篇》云：「舜友北人無擇，自投清泠之淵。」《呂氏春秋·離俗覽》作「蒼領之淵。」高誘注云：「蒼領，或作青令。」《莊子》釋文引此經云：「在江南。一云在南陽郡西鄂山下。」所引蓋郭注之文也。薛綜注《東京賦》亦云：「清泠，水名。在南陽西鄂山上。」與《莊子》釋文同。今本郭注「號郊」當即「鄂」字之誤衍。劉昭注《郡國志》引此經郭注作「今有屋祠也。」見則其國爲敗。有九鐘焉，是知霜鳴。霜降則鐘鳴，故言知也。物有自然感應而不可爲也。懿行案：《北堂書鈔》一百八卷引此經及郭注，「知」並作「和」，疑今本字形之譌。其上多金，其下多穀、柞、杻、橿。

又東北八百里曰兔牀之山，其陽多鐵，其木多藷藇。懿行案：木藷藇，未聞其狀。其草多雞穀，懿行案：《廣雅》云：「雞狗獳，哺公也。」説者謂即蒲公英。《唐本草》云：「蒲公草，一名耩耨草。」「耩耨」與「狗獳」聲相近，「穀」字古有「構」音，「構」、「狗」之聲又相近。疑此經「雞穀」即《廣雅》「雞狗」矣。下文「夫夫山」又作「雞鼓」，亦即「雞穀」也。又《本草別録》云：「黄精，一名雞格。」「格」、「穀」聲轉，疑亦近是。其本如雞卵，其味酸甘，食者利于人。

又東六十里曰皮山，多堊，多赭，其木多松、柏。

又東六十里曰瑶碧之山，懿行案：《藝文類聚》八十九卷引此經「瑶」作「摇」。其木多梓、枏，其陰多青雘，其陽多白金。有鳥焉，其狀如雉，恒食蜚，蜚，負盤也。音「翡」。懿行案：「蜚」，見《爾雅》。郭注云：「蜚，負盤。臭蟲。」名曰鴆。此更一種鳥，非食蛇之鴆也。

又東四十里曰支離懿行案：《水經》及《文選》注並作「攻離」。畢氏云：山在今河南嵩縣，疑即雙雞嶺。之山，濟水出焉，南流注于漢。今濟水出酈縣西北山中，南入漢。「酈」、「離」音字亦同。懿行案：經文「濟」及注文「濟」，並「淯」字之譌也。《説文》云：「淯水出宏農盧氏山，東南入沔。或曰出酈山西。」「酈」、「離」聲同也。「淯」，《地理志》作「育」，云：「盧氏有育水，南至順陽入沔。」「沔」即「漢」也，故《地理志》「南陽郡酈」又云：「育水出西北，南入漢。」並《説文》所本也。《郡國志》作「清水」，誤。《水經》云：「淯水出宏農盧氏縣攻離山，又南過鄧縣東，南入於沔。」《文選·南都賦》注引此經作「攻離之山，淯水出焉。」可證今本之譌。酈縣、淯陽俱屬南陽國，見《晉書·地理志》。有鳥焉，其名曰嬰勺，其狀如鵲，赤目、赤喙、白身，其尾若勺，似酒勺形。懿行案：鵲尾似勺，故後世作鵲尾勺，本此。其鳴自呼。多㸲牛，多羬羊。

又東北五十里曰袟筩之山，音「彫」。懿行案：《廣韻》引此經作「族菌之山」。其上多松柏、机柏。柏葉似柳，皮黄不措。子似楝，著酒中飲之，辟惡氣，浣衣去垢。核堅，正黑，可以閒香纓。一名栝樓也。懿行案：「机柏」，《廣韻》引此經作「机桓」。《玉篇》云：「桓木，葉似柳，皮黄白色。」與郭義合，是此經及注並當作「桓」，今本作「柏」，字形之譌也。且柏已屢見，人所習知，不須更注，注所云云又非是柏也。郭云「皮黄不措」，「措」當爲「楷」，與「皵」同，見《玉篇》。「子似楝」，當从木旁爲「楝」。陳藏器《本草拾遺》云：「無患子，一名桓。」引《博物志》云：「桓葉似櫸柳葉，核堅，正黑如瑿，可作香纓及浣垢。」案所引正與郭注合，或即郭所本也。郭云「閒香纓」，「閒」字疑譌。又云「一名桰樓」，《本草拾遺》云「一名嵘婁也」。

又西北一百里曰堇理之山，其上多松、柏，多美梓，其陰多丹雘，多金，其獸多豹、虎。有鳥焉，其狀如鵲，青身白喙，白目白尾，名曰青耕，可以禦疫，其鳴自叫。

又東南三十里曰依軲之山，音「枯」。其上多杻、橿，多苴。未詳。音「葅」。懿行案：經内皆云「其木多苴」，疑「苴」即「柤」之假借字也。「柤」之借爲「苴」，亦如「杞」之借爲「芑」矣。有獸焉，其狀如犬，虎牙，有甲，其名曰獜，言體有鱗甲。音「吝」。善駚犻，跳躍自撲也。「鞅」、「奮」兩音。懿行案：駚、犻二字，《説文》、《玉篇》所無。據郭音義，當爲鞅掌奮訊之意。食者不風。不畏天風。懿行案：礫狗止風，見《爾雅·釋天》注及鄭司農《大宗伯》注。此物蓋亦狗類也。又案此物形狀頗似鮻鯉。「鮻」、「獜」聲近。後世亦用鮻鯉療風痹。

又東南三十五里曰即谷之山，多美玉，多玄豹，黑豹也。即今荆州山中出黑虎也。懿行案：《周書·王會篇》云：「屠州玄豹。」《海内經》云：「幽都之山，多玄豹、玄虎。」郭注《爾雅》「黑虎」云：「晉永嘉四年，建平秭歸縣檻得之，狀如小虎而黑，毛深者爲斑。」此注云「荆州黑虎」，即是物也。晉建平秭歸縣屬荆州。注「出」當爲「之」字之譌。多閭、麈，多麢、㚟，其陽多珉，其陰多青雘。

又東南四十里曰雞山，其上多美梓，多桑，其草多韭。

又東南五十里曰高前之山，懿行案：《吕氏春秋·本味篇》云：「水之美者高泉之山，其上有涌泉焉。」即此。「泉」、「前」聲同也。《太平寰宇記》云：「内鄉縣高前山，今名天池山。」引此經云云：「在翼望山東五十里。」其上有水焉，甚寒而清，或作「潛」。懿行案：《北堂書鈔》一百四十四卷引此經亦作「清」。帝臺之漿也，今河東解縣南檀首山上，有水潛出，停不流，俗名爲盎漿，即此類也。懿行案：「檀首」，《釋名》作「譚首」，聲近假借字。「檀首」當爲「檀道」，字之譌也。《太平御覽》五十九卷引此注正作「檀道山」。《水經·涑水》注又引作「鹽道山」，「盎漿」作「鴦漿」也。「有水潛出，停不流」，《太平寰宇記》引作「有水泉出，停而不流」。飲之者不心痛。其上有金，其下有赭。

又東南三十里曰游戲之山，多杻、橿、穀，多玉，多封石。

又東南三十五里曰從山，其上多松、柏，其下多竹。從水出于其上，潛于其下，其中多三足鼈，枝尾，三足鼈名能，見《爾雅》。懿行案：郭注《爾雅》亦引此經。李善注《江賦》引此經作「岐尾」。「岐」、「枝」古通用。食之無蠱疫。

又東南三十里曰嬰硜之山，音「真」。懿行案：《玉篇》音與郭同。《東次二經》「硜山」，郭音「一真反」，蓋「一」「反」二字衍。其上多松、柏，其下多梓、櫄。懿行案：「櫄」即「杶」字，見《說文》。

又東南三十里曰畢山，帝苑之水出焉，懿行案：畢氏云：「畢山疑即皁山，字相近，在河南泌陽。《水經注》有比水，出潕陰縣皁山，東北注於潕。此帝苑之水疑即比水也。」東北流注于視，懿行案：「視」當爲「潕」，字形相近。見下文。其中多水玉，多蛟，其上多瑀琈之玉。

又東南二十里曰樂馬之山，有獸焉，其狀如彙，懿行案：《説文》云：「𢑴，或作蝟。蟲似豪豬者。」《爾雅》云：「彙，毛刺。」赤如丹火，其名曰㹁，音「戾」。懿行案：「㹁」字，《説文》、《玉篇》所無，疑當爲「戾」。吴氏引《十六國春秋》云：「南燕主超祀南郊，有獸如鼠而赤，大如馬，來至壇側。須臾，大風，晝晦。」疑即此獸也。見則其國大疫。

又東南二十五里曰葴山，視水出焉，或曰「視」宜爲「瀙」。瀙水今在南陽也。懿行案：《説文》云：「瀙水出南陽舞陽中陽山，入潁。」《地理志》云：「舞陰中陰山，瀙水所出，東至蔡，入汝。」《水經》云：「瀙水出潕陰縣東上界山。」《注》云：「《山海經》謂之視水也，出葴山。許慎云，出中陽山。皆山之殊目也。」東南流，注于汝水，懿行案：《水經》云：「瀙水東過上蔡縣南，東入汝」。與此經及《地理志》合，與《説文》則異。《説文》云「入潁」者，蓋合潁而入汝也。潁水逕汝陰縣，汝水枝津注之，見《水經注》。其中多人魚，多蛟，多頡。如青狗。懿行案：《中次四經》云：「釐山滽滽之水，有獸名𤟤，其狀如獳犬而有鱗，其毛如彘鬣。」《文選·江賦》注引「𤟤」作「獺」，然獺故無鱗，恐非也。此經之「頡」，郭云「如青狗」，則真似獺矣。而獺復不名頡，亦所未詳。

又東四十里曰嬰山，其下多青雘，其上多金、玉。

又東三十里曰虎首之山，多苴、椆、椐。椆，未詳也。音「彫」。懿行案：《説文》云：「椆，木也。讀若丩。」《類篇》云：「椆，寒而不凋。」

又東二十里曰嬰侯之山，其上多封石，其下多赤錫。懿行案：《中次八經》已云「讙山多白錫」，此又云「多赤錫」，明錫非一色也。

又東五十里曰大孰之山，殺水出焉，東北流，注于視水，懿行案：《水經注》云：「溭水又東北，殺水出西南大孰之山，東北流，入於溭。」其中多白堊。

又東四十里曰卑山，其上多桃、李、苴、梓，多纍。今虎豆、貍豆之屬。纍，一名縢。音「誄」。懿行案《爾雅》云：「欇，虎櫐。」郭注云：「今虎豆。纏蔓林樹而生，莢有毛刺。」《古今注》云：「虎豆，似貍豆而大也。」郭云「櫐一名縢」者，《廣雅》云「藟，藤也。」

又東三十里曰倚帝之山，懿行案：《新唐書·吳筠傳》云：「筠下第，遂居南陽倚帝山。」今案山在河南鎮平縣西北。其上多玉，其下多金。有獸焉，其狀如鼣鼠，《爾雅》說鼠有十三種，中有此鼠，形所未詳也。音狗吠之「吠」。懿行案：郭注《爾雅》亦引此經。《釋文》引舍人云：「其鳴如犬也。」白耳白喙，名曰狙如，音「即蛆」。懿行案：《爾雅》云：「蒺蔾，蝍蛆。」郭言此「狙」音蝍蛆之「蛆」也，文省爾。見則其國有大兵。

又東三十里曰鯢山，音「倪」。鯢水出于其上，潛于其下，其中多美堊。其上多金，其下多青雘。

又東三十里曰雅山，澧水出焉，音「禮」。今澧水出南陽。懿行案：《說文》云：「澧水出南陽雉衡山。」本《地理志》爲說也。《玉篇》云：「澧水出衡山。」無「雉」字，非也。「澧」，通作「醴」。《水經注》云：「汝水又東，得醴水口；水出南陽雉縣，亦云導源雉衡山，即《山海經》衡山也。」今案此經雅山去衡山九十五里，是其連麓。疑「雅山」當爲「雉山」，字形相近。《晉書·地理志》雉縣屬南陽國，縣蓋因茲山得名也。《後漢書·馬融傳》注引此經正作「雉山」。山在今河南南陽縣北也。東流注于視水，懿行案：《説文》云：「澧水東入汝。」《地理志》云：「東至郾，入汝。」「郾」蓋「郾」字之譌也。《水經》云：「汝水東南過郾縣北。」《注》云：「醴水東逕郾縣故城南，左入汝。」引此經云：「醴水東流注于涀水也。」酈氏改經「視水」爲「涀水」，涀水即「陂水」，從吕忱之説也。然《説文》、《地理志》並云「入汝」，此云「注涀水」者，蓋合涀水而入汝也。其中多大魚。懿行案：《史記·秦本紀》云：「占夢博士曰：水神不可見，以大魚、蛟龍爲候。」其上多美桑，其下多苴，多赤金。

又東五十里曰宣山，淪水出焉，東南流，注于視水，懿行案：《水經注》云：「瀙水又東，淪水注之；水出宣山，東南流，注瀙水。」其中多蛟。其上有桑焉，大五十尺，圍五丈也。其枝四衢，言枝交互四出。其葉大尺餘，赤理、黄華、青柎，名曰帝女之桑。婦女主蠶，故以名桑。懿行案：李善注《南都賦》引此經及郭注，並與今本同。《藝文類聚》八十八卷引郭氏讚云：「爰有洪桑，生濱淪潭。厥圍五丈，枝相交參。園客是采，帝女所蠶。」

又東四十五里曰衡山，今衡山在衡陽湘南縣。南嶽也。俗謂之岣嶁山。懿行案：《水經·汝水》注云：「醴水導源雉衡山，即《山海經》衡山也。郭景純以爲南岳，非也。馬融《廣成頌》曰：面據衡陰。指謂是。山在雉縣界，故世謂之雉衡山。」案《海内經》云：「南海之内有衡山。」郭注云：「南嶽是也。」此又云「南嶽」，誤矣。《初學記》五卷引此經云：「衡山，一名岣嶁山。」蓋并引郭注也。其上多青雘，多桑，懿行案：《藝文類聚》八十八卷引此經同。其鳥多鸜鵒。

又東四十里曰豐山，懿行案：上文豐山在今南陽縣，漢西鄂縣地。此豐山蓋與連麓而别一山，非重出也。其上多封石，其木多桑，多羊桃——狀如桃而方莖，一名鬼桃。懿行案：《本草》云：「羊桃，一名鬼桃。」郭注《爾雅》及此注所本也。可以爲皮張。治皮腫起。懿行案：「張」讀如張脈僨興之「張」。《唐本草》云：「羊桃煮汁，洗風痒及諸創腫，極效。」

又東七十里曰嫗山，其上多美玉，其下多金，其草多雞穀。

又東三十里曰鮮山，其木多楢、杻、苴，其草多虋冬，其陽多金，其陰多鐵。有獸焉，其狀如膜大，懿行案：「大」當爲「犬」字之譌。《廣韻》作「犬」可證。「膜犬」者，郭注《穆天子傳》云：「西膜，沙漠之鄉。」是則「膜犬」即西膜之犬。今其犬高大濃毛、猛悍多力也。赤喙、赤目、白尾，見則其邑有火，懿行案：《廣韻》説「𤞟」云：「出則大兵。」名曰𤞟即。音「移」。懿行案：《玉篇》云：「𤞟，獸名。」

又東三十里曰章山，或作「童山」。懿行案：經「章山」當爲「臯山」，注「童山」當爲「章山」，並字形之譌也。見《水經注》。又漢、晉《地理志》並云：「江夏郡竟陵，章山在東北，古文以爲内方山。」非此也。其陽多金，其陰多美石。皋水出焉，東流注于澧水，懿行案：《水經·汝水》注云：「醴水東流，歷唐山下，又東南與皋水合，水發皋山，郭景純言或作章山，東流注于醴水。」案唐山在今河南唐縣南。其中多脃石。未聞。魚脆反。懿行案：《説文》云：「脃，小耎易斷也。」此石耎薄易碎，故以名焉。《本草別録》云：「石脾，無毒，味甘。一名膏石，一名消石。生隱蕃山谷石間。黑如大豆，有赤文，色微黄，而輕薄如棊子。」亦此類也。注「魚脆」之「脆」誤，藏經本作「跪」。

又東二十五里曰大支之山，其陽多金，其木多穀、柞，無草木。懿行案：「木」字衍，藏經本無之。

又東五十里曰區吳之山，其木多苴。

又東五十里曰聲匈之山，其木多穀，多玉，上多封石。

又東五十里曰大騩之山，上已有此山，疑同名。懿行案：畢氏疑即《南都賦》所謂「天封大胡」。「大胡」、「大騩」聲相近。李善注引《南郡圖經》曰：「大胡山，故縣縣南十里。」懿行案《水經》云：「比水出比陽東北太胡山。」《注》云：「太胡山在比陽北如東三十餘里，廣員五六十里，張衡賦《南都》所謂天封大狐者也。」如酈氏所説，不引此經大騩山，明《大胡》非「大騩」矣。此「大騩」又不言有水出。無以定之。其陽多赤金，其陰多砥石。

又東十里曰踵臼之山，無草木。

又東北七十里曰歷或作「磨」。懿行案：「磨」蓋「磿」字之譌。《地官·遂師》云：「及窆，抱磿。」「磿」

亦當爲「磨」。又《戰國策》「磨室」，燕宫名，今本亦譌爲「磨」。石之山，其木多荆、芑，其陽多黄金，其陰多砥石。有獸焉，其狀如貍而白首虎爪，名曰梁渠，見則其國有大兵。

又東南一百里曰求山，求水出于其上，潛于其下，中有美赭。其木多苴、多䈽，篠屬。懿行案：「篠，箭。」見《爾雅》。又《中次十二經》云：「㬥山，多竹箭䈽箘。」是䈽亦箘屬，中箭也。戴凱之《竹譜》云：「箭竹高者不過一丈，節問三尺，堅勁中矢。江南諸山皆有之，會稽所生最精好。」其陽多金，其陰多鐵。

又東二百里曰丑陽之山，其上多椆、椐。有鳥焉，其狀如烏而赤足，名曰𪄀䳜，音如枳柑之「枳」。懿行案：《玉篇》、《廣韻》説𪄀䳜鳥，與此經同。郭云「音如枳柑」，「柑」當爲「椇」之譌。鄭注《曲禮下》云：「椇，枳也。有實，今邳、郯之東食之。」〔二〕可以禦火。

又東三百里曰奥山，其上多柏、杻、橿，其陽多㻬琈之玉。奥水出焉，東流注于視水。懿行案：《水經注》云：「潕陰縣，淪水東南流，注瀙水。瀙水又東，得奥水口；水西出奥山，東入於瀙水也。」又《水經·比水》注云：「比水又西，澳水注之；水北出茈丘山，東流，屈而南轉，又南，入於比水。」引此經云：「澳水又北入視。」不注比水。今案此「澳」似别一水，其引經又與今異，所未詳也，存以俟攷。

又東三十五里曰服山，其木多苴，其上多封石，其下多赤錫。

又東百十里懿行案：本多作「三百里」，非。曰杳山，其上多嘉榮草，多金玉。

又東三百五十里曰几山，懿行案：《玉篇》作「𤟤出泰山」，誤。其木多楢、檀、杻，其草多香。懿行案：「草多香」者，即如下文「洞庭之山，其草多葌、蘼蕪、芍藥、芎藭」之屬也。有獸焉，其狀如彘，黃身、白頭、白尾，名曰聞𧳜，音「鄰」。「𧳜」，一作「豼」，音「瓴」。懿行案：《玉篇》云：「𧳜，力人切。似豕，身黃。出泰山。」《廣韻》云：「獸名。似豕，黃身，白首。出《埤蒼》。」郭云「一作豼」，蓋「𧳜」字之譌也。《玉篇》云：「𧳜，獸名。」本此。見則天下大風。

凡荆山之首，自翼望之山至于几山，凡四十八山，三千七百三十二里。懿行案：今四千二百二十里。其神狀皆彘身人首。其祠：毛用一雄雞祈，懿行案：「祈」當爲「𧗠」。瘞用一珪，糈用五種之精。備五穀之美者。禾山，懿行案：上文無「禾山」，或云「帝囷」之脱文，或云「求山」之誤文。帝也。其祠：太牢之具，羞瘞，倒毛；薦羞，反倒牲，薶之也。懿行案：「倒」，古字作「到」，見《説文》。用一璧，牛無常。堵山、玉山，懿行案：「堵山」，見《中次十經》；玉山，見《中次八、九經》。此經都無此二山，未審何字之譌。冢也，皆倒祠，懿行案：「倒祠」，亦謂「倒毛」也。羞毛少牢，嬰毛吉玉。

中次十二經。洞庭山之首曰篇遇之山，或作「肩」。無草木，多黃金。

又東南五十里曰雲山，懿行案：劉逵注《吳都賦》云：「梢雲，山名。出竹。」疑「梢雲」即「雲山」也。無草木，有桂竹，甚毒。傷人必死。今始興郡桂陽縣出筀竹，大者圍二尺，長四丈。又交趾有篥竹，實中，勁强，有毒。鋭以刺虎，中之則死。亦此類也。懿行案：「始興郡桂陽」，見《晉書·地理志》。《吳都賦》

注引《異物志》曰：「桂竹生於始興小桂縣，大者圍三尺，長四五丈。」又云：「簞竹大如戟穫，實中，勁强。交趾人鋭以爲矛，甚利。篣竹有毒，夷人以爲觚，刺獸中之，則必死。」並與郭注合。又郭注「箖」疑當爲「簞」，「筀」當爲「桂」。其上多黄金，其下多瑶琈之玉。懿行案：《初學記》「梅」下引此經云：「雲山之上，其實乾腊。」又引郭注云：「腊，乾梅也。」今經無之，蓋脱。

又東南一百三十里曰龜山，其木多穀、柞、椆，椐，其上多黄金，其下多青雄黄，多扶竹。邛竹也。高節，實中，中杖也。名之扶老竹。懿行案：劉逵注《蜀都賦》云：「邛竹出興古盤江以南，竹中實而高節，可以作杖。」

又東七十里曰丙山，多筀竹，懿行案：「筀」亦當爲「桂」。桂陽所生竹，因以爲名也。多黄金、銅、鐵，無木。

又東南五十里曰風伯之山，懿行案：《初學記》「柳」下引此經作「鳳伯之山」。其上多金、玉，其下多痠石、文石，未詳痠石之義。懿行案：《廣韻》云：「痠，素官切，音酸。」《廣雅》云：「痠，痛也。」多鐵，其木多柳、杻、檀、楮。其東有林焉，名曰莽浮之林，多美木、鳥、獸。

又東一百五十里曰夫夫之山，懿行案：吴氏云：《釋義》本作「大夫之山」，《續通考》引此亦「大夫山」。又案秦《繹山碑》及漢印篆文，「大夫」都作「夫夫」，則二字古相通也。余案《宋景文筆記》曰：「古者大夫字便用疊畫寫之，以夫有大音故也。《莊子》、李斯《嶧山碑》如此。」其上多黄金，其下多青雄黄，其木多桑、楮，其草多竹、雞鼓。懿行案：即「雞穀」也。「穀」、「鼓」聲相轉。神于兒居之，其狀人身而身操兩蛇，懿行案：《列子·湯問篇》説愚公事云：「操蛇之神聞之，告之於帝。」「操蛇之神」，蓋即此。常遊于江淵，出入有光。

又東南一百二十里曰洞庭之山，今長沙巴陵縣西，又有洞庭陂，潛伏通江。《離騷》曰：「邅吾道兮洞庭。」「洞庭波兮木葉下。」皆謂此也。字或作「銅」，宜從水。懿行案：洞庭山在今蘇州府城西太湖中，一名包山。《初學記》七卷引《史記·吳起傳》裴駰《集解》云：「今太湖中苞山有石穴，其深洞無知其極者，名洞庭。洞庭對彭蠡。」〔三〕即斯山也。詳見《水經·沔水》「過毗陵縣北爲北江」注。郭以此經洞庭山即君山也，在今湖南巴陵洞庭湖中。郭云「洞庭陂潛伏通江」，詳見《海内東經》湘水注。其上多黄金，其下多銀、鐵，其木多柤、梨、橘、櫾，其草多葌、蘪蕪、芍藥、芎藭。蘪蕪，似蛇牀而香也。懿行案：《淮南·説林訓》云：「蛇牀似蘪蕪而不能香。」高誘注云：「蛇牀臭，蘪蕪香。」帝之二女居之，天帝之二女，而處江爲神，即《列仙傳》「江妃二女」也。《離騷·九歌》所謂「湘夫人」、稱「帝子」者是也。而《河圖玉版》曰：「湘夫人者，帝堯女也。秦始皇浮江至湘山，逢大風而問博士：「湘君何神？」博士曰：「聞之堯二女，舜妃也，死而葬此。」《列女傳》曰：「二女死於江湘之間，俗謂爲湘君。」鄭司農亦以舜妃爲湘君。説者皆以舜陟方而死，二妃從之，俱溺死於湘江，遂號爲湘夫人。按《九歌》「湘君」、「湘夫人」自是二神，江湘之有夫人，猶河洛之有虙妃也。此之爲靈，與天地並矣，安得謂之堯女？且既謂之堯女，安得復總云湘君哉！何以考之？《禮記》

曰：「舜葬蒼梧，二妃不從。」明二妃生不從征，死不從葬，義可知矣。即令從之，二女靈達，鑒通無方，尚能以鳥工龍裳救井廩之難，豈當不能自免於風波而有雙淪之患乎？假復如此，《傳》曰：生爲上公，死爲貴神。禮五嶽比三公，四瀆比諸侯。今湘川不及四瀆，無秩於命祀；而二女帝者之后，配靈神祇，無緣當復下降小水而爲夫人也。參互其義，義既混錯；錯綜其理，理無可據，斯不然矣。原其致謬之由，由乎俱以「帝女」爲名，名實相亂，莫矯其失，習非勝是，終古不悟。可悲矣。　懿行案：《初學記》八卷引此經作「帝女居之」。不言「二女」。可知帝女爲天帝之女，如言「帝女化爲䔄草」、「帝女之桑」之類，皆不辨爲何人也。郭云「二妃生不從征，死不從葬」，或難以鄭注《禮記》云「舜死於蒼梧，二妃留江湘之間」，又張衡《思玄賦》云「哀二妃之未從，翩繽處彼湘濱」，是二妃不從葬而實從征也。余案此論亦非佳證。《竹書》云：「帝舜三十年，葬后育于渭。」注云：「后育，娥皇也。」《大戴禮·帝繫篇》云：「帝舜娶于帝堯之子，謂之女匽氏。」女匽或即娥皇也。《藝文類聚》十一卷引《尸子》云：「妻之以媓，媵之以娥。」娥即女英也。《海内北經》云：「舜妻登比氏，一曰登北氏。」然則舜有三妃，娥皇先卒。何言二妃留處江湘？假有此事，其非帝堯二女亦明矣。且舜年百有餘歲，正使二妃尚存，亦當年近百歲。「生不從征」，郭氏此言，殆無可議爾。是常遊于江淵，澧沅之風交瀟湘之淵。此言二女遊戲江之淵府，則能鼓三江，令風波之氣共相交通。言其靈響之意也。江、湘、沅水皆共會巴陵頭，故號爲三江之口。澧又去之七八十里而入江焉。《淮南子》曰：「弋釣瀟湘。」今所在未詳也。「瀟」，音「消」。　懿行案：《水經·湘水》注引此經，「淵」作「浦」。《思玄賦》舊注引作「是常遊江川澧沅之側，交游瀟湘之淵。」李善注謝朓《新亭渚别范零陵》詩引作「是常遊于江淵，澧沅風交瀟湘之川。」又引郭注「靈響」

作「靈蠻」。《初學記》引云：「沅澧之交，瀟湘之淵。」並與今本異也。《地理志》云：「武陵郡、充，歷山，澧水所出，東至下雋入沅。」又云「牂柯郡故且蘭，沅水東南至益陽入江。」《水經注》云：「澧水流於洞庭湖，俗謂之澧江口。」「沅水下注洞庭湖，方會于江。」《說文》云：「湘水出零陵陽海山，北入江。」《地理志》云：「北至酃入江也。」「瀟」，當作「潚」。《說文》云：「潚，深清也。」《水經》云：「湘水北過羅縣西。」《注》云：「瀟者，水清深也。《湘中記》曰：湘川清照五六丈，是納瀟湘之名矣。」《文選》注顏延年《登巴陵城樓詩引此注作「共會巴陵」，無「頭」字。是在九江之間，《地理志》「九江」，今在潯陽南。江自潯陽而分爲九，皆東會於大江。《書》曰「九江孔殷」是也。懿行案：《初學記》引此經作「是在九江之門」。出入必以飄風暴雨。懿行案：《中次八經》云：「光山之神計蒙，恒遊于漳淵，出入必有飄風暴雨。」又《博物志》云：「文王夢見一婦人，當道而哭曰：我東海泰山神女，嫁爲西海婦。欲東歸，灌壇令當吾道。太公有德，吾不敢以暴風疾雨過也。」是山水之神出入恒以風雨自隨，乃是其常。秦始皇渡江，遭大風，而伐樹赭山。何其寃耶！是多怪神，狀如人而載蛇，懿行案：「載」亦「戴」也，古字通。左右手操蛇。多怪鳥。

又東南一百八十里曰暴山，懿山案：《文選·鵾鷄賦》注引此經作「景山」。其木多棷、枏、荆、芑、竹箭、䈰、箘。箘亦篠類，中箭。見《禹貢》。懿行案：《說文》云：「簬，箘簬也。」引《夏書》曰：「惟箘簬楛。」戴凱之《竹譜》云：「箘、簬二竹，亦皆中矢。出雲夢之澤，皮特黑澀。」又云：「篃亦箘徒，概節而短，江漢之間謂之䈽竹。䈽，苦怪反。」「篃是箭竹類，一尺數節，葉大如履。可以作篷，亦中作矢。其筍冬生。」引此經云：「其竹名箘。」據《竹譜》所説，「箘」即「簬」也。郭氏説簬，已見《西山經》首「英山」注，與《竹譜》小異。其上多黄金、玉，其下多文石、鐵，其獸多麋、鹿、麐、就。就，鵰也。見《廣雅》。懿行案：《廣雅》云：「鷲，鵰也。」《説文》云：「鷲鳥黑色，多子。通作就。」《漢書·匈奴傳》云：「匈奴有斗入漢地，生奇材木、箭竿、就羽。」顔師古注云：「就，大雕。黄頭，赤目，其羽可爲箭。」皆其形狀也。就，鳥也。經統謂之「獸」者，鳥、獸通名耳。

又東南二百里曰即公之山，懿行案：《史記·司馬相如傳》索隱載姚氏引此經作「即山」，無「公」字。作「《山經》」，無「海」字。其上多黄金，其下多㻬琈之玉，其木多柳、杻、檀、桑。有獸焉，其狀如龜而白身赤首，名曰蛫，音「詭」。懿行案：《史記·司馬相如傳》云：「蟖胡彀蛫。」《索隱》引郭注云：「蛫，未聞。」是可以禦火。

又東南一百五十九里曰堯山，懿行案：《初學記》二十四卷引王韶之《始興記》云：「含洭縣有堯山，堯巡狩至於此，立行臺。」蓋即斯山也。其陰多黄堊，其陽多黄金，其木多荆、芑、柳、檀，其草多藷藇、荒。懿行案：《水經·洭水》注云：「堯山盤紆數百里，有赭巖迭起，冠以青林，與雲霞亂采。山上有白石英，山下有平陵，有大堂基。耆舊云：堯行宫所。」然則兹山草木蓋多云。

又東南一百里曰江浮之山，其上多銀、砥、礪，無草木，其獸多豕、鹿。懿行案：江浮山亦堯山之連麓。《水經注》所云「堯山盤紆數百里」是其證也。又引王歆《始興記》曰：「含洭縣有白鹿城、白鹿岡，以爲咸康中張魴爲縣有善政，致白鹿。」此説恐非也。經言兹山多鹿獸。當由記人附會爲説耳。

又東懿行案：畢本「東」下有「南」字。二百里曰真陵之山，懿行案：《初學記》「柳」下引此經作「直陵之山」。其上多黄金，其下多玉，其木多穀、柞、柳、杻，其草多榮草。懿行案：榮草形狀已見《中山經》首「鼓鐙之山」。

又東南一百二十里曰陽帝之山，多美銅，其木多橿、杻、檿、楮，檿，山桑也。其獸多麢、麝。

又南九十里曰柴桑之山，今在潯陽柴桑縣南，共廬山相連也。懿行案：《地理志》云：「廬江郡尋陽。」「豫章郡柴桑。」《晉書·地理志》尋陽亦屬廬江郡，其柴桑屬武昌郡也。廬山在今九江府。《廣輿記》云：「在府城南。」柴桑山，在府城西南也。其上多銀，其下多碧，多泠石，懿行案：「泠石」當爲「汵石」，已見上文。赭，其木多柳、芑、楮，桑，其獸多麋、鹿，多白蛇、懿行案：《史記·龜策傳》云：「求之於白蛇蟠杅林中。」索隱云：「謂白蛇嘗蟠杅此林中也。」飛蛇。即螣蛇，乘霧而飛者。懿行案：「螣蛇」，見《爾雅》。

又東二百三十里曰榮余之山，其上多銅，其下多銀，其木多柳、芑，懿行案：「芑」亦「杞」之假借字。其蟲懿行案：《海外南經》云：「南山人以蟲爲蛇。」多怪蛇、怪蟲。

凡洞庭山之首，自篇遇之山至于榮余之山，凡十五山，二千八百里。懿行案：今才一千八百四十九里。其神狀皆鳥身而龍首。其祠：毛用一雄雞、一牝豚刉，刉亦割刺之名。懿行案：《説文》云：

「刏，劃傷也。一曰斷也。」糈用稌。凡夫夫之山、即公之山、堯山、陽帝之山，皆冢也。其祠：皆肆瘞，肆，陳之也。陳牲玉而後薶藏之。懿行案：「肆」，通作「矢」。「矢，陳也。」見《爾雅·釋詁》。祈用酒，毛用少牢，嬰毛一吉玉。洞庭、榮余山，神也。其祠：皆肆瘞，肆竟，然後依前薶之也。祈酒、太牢祠，嬰用圭璧十五，五采惠之。惠，猶飾也。方言也。懿行案：「惠」，義同藻繪之「繪」，蓋同聲假借字也。

右中經之山志，大凡百九十七山，懿行案：校經文當有百九十八山，今除《中次五經》内缺一山，乃得百九十七山。二萬一千三百七十一里。懿行案：今二萬九千五百九十八里。

大凡天下名山五千三百七十，居地大凡六萬四千五十六里。

禹曰：懿行案：經即禹作，無緣又稱「禹曰」。蓋記者述禹之意而作之，非必禹所親筆。亦如《禹貢》非禹所爲，故篇内復稱「禹」，其義同也。天下名山，經懿行案：「經」，言禹所經過也。五千三百七十山，六萬四千五十六里居地也。懿行案：劉昭注《郡國志》引此經云「名山五千三百五十，經六萬四千五十六里。」此文作「七十」者，古「五」、「七」字形相近，蓋傳寫之譌也。又《廣雅·釋地》作「名山五千二百七十」，亦疑「三」譌爲「二」也。言其五臧，懿行案：「藏」字古作「臧」，才浪切。《漢書》云：「山海，天地之臧」，故此經稱「五臧」。蓋其餘小山甚衆，不足記云。天地之東西二萬八千里，南北二萬六千里。出水之山者八千里，受水者八千里。懿行案：《廣雅·釋地》引此經文，而云：「夏禹所治，四海内地也。」《管子·地數篇》、《吕氏春秋·有始覽》、《淮南·墬形訓》並與此同。出銅之山四百六十七，出鐵之山三千六百九十。懿行案：劉昭注《郡國志》，引此經作「三千六百九」，無「十」字。又上句作「出水者八千里」，無「之山」二字。《管子·地數篇》及《廣雅·釋地》並同。此天地之所分壤樹穀也，戈矛之所發也，刀鎩懿行案：「鎩」，《管子·地數篇》作「幣」。之所起也。能者有餘，拙者不足。懿行案：劉昭注《郡國志》作「儉則有餘，奢則不足。」封于泰山、禪于梁父七十二家，《管子·地數》云：「封禪之王七十二家也。」懿行案：《管子·封禪篇》曰：「古者封泰山、禪梁父者七十二家，而夷吾所記者十有二焉。」自無懷氏至周成王爲十二家，據此則非禹言也。得失之數皆在此内，是謂國用。懿行案：畢氏云：自「此天地之所分壤樹穀也」已下，當是周、秦人釋語，舊本亂入經文也。今案自「禹曰」已下，蓋皆周人相傳舊語，故《管子》援入《地數篇》，而校書者附著《五臧山經》之末。

右《五臧山經》五篇，大凡一萬五千五百三字。懿行案：今二萬一千二百六十五字。

校記

〔一〕「小小便」中之「便」，《後漢書·郡國志》劉昭注作「使」。

〔二〕「郭云……食之」，底本無此段，此據《龍谿精舍本》補入。

〔三〕今本《史記·吳起傳》裴駰集解中無此語。

山海經第六

海外南經

地之所載，六合之間，四方、上、下爲六合也。懿行案：《淮南·齊俗訓》云：「往古來今謂之宙，四方上下謂之宇。」《列子·湯問篇》夏革引此經「六合之間」以下四十七字，而稱「大禹曰」，則此經亦述禹言，與前文「禹曰」之例同。《文選》注歐陽建《臨終詩》及曹植《七啟》，並引此經文。四海懿行案：《淮南·墬形訓》本此經文作「四極」。之内，照懿行案：《淮南·墬形訓》作「昭」。之以日月，經之以星辰，紀之以四時，要之以太歲。神靈所生，其物異形，懿行案：《列子·湯問篇》作「其形」。或夭或壽，唯聖人能通其道。言自非窮理盡性者，則不能原極其情狀。

海外自西南陬至東南陬者。陬，猶隅也。音「騶」。

結匈國懿行案：《淮南·墬形訓》海外三十六國俱本此經文，有「結胸民」。在其西南，其爲人結匈。臆前胅出如人結喉也。懿行案：《説文》云：「胅，骨差也。讀與跌同。」郭注《爾雅》「犦牛」云：「領上肉犦胅起」，義與此同。

南山在其東南。自此山來，蟲爲蛇，蛇號爲魚。以蟲爲蛇，以蛇爲魚。懿行案：今東齊人亦呼蛇爲蟲也。《埤雅》云：「《恩平郡譜》：蛇謂之訛。」蓋「蛇」古字作「它」，與「訛」聲相近。「訛」聲轉爲「魚」，故蛇復號「魚」矣。一曰南山在結匈東南。懿行案：經内凡「一曰」云云者，蓋後人校此經時附著所見，或別本不同也。疑初皆細字，郭氏作注改爲大字，遂與經並行矣。

比翼鳥在其東。懿行案：「比翼鳥」，即「蠻蠻」也。已見《西次三經》「崇吾之山」。其爲鳥青赤，兩鳥比翼。一曰在南山東。

羽民國懿行案：《大戴禮·五帝德篇》云「東長鳥夷」，疑即此也。《楚詞·遠遊》云：「仍羽人於丹丘。」王逸注引此經，言「有羽人之國。」《吕氏春秋·求人篇》亦作「羽人」。高誘注云：「羽人鳥喙，背上有羽翼。」在其東南。其爲人長頭，身生羽。能飛不能遠，卵生。畫似仙人也。懿行案：《博物志》云：「羽民國，民有翼，飛不遠。多鸞鳥，民食其卵。去九疑四萬三千里。」《太平御覽》九百十六卷引《括地圖》同，唯「三千」作「一千」也。郭云「畫似仙人」者，謂此經圖畫如此也。下同。一曰在比翼鳥東南，其爲人長頰。《啟筮》曰：「羽民之狀，鳥喙、赤目而白首。」懿行案：《文選·鸚鵡賦》注引《歸藏·啟筮》曰：「金水之子，其名曰羽蒙，是生百鳥。」即此也。「羽民」、「羽蒙」聲相轉。

有神人二八，懿行案：「八」，《淮南·墬形訓》作「人」，誤。連臂，爲帝司夜于此野。晝隱夜見。懿行案：薛綜注《東京賦》云：「野仲、游光，惡鬼也。兄弟八人，常在人間作怪害。」案野仲、游光二人，兄弟各八人，正得十六人，疑即此也。在羽民東。其爲人，小頰赤肩，當脾上正赤也。懿行案：「脾」，當爲「髆」字之譌。《説文》云：「髆，肩甲也。」「甲」，俗作「胛」。《廣韻》云「背胛」。明藏經本「脾」作「胛」可證。《玉篇》引此經，「肩」作「眉」，譌。盡十六人。疑此後人所增益語耳。懿行案：此蓋校書者釋經之語。

畢方鳥懿行案：「畢方」形狀，已見《西次三經》「章莪之山」。在其東，青水西。懿行案：青水出昆侖西南隅，過畢方鳥東。見《海内西經》。其爲鳥，人面一脚。懿行案：《西次三經》説畢方鳥，不言「人面」。一曰在二八神東。

讙頭國懿行案：驩頭國，鯀之苗裔。見《大荒南經》。《淮南·墬形訓》有「讙頭國民」。在其南。其爲人，人面、有翼、鳥喙，方捕魚。讙兜，堯臣。有罪，自投南海而死。帝憐之，使其子居南海而祠之。畫亦似仙人也。懿行案「讙兜」，古文作「鴅吺」。見《尚書·大傳》注。「鴅」，當爲「鵃」。《玉篇》云：「鵃，呼丸切。人面、鳥喙。」《史記》正義引《神異經》云：「南方荒中有人焉，人面、鳥喙而有翼，兩手足扶翼而行，食海中魚。」即斯人也。一曰在畢方東。或曰讙朱國。懿行案，「頭」，聲轉爲「徒」。「徒」、「朱」聲相近，故「讙頭」爲「讙朱」。

厭火國懿行案：《博物志》作「厭光國」。《淮南·墬形訓》云「裸國民」，與此異。在其國南，獸身黑色，生懿行案：《藝文類聚》八十卷引此經，無「生」字。火出其口中。言能吐火。畫似獮猴而黑色也。懿行案：《博物志》云：「厭光國民，光出口中，形盡似獮猴，黑色。」一曰在讙朱東。

三株樹懿行案：《初學記》二十七卷引此經作「珠」。《淮南·墜形訓》及《博物志》同。在厭火北，生赤水上。懿行案：《莊子·天地篇》云：「黄帝遊乎赤水之北，遺其玄珠。」蓋本此爲説也。樹生赤水之南，故陶潛《讀山海經》詩云「粲粲三珠樹，寄生赤水陰。」陰，謂水南也。其爲樹如柏，葉皆爲珠。懿行案：即琅玕樹之類。《海内西經》云：「開明北有珠樹。」一曰其爲樹若彗。如彗星狀。懿行案：彗，掃竹也。見《説文》。彗星爲欃槍，見《爾雅》。

三苗國懿行案：《史記·五帝紀》云：「三苗在江淮荆州，數爲亂。」《正義》曰：「《左傳》云：自古諸侯不用王命，虞有三苗也。吳起云：三苗之國，左洞庭而右彭蠡。今江州、鄂州，岳州，三苗之地也。」案《周書·史記篇》云：「外内相閒，下撓其民，民無所附，三苗以亡。」是三苗乃國名。高誘注《淮南·墜形訓》，既云「三苗，國名。在豫章之彭蠡」，注《修務訓》又云：「渾敦、窮奇、饕餮三族之苗裔，謂之三苗。」非也。在赤水東，其爲人相隨。昔堯以天下讓舜，三苗之君非之。帝殺之。有苗之民叛，入南海，爲三苗國。懿行案：郭説三苗，疑非實録，當以《周書·史記篇》爲據。一曰三毛國。懿行案：「苗」、「毛」亦聲相近。

㦸國音「秩」。亦音「替」。懿行案：「㦸」，疑當爲「㦵」。見《説文》。《玉篇》作「㦸」。云：「㦸，國名也。在三苗東。」本此。在其東。其爲人黄，能操弓射蛇。《大荒經》云：此國自然有五穀、衣服。懿行案：臷民國，朌姓。見《大荒南經》。一曰臷國在三毛東。

貫匈國懿行案：《竹書》云：「黄帝五十九年，貫匈氏來賓。」《博物志》云：「穿匈人去會稽萬五千里。」詳見《文選》注。在其東。其爲人，匈有竅。《尸子》曰：「四夷之民有貫匈者，有深目者，有長肱者，黄帝之德常致之。」《異物志》曰：「穿匈之國，去其衣則無自然者。」蓋似效此貫胸人也。懿行案：《淮南·墬形訓》有「穿胸民」。高誘注云：「穿胸，胸前穿孔達背。」《文選》注王融《曲水詩序》引此經，又引《括地圖》，文有脱誤。《藝文類聚》九十六卷引《括地圖》曰：「禹誅防風氏，夏后德盛。二龍降之。禹使范氏御之以行。經南方，防風神見，禹怒射之。有迅雷，二龍升去。神懼，以刃自貫其心而死。禹哀之，瘞以不死草，皆生，是名穿胸國。」《博物志》亦同兹説。然黄帝時已有貫匈民，防風之説蓋未可信。一曰在臷國東。

交脛國在其東。其爲人，交脛。言脚脛曲戾相交，所謂「雕題交趾」者也。或作「頸」，其爲人交頸而行也。懿行案：《廣韻》引劉欣期《交州記》云：「交阯之人出南定縣，足骨無節，身有毛，卧者更扶始得起。」引此經及郭注，並與今本同。《太平御覽》七百九十卷引《外國圖》曰：「交脛民，長四尺。」《淮南·墬形訓》有「交股民」，高誘注云：「交股民，脚相交切。」即此也。《説文》云：「尯，行，脛相交也。」亦此義。「尯」，音力弔切。一曰在穿匈東。懿行案：此作「穿匈」者，「穿」、「貫」音義同。

不死民懿行案：《楚詞·遠遊》云：「仍羽人於丹丘，留不死之舊鄉。」王逸注引此經，言有不死之民。《天問》云：「何所不死？」王逸注引《括地象》曰：「有不死之國也。」《吕氏春秋·求人篇》云：「禹南至不死之鄉。」

在其東。其爲人黑色，壽不死。有員丘山，上有不死樹，食之乃壽；亦有赤泉，飲之不老。　懿行案：《淮南·墬地訓》有「不死民」。高誘注云：「不死，不食也。」《大戴禮·易本命篇》云：「食氣者神明而壽，不食者不死而神。」是高注所本。然則不死之民，蓋以不食不飲而得之；郭云食木飲泉，據《大荒南經》爲説也。《博物志》説員丘、赤泉，與郭同。又陶潛《讀山海經》詩亦同茲説。蓋魏、晉間人祖尚清虚，舊有成語，郭氏述之爾。一曰在穿匈國東。

岐舌國在其東，其人舌皆岐。或云支舌也。　懿行案：「支舌」即「岐舌」也。《爾雅·釋地》云：「枳首蛇即岐首蛇。」「岐」，一作「枝」。「枝」、「支」古字通也。又「支」與「反」字形相近。《淮南·墬形訓》有「反舌民」，高誘注云：「語不可知，而自相曉。」又注《吕氏春秋·功名篇》云：「一説南方有反舌國，舌本在前，末倒向喉，故曰反舌。」是「支舌」古本作「反舌」也。《藝文類聚》十七卷引此經，作「反舌國，其人反舌。」《太平御覽》三百六十七卷亦引此經同，而云「一曰交」。案「交」蓋「支」字之譌也。二書所引經文作「反舌」，與古本正合。一曰在不死民東。

昆侖虚在其東。虚四方。虚，山下基也。　懿行案：畢氏曰：「《爾雅》云：三成爲昆侖丘。是昆侖者，高山皆得名之。此在東南方，當即方丈山也。《水經·河水》注云：東海方丈，亦有昆侖之稱。」一曰在岐舌東，爲虚四方。羿與鑿齒戰于壽華之野，羿射殺之鑿齒亦人也。齒如鑿，長五六尺，因以名云。　懿行案：《説文》云：「芎，帝嚳射官。夏少康滅之。」引《論語》曰：「芎善䠶。」又云：「羿亦古諸侯也。」一曰䠶師。

《吴越春秋》云：「黄帝作弓。後有楚狐父，以其道傳羿。羿傳逢蒙。」據二書所説，羿蓋非一人也。此經之羿，説者以爲堯臣，《淮南·本經訓》云：「堯之時，鑿齒爲民害。堯乃使羿誅鑿齒於疇華之野。」高誘注云：「鑿齒，獸名。齒長三尺，狀如鑿，徹頷下，而持戈盾。疇華，南方澤名。」又注《墜形訓》「鑿齒民」云：「吐一齒出口下，長三尺。」大意與郭注同。唯以鑿齒爲獸，非也。李善注《長楊賦》，引服虔云：「鑿齒，齒長五尺，似鑿，亦食人。」與郭義近。疇華，即壽華。《北堂書鈔》一百十八卷引此注，「人」下有「貌」字，經文之下無「在」字，此脱衍。在昆侖虚東。羿持弓矢，鑿齒持盾，懿行案：亦謂圖畫如此也。《太平御覽》三百五十七卷引此經作「持盾戟」。一曰戈。未詳。懿行案：一説鑿齒持戈也。

三首國在其東。其爲人，一身三首。懿行案：《海内西經》云：「有三頭人，伺琅玕樹。」即斯類也。《淮南·墜形訓》有「三頭民」。高誘注云「身有三頭」。

周饒國懿行案：「周饒」亦「僬僥」聲之轉。又聲轉爲「朱儒」。《魏志·東夷傳》云：「女王國，又有侏儒國在其南，人長三四尺。去女王四千餘里。」蓋斯類也。焦僥國，幾性。見《大荒南經》。在其東。其爲人短小，冠帶。其人長三尺。穴居。能爲機巧，有五穀也。懿行案：《初學記》十九卷引《拾遺記》云：「員嶠山有陀移國，人長三尺，壽萬歲。」疑「陀移」即「周饒」之異名。「員嶠山」與「方丈山」相近也。又引《神異經》曰：「西北荒中有小人，長一寸，朱衣玄冠。」與此經「短小、冠帶」合也。又云：「有鶴國，人長七寸，海鵠遇則吞之。」《史記》正義引《括地志》云：「小人國在大秦南，人纔三尺。其耕稼之時，懼鶴所食，大秦助之。即焦僥國，其人穴居也。」亦與郭注合。郭云「能爲機巧」者，案《竹書》云：「帝堯二十九年，僬僥氏來朝，貢没羽。」是其機巧之事也。一曰焦僥國在三首東。《外傳》云：「焦僥民長三尺，短之至也。」《詩含神霧》曰：「從中州以東西四十萬里，得焦僥國，人長尺五寸也。」懿行案：《説文》云：「南方有僬僥人，長三尺，短之極。」又云：「西南僰人、僬僥。从人。蓋在坤地，頗有順理之性。」郭引「《外傳》」者，《魯語》文。「民」當爲「氏」字之譌也。韋昭注云：「僬僥，西南蠻之别名也。」《淮南·墬形訓》云：「西南方曰焦僥。」高誘注云：「長不滿三尺。」案《列子·湯問篇》夏革所説，與郭引《詩含神霧》同，唯「東」下無「西」字，此蓋衍文。《太平御覽》七百九十卷引《外國圖》曰：「僬僥民善没游，善捕鷙鳥。其草木夏死而冬生。去九疑三萬里。」

長臂國懿行案：《淮南·墬形訓》有「修臂民」。高誘注云：「一國民皆長臂，臂長於身。南方之國也。」在其東。捕魚水中，兩手各操一魚。舊説云：其人手下垂至地。魏黄初中，玄菟太守王頎討高句麗王宫窮，追之過沃沮國，其東界臨大海，近日之所出。問其耆老：海東復有人否？云：嘗在海中得一布褐，身如中人衣，兩袖長三丈。即此長臂人衣也。懿行案：《穆天子傳》云：「乃封長肱于黑水之西河。」郭注云：「即長臂人也。身如中國，臂長三丈。魏時在赤海中得此人裾也。」案郭注與此注同。其「中國」當爲「中人」，字之譌也。此注所説本《魏志·東夷傳》。「布褐」，彼文作「布衣」；「中人」，作「中國人」。《博物志》亦同；唯「三丈」，《博物志》作「二丈」也。一曰在焦僥東，捕魚海中。懿行案：經云「兩手各操一魚」，又云「捕魚海中」，亦皆圖畫如此也。

狄山，帝堯葬于陽；《吕氏春秋》曰：「堯葬穀林。」今陽城縣西、東阿縣城次鄉中、赭陽縣湘亭南，皆有堯冢。懿行案：《史記》集解引《皇覽》曰：「堯冢在濟城陰。劉向曰：堯葬濟陰丘壠山。《吕氏春秋》曰：堯葬穀林。皇甫謐曰：穀林即城陽。」《正義》引《括地志》云：「堯陵在濮州雷澤縣西三里。雷澤縣，木漢郕陽縣也。」今案《地理志》云：「濟陰郡成陽，有堯冢、靈臺。」《晉書·地理志》云：「濟陽郡城陽，堯冢在西。」二志皆作「城陽」，郭注作「陽城」，譌。其引《吕氏春秋》，《安死篇》文也。高誘注云：「《傳》曰堯葬成陽，此云穀林，成陽山下有穀林。」是諸書所説，其地皆不殊。唯《墨子》云：「堯北教乎八狄，道死，葬蛩山之陰。」然則此經「狄山」，蓋狄中之山。今大名府清豐縣有狄山也。司馬相如《大人賦》云：「歷唐堯於崇山。」《漢書》張揖注云：「崇山，狄山也。」引此經云云。《水經·瓠子河》注亦引此經，而云「狄山，一名崇山。」「崇」、「蛩」聲相近，「蛩山」又「狄山」之別名也。帝嚳葬于陰。嚳，堯父，號高辛。今冢在頓丘縣城南臺陰野中也。音「酷」。懿行案《大戴禮·帝繫篇》云：「黄帝產玄囂，玄囂產蟜極，蟜極產高辛，是爲帝嚳，帝嚳產放勳，是爲帝堯也。」《史記·五帝紀》索隱引《皇覽》曰：「帝嚳冢在東郡濮陽頓丘城南臺陰野中。」案東郡、濮陽、頓丘具見《地理志》。爰有熊、羆、文虎、彫虎也。《尸子》曰：「中黄伯：余左執太行之獶，而右搏彫虎」也。懿行案：《文選·思玄賦》舊注云：「彫虎、象，獸名也。」引《尸子》「中黄伯曰」云云。劉逵注《蜀都賦》亦引《尸子》曰：「中黄伯云」，並與此注同。此注「中黄伯」下脱「曰」字。蜼、豹、蜼，獼猴類。　懿行案：「蜼」，見《爾雅》。離朱、木名也。見《莊子》。今圖作赤鳥。　懿行案：郭云「木名」者，蓋據《子虛賦》「檗離朱楊」爲説也。然郭於彼注既以「朱楊」爲「赤莖柳」，則此注非也。又云「見《莊子》」者，《天地篇》有其文。然彼以離朱爲人名，則此亦非矣。又云「今圖作赤鳥」者，「赤鳥」疑南方神鳥焦明之屬也。然《大荒南經》「離朱」又作「離俞」。視肉，聚肉。形如牛肝，有兩目也。食之無盡，尋復更生如故。　懿行案：《北堂書鈔》一百四十五卷引此注作「食之盡」，今本「無」字衍也。《初學記》引《神異經》云：「西北荒有遺酒追復脯焉，其味如麞，食一片，復一片。」疑即此也。《博物志》云：「越巂國有牛，稍割取肉，牛不死；經日，肉生如故。」又《神異經》云：「南方有獸似鹿，而豕首有牙。善依人求五穀，名無損之獸。人割取其肉，不病，肉復自復。」已上所説二物，義與郭近而形狀則異。郭注未見所出。又《魏志·公孫淵傳》云：「襄平北市生肉，長圍各數尺，有頭目口喙，無手足而動摇。占曰：有形不成，有體無聲，其國滅亡。」亦其類也。又高誘注《淮南·墬形訓》云：「視肉其人，不知言也。」所説復與郭異。今所未詳。吁咽。所未詳也。文王皆葬其所。今文王墓在長安鄗聚社中。按帝王冢墓皆有定處，而《山海經》往往復見之者，蓋以聖人久於其位，仁化廣及，恩洽鳥獸。至於殂亡，四海若喪考妣，無思不哀。故絶域殊俗之人，聞天子崩，各自立坐而祭醊哭泣，起土爲冢，是以所在有焉。亦猶漢氏諸遠郡國皆有天子廟，此其遺象也。　懿行案：《尚書大傳·金縢篇》云：「畢者，文王之墓地。」《史記》集解引《皇覽》云：「文王、武王、周公冢皆在京兆長安鎬聚東社中也。」是文王之葬既不與堯、嚳同地，又此經禹記，何得下及文王？明《海外經》已下，蓋周秦間人讀此書者所附著也。一曰湯山。一曰爰有熊、羆、文虎、蜼、豹、離朱、鴟久、鴟久，鴝鶹之屬。懿行案：「鴟」當爲「鵰」。《説文》云：「雖舊，舊留也。舊，或作鵂。」是經文「鴟久」即「雖舊」，注文「鴝鶹」即「鵂鶹」也，皆聲近假借字。視肉、虖交，所未詳也。懿行案：即「吁咽」也。「吁」、「虖」聲相近。其范林方三百里。言林木氾濫布衍也。懿行案：「范林」，《海内南經》作「氾林」。「范」、「氾」通。

南方祝融，獸身人面，乘兩龍。火神也。懿行案：《越絶書》云：「祝融治南方，僕程佐之，使主火。」《尚書大傳》云：「南方之極，自北户南至炎風之野，帝炎帝、神祝融司之。」《吕氏春秋·孟夏紀》云：「其神祝融。」高誘注云：「祝融，顓頊氏後，老童之子吴回也。爲高辛氏火正，死爲火官之神。」《漢書·司馬相如傳》張揖注本此經。

山海經第七

海外西經

海外自西南陬至西北陬者。

滅蒙鳥在結匈國北。懿行案：《博物志》云：「結匈國有滅蒙鳥」，本此。《海内西經》又有「孟鳥」。爲鳥青，赤尾。

大運山高三百仞，在滅蒙鳥北。

大樂之野，懿行案：畢氏云：「即今山西太原。」疑非也。據《大荒西經》説，天穆之野在西南海外，不得近在晉陽也。夏后啟懿行案：經稱「夏后」，即知非夏書也。于此儛九代。九代，馬名。儛，謂盤作之，令舞也。懿行案：「九代」，疑樂名也。《竹書》云：「夏帝啟十年，帝巡狩，舞九韶于大穆之野。」《大荒西經》亦云：「天穆之野，啟始歌九招。」「招」即「韶」也，疑「九代」即「九招」矣。又《淮南·齊俗訓》云：「夏后氏，其樂：夏籥九成。」疑「九代」本作「九成」，今本傳寫形近而譌也。李善注王融《三月三日曲水詩序》

引此經，云「舞九代馬」，疑「馬」字衍。而《藝文類聚》九十三卷及《太平御覽》八十二卷引此經亦有「馬」字，或並引郭注之文也。舞馬之戲恐非上古所有。乘兩龍，懿行案《大荒西經》同。雲蓋三層。層，猶重也。懿行案：李善注《西京賦》兩引此注，並同。又注潘岳爲賈謐作《贈陸機詩》，引此注云：「層，重也。慈登切。」今本脱郭音三字。又「層」，經典通作「曾」；據郭音，益知此經「層」當爲「曾」矣。左手操翳，羽葆幢也。懿行案：《説文》云：「翳，翿也，所以舞也。」右手操環，玉空邊等爲環。懿行案：《説文》云：「環，璧也。肉好若一謂之環。」佩玉璜。半璧曰璜。在大運山北。《歸藏·鄭母經》曰：「夏后啟筮，御飛龍登于天。吉明，啟亦仙也。」懿行案：《太平御覽》八十二卷引《史記》曰：「昔夏后啟筮，乘龍以登于天。占于皋陶，皋陶曰：吉而必同，與神交通。以身爲帝，以王四鄉。」今案《御覽》此文，即與郭注所引爲一事也。一曰大遺之野。《大荒經》云「大穆之野」。懿行案：《大荒四經》作「天穆之野」，此注云「大穆之野」，《竹書》「天穆」、「大穆」二文並見，此經又云「大遺之野」、「大樂之野」。諸文皆異，所未詳。

三身國懿行案：三身國姚姓，舜之苗裔。見《大荒南經》。《淮南·墬形訓》有「三身民」。在夏后啟北，一首而三身。懿行案：《藝文類聚》三十五卷引《博物志》云：「三身國，一頭三身三手。」今此經無「三手」字。

一臂國懿行案：《淮南·墬形訓》有「一臂民」。在其北，一臂、一目、一鼻孔。懿行案：郭注《爾雅·釋地》「比肩民」云：「此即半體之人，各有一目、一鼻孔、一臂、一脚。」蓋本此經爲説也。有黄馬，虎文、一目而一手。懿行案：手，馬臂也。《内則》云：「馬黑脊而般臂，漏。」

奇肱之國「肱」或作「弘」。「奇」，音「羈」。　懿行案：「肱」，《説文》作「厷」，古文作「𠫔」。此注云「或作宏」，即《大荒南經》「張宏之國」也。《吕氏春秋·求人篇》云「其肱一臂」，「其肱」即「奇肱」。《淮南·墬形訓》作「奇股」。高誘注云：「奇，隻也。股，脚也。」與此異。在其北。其人一臂、三目，有陰有陽。乘文馬。陰在上，陽在下。文馬，即「吉良」也。　懿行案：「吉良」，見《海内北經》。有鳥焉，兩頭，赤黄色，在其旁。其人善爲機巧，以取百禽。能作飛車，從風遠行。湯時得之於豫州界中，即壞之不以示人。後十年，西風至，復作遣之。懿行案：《博物志》説「奇肱民善爲拭扛，以殺百禽。」「拭扛」，蓋「機巧」二字之異。又云：「湯破其車，不以視民。」「視」即古「示」字，當作「眎」。又云：「十年，東風至，乃復作車遣返。」郭注作「西風至」，「西」字譌也。云：「其國去玉門關四萬里」，當須東風至乃得遣返矣。

形天懿行案：《淮南·墬形訓》作「形殘」。「天」、「殘」聲相近。或作「形夭」，誤也。《太平御覽》五百五十五卷引此經作「形天」。與帝至此懿行案：《御覽》引此經，無「至此」二字。争神，帝斷其首，葬之常羊之山。懿行案：《宋書·符瑞志》云：「有神龍首，感女登於常羊山，生炎帝神農。」是此山也。《大荒西經》有「偏勾常羊之山」，亦即此。乃以乳爲目，以臍爲口，操干戚以舞。干，盾；戚，斧也。是爲無首之民。懿行案：《淮南·墬形訓》云：「西方有形殘之尸。」高誘注云：「一説曰：形殘之尸，於是以兩乳爲目，肥臍爲口，操干戚以舞。天神斷其手後，天帝斷其首也。」高氏所説，即本此經。其「肥臍」，疑「肶臍」之譌也。「肥」，本亦作「腹」。

女祭、女戚懿行案：「女戚」一曰「女薎」，見《大荒西經》。在其北，居兩水間。戚操魚䰽，䱇魚屬。懿行案：《北次二經》云：「湖灌之水，其中多䰽。」郭注云：「亦䱇魚字。」是「䰽」即「䱇」字之異文。此注又云「䱇魚屬」，以爲二物，蓋失檢也。祭操俎。肉几。鴍鳥、䲹鳥，「次」、「瞻」兩音。其色青黄，所經國亡。此應禍之鳥，即今梟、鵂鶹之類。懿行案：郭氏但舉類以曉人。《玉篇》云：「鴍䲹，即鵂鶹。」非也。《大荒西經》云：「爰有青鴍、黄鷔、青鳥、黄鳥，其所集者，其國亡。」是「鴍」、「鷔」即「鴍」、「䲹」之異名，非鵂鶹也。《廣韻》云：「鴍鳥似梟。」本此經及郭注。在女祭北。鴍鳥人面，居山上。一曰維鳥，青鳥、黄鳥所集。懿行案：下云「丈夫國在維鳥北」，則作「維鳥」是也。「青鳥」、「黄鳥」，見《大荒西經》。

丈夫國懿行案：《淮南·墬形訓》有「丈夫民」。高誘注云：「其狀皆如丈夫，衣黄衣冠，帶劍。」高云「狀如丈夫」，非也。説見下「女子國」。在維鳥北，其爲人衣冠、帶劍。殷帝太戊使王孟採藥，從西王母至此。絶糧不能進，食木實，衣木皮。終身無妻而生二子，從形中出。其父即死。是爲丈夫民。懿行案：《竹書》云：「殷太戊三十六年，西戎來賓。王使王孟聘西戎。」即斯事也。「西戎」豈即「西王母」與？其無妻生子之説本《括地圖》，《太平御覽》七百九十卷引其文與郭注略同。但此言「從形中出」，彼云「從背間出」，又《玄中記》云「從脅間出」，文有不同。

女丑之尸生，而十日炙殺之。懿行案：十日並出，炙殺女丑，於是堯乃命羿射殺九日也。在丈夫北，以右手障其面。蔽面。懿行案：《大荒西經》云：「衣青，以袂蔽面」也。十日居上，女丑居山之上。

巫咸國懿行案：《地理志》云：「河東郡安邑，巫咸山在南。」非此也。此國亦當在海外，觀「登備山」在《南荒經》可見。《水經·涑水》注以巫咸山即巫咸國，引此經云云，非矣。《太平御覽》七百九十卷引《外國圖》曰：「昔殷帝太戊使巫咸禱於山河，巫咸居於此，是爲咸氏。去南海萬千里。」即此國也。在女丑北。右手操青蛇，左手操赤蛇。在登葆山，懿行案：「登葆山」，《大荒南經》作「登備山」。「葆」、「備」，聲之轉也。《淮南·墬形訓》作「保」。羣巫所從上下也。採藥往來。

并封懿行案：《周書·王會篇》云：「區陽以鼈封。鼈封者若彘，前後有首。」是「鼈封」即「并封」，「并」、「鼈」聲轉也。《大荒西經》又作「屏蓬」，皆一物。或曰即兩頭鹿也。《後漢書·西南夷傳》云：「雲南縣有神鹿，兩頭，能食毒草。」注云：「見《華陽國志》。」在巫咸東。其狀如彘，前後皆有首，黑。今弩弦蛇亦此類也。懿行案：「弩弦蛇」即兩頭蛇也。見《爾雅·釋地》「枳首蛇」注。

女子國懿行案：《淮南·墬形訓》有「女子民」。高誘注云：「其貌無有須，皆如女子也。」此說非矣。經言「丈夫」、「女子國」，並真有其人，非但貌似之也。高氏不達，創爲異說，過矣。「女子」、「丈夫之國」，又見《大荒西經》注。在巫咸北，兩女子居，水懿行案：《太平御覽》七百九十卷引此經「水」下有「外」字。周之。有黃池，婦人入浴，出即懷妊矣。若生男子，三歲輒死。「周」，猶「繞」也。《離騷》曰：「水周於堂下」也。懿行案：《太平御覽》三百六十卷引《外國圖》曰：「方丘之上暑溼，生男子三歲而死。有潢水，婦人入浴，出則乳矣。是去九嶷二萬四千里。」今案「潢水」即此注所謂「黃池」矣。《魏志》云：「沃沮耆老言：有一國在海中，純女無男。」《後漢書·東夷傳》云：「或傳其國有神井，闚之輒生子。」亦此類也。一曰居一門中。懿行案：「居一門中」，蓋謂女國所居同一聚落也。

軒轅之國懿行案：《西次三經》有「軒轅之丘」，郭云「黄帝所居」。然則此經「軒轅之國」，蓋黄帝所生也。《水經·渭水》注云：「軒轅谷水出南山軒轅谿。南安姚瞻以爲黄帝生於天水，在上邽城東七十里軒轅谷。」案《地理志》：上邽在隴西郡也。在此窮山之際，其國在山南邊也。《大荒經》曰「岷山之南」。懿行案：《大荒西經》説「軒轅之國，江山之南。」此云「岷山」者，以大江出岷山故也。經文「此」字疑衍。李善注《思玄賦》引此經，云「在窮山之際」。《史記·五帝紀》索隱引此經同，並無「此」字。《周本紀》正義引此經又作「此地窮桑之際」，蓋「山」字聲譌爲「桑」矣。其不壽者八百歲。在女子國北。人面蛇身，尾交首上。

窮山在其北。不敢西射，懿行案：《史記·五帝紀》索隱、《周本紀》正義引此經，並作「西射之南」，蓋誤衍。畏軒轅之丘。言敬畏黄帝威靈，故不敢向西而射也。懿行案：軒轅之丘，在積石山之東三百里也。在軒轅國北。其丘方，四蛇相繞。繚繞，樛纏。

此諸夭之野，「夭」，音「妖」。懿行案：經文「此」字亦衍。「夭」，郭音「妖」，蓋譌。「夭野」，《大荒西經》作「沃野」，是此經之「夭」乃「沃」字省文，郭注之「妖」乃「沃」字譌文也。「諸夭」，《藝文類聚》九十九卷引作「清沃」，《博物志》作「渚沃」。《淮南·墬形訓》有「沃民」。又云：「西方曰金丘，曰沃野。」高誘注云：「沃猶白也。西方白，故曰沃野。」案高説非也，「沃野」蓋謂其地沃饒耳。鸞鳥自歌，鳳鳥自舞。鳳皇卵，民食之，甘露，民飲之，所欲自從也。言滋味無所不有，所願得自在。此謂沃野也。百獸相與羣居。在四蛇北。其人兩手操卵食之，兩鳥居前導之。懿行案：亦言圖畫如此。

龍魚懿行案：「龍魚」，郭氏《江賦》作「龍鯉」；張衡《思玄賦》仍作「龍魚」。《淮南·墬形訓》作「硥魚」。高誘注云：「硥魚如鯉魚也，有神聖者乘行九野。在無繼民之南。硥音蚌。」陵居，在其北。狀如貍。或曰龍魚似貍，一角。懿行案：「貍」當爲「鯉」字之譌。李善注《江賦》引此經云：「龍鯉陵居，其狀如鯉。或曰龍魚，一角也。」蓋並引郭注。又注《思玄賦》引此經云：「龍魚陵居，在北。狀如鯉。」高誘注《淮南·墬形訓》，亦云「如鯉魚也」，可證。一曰鰕，音「遐」。懿行案：《後漢書·張衡傳》注引此經「鰕」作「蝦」，蓋古字通也。《爾雅》云：「鯢，大者謂之鰕。」郭注云：「今鯢魚似鮎，四脚。」梁虞荔《鼎録》云：「宋文帝得鰕魚，遂作一鼎，其文曰：鰕魚四足。」然則「鰕」即「龍魚」，其狀如鯉，故又名「龍鯉」矣。即有神聖乘此，以行九野。九域之野。懿行案：《張衡傳》注引此經無「即」字，作「有神巫」。疑「巫」即「聖」字，形近而譌也。高誘注《淮南·墬形訓》作「有神聖者乘行九野。」可知今本不譌。神聖若琴高、子英之屬，見《列仙傳》。《思玄賦》云：「跨汪氏之龍魚」，謂此矣。一曰鼈魚「鼈」音「惡」。横也。懿行案：注有譌字，所未詳。明藏本作「鼈音猶也」，亦譌。在夭野北，懿行案：《思玄賦》注引此經云「在汪野北」。又云：「汪氏國在西海外，此國足龍魚也。」疑「汪氏」當爲「沃民」，「汪野」當爲「沃野」，並字形之譌也。《張衡傳》及注亦並作「汪」，譌與《文選》注同。其爲魚也如鯉。懿行案：《藝文類聚》九十六卷引郭氏讚云：「龍魚一角，似鯉居陵。候時而出，神聖攸乘。飛騖九域，乘雲上升。」

白民之國懿行案：白民國，銷姓。見《大荒東經》。在龍魚北，白身被髮。言其人體洞白。懿行案：高誘注《淮南·墜形訓》云：「白民，白身民，被髮亦白。」有乘黄，其狀如狐，其背上有角，《周書》曰：「白民乘黄似狐，背上有兩角。」即飛黄也。《淮南子》曰：「天下有道，飛黄伏皂。」懿行案：《周書·王會篇》云：「乘黄似騏。」郭引作「似狐」。《初學記》引與郭同。《博物志》亦作「狐」。「兩角」，《初學記》引作「肉角」。皆所見本異也。郭又引《淮南子》者，《覽冥訓》云：「青龍進駕，飛黄伏皂。」「乘黄」又即「訾黄」。《漢書·禮樂志》云：「訾黄其何不徠下？」應劭注云：「訾黄一名乘黄，龍翼而馬身，黄帝乘之而仙。」乘之壽二千歲。懿行案：《博物志》作「三千歲」。

肅愼之國懿行案：《竹書》云：「帝舜二十五年，息愼氏來朝。」「周成王九年，肅愼氏來朝。」《書序》云：「賄肅愼之命。」《周書·王會篇》云：「稷愼大麈。」孔晁注云：「稷愼，肅愼也。」又《大戴禮·五帝德篇》及《史記·五帝紀》並作「息愼」。鄭康成云：「息愼，或謂之肅愼也。」又《大荒北經》有「肅愼之國」。在白民北，有樹名曰雄或作「雒」。常，懿行案：「雒常」，《淮南·墜形訓》謂之「雒棠」。先入伐帝，于此取之。其俗無衣服。中國有聖帝代立者，則此木生，皮可衣也。懿行案：經文「伐」疑「代」字之譌，郭注可證。《太平御覽》七百八十四卷引此經，正作「代」。《穆天子傳》云：「至于蘇谷，骨飦氏之所衣被。」郭注云：「言谷中有草木，皮可以爲衣被。」《廣韻》云：「檰，青木。皮葉可作衣，似絹。出西域烏耆國。」亦此類也。

長股之國懿行案：《竹書》云：「黄帝五十九年，長股氏來賓。」《淮南·墬形訓》有「修股民」。又《玉篇》、《廣韻》並有「跂，巨支切。」云：「長跂，國名。鬈長於身。」與此經「被髮」義合。疑「長股」本或作「長跂」也。在雄常北，被髮。國在赤水東也。長臂人身如中人，而臂長二丈。以類推之，則此人脚過三丈矣。黄帝時至。或曰：長脚人常負長臂人，入海中捕魚也。懿行案：「長臂國」已見《海外南經》。郭云「臂長二丈」，「二」當爲「三」字之譌也。《初學記》十九卷引郭氏讚云：「雙臂三丈，體如中人。彼曷爲者？長臂之人。修脚是負，捕魚海濱。」案「修脚」即「長脚」。郭注《穆天子傳》云：「長脚人國又在赤海東」，謂是也。《大荒西經》又有「長脛之國」。一曰長脚。或曰：有喬國，今伎家喬人蓋象此身。懿行案：今喬人之戲，以木續足，謂之蹅喬是也。

西方蓐收，左耳有蛇，乘兩龍。金神也。人面虎爪，白毛執鉞。見《外傳》。懿行案：郭說「蓐收」，本《國語·晉語》，文已見《西次三經》「泑山」注。《尚書大傳》云：「西方之極，自流沙西至三危之野，帝少皞、神蓐收司之。」《吕氏春秋·孟秋紀》云：「其神蓐收。」高誘注云：「少皞氏裔子曰該，皆有金德，死，託祀爲金神。」

山海經第八

海外北經

海外自東北陬至西北陬者。

無脅之國音「啟」。或作「綮」。　懿行案：《淮南·墬形訓》作「無繼」。高誘注云：「其人蓋無嗣也。北方之國也。」與郭義異。《大荒北經》作「無繼」，郭云「當作脅」。在長股東，爲人無脅。脅，肥腸也。其人穴居，食土。無男女。死即薶之，其心不朽，死百廿歲乃復更生。　懿行案：《廣雅》云：「腓、脅，腨也。」《説文》云：「腨，腓腸也。」《廣韻》引《字林》云：「脅，腨腸。」是郭注「肥腸」當爲「腓腸」，因聲同而譌也。《玉篇》亦作「肥腸」，又承郭注而譌。《博物志》説「無脅民」與郭同，唯「百廿歲」作「百年」；又云：「細民其肝不朽，百年而化爲人。皆穴居處。二國同類也。」

鍾山之神，名曰燭陰，燭龍也。是燭九陰，因名云。　懿行案：「鍾山」，《大荒北經》作「章尾山」。「章」、「鍾」聲轉也。「燭陰」作「燭龍」。視爲晝，瞑爲夜；吹爲冬，呼爲夏。不飲、不食、不息；息爲風。

息，氣息也。身長千里。在無脊之東。其爲物：人面、蛇身、赤色。居鍾山下。《淮南子》曰：「龍身，一足。」懿行案：《淮南·墜形訓》云：「燭龍在雁門北，其神人面龍身而無足。」是郭所引也。「一」字譌。李善注《思玄賦》引此經作「人首蛇身」。《藝文類聚》九十六卷引郭氏讚云：「天缺西北，龍銜火精。氣爲寒暑，眼作昏明。身長千里，可謂至靈。」

一目國懿行案：一目國，其人威姓。見《大荒北經》。《淮南·墜形訓》有「一目民」，在「柔利民」之次。在其東，一目中其面而居。一曰有手足。懿行案：「有手足」三字疑有譌。

柔利國懿行案：《大荒北經》有「牛黎之國」，蓋此是也。「牛黎」、「柔利」聲相近。其人無骨，故稱「柔利」與？在一目東。爲人一手一足，反厀，曲足居上。一脚一手，反卷曲也。懿行案：《博物志》作「子利國人一手二足，拳反曲。」疑「二」當爲「一」，「子」當爲「柔」，並字形之譌也。一曰留利之國，懿行案：「留」、「柔」之聲亦相近。人足反折。懿行案：足反卷曲，有似折也。

共工之臣曰相柳氏，共工，霸九州者。懿行案：「相柳」，《大荒北經》作「相繇」。《廣雅·釋地》同。九首，以食于九山。頭各自食一山之物。言貪暴難饜。懿行案：「九山」，《大荒北經》作「九土」。《楚詞·天問》云：「雄虺九首，儵忽焉在？」王逸注云：「虺，蛇別名也。言有雄虺，一身九頭。」今案「雄虺」疑即此也，經言此物「九首蛇身」。相柳之所抵，厥爲澤谿。抵，觸。厥，掘也；音「撅」。懿行案：《説文》云：「厥，發石也。」此「厥」義即同「撅」。《周書·周祝篇》云：「貏有爪，而不敢以撅。」禹殺相柳，其血腥，不可以樹五穀種。禹厥之，三仞三沮，掘塞之，而土三沮滔。言其血膏浸潤壞也。懿行案：注「滔」蓋「陷」字之譌。乃以爲衆帝之臺。言地潤溼，唯可積土以爲臺觀。懿行案：《海内北經》云：「帝堯臺、帝嚳臺、帝丹朱臺、帝舜臺，在昆侖東北。」郭注亦引此經爲説。在昆侖之北，此昆侖山，在海外者。懿行案：《海内北經》云：「臺四方，在昆侖東北。」是此昆侖亦在海内者。郭注恐非。柔利之東。相柳者九首人面，蛇身而青，不敢北射，畏共工之臺。懿行案：臣避君也。臺在其東。臺四方，隅有一蛇，虎色，懿行案：虎文也。首衝南方。「衝」猶「向」也。

深目國懿行案：深目國，盼姓。食魚。見《大荒北經》。《淮南·墬形訓》有「深目民」。在其東。爲人舉一手。一目一作「曰」。懿行案：「一目」作「一曰」，連下讀是也。在共工臺東。

無腸之國懿行案：無腸國，任姓。見《大荒北經》。《淮南·墬形訓》有「無腸民」。在深目東，一作「南」。其爲人長而無腸。爲人長大，腹内無腸，所食之物直通過。懿行案：《神異經》云：「有人知往，有腹無五藏，直而不旋，食物徑過。」疑即斯人也。

聶耳之國懿行案：《淮南·墬形訓》無「聶耳國」，而云「夸父、耽耳在其北方。」是「耽耳」即此經「聶耳」。「夸父」在下文。《説文》云：「耽，耳大垂也。」又云：「耴，耳垂也。」在無腸國東。使兩文虎，懿行案：文虎，雕虎也。已見《海外南經》注。爲人兩手聶其耳。言耳長，行則以手攝持之也。音諸頰反。縣居海水中，縣猶邑也。懿行案：《初學記》引此經作「縣居赤水中」。及水所出入奇物。言盡規有之。兩虎在其東。

夸父懿行案：《大荒北經》云：「后土生信，信生夸父。或説夸父善走，爲丹朱臣。」《吕氏春秋》云「禹北至夸父之野。」疑地因人爲名也。夸父追日景，《列子·湯問篇》夏革説本此經。與日逐走，入日。言及日於將入也。「逐」，音「冑」。懿行案：《北堂書鈔》一百三十三卷，李善注《西京賦》、《鸚鵡賦》及張協《七命》，引此經並作「與日競走」；《初學記》一卷引此經作「逐日」；《史記·禮書》裴駰集解引此經作「與日逐走，日入」，並與今本異。渴，欲得飲。飲于河、渭；河、渭不足。北飲大澤，未至，道渴而死。弃其杖，懿行案：《列子·湯問篇》「棄其杖」下有「尸膏肉所浸」五字。化爲鄧林。夸父者，蓋神人之名也。其能及日景而傾河渭，豈以走飲哉？寄用於走飲耳。幾乎不疾而速、不行而至者矣。此以一體爲萬殊，存亡代謝，寄鄧林而遯形，惡得尋其靈化哉！懿行案：《大荒北經》云「應龍殺夸父」，蓋以道渴而死，形蜕神遊，或言應龍殺之耳。《列子·湯問篇》云：「鄧林彌廣數千里。」今案其地，蓋在北海外。《史記·禮書》云：「楚阻之以鄧林。」裴駰集解引此經云云，非也。畢氏云：即《中山經》所云「夸父之山，北有桃林」，其地則楚之北境。恐未然。下云「鄧林積石山在其東」，非近在楚地明矣。《初學記》十九卷引郭氏讚云：「神哉夸父，難以理尋。傾河及日，遁形鄧林。觸類而化，應無常心。」

博父國懿行案：博父，大人也。大人即豐人。《方言》云：「趙、魏之郊，燕之北鄙，凡大人謂之豐人。」《燕記》曰：「豐人杼首」。疑此是也。或云即夸父也。《淮南·墬形訓》云「夸父在其北」，此經又云「鄧林在其東」，則「博父」當即「夸父」，蓋其苗裔所居成國也。在聶耳東。其爲人大，懿行案：《爾雅·釋詁》云：「甫，大也。」「甫」亦「博」也。右手操青蛇，左手操黄蛇。鄧林在其東，二樹木。懿行案：「二樹木」，蓋謂鄧林二樹而成林。言其大也。一曰博父。

禹所積石之山在其東，河水所入。河出昆侖而潛行地下，至蔥嶺復出，注鹽澤。從鹽澤復行，南出於此山而爲中國河，遂注海也。《書》曰「導河積石」，言時有壅塞，故導利以通之。懿行案：《西次三經》云：「積石之山，其下有石門，河水冒以西流。」非此也。郭據《水經》引此經云：「積石山在鄧林山東，河所入」，非矣。經蓋有兩積石山。《史記》正義引《括地志》云：「黄河源從西南，下出大昆侖東北隅，東北流逕于闐，入鹽澤。即東南潛行吐谷渾界大積石山，又東北流至小積石山，山在河州枹罕縣西七里。」然則此經所言蓋小積石也。《大荒北經》云：「大荒之中有山，名曰先檻大逢之山。其西有山，名曰禹所積石」，即此。又《海内西經》云：「河水出昆侖，入渤海。又出海外，入禹所導積石山。」亦此也。故經爲此二文，特於「積石」加「禹」以别之。

拘纓之國懿行案：《淮南·墬形訓》有「句嬰民」。高誘注云：「句嬰讀爲九嬰。北方之國。」即此也。「句嬰」疑即「拘纓」，古字通用。郭義恐非。高氏讀爲「九嬰」，未詳也。郭云「纓宜作癭」，是國蓋以一手把癭得名也。在其東。一手把纓。言其人常以一手持冠纓也。或曰「纓」宜作「癭」。一曰利纓之國。

尋木長千里，懿行案：《穆天子傳》云：「天子乃釣于河，以觀姑繇之木。」郭注云：「姑繇，大木也。」引此經云：「尋木長千里，生海邊。」謂此木類。《吴都賦》又作「櫏木」，劉逵注引此經亦作「櫏木」，非也。李善注《東京賦》引此經仍作「尋木」；郭氏《遊仙詩》亦作「尋木」也。《廣韻》云：「櫏，木名。似槐。尋，長也。」引此經。在拘纓南，生河上西北。懿行案：此木生河上，與《穆天子傳》合。郭注謂「生海邊」，疑字之譌也。

跂踵國「跂」音「企」。在拘纓東，其爲人大，兩足亦大。其人行，脚跟不著地也。《孝經鉤命決》曰：「焦僥、跂踵，重譯款塞」也。懿行案：《竹書》云：「夏帝癸六年，岐踵戎來賓。」《吕氏春秋·當染篇》云：「夏桀染於岐踵戎」，即此也。高誘注《淮南·墬形訓》云：「跂踵民，踵不至地，以五指行也。」又《文選·曲水詩序》注引高誘注，作「反踵」，云：「反踵，國名。其人南行，跡北向也。」案「跂踵」之爲「反踵」，亦猶「岐舌」之爲「反舌」矣。已見《海外南經》。《玉篇》説「跂踵國」，與郭注同。一曰大踵。懿行案：「大踵」，疑當爲「支踵」或「反踵」，並字形之譌。

歐絲之野懿行案：《博物志》作「嘔絲」。「嘔」，俗字也。在大踵東。一女子跪，據樹歐絲。言噉桑而吐絲。蓋蠶類也。

三桑無枝，在歐絲東。其木長百仞，無枝。言皆長百仞也。懿行案：《北次二經》云：「洹山，三桑生之。其樹皆無枝，其高百仞。」即此。

范林方三百里，懿行案：「范」、「汎」通。《太平御覽》五十七卷引顧愷之《啟蒙記》曰：「汎林鼓于浪嶺。」

注云：「西北海有汎林，或方三百里，或百里，皆生海中浮土上，樹根隨浪鼓動。」即此也。昆侖虚南范林非此，見《海内北經》。在三桑東，洲環其下。洲，水中可居者。環，繞也。

務隅之山，懿行案：「務隅」，《大荒北經》作「附禺」；《海内東經》作「鮒魚」；《史記·五帝紀》索隱引此經亦作「鮒魚」；《北堂書鈔》九十二卷又引作「附隅」。皆聲相近字之通也。帝顓頊葬于陽，顓項號爲高陽，冢今在濮陽，故帝丘也。一曰頓丘縣城門外廣陽里中。懿行案：《大戴禮·帝繫篇》云：「黄帝産昌意，昌意産高陽，是爲帝顓頊。」杜預《春秋釋例》云：「古帝顓頊之墟，故曰帝丘，東郡濮陽縣是也。」頓丘縣屬頓丘郡，見《晉書·地理志》。《史記》集解引《皇覽》云：「顓項冢在東郡濮陽頓丘城門外廣陽里中。」九嬪葬于陰。嬪，婦。懿行案：《廣韻》引《埤蒼》云：「嫁，顓項妻名。」餘未聞。一曰爰有熊、羆、文虎、離朱、鴟久、視肉。

平丘懿行案：《淮南·墬形訓》作「華丘」。在三桑東，爰有遺玉、遺玉，玉石。懿行案：吴氏云：「遺玉即鹥玉。琥珀千年爲鹥。字書云：鹥，遺玉也。」吴氏之説據《本草》舊注，未審是否。鹥，黑玉也。《説文》無此字，而有「瑿」，云：「遺玉也。从玉，𣪊聲。」是遺玉名「瑿」，與「鹥」形、聲皆近。當從《説文》也。青鳥、懿行案：《淮南·墬形訓》作「青馬」，《海外東經》「䃂丘」同。視肉、楊柳、甘柤、其樹枝幹皆赤，黄華、白葉、黑實。《吕氏春秋》曰：「其山之東有甘柤焉。」音如柤梨之「柤」。懿行案：「甘柤」形狀見《大荒南經》。郭云「黄華白葉」，當爲「黄葉白華」字之譌也。「其山」即「箕山」，籀文「箕」作「其」也。又案《呂氏春秋·本味篇》云：「箕山之東，青鳥之所，有甘櫨焉。」郭引作「甘柤」。「柤」依本字當爲「樝」。《淮南·墬形訓》正作「樝」。然「樝」即樝梨之「樝」；「柤」訓「木閑」，假借爲「樝」。即如此，郭以「柤梨」音「甘柤」，不幾於文爲贅乎？推尋文義，「樝」與「櫨」字形相近，疑此經「甘柤」當爲「甘櫨」，字之譌也。又《說文》及《史記·司馬相如傳》索隱載應劭引《呂氏春秋》，並作「櫨橘夏孰」，《文選·上林賦》注又據應劭作「盧橘夏熟」。其「青鳥之所」句，《說文》引作「青梟」，《玉篇》同《說文》；應劭引作「青馬」，顏師古注《漢書》亦引作「青馬」。今校此經「平丘」則作「青鳥」，「䟐丘」又作「青馬」；《南荒經》作「青馬」，《北荒經》復作「青鳥」，其文踳錯，難可得詳。甘華，亦赤枝榦，黄華。懿行案：「黄華」亦當爲「黄葉」。見《大荒南經》。百果所生。有懿行案：「有」，明藏本作「在」。兩山夾上谷，二大丘居中，名曰平丘。

北海内有獸，其狀如馬，名曰騊駼。「騊」、「塗」兩音。見《爾雅》。懿行案：《爾雅》注引此經，「騊駼」下有「色青」二字。《史記·匈奴傳》徐廣注亦云「似馬而青」。疑此經今本有脱文矣。有獸焉，其名曰駮，狀如白馬，鋸牙，懿行案：《爾雅》注引此經作「倨牙」。食虎豹。《周書》曰：「義渠茲白，茲白若白馬，鋸牙，食虎豹。」按此二說，與《爾雅》同。懿行案：《爾雅》注引此經，有「黑尾，音如鼓」五字，蓋兼「中曲山」之駮而爲說也。已見《西次四經》。有素獸焉，狀如馬，懿行案：張揖注《子虛賦》云：「蛩蛩，青獸。狀如馬。」此作「素獸」，蓋所見本異。名曰蛩蛩。即蛩蛩鉅虛也。一走百里。見《穆天子傳》。音「邛」。懿行案：郭注《穆天子傳》，引《尸子》曰：「距虛不擇地而走。」「蛩蛩距虛」亦見《爾雅》。有青獸焉，狀如虎，名曰羅羅。懿行案：吴氏引《天中記》云：「今雲南蠻人呼虎亦爲羅羅。」

北方禺彊，人面鳥身，珥兩青蛇，踐兩青蛇。字玄冥，水神也。莊周曰：「禺彊立於北極。」一曰「禺京」。一本云：北方禺彊，黑身手足，乘兩龍。懿行案：「禺京」、「玄冥」聲相近。《越絶書》云：「玄冥治北方，白辯佐之，使主水。」《尚書大傳》云：「北方之極，自丁令北至積雪之野，帝顓頊、神玄冥司之。」《吕氏春秋·孟冬紀》云：「其神玄冥。」高誘注云：「少皞氏之子曰循，爲玄冥師。死，祀爲水神。」是「玄冥」即「禺京」，「禺京」即「禺彊」。「京」、「彊」亦聲相近也。《莊子·大宗師篇》云：「禺彊得之，立於北極。」《釋文》引此經云：「北方禺彊，黑身手足，乘兩龍。」即郭氏此注「一本云云」也。《釋文》又引《歸藏》曰：「昔穆王子筮卦於禺彊。」又引簡文云：「北海神名也。一名禺京，是黄帝之孫也。」案《列子·湯問篇》云：「命禺彊使巨鼇十五」，即斯人也。禺京處北海爲海神，見《大荒東經》；禺彊踐兩赤蛇，見《大荒北經》。此經云「青蛇」，又異。

山海經第九

海外東經

海外自東南陬至東北陬者。

䃌丘，音「嗟」。或作「髪」。懿行案：《北堂書鈔》九十二卷引「䃌」正作「髪」，即郭所見本也。「嗟」，古或作「䃌」。《爾雅·釋詁》云：「䃌，咨也。」《廣韻》作「䖿丘」。《玉篇》云：「髪，好也。」義與此異。《淮南·墬形訓》作「華丘」。爰有遺玉、青馬、視肉，楊柳、懿行案：《淮南·墬形訓》作「楊桃」。甘柤、懿行案：「柤」疑當爲「樝」，下同。甘華，甘果所生。在東海，兩山夾丘，上有樹木。一曰嗟丘。一曰百果所在。在堯葬東。懿行案：堯葬狄山，已見《海外南經》。

大人國懿行案：高誘注《淮南·墬形訓》「大人國」云：「東南墟土，故人大也。」案《大戴禮·易本命篇》云：「虚土之人大。」是高注所本。《大荒東經》云：「有波谷者，有大人之國。」即此。又《淮南·時則訓》云：「東方之極，自碣石山過朝鮮，貫大人之國」是也。在其北。爲人大，懿行案：《博物志》云：「大人國，其人孕三十六年，生白頭，其兒則長大。能乘雲而不能走，蓋龍類。去會稽四萬六千里。」坐而削船。懿行案：「削」，當讀若「稍」。「削船」，謂操舟也。一曰在蹉丘北。

奢比之尸在其北，亦神名也。懿行案：《管子·五行篇》云：「黄帝得奢龍而辯於東方。」又云：「奢龍辯乎東方，故使爲土師。」此經「奢比」在東海外，疑即是也。羅泌《路史》亦以「奢龍」即「奢比」。《三才圖會》作「奢北」。又《淮南·墬形訓》云：「諸比，涼風之所生。」「諸比」，神名，或即「奢比」之異文也。獸身，人面，大耳，懿行案：《大荒東經》説「奢比尸」與此同，唯「大耳」作「犬耳」爲異。珥兩青蛇。「珥」，以蛇貫耳也。音鈎餌之「餌」。懿行案：《説文》云：「珥，瑱也。」《繫傳》云：「瑱之狀，首直而末鋭，以塞耳。」一曰肝榆之尸在大人北。

君子國在其北，懿行案：《淮南·墬形訓》有此國。國在東口之山，見《大荒東經》。《後漢書·東夷傳》注引《外國圖》曰：「去琅邪三萬里。」《説文》云：「東夷從大。大，人也。夷俗仁，仁者壽，有君子不死之國。孔子曰：道不行，欲之九夷，乘桴浮于海。有以也。」又云：「鳳出於東方君子之國。」衣冠帶劍，食獸，使二大虎，在旁。懿行案：《後漢書·東夷傳》注引此經，「大虎」作「文虎」。高誘注《淮南·墬形訓》亦作「文虎」。今此本作「大」，字形之譌也。其人好讓不爭。懿行案：《博物志》云：「君子國好禮讓，不爭。土千里，民多疾風氣，故人不蓄息。好讓，故爲君子國也。」《藝文類聚》二十一卷引此經，「衣冠帶劍」下有「土方千里」四字，「其人好讓」下有「故爲君子國」五字，爲今本所無。有薰或作「堇」。華草，朝生夕死。

懿行案：木堇，見《爾雅》。堇，一名蕣，與「薰」聲相近。《吕氏春秋·仲夏紀》云：「木堇榮。」高誘注云：「木堇朝榮莫落，是月榮華，可用作蒸。雜家謂之朝生。一名蕣，《詩》云『顔如蕣華』是也。」《藝文類聚》八十九卷引《外國圖》云：「君子之國多木槿之華，人民食之。去琅邪三萬里。」一曰在肝榆之尸北。

重重在其北，音「虹」。懿行案：「虹」，《漢書》作「重」。各有兩首。虹，螮蝀也。懿行案：「螮蝀，虹。」見《爾雅》。虹有兩首，能飲澗水，山行者或見之。亦能降人家庭院，蔡邕《災異對》所謂「天投虹」者也；云「不見尾足」，明其有兩首。一曰在君子國北。

朝陽之谷，懿行案：《爾雅》云：「山東曰朝陽。水注谿曰谷。」神曰天吴，是爲水伯。懿行案：李善注《海賦》及《遊赤石進帆海》詩引此經，並與今本同。在重重北兩水間。其爲獸也，八首人面，八足八尾，皆青黄。《大荒東經》云「十尾」。懿行案：天吴虎身十尾，見《大荒東經》。《初學記》六卷引此經作「十八尾」，誤也。

青丘國懿行案：《淮南·墬形訓》無之。《大荒東經》「青丘之國」即此也。孔晁注《王會篇》云：「青丘，海東地名。」《子虛賦》云：「秋田乎青丘，徬徨乎海外。」服虔注云：「青丘國在海東三百里。」在其北。其人食五穀，衣絲帛。其狐四足九尾。《汲郡竹書》曰：「柏杼子征于東海，及王壽，得一狐九尾」，即此類也。

懿行案：李善注《子虛賦》引此經。《周書·王會篇》云：「青丘狐九尾。」《竹書》云：「夏帝杼八年，征于東海，及三壽，得一狐九尾。」郭引作「柏杼子」，「柏」與「伯」通。「王壽」即「三壽」，字之譌也。《吕氏春秋》云：「禹行塗山，乃有白狐九尾，造於禹。塗山人歌曰：綏綏白狐，九尾龐龐。」然則九尾狐，其色白也。

一曰在朝陽北。

帝命豎亥豎亥，健行人。 懿行案：《廣韻》作「豎孩，神人。」疑字形之異。步自東極，至于西極，五億十選選，萬也。 懿行案：「選」，音同「算」。「算」，數也。數終於萬，故以「選」爲「萬」也。九千八百步。 懿行案：劉昭注《郡國志》云：「《山海經》稱：禹使大章步自東極，至于西垂，二億三萬三千三百里七十一步。又使豎亥步南極，北盡于北垂，二億三萬三千五百里七十五步。」今案《淮南·墬形訓》所説，大旨相同。以校此經，無「禹使大章」云云；又其數與劉昭所引不合，未知其審。又《中山經》云：「天地東西二萬八千里，南北二萬六千里。」與此復不同者，此通海外而計，彼據中國穀土而言耳。豎亥右手把算，左手指青丘北。 懿行案：亦言圖畫如此也。「算」當爲「筭」。《説文》云：「筭長六寸，計歷數者。」一曰禹令豎亥。 一曰五億十萬九千八百步。《詩含神霧》曰：「天地東西二億三萬三千里，南北二億一千五百里。天地相去一億五萬里。」 懿行案：《含神霧》所説里數，與《淮南子》及劉昭注又異。《藝文類聚》、《初學記》引此經，並云：「帝令豎亥步自東極至西極，五億十萬九千八百八步。」與今本復不同。《吳越春秋》云：「禹行，使大章步東西，豎亥度南北。」此經雖不及大章，其地數則合東西、南北而計也。

黑齒國在其北。《東夷傳》曰：「倭國東四十餘里有裸國，裸國東南有黑齒國，船行一年可至也。」《異物志》云：「西屠染齒」，亦以放此人。 懿行案：黑齒國姜姓，帝俊之裔，見《大荒東經》。《淮南·墬形訓》有「黑齒民」。《周書·王會篇》云：「黑齒，白鹿、白馬。」又伊尹《四方令》云「正西漆齒」，非此也。《魏志·東夷傳》云：「女王國東，渡海千餘里，復有國，皆倭種。又有侏儒國在其南，人長三四尺。去女王四千餘里，又有裸國，黑齒國復在其東南，船行一年可至。」此即郭所引也。「四千餘里」郭引作「四十餘里」，字形之譌也。又引「西屠染齒」者，劉逵注《吳都賦》引《異物志》云：「西屠以草染齒，染白作黑。」即與郭所引同也。爲人黑，懿行案：「黑」下當脱「齒」字。王逸注《楚詞·招魂》云：「黑齒，齒牙盡黑。」高誘注《淮南·墬形訓》云：「其人黑齒，食稻，啖蛇。在湯谷上。」是古本有「齒」字之證。《太平御覽》三百六十八卷引此經，「黑」下亦有「齒」字。食稻啖蛇，一赤一青一作「一青蛇」。在其旁。一曰在豎亥北，爲人黑首，懿行案：「首」蓋「齒」字之譌也。古文「首」作「𦣻」，「齒」作「𠚕」，形近相亂，所以致譌。食稻使蛇，其一蛇赤。

下有湯谷。谷中水熱也。懿行案：《説文》作「暘谷」。《虞書》及《史記·五帝紀》作「暘谷」。《文選·思玄賦》及《海賦》、《月賦》注引此經亦並作「暘谷」。索隱云：「《史記》舊本作湯谷。《淮南子》曰：日出湯谷，浴於咸池。」今案《楚詞·天問》亦云「出自湯谷」也。湯谷上有扶桑，扶桑木也。懿行案：「扶」當爲「榑」。《東次三經》云：「無皋之山，東望榑木。」謂此。《説文》云：「榑桑，神木，日所出也。」又云：「日初出東方湯谷，所登榑桑，叒木也。」李善注《思玄賦》引《十洲記》云：「扶桑葉似桑，樹長數千丈，大二十圍。兩兩同根生，更相依倚，是以名之扶桑。」《初學記》一卷引此經，「扶桑」下有「木」字，蓋並引郭注也。

十日所浴。　懿行案：《楚詞·招魂》云：「十日代出，流金鑠石。」王逸注云：「鑠，銷也。言東方有扶桑之木，十日並在其上，以次更行，其勢酷烈，金石堅剛皆爲銷釋也。」《淮南·墬形訓》云：「若木在建木西，末有十日，其華照下地。」高誘注云：「若木端有十日，狀如連華，光照其下也。」在黑齒北，居水中。有大木，九日居下枝，　懿行案：《楚詞·遠遊》云：「朝濯髮於湯谷兮，夕晞余身兮九陽。」「九陽」即此云「九日」也。一日居上枝。莊周云：「昔者十日並出，草木焦枯。」《淮南子》亦云：「堯乃令羿射十日，中其九日，日中烏盡死。」《離騷》所謂「羿焉畢日，烏焉落羽」者也。《歸藏·鄭母經》云：「昔者羿善射，畢十日，果畢之。」《汲郡竹書》曰：「胤甲即位，居西河。有妖孽，十日並出。」明此自然之異有自來矣。《傳》曰「天有十日」。日之數十，此云「九日居下枝，一日居上枝」。《大荒經》又云：「一日方至，一日方出。」明天地雖有十日，自使以次第迭出運照。而今俱見，爲天下妖災，故羿稟堯之命，洞其靈誠，仰天控弦，而九日潛退也。假令器用可以激水烈火，精感可以降霜回景，然則羿之鑠明離而斃陽烏，未足爲難也。若搜之常情則無理矣，然推之以數則無往不通。達觀之客宜領其玄致，歸之冥會，則逸義無滯，言奇不廢矣。　懿行案：郭注「搜」疑當爲「揆」，字之譌也。「十日」之説，儒者多疑鮮信，故郭氏推廣證明之。至於怪奇之迹，理所不無，如《呂氏春秋·求人篇》云「堯朝許由於沛澤之中」，曰「十日出而焦火不息」；《淮南·兵略訓》云「武王伐紂，當戰之時，十日亂於上」；《竹書》云「帝廑八年，天有妖孽，十日並出」，又云「桀時三日並出」，「紂時二日並出」。是皆變怪之徵，非常所有，即與此經殊旨。既不足取證，當歸之删除矣。

雨師妾在其北。雨師，謂屏翳也。　懿行案：《楚詞·天問》云：「蓱號起雨。」王逸注云：「蓱，蓱翳，雨師名也。號，呼也。」《初學記》云：「雨師曰屏翳。亦曰屏號。」《列仙傳》云：「赤松子，神農時雨師。」《風俗通》云：「玄冥爲雨師。」今案「雨師妾」蓋亦國名，即如《王會篇》有「姑妹國」矣。《焦氏易林》乃云「雨師娶婦」，蓋假托爲詞耳。其爲人黑，兩手各操一蛇，左耳有青蛇，右耳有赤蛇。一曰在十日北，爲人黑身人面，各操一龜。

玄股之國在其北，髀以下盡黑，故云。　懿行案：玄股國在招摇山，見《大荒東經》。《淮南·墬形訓》有「玄股民。」其爲人衣魚，以魚皮爲衣也。　懿行案：今東北邊有魚皮島夷，正以魚爲衣也。其冠以羊鹿皮，戴其角，如羊鹿然。食鷗，鷗，水鳥也。音「憂」。　懿行案：《説文》云：「鷗，水鴞也。」《文選·吴都賦》注引《蒼頡篇》云：「鷗，大如鳩，」使兩鳥夾之。　懿行案：高誘注《淮南·墬形訓》，引此經，無「使」字；「兩鳥夾之」上有「其股黑」三字。一曰在雨師妾北。

毛民之國在其北，　懿行案：毛民國依姓，禹之裔也。見《大荒北經》。《淮南·墬形訓》云：「東北方有毛民。」高誘注云：「其人體半生毛，若矢鏃也。」爲人身生毛。今去臨海郡東南二千里有毛人，在大海洲島上。爲人短小而體盡有毛如豬，能穴居，無衣服。晉永嘉四年，吴郡司鹽都尉戴逢在海邊得一船，上有男女四人，狀皆如此，言語不通。送詣丞相府，未至，道死，唯有一人在。上賜之婦，生子。出入市井，漸曉人語，自説其所在，是毛民也。《大荒經》云「毛民食黍」者是矣。　懿行案：《太平御覽》三百七十三卷引《臨海異物志》曰：「毛人洲王張奐，毛長短如熊。周綽得毛人，送詣秣陵。」即此國人也。郭注「而體」，明藏本作「面體」。《大荒北經》注亦同。此蓋字譌。一曰在玄股北。

勞民國在其北，懿行案：《淮南·墬形訓》有「勞民」。高誘注云：「正理躁擾不定也。」其爲人黑。食果草實也。有一鳥兩頭。懿行案：郭注此語疑本在經内，今亡。又奇肱國有鳥兩頭，見《海外西經》，非此。或曰教民。懿行案：「教」、「勞」聲相近。一曰在毛民北，爲人面目手足盡黑。懿行案：今魚皮島夷之東北有勞國，疑即此。其人與魚皮夷面目手足皆黑色也。

東方句芒，鳥身人面，乘兩龍。木神也。方面，素服。《墨子》曰：「昔秦穆公有明德，上帝使句芒賜之壽十九年。」懿行案：注「秦穆公」，今《墨子·明鬼下篇》作「鄭穆公」；《論衡·無形篇》正與此注同也。《越絶書》云：「太皞治東方，袁何佐之，使主木。」疑「袁何」即「句芒」之異名也。《尚書大傳》云：「東方之極，自碣石東至日出榑木之野，帝太皞、神句芒司之。」《吕氏春秋·孟春紀》云：「其神句芒。」高誘注云：「句芒，少皞氏之裔子，曰重。佐木德之帝，死爲木官之神。」《漢書》張揖注司馬相如《大人賦》云：「句芒，東方青帝之佐也。鳥身人面，乘兩龍。」本此經爲説也。《白虎通》云：「句芒者，芒之爲言萌也。」

建平元年四月丙戌，待詔太常屬臣望校治，侍中光禄勳臣龔、侍中奉車都尉光禄大夫臣秀領主省。懿行案：建平元年，漢哀帝乙卯年也。望，蓋丁望；龔，王龔；秀，劉歆也。

山海經第十

海内南經

海内東南陬以西者。從南頭起之也。

甌　懿行案：《周書·王會篇》云：「歐人蟬蛇。」孔晁注云：「東越，歐人也。」又云：「且甌文蜃。」注云：「且甌在越。」伊尹《四方令》云：「正東越漚，正南甌鄧。」疑「甌」與「漚」、「歐」並古字通也。《史記》索隱引劉氏云：「今珠厓、儋耳謂之甌人。」正義曰：「《輿地志》云：交阯，周時爲駱越，秦時曰西歐。」居海中。今臨海永寧縣即東甌，在岐海中也。音「嘔」。　懿行案：臨海郡永寧縣，見《晉書·地理志》。《初學記》六卷引此經云：「甌、閩皆在岐海中。」蓋並引郭注之文也。「岐海」，謂海之槎枝。《東次三經》云：「無皋之山，南望幼海。」即此。閩　懿行案：《説文》云：「閩，東南越，蛇種。从虫。」《夏官·職方氏》：「掌七閩。」是閩非一種，舉其大名耳。劉逵注左思賦云：「閩，越名也。秦併天下，以其地爲閩中郡。」在海中，閩越即西甌，今建安郡是也。亦在岐海中。音「旻」。　懿行案：建安郡，故秦閩中郡。見《晉書·地理志》。《漢書·惠帝紀》：「二年，立閩越君摇爲東海王。」顔師古注云：「即今泉州是其地。」其西北有山。一曰閩中山在海中。

三天子鄣山音「章」。　懿行案：《海内東經》云：「浙江出三天子都。廬江出三天子都。一曰天子鄣。」即此。在閩西海北。今在新安歙縣東。今謂之三王山，浙江出其邊也。張氏《土地記》曰：「東陽永康縣南四里，有石城山，上有小石城，云黄帝曾遊此，即三天子都也。」　懿行案：《海内東經》云：「三天子都在閩西北。」無「海」字。此經「海」字疑衍。劉昭注《郡國志》「丹陽郡歙」，引此經郭注云：「在縣東，今謂之玉山。」又注「會稽郡浙江」引郭注云：「江出歙縣玉山。」《初學記》八卷亦引郭注云：「玉山，浙江出其邊。」疑二書「玉山」即「三王山」之脱誤，古「玉」字作「王」也。山在今安徽歙縣西北。顧野王云：「今永康晉雲山是三天子都，今在績谿縣東九十里，吴於此山分界。」見《太平寰宇記》。一曰在海中。

桂林八樹　懿行案：伊尹《四方令》云：「正南甌鄧桂國。」疑即此。在番隅東。八樹而成林，信其大也。番隅，今番隅縣。　懿行案：劉昭注《郡國志》「南海番禺」引此經云：「桂林八樹在賁禺東。」《水經·泿水》注及《文選·遊天台山賦》注引此經並作「賁禺」，又引郭注云：「八樹成林，言其大也。賁禺，音番隅。」今本脱郭音五字，又「言」譌爲「信」也。然《上林賦》注及張衡《四愁詩》注，及《初學記》八卷引此經，仍作「番禺」，蓋古有二本也。《初學記》引《南越志》云：「番禺縣有番、禺二山，因以爲名。」《水經·泿水》注又云：「縣有番山。名番禺，謂番山之禺也。」

伯慮國、未詳。　懿行案：伊尹《四方令》云：「正東伊慮。」疑即此。離耳國、鎪離其耳，分令下垂，以爲飾。即儋耳也。在朱崖海渚中。不食五穀，但噉蚌及藷萸也。　懿行案：伊尹《四方令》云：「正西離耳。」郭云「即儋耳」者，此南儋耳也。又有北儋耳，見《大荒北經》。「儋」當爲「瞻」。《説文》云，「瞻，垂耳也。从耳，詹聲。南方瞻耳之國。」劉逵注《吴都賦》引「異物志」云：「儋耳人鏤其耳匡。」《漢書》張晏注云：「儋耳鏤其頰，皮上連耳，分爲數支，狀似雞腸，累耳下垂。」《水經注》引《林邑記》曰：「漢置九郡，儋耳與焉。民好徒跣，耳廣垂以爲飾。」又云：「儋耳即離耳也。」《後漢書·西南夷傳》云：「哀牢人皆穿鼻儋耳，其渠帥自謂王者，耳皆下肩三寸，庶人則至肩而已。」雕題國、點涅其面，畫體爲鱗采。即鮫人也。　懿行案：伊尹《四方令》云：「正西雕題。」《楚詞·招魂》王逸注云：「雕，畫，題，額。言南極之人雕畫其額，常食蠃蚌也。」《桂海虞衡志》云：「黎人女及笄，即黥頰爲細花紋，謂之繡面女。」亦其類也。郭云「即鮫人」，恐非。或有譌字。「鮫人」，見劉逵《吴都賦》注。北朐國音「劬」。未詳。　懿行案：疑即「北户」也。《爾雅》疏引此經作「北煦」。「户」、「煦」，聲之轉。《爾雅·釋地》「四荒」有「北户」，郭注云：「北户在南。」皆在鬱水南。鬱水出湘陵南海。　懿行案：「鬱水」，見《海内東經》。此云「出湘陵南海」，疑有脱誤，又《水經·温水》注引此經云：「離耳國，雕題國皆在鬱水南。」無「伯慮」、「北朐」二國。李善注《四子講德論》引此經作「雕題國在鬱林南」，亦與今本異。明藏本「南海」作「南山也。」一曰相慮。　懿行案：「相慮」蓋「伯慮」之異文。或「柏慮」之譌文，「柏」、「伯」古字通也。若以《海内東經》「鬱水入須陵」之文校之，又疑「相慮」

即「須陵」之聲轉，此經「出湘陵」當爲「入湘陵」矣。

梟陽國　懿行案：揚雄《羽獵賦》、《淮南·氾論訓》並作「嘄陽」；左思《吴都賦》作「梟羊」；《説文》作「梟陽」。在北朐之西。懿行案：《爾雅》疏引此經作「北煦之西」。其爲人　懿行案：郭注《爾雅》「狒狒」引此經作「其狀如人」。人面、長脣、黑身、有毛、反踵，見人笑亦笑，懿行案：郭注《爾雅》「狒狒」引此經云「見人則笑」。劉逵注《吴都賦》引此經與《爾雅》注同。高誘注《淮南·氾論訓》亦云「嘄陽山精，見人而笑。」是古本並如此。且此物唯喜自笑，非見人笑方亦笑也。故《吴都賦》云：「萬萬笑而被格。」劉逵注引《異物志》云：「梟羊善食人，大口。其初得人，喜笑，則脣上覆額，移時而後食之。人因爲筒貫於臂上，待執人，人即抽手從筒中出，鑿其脣於額而得擒之。」是其笑惟自笑，不因人笑之證。以此參校，可知今本爲非矣。其云爲筒貫臂，正與此經「左手操管」合。左手操管。《周書》曰：「州靡𩳐𩳐者，人身、反踵、自笑，笑則上脣掩其面。」《爾雅》云：「𩳐𩳐，《大傳》曰：《周書》成王時州靡國獻之。」《海内經》謂之「贛巨人」。今交州南康郡深山中皆有此物也。長丈許，脚跟反向，健走，被髮好笑。雌者能作汁，灑中人即病。土俗呼爲「山都」。南康今有贛水，以有此人，因以名水。猶《大荒》説地有蜮人，人因號其山爲蜮山，亦此類也。懿行案：今《周書·王會篇》作「州靡費費」。郭引作「𩳐𩳐」，《説文》引作「禺禺」，蓋所見本異也。又所引《爾雅》當爲「狒狒」。《太平御覽》九百八卷引此經《圖讚》云：「萬萬，怪獸，被髮操竹。獲人則笑，脣蓋其目。終亦號咷，反爲我戮。」《廣韻》亦引此讚，字小異。

兕在舜葬東，湘水南，　懿行案：皆説圖畫如此。其狀如牛，蒼黑，一角。　懿行案：兕形狀已見《南次三經》「禱過之山」注。《竹書》云：「周昭王十六年，伐楚，涉漢，遇大兕。」

蒼梧之山，　懿行案：高誘注《淮南子》云：「蒼梧之山，在蒼梧馮乘縣東北，零陵之南。」帝舜葬于陽，即九疑山也。《禮記》亦曰「舜葬蒼梧之野。」　懿行案：《史記·五帝紀》注引《皇覽》云：「舜冢在零陵營浦縣，其山九谿皆相似，故曰九疑。」《吕氏春秋·安死篇》云：「舜葬於紀市。」高誘注云：「《傳》曰舜葬蒼梧九疑之山。此云於紀市，九疑山下亦有紀邑。」《太平御覽》五百五十五卷引《尸子》曰：「舜西教乎七戎，道死，葬於南己之中。」「己」即「紀」矣。帝丹朱葬於陰。今丹陽復有丹朱冢也。《竹書》亦曰「后稷放帝朱于丹水」，與此義符。丹朱稱「帝」者，猶漢山陽公死，加「獻帝」之謚也。　懿行案：《竹書》云：「帝堯五十八年，使后稷放帝子朱于丹水。」今本「朱」上有「子」字，與郭所引異。又《史記·五帝紀》注引此經云「丹朱葬于陰」，亦無「帝」字。推尋經文所以稱「帝」之義，或上古朴略，不以爲嫌。《水經·溱水》注云：「有鼻天子城。」「鼻天子」所未聞，亦斯之類。郭以漢山陽公事例之，非矣。

氾林方三百里，在狌狌東。或作「猩猩」，字同耳。　懿行案：《海内經》云：「猩猩，青獸。」狌狌知人名，　懿行案：《淮南·氾論訓》云：「猩猩知往而不知來。」高誘注云：「見人往走，則知人姓氏。」《後漢書·西南夷傳》云：「哀牢出猩猩。」李賢注引《南中志》云：「猩猩在山谷，見酒及屩，知其設張者，即知張者先祖名字，乃呼其名而罵云：奴欲張我云云。」其爲獸如豕而人面。《周書》曰：「鄭郭狌狌者，狀如黄狗而人面，頭如雄雞，食之不眯。」今交州封谿出狌狌，土俗人説云：狀如豚而腹似狗，聲如小兒啼也。懿行案：劉逵注《吴都賦》引此經云：「猩猩豕身人面。」郭注《爾雅》引此經亦同。蓋所見本異也。《周書·王會篇》云「都郭生生」，此注引作「鄭郭狌狌」，亦所見本異也。其「頭如雄雞」二句，彼文所説「奇幹善芳」，自別一物，此注不加刻削，妄行牽引，似非郭氏原文，或後人寫書者羼入之耳。《郡國志》云「交阯郡封谿」，郭注《爾雅》亦云「交阯封谿縣出猩猩。」《晉書·地理志》亦作「交阯郡」；此注作「交州」，「州」字譌也。又「腹似狗」一本作「後似狗」。云「聲如小兒啼」者，《爾雅》云「猩猩小而好啼」，郭注亦與此注同也。《水經·葉榆河》注云：「封谿縣有猩猩獸，形若黄狗，又狀貆豘。人面，頭顔端正。善與人言，音聲麗妙，如婦人好女對語交言，聞之無不酸楚。其肉甘美，可以斷穀，窮年不厭。」在舜葬西。

狌狌西北有犀牛，其狀如牛而黑。犀牛似水牛，豬頭，庳脚，三角。　懿行案：犀牛形狀已見《南次三經》「禱過之山」注。此注「庳脚三角」四字當與「豬頭」句相屬，疑書寫者誤分之。

夏后啟之臣曰孟涂，懿行案：《竹書》云：「帝啟八年，帝使孟涂如巴涖訟。」《水經·江水》注引此經作「血涂」；《太平御覽》六百三十九卷引作「孟余」或「孟徐」。是司神于巴。人聽其獄訟，爲之神主。請訟于孟涂之所，令斷之也。懿行案：《水經注》引此經云：「是司神于巴，巴人訟于血涂之所。」疑今本脱一「巴」字。其衣有血者乃執之。不直者，則血見於衣。是請生。言好生也。居山上，在丹山西。懿行案：《水經注》引經止此。酈氏又釋之云：「丹山西，即巫山者也。」丹山在丹陽南；丹陽，居屬也。今建平郡丹陽城。秭歸縣東七里，即孟涂所居也。　懿行案：《晉書·地理志》：建平郡有秭歸，無丹陽；其丹陽屬丹陽郡也。《水經注》引郭景純云：「丹山在丹陽，屬巴。」是此經十一字乃郭注之文，酈氏節引之，寫書者誤作經文耳。「居屬」，又「巴蜀」字之譌。

窫窳龍首，居弱水中，在狌狌知人面之西。其狀如龍首，食人。窫窳本蛇身人面，爲貳負臣所殺，復化而成此物也。　懿行案：劉逵注《吳都賦》引此經云：「南海之外有猰貐，狀如貙，龍首，食人。」蓋參引《爾雅》之文。《爾雅》云「猰貐類貙」，以引此經則誤矣。窫窳形狀又見《海内西經》。又《北山經》「少咸之山」說窫窳形狀復與此異。

有木，其狀如牛，《河圖玉版》說「芝草樹生，或如車馬，或如龍蛇之狀」，亦此類也。　懿行案：《博物志》云：「名山生神芝，不死之草。上芝爲車馬，中芝爲人形，下芝爲六畜。」引之有皮，若纓黄蛇，言牽之皮剥，如人冠纓及黄蛇狀也。　懿行案：「纓」謂纓帶也。引其皮，纓帶若黄蛇之狀也。其葉如羅，如綾羅也。　懿行案：郭說非也。上世淳朴，無綾羅之名，疑當爲網羅也。《淮南·氾論訓》云：「伯余之初作衣也，緂麻索縷，手經指挂，其成猶網羅。」是綾羅之名非上古所有，審矣。又楊檖一名羅，見《爾雅》。吳氏云。其實如欒，欒，木名。黄本、赤枝、青葉。生雲雨山。或作「卵」，或作「麻」。音「鑾」。　懿行案：《玉篇》云：「欒木似欄」。郭說欒「生雲雨山」者，見《大荒南經》。其木若蓲，蓲亦木名，未詳。　懿行案：「蓲」，刺榆也。《爾雅》云：「蓲，荎。」郭注引《詩》云：「山有蓲」，今之刺榆。其名曰建木。建木青葉紫莖，黑華黄實。其下聲無響，立無影也。　懿行案：郭説建木云《海内經》及《淮南子》。〔一〕《淮南·墬形訓》云：「建木在都廣，衆帝所自上下。日中無景，呼而無響，蓋天帝之中也。」〔二〕《吕氏春秋·有始覽》亦同玆説。在窫窳西弱水上。

氐人國音觸抵之「抵」。　懿行案：「氐人」，《大荒西經》作「互人」。在建木西。其爲人，人面而魚身，無足。盡胸以上人，胸以下魚也。　懿行案：《竹書》云：「禹觀於河，有長人白面魚身，出曰：吾河精也。」吴氏引徐鉉《稽神録》云：「謝仲玉者，見婦人出没水中，腰以下皆魚。」又引《徂異記》曰：「查道奉使高麗，見海沙中一婦人，肘後有紅鬣。問之，曰：人魚也。」形狀俱與此同。

巴蛇食象，三歲而出其骨。　懿行案：劉逵注《吴都賦》，引此經。君子服之，無心腹之疾。今南方蚒蛇吞鹿，鹿已爛，自絞於樹，腹中骨皆穿鱗甲間出。此其類也。《楚詞》曰：「有蛇吞象，厥大何如？」説者云長千尋。　懿行案：今《楚詞·天問》作「一蛇吞象」，與郭所引異。王逸注引此經作「靈蛇吞象」，並與今本異也。「蚒蛇」見《本草》。《淮南·精神訓》云：「越人得髯蛇以爲上肴，中國得而棄之無用。」又《水經》：「葉榆河過交阯崙泠縣北。」注云：「山多大虵，名曰髯虵，長十丈，圍七八尺。常在樹上伺鹿獸，鹿獸過，便低頭繞之。有頃，鹿死，先濡令溼訖，便吞頭角，骨皆鑽皮出。山夷始見虵不動時，便以大竹籤籤虵頭至尾，殺而食之，以爲珍異」云云。又云「養創之時，肪腴甚肥。搏之；以婦人衣投之，則蟠而不起走，便可得也。」《桂海虞衡志》云：「蚒蛇膽入藥。南人腊其皮，刮去鱗，以鞔鼓。」《藝文類聚》九十六卷引郭氏讚云：「象實巨獸，有蛇吞之。越出其骨，三年爲期。厥大何如，屈生是疑。」其爲蛇青黄赤黑，懿行案：劉逵注《吴都賦》引此經。一曰黑蛇青首。懿行案：黑蛇青首，食象，出朱卷之國。見《海内經》。在犀牛西。

旄馬，其狀如馬，四節有毛。《穆天子傳》所謂「豪馬」者。亦有「旄牛」。懿行案：今《穆天子傳》作「豪馬」、「豪牛」。郭氏注云：「毫猶髦也。」引此經云：「髦馬如馬，足四節皆有毛。」疑「髦」當爲「髦」；引經「髦馬」亦當爲「髦馬」，並字形之譌也。郭又注「豪羊」云：「似髦牛。」可知「旄牛」皆當爲「髦牛」矣。又，「旄牛」已見《北山經》首「潘侯之山」。在巴蛇西北，高山南。

匈奴、一曰「獫狁」。懿行案：伊尹《四方令》云：「正北匈奴。」《史記·匈奴傳》索隱引應劭《風俗通》云：「殷時曰獯粥，改曰匈奴。」又晉灼云：「堯時曰葷粥，周曰獫狁，秦曰匈奴。」案以上三名並一聲之轉。

開題之國、音「提」。列人之國，並在西北。三國並在「旄馬」西北。

校記

〔一〕「郭説建木云」，其中「云」當爲「本」。

〔二〕「天帝之中」，「帝」字當爲「地」。

山海經第十一

海内西經

海内西南陬以北者。

貳負之臣曰危。危與貳負殺窫窳，懿行案：劉逵注《吴都賦》引此經作「猰貐」。李善注張協《七命》引此經又作「猰㺄」。帝　懿行案：李善注張協《七命》引此經作「黄帝」。「黄」字衍。乃梏之疏屬之山，梏猶繫縛也。古沃切。懿行案：《地理志》：「上都雕陰。」應劭注云：「雕山在西南。」即斯山也。山在今陝西綏德州城内。《元和郡縣志》云：「龍泉縣疏屬山，亦名雕陰山。」桎其右足，桎，械也。懿行案：《説文》云：「桎，足械也。梏，手械也。」反縛兩手與髮，并髮合縛之也。懿行案：劉逵注《吴都賦》及李善注張協《七命》引此經，並無「與髮」二字。《北堂書鈔》四十五卷引則有之。又上句作「梏其右足大道」，下句作「繫之山木之上」，與今本異。此據影抄宋本，雖多誤字，極是善本。其「大道」二字疑「及首」之譌也。繫之山上木。漢宣帝使人上郡發盤石，石室中得一人，跣裸被髮，反縛，械一足。以問群臣，莫能知。劉子政按此言對之，宣帝大驚。於是時人爭學《山海經》矣。論者多以爲是其尸象，非真體也。意者以靈怪變化論，難以理測。物秉異氣，出於不然，不可以常運推，不可以近數揆矣。魏時有人發故周王冢者，得殉女子，不死不生，數日時有氣，數月而能語，狀如廿許人。送詣京師，郭太后愛養之，恒在左右。十餘年，太后崩，此女哀思哭泣，一年餘而死。即此類也。懿行案：經云「繫之山上木」，注言「得之石室中」，所未詳也。劉逵注《吳都賦》引此注，「盤石」作「磻石」。又云：「陷得石室，其中有反縛械人」云云，與今本異。《海内經》云：「北海之内有反縛盜械，名曰相顧之尸」，亦此之類。又《水經·洛水》注云：「温泉水側有僵人穴，穴中有僵尸。」戴延之《從劉武王西征記》曰：「有此尸，尸今猶在。夫物無不化之理，魄無不遷之道。而此尸無神識事，同木偶之狀，喻其推移，未若正形之速遷矣。」亦斯類也。郭云「魏時發故周王冢，得殉女子」，與顧凱之《啟蒙注》同，見《魏志·明帝紀》注。其《博物志》所載與此則異，又郭云「出於不然」，「不」當爲「自」字之譌，見《太平御覽》五十卷所引。在開題西北。懿行案：畢氏云：「開題」疑即「笄頭山」也，音皆相近。

大澤方百里，懿行案：《大荒北經》作「大澤方千里」。郭注《穆天子傳》引此經亦云「大澤方千里，羣鳥之所生及所解。」是「百」當爲「千」矣。然郭注又引此經云：「羣鳥所集，澤有兩處，一方百里，一方千里。」是又以爲非一地。所未詳也。李善注《别賦》引此經，亦云「大澤方百里」，可證今本不誤。羣鳥所生及所解，百鳥於此生乳，解之毛羽。懿行案：此地即瀚海也，說見《大荒北經》。在雁門北。雁門山，懿行案：《淮南·墬形訓》云：「燭龍在雁門北，蔽於委羽之山。」疑「委羽山」即雁門山之連麓。「委羽」亦即「解羽」之義。江淹《别賦》所謂「雁山參雲」也。雁出其間。　懿行案：《水經注》及《初學記》三十卷引此經，並作「雁出其門」。在高柳北。　懿行案：高柳山在今山西代州北三十五里。

高柳在代北。　懿行案：《水經·㶟水》注引此經，「北」作「中」。云：「其山重巒疊巘，霞舉雲高，連山隱隱，東出遼塞。」

后稷之葬，山水環之，在廣都之野。　懿行案：「廣都」，《海内經》作「都廣」，是。在氐國西。

流黄酆氏之國，　懿行案：《海内經》作「流黄辛氏」。《淮南·墬形訓》云：「流黄沃氏在其北，方三百里。」即此也。中方三百里，言國城内。有塗四方。途，道。中有山。　懿行案：《海内經》説「流黄辛氏」有「巴遂山」，蓋即此。在后稷葬西。

流沙出鍾山，　懿行案：《楚詞·招魂》云：「西方之害，流沙千里。」王逸注云：「流沙，沙流而行也。」高誘注《吕氏春秋·本味篇》云：「流沙在敦煌郡西八百里。」《水經》云：「流沙，地在張掖居延縣東北。」注云：「流沙，沙與水流行也。亦言出鍾山，西行極崦嵫之山。在西海郡北。」西行，又南行昆侖之虚，西南入海，黑水之山。今西海居延澤，《尚書》所謂「流沙」者，形如月生五日也。　懿行案：《地理志》云：「張掖郡居延，居延澤在東北，古文以爲流沙。」是郭所本也。《水經注》云：「流沙西歷昆山，西南出於過瀛之山，又歷員丘不死山之西，入於南海。」

東胡　懿行案：國名也。伊尹《四方令》云：「正北東胡。」詳《後漢書·烏桓》、《鮮卑傳》。《廣韻》引《前燕録》云：「昔高辛氏游於海濱，留少子厭越以居北夷，邑于紫蒙之野，號曰東胡」云云。其後爲慕容氏。

在大澤東。

夷人在東胡東。

貊國在漢水東北，今扶餘國即濊貊故地。在長城北，去玄菟千里。出名馬、赤玉、貂皮、大珠如酸棗也。懿行案：《魏志·東夷傳》説「夫餘」與此注同，即郭所本也。唯「貂皮」作「貂狖」。《後漢書·東夷傳》又作「貂豽」。《藝文類聚》八十三卷引《廣志》曰：「赤玉出夫餘。」地近于燕，滅之。懿行案：《大雅·韓奕篇》云：「其追其貊」，謂此。

孟鳥亦鳥名也。懿行案：《博物志》云：「孟舒國民，人首鳥身。其先主爲霅氏訓百禽。夏后之世始食卵，孟舒去之，鳳皇隨焉。」《太平御覽》九百十五卷引《括地圖》曰：「孟虧人首鳥身，其先爲虞氏馴百獸。夏后之末世，民始食卵，孟虧去之，鳳皇隨，與止於此。山多竹，長千仞，鳳皇食竹實，孟虧食木實。去九疑萬八千里。」據《括地圖》及《博物志》所説，蓋即孟鳥也。又《海外西經》有「滅蒙鳥」，在結匈國北，疑亦此鳥也。「滅」、「蒙」之聲近「孟」。在貊國東北，其鳥文赤、黄、青，東鄉。懿行案：明藏本「黄」上無「赤」字。

海内昆侖之虚言「海内」者，明海外復有昆侖山。懿行案：「海内昆侖」即《西次三經》「昆侖之丘」也，《禹貢》「昆侖」亦當指此。《海内東經》云：「昆侖山在西胡西。」蓋别一昆侖也。又《水經·河水》注引此經郭注云：「此自别有小昆侖也。」疑今本脱此句。又荒外之山以昆侖名者蓋多焉，故《水經》、《禹本紀》並言「昆侖去嵩高五萬里」，《水經注》又言「晉去昆侖七萬里」，又引《十洲記》「昆侖山在西海之戌地、北海之亥地，去岸十三萬里」，似皆别指一山。然則郭云「海外復有昆侖」豈不信哉。《説文》云：「虚，大丘也。昆侖丘謂之昆侖虚。」在西北，帝之下都。懿行案：《史記·司馬相如傳》正義引此經云：「昆侖去中國五萬里，天帝之下都。」蓋並引郭注也。「天」字疑衍。昆侖之虚方八百里，高萬仞，皆謂其虚基廣輪之高庳耳。自此以上二千五百餘里，上有醴泉、華池。去嵩高五萬里，蓋天地之中也。見《禹本紀》。懿行案：王逸注《離騷》，引《河圖括地象》，言「昆侖在西北，其高一萬一千里。」《初學記》引此經云：「昆侖山縱廣萬里，高萬一千里，去嵩山五萬里」云云，所引蓋《禹本紀》文，即郭所引者。《水經注》亦引此經及郭注，並稱《禹本紀》；《初學記》引作此經，誤也。上有木禾，長五尋，大五圍；木禾，穀類也。生黑水之阿，可食。見《穆天子傳》。懿行案：《穆天子傳》云：「黑水之阿，爰有野麥，爰有荅堇麰䴻，西膜之所謂木禾。」郭注引此經。李善注《思玄賦》亦引此經及郭注。面 懿行案：《初學記》七卷引此經作「上」。有九井，懿行案：《吕氏春秋·本味篇》云：「水之美者，昆侖之井。」以玉爲檻；檻，欄。懿行案：《淮南·墬形訓》云：「昆侖旁有九井，玉横維其西北隅。」面有九門，懿行案：《史記·司馬相如傳》正義引此經作「旁有五門」。門有開明 懿行案：《淮南·墬形訓》云：「東方曰東極之山，曰開明之門。」是開明乃門名也。此經自是獸名，非門名，形狀見下。獸守之。百神之所在，懿行案：《水經注》引《遁甲開山圖》注云：「天下仙聖治，在柱州昆侖山上。」在八隅之巖，在巖間也。赤水之際，非仁羿莫能上岡之巖。言非仁人及有才藝如羿者，不能得登此山之岡嶺巉巖也。羿嘗請藥西王母，亦言其得道也。「羿」，一或作「聖」。　懿行案：《論語》釋文云：「魯讀仍爲仁。」是「仁」、「仍」古字通。《説文》云：「羿，羽之羿風。」則「羿」、「羽」義近。《楚詞·遠遊篇》云：「仍羽人於丹丘。」王逸注云：「人得道，身生羽毛也。」是此經「仁羿」，即《楚詞》「仍羽人」，言羽化登仙也。郭云「羿嘗請藥西王母」，事見《歸藏》及《淮南·覽冥訓》。李淳風《乙巳占》引《連山易》云：「有馮羿者，得不死之藥於西王母。恒娥竊之以奔月，將往，枚筮於有黄。有黄占之曰：吉。翩翩歸妹，獨將西行。逢天晦芒，无恐无驚，後且大昌。恒娥遂託身於月。」即斯事也。

赤水出東南隅，以行其東北。　懿行案：《穆天子傳》云：「宿于昆侖之阿，赤水之陽。」郭注云：「昆侖山有五色水，赤水出東南隅而東北流。皆見《山海經》。」又案經文「東北」下，明藏本有「西南流，注南海厭火東」九字，爲今本所無。

河水出東北隅，　懿行案：郭注《爾雅·釋水》及李賢注《後漢書·張衡傳》、及《廣韻》引此經，並作「河出昆侖西北隅」。《淮南·墬形訓》、《廣雅》及《水經注》並從此經作「東北隅」，疑傳寫之譌，説見《爾雅略》。以行其北，西南又入渤海，又出海外，　懿行案：渤海蓋即翰海。或云蒲昌海，非也。《水經》云：「昆侖，河水出其東北陬，屈從其東南，流入於渤海。又出海外，南至積石山下，又南入蔥嶺，出于闐，又東注蒲昌海。」然則《水經》之意，蓋不以渤海即蒲昌海也。《大荒北經》云：「大荒之中有山，名曰先檻大逢之山，河濟所入，海北注焉。其西有山，名曰禹所積石。」與此經合，則其海即渤海明矣。即西而北，入禹所導積石山。禹治水，復決疏出之，故云「導河積石」。　懿行案：《括地志》所謂「小積石」也。説已見《海外北經》。《水經注》引此經云云，「山在隴西郡河關縣西南羌中。」然據《水經》説，積石山在蒲昌海之上，蓋大積石也。此及《海外北經》所説，皆小積石也。酈氏不知，誤以大積石爲即小積石，故濫引此經之文，又譏《水經》爲非，其謬甚矣。

洋音「翔」。水、　懿行案：高誘注《淮南·墬形訓》云：「洋水經隴西氐道，東至武都爲漢。陽或作養也。」〔二〕《水經注》引闞駰云：「漢或爲漾。漾水出昆侖西北隅，至氐道，重源顯發而爲漾水。」是「洋水」即「漾水」，字之異也。黑水出西北隅　懿行案：《史記·夏本紀》正義引《括地志》云：「黑水源出伊吾縣北百二十里，又南流二十里而絶三危山，在河州敦煌縣東南四十里。」以東，東行，又東北，南入海，　懿行案：《禹貢》云：「導黑水至于三危，入于南海。」或云南海即揚州東大海，非也。海在羽民南，非中國近地。羽民南。　懿行案：羽民，已見《海外南經》。

弱水、青水出西南隅《西域傳》：「烏弋國去長安萬五千餘里。西行可百餘日至條枝國，臨西海。長老傳聞：有弱水、西王母云。」《東夷傳》亦曰：「長城外數千里亦有弱水。」皆所未見也。《淮南子》云：「弱水出窮石。」窮石，今之西郡𨛖冉，蓋其派别之源耳。　懿行案：「弱」，《説文》作「溺」，云：「溺水自張掖刪丹，西至酒泉合黎，餘波入於流沙。从水，弱聲。桑欽所説。」《地理志》引桑欽，與《説文》同。《離騷》云：「夕歸次於窮石。」王逸注引《淮南子》，言：「弱水出于窮石，入於流沙也。」《史記》正義引《括地志》云：「蘭門山一名合黎，一名窮石山，在甘州删丹縣西南七里。」以東，又北，又西南過畢方鳥東。　懿行案：《海外南經》云：「畢方鳥在青水西。」然青水竟無攷。

昆侖南淵，深三百仞；靈淵。　懿行案：即《海内北經》云「從極之淵，深三百仞」者也。開明獸，身大類虎，　懿行案：明藏本有郭注「身或作直」四字。而九首，皆人面，東嚮立昆侖上。天獸也。銘曰：開明爲獸，秉資乾精。瞪視昆侖，威振百靈。　懿行案：銘亦郭氏《圖讚》也。

開明西有鳳皇、鸞鳥，皆戴蛇踐蛇，膺有赤蛇。

開明北有視肉、珠樹、　懿行案：《海外南經》云：「三珠樹生赤水上。」即此。《淮南·墬形訓》云：「昆侖之上有珠樹。」又云：「曾城九重，珠樹在其西。」文玉樹、五彩玉樹。　懿行案：《淮南子》云：「昆侖之上有玉樹。」王逸注《離騷》，引《括地象》，言：「昆侖有瓊玉之樹」也。玗琪樹、玗琪，赤玉屬也。吴天璽元年，臨海郡吏伍曜在海水際得石樹，高二尺餘，莖葉紫色，詰曲傾靡，有光彩，即玉樹之類也。「于」、「其」兩音。　懿行案：郭注見《宋書·符瑞志》，唯「二尺」作「三尺」，「莖葉」作「枝莖」，「詰曲」作「詰屈」爲異，其餘則同。但據郭所説，則似珊瑚樹，恐非玗琪樹也。「玗琪」見《爾雅·釋地》。又《穆天子傳》云：「重䶂氏之所守，曰玗琪、徽尾。」不死樹。言長生也。　懿行案：李善注《思玄賦》引此經云：「有不死樹，食之長壽。」今本無此句。又引《古今通論》云：「不死樹在層城西。」案《吕氏春秋·本味篇》云：「菜之美者，壽木之華。」高誘注云：「壽木，昆侖山上木也。華，實也。食其實者不死，故曰壽木。」是「壽木」即「不死樹」也。《淮南子》云：「昆侖之上有不死樹。」《藝文類聚》八十八卷引郭氏讚云：「萬物暫見，人生如寄。不死之樹，壽蔽天地。請藥西姥，焉得如羿。」鳳皇、鸞鳥皆戴瞂。音「伐」。盾也。　懿行案：《太平御覽》三百五十七卷引此經，「瞂」作「盾」。又有離朱、木禾、柏樹、甘水、即醴泉也。　懿行案：《史記·大宛傳》云：「《禹本紀》言，昆侖上有醴泉。」聖木、食之令人智聖也。　懿行案：《藝文類聚》八十八卷引郭氏《圖讚》云：「醴泉睿木，養齡盡性。增氣之和，去神之冥。何必生知，然後爲聖。」曼兑，未詳。一曰挺木牙交。《淮南》作「璇樹」。璇，玉類也。　懿行案：《淮南子》云：「昆侖之上有璇樹。」蓋璇樹一名「挺木牙交」，故郭氏引之。疑經文上下當有脱誤，或「挺木牙交」四字即「璇樹」二字之形譌，亦未可知。「璇」當爲「琁」。高誘注《淮南·墜形訓》云「琁音窮」是也。明藏本「牙」作「互」。臧庸曰：「挺木牙交爲曼兑之異文。兑讀爲鋭，挺當爲梃字之譌也。」

開明東有巫彭、巫抵、巫陽、巫履、巫凡、巫相，皆神醫也。《世本》曰：「巫彭作醫。」《楚詞》曰：「帝告巫陽。」　懿行案：《説文》云：「古者巫彭初作醫。」郭引《楚詞》者，《招魂篇》文也。餘詳《大荒西經》。夾窫窳之尸，皆操不死之藥以距之。爲距却死氣，求更生。窫窳者，蛇身人面，貳負臣所殺也。

服常樹，服常木，未詳。　懿行案：《淮南子》云：「昆侖之上，沙棠、琅玕在其東。」疑「服常」即「沙棠」也。「服」、《玉篇》、《廣韻》並作「棴」，云「木出昆侖」也。其上有三頭人，　懿行案：《海外南經》云：「三首國，一身三首。」亦此類也。伺琅玕樹。琅玕，子似珠。《爾雅》曰：「西北之美者，有昆侖之琅玕焉。」

莊周曰：「有人三頭，遞卧遞起，以伺琅玕與玗琪子。」謂此人也。　懿行案：《説文》云：「琅玕，似珠者。」郭注《爾雅·釋地》引此經云：「昆侖有琅玕樹也。」又《玉篇》引《莊子》云：「積石爲樹，名曰瓊枝，其高一百二十仞，大三十圍，以琅玕爲之實。」是「琅玕」即瓊枝之子似珠者也。「瓊枝」亦見《離騷》。又王逸注《九歌》云：「瓊芳，瓊玉枝也。」騷客但標瓊枝之文，《玉篇》空衍琅玕之實，而《莊子》逸文缺然未覩厥略。惟《藝文類聚》九十卷及《太平御覽》九百一十五卷引《莊子》曰：「老子見孔子，從弟子五人。問曰：前爲誰？對曰：子路爲勇，其次子貢爲智，曾子爲孝，顔回爲仁，子張爲武。老子歎曰：吾聞南方有鳥，其名爲鳳，所居積石千里。天爲生食，其樹名瓊枝，高百仞，以璆琳琅玕爲實。天又爲生離珠，一人三頭，遞卧遞起，以伺琅玕。鳳鳥之文，戴聖嬰仁，右智左賢。」以此參校郭注所引，「與玗琪子」四字蓋誤衍也。

開明南有樹，　懿行案：樹蓋絳樹也。《淮南子》云：「昆侖之上，絳樹在其南。」鳥六首，　懿行案：《大荒西經》「互人國」下云：「有青鳥，身黄，赤足，六首，名曰鸀鳥。」即此類。蛟、蛟似蛇，四脚。龍類也。蝮、蛇、蜼、豹、鳥秩樹。木名。未詳。于表池樹木，言列樹以表。池即華池也。誦鳥、鳥名。形未詳。鶽、鵰也。《穆天子傳》曰：「爰有白鶽、青鵰。」音竹筍之「筍」。　懿行案：今《穆天子傳》作「白鳥、青鵰。」已見《西次三經》「鍾山」注。視肉。

校記

〔一〕陽或作養，陽當爲「洋」。

山海經第十二

海内北經

海内西北陬以東者。

蛇巫之山，上有人操柸「柸」或作「棓」，字同。懿行案：「柸」即「棓」字之異文。《説文》云：「棓，棁也。」《玉篇》云：「棓與棒同。步項切。」《太平御覽》三百五十七卷引服虔《通俗文》曰：「大杖曰棓。」而東向立。一曰龜山。懿行案：《越絶書》云：「龜山一曰怪山。怪山者，往古一夜自來，民怪之，故謂怪山。」《吳越春秋》云：「怪山者，琅琊東武海中山也。一夕自來，故名怪山。」《水經·漸江水》注云：「山形似龜，故有龜山之稱。」疑此之類也。

西王母梯几而戴勝杖。梯，謂馮也。懿行案：如淳注《漢書》司馬相如《大人賦》，引此經無「杖」字。其南有三青鳥，爲西王母取食。又有三足鳥，主給使。懿行案：三青鳥居三危山，見《西次三經》。《史記》正義引《輿記圖》云：「有三足神鳥，爲王母取食。」在昆侖虚北。

有人曰大行伯，把戈。其東有犬封國。昔盤瓠殺戎王，高辛以美女妻之。不可以訓，乃浮之會稽東海中，得三百里地，封之。生男爲狗，女爲美人，是爲狗封之國也。　懿行案：郭説本《風俗通》。《後漢書·南蠻傳》有其文，李賢注引《魏略》云：「高辛氏有老婦，居王室。得耳疾，挑之，乃得物，大如繭。婦人盛瓠中，覆之以槃，俄頃，化爲犬，其文五色，因名槃瓠。」案《水經·沅水》注亦載其事。貳負之尸在大行伯東。

犬封國曰犬戎國，狀如犬，黄帝之後卞明，生白犬二頭，自相牝牡，遂爲此國。言狗國也。　懿行案：「犬封」、「犬戎」聲相近。郭注本《大荒北經》。有一女子，方跪進杯食。與酒食也。　懿行案：《藝文類聚》七十三卷引此經，「杯」上有「玉」字。明藏本「杯」作「桮」，注「酒」字作「狗」。有文馬，　懿行案：「文」，《説文》作「媽」，《廣雅》作「駇」。縞身色白如縞。朱鬣，目若黄金，名曰吉量，一作「良」。　懿行案：李善注《東京賦》引此經正作「吉良」。乘之壽千歲。《周書》曰：「犬戎文馬，赤鬣白身，目若黄金，名曰吉黄之乘。成王時獻之。」《六韜》曰：「文身朱鬣，眼若黄金，項若雞尾，名曰雞斯之乘。」《大傳》曰「駮身、朱鬣、雞目。」《山海經》亦有「吉黄之乘，壽千歲者。」惟名有不同，説有小錯，其實一物耳。今博舉之，以廣異聞也。　懿行案：今《周書·王會篇》作「古黄之乘」。《初學記》二十九卷引亦同。郭引作「吉黄」。《六韜》云：「犬戎氏文馬，豪毛朱鬣。」郭引無「豪毛」二字。《尚書大傳》云：「散宜生遂之犬戎氏，取美馬駮身朱鬣雞目者，取九六焉。」郭又云：「《山海經》亦有吉黄之乘」，是此經「吉量」本或有作「吉黄」者。又名吉光，亦名騰黄。李善注《東京賦》引《瑞應圖》云：「騰黄神馬，一名吉光。」《藝文類聚》九十三卷引此經又作「吉彊」，九十九卷引《瑞應圖》云：「騰黄者，其色黄。」非也。經云「縞身朱鬣」，明非黄色。

鬼國　懿行案：伊尹《四方令》云：「正西鬼親。」又《魏志·東夷傳》云：「女王國北有鬼國。」《論衡·訂鬼篇》引此經曰：「北方有鬼國。」在貳負之尸北，爲物人面而一目。　懿行案：「一目國」，已見《海外北經》。一曰貳負神在其東，爲物人面蛇身。　懿行案：與窫窳同狀。

蜪犬音「陶」。或作「蚼」，音「鉤」。　懿行案：《説文》作「蚼」，云：「北方有蚼犬，食人。」如犬，青，

懿行案：《藝文類聚》九十四卷引此經，「青」下有「色」字。食人從首始。

窮奇狀如虎，有翼，毛如蝟。　懿行案：窮奇蝟毛，已見《西次四經》「邽山」。《史記》正義引《神異經》云：「西北有獸，其狀似虎，有翼能飛，便勦食人。知人言語，聞人鬬，輒食直者；聞人忠信，輒食其鼻；聞人惡逆不善，輒殺獸往饋之。名曰窮奇。」食人從首始。所食被髮。在蜪犬北。一曰從足。　懿行案：郭注《方言》云：「虎食物，值耳即止，以觸其諱故。」是知虎食人，從足始也。

帝堯臺、帝嚳臺、　懿行案：《初學記》二十四卷引王韶之《始興記》云：「含涯縣有堯山，堯巡狩至於此，立行臺。」是帝堯有臺也。《楚詞·天問》云：「簡狄在臺嚳何宜？」《離騷》云：「望瑶臺之偃蹇，見有娀之佚女。」是帝嚳有臺也。帝丹朱臺、帝舜臺，　懿行案：《大荒西經》有「軒轅臺」，《北經》有「共工臺」，亦此之類。各二臺，臺四方，在昆侖東北。此蓋天子巡狩所經過，夷狄慕聖人恩德，輒共爲築立臺觀，以標顯其遺跡也。一本云：所殺相柳，地腥臊不可種五穀，以爲衆帝之臺。　懿行案：「衆帝之臺」，已見《海外北

經》。

大蠭，其狀如螽； 懿行案：蜂有極桀大者，僅曰「如螽」似不足方之。疑「螽」即「蠭」字之譌，與下句詞義相比。古文「蠭」作「螽」，與「螽」字形近，故譌耳。朱蛾， 懿行案：《爾雅》云：「蠪，朾蟻。」郭注云：「赤駮蚍蜉。」蓋此之類。其狀如蛾。蛾，蚍蜉也。《楚詞》曰：「玄蜂如壺，赤蛾如象。」謂此也。

懿行案：郭引《楚詞》，見《招魂》篇。

蟜，「蟜」音「橋」。 懿行案：《説文》云：「蟜，蟲也。」非此。《廣韻》「蟜」字注引此經云：「野人，身有獸文。」與今本小異。其爲人虎文，脛有䏿。言腳有膞腸也。 懿行案：「膞」當爲「腨」。《説文》云：「腨，腓腸也。」「腓，脛腨也。」已見《海外北經》「無䏿國」。在窮奇東。一曰狀如人，昆侖虛北所有。此同上物事也。 懿行案：郭意此已上物事，皆昆侖虛北所有也。明藏本「同」作「目」。

闒非，「闒」音「榻」。 懿行案：伊尹《四方令》云：「正西闒耳。」疑即此。「非」、「耳」形相近。人面而獸身，青色。

據比 一云「掾比」。 懿行案：「掾比」，一本作「掾北」。之尸，其爲人折頸被髮，無一手。

環狗， 懿行案：伊尹《四方令》云：「正西昆侖狗國。」《易林》云：「穿胸狗邦。」即此也。《淮南·墬形訓》有「狗國」。其爲人獸首人身。一曰蝟狀如狗，黄色。

袜，「袜」即「魅」也。 懿行案：「魑魅」，漢碑作「禠袜」。《禮儀志》云：「雄伯食魅。」《玉篇》云：「袜，即鬼魅也。」本此。其爲物人身、黑首、從目。懿行案：《楚詞·大招》云：「豕首從目，被髮鬤只。」疑即此。

戎，懿行案：《周書·史記篇》云：「昔有林氏，召離戎之君而朝之。」或單呼爲「戎」，又與「林氏國」相比，疑是也。其爲人人首、三角。懿行案：「戎」，《廣韻》作「㑑」，云：「㑑，人身，有三角也。」「首」作「身」，與今本異。

林氏國懿行案：《周書·史記篇》云：「昔有林氏，召離戎之君而朝之。」又云：「林氏與上衡氏爭權，俱身死國亡。」即此國也。有珍獸，大若虎，五采畢具，懿行案：《毛詩》傳云：「騶虞，白虎黑文，不食生物。」與此異。尾長于身，名曰騶吾，乘之日行千里。《六韜》云：「紂囚文王，閎夭之徒詣林氏國，求得此獸，獻之。紂大悦，乃釋之。」《周書》曰：「夾林酋耳。」酋耳若虎，尾參於身，食虎豹。《大傳》謂之「侄獸」。「吾」宜作「虞」也。懿行案：《尚書大傳》云：「散宜生之於陵氏，取怪獸大不辟虎狼間，尾倍其身，名曰虞。」鄭康成注云：「虞，騶虞也。」是鄭以「虞」即此經之「騶吾」。則「於陵氏」即「林氏國」也。「於」爲發聲，「陵」、「林」聲近，「騶虞」亦即「騶吾」也。「虞」、「吾」之聲又相近。《周禮》賈疏引經作「鄒吾」，古字假借也。《周書·王會篇》云：「央林酋耳。」「央」，一作「英」，郭引作「夾」，字形之譌也。郭又引《大傳》謂之「侄獸」，「侄」音「質」。今《大傳》作「怪獸」也。《藝文類聚》九十九卷引郭氏讚云：「怪獸五采，尾參於身。矯足千里，倏忽若神。是謂騶虞，《詩》歎其仁。」

昆侖虛南所有。懿行案：此目下物事也，郭無注，蓋失檢。氾林方三百里。懿行案：《淮南·墬形訓》云：「樊桐在昆侖閶闔之中。」《廣雅》云：「昆侖虛有板桐。」《水經注》云：「昆侖之山，下曰樊桐，一名板桐。」「氾」、「樊」、「板」聲相近，「林」、「桐」字相似，當即一也。畢氏云。從極之淵，懿行案：李善注《江賦》引此經「淵」作「川」。深三百仞，維冰夷恒都焉。冰夷，馮夷也。《淮南》云：「馮夷得道，以潛大川。」即河伯也。《穆天子傳》所謂「河伯無夷」者。《竹書》作「馮夷」。字或作「冰」也。懿行案：《水經注》引此經作「馮夷」。《穆天子傳》云：「河伯無夷之所都居。」郭注云：「無夷，馮夷也。」引此經云：「冰夷。」「冰」、「馮」聲相近也。《史記》索隱又引《太公金匱》云：「馮修也。」「修」、「夷」亦聲相近也。《竹書》云：「夏帝芬十六年，洛伯用與河伯馮夷鬬。」郭引「《淮南》云」者，《齊俗訓》文也。《莊子·大宗師》篇云：「馮夷得之以游大川。」釋文引司馬彪云：「《清泠傳》曰：馮夷，華陰潼鄉隄首人也。服八石，得水仙，是爲河伯。一云以八月庚子浴於河而溺死。」今案古書馮夷姓名多有異説，兹不備述云。冰夷人面，乘兩龍。畫四面各乘靈車，駕二龍。懿行案：郭注「靈」蓋「雲」字之譌也。《水經注》引《括地圖》云：「馮夷恒乘雲車，駕二龍。」是《靈》當爲「雲」。《太平御覽》六十一卷引此注正作「雲車」，可證。李善注《江賦》引此經作「冰夷人面而乘龍。」無「兩」字，疑「兩」譌爲「而」，「乘」字又誤置「而」字下也。《史記·封禪書》正義引此經與今本同，可證。一曰忠極之淵。懿行案：《水經注》引此經作「中極」。「中」、「忠」古字通。

陽汙之山，河出其中，凌門之山，河出其中。皆河之枝源所出之處也。　懿行案：「陽汙」即「陽紆」，聲相近。《穆天子傳》云：「至于陽紆之山，河伯無夷之所都居。」《水經注》云：「河水又出于陽紆、陵門之山，而注于馮逸之山。」蓋即引此經之文，「陵門」即「凌門」也。或云即「龍門」；「凌」、「龍」亦聲相轉也。《藝文類聚》八卷引此經正作「陽紆、陵門」，與《水經注》合。陽紆、陵門其地皆當在秦，故《淮南子》云：「昔禹治洪水，具禱陽紆。」高誘注云：「陽紆，秦藪」是也。《水經注》反以高誘爲非，謬矣。

王子夜之尸，兩手、兩股、胷、　懿行案：「胷」當爲「匈」。首、齒皆斷，異處。此蓋形解而神連，貌乖而氣合；合不爲密，離不爲疏。　懿行案：《楚詞·天問》注有「王子僑之尸」，未審與此經所説即一人不？或説「王子夜之尸」即「尸虞」，恐非也。「尸虞」即「天虞」，見《大荒西經》。所未能詳。《漢書·郊祀志》云：「形解銷化。」服虔注云：「尸解也。」蓋此類與？郭氏《圖讚》云：「子夜之尸，體分成七。離不爲疏，合不爲密。苟以神御，形歸於一。」

舜妻登比氏，　懿行案：《大荒南經》云：「帝俊妻娥皇。」即《竹書》云「后育」是也。《大戴禮·帝繫篇》云：「帝舜娶於帝堯之子，謂之女匽氏。」《尸子》云：「妻之以媓，媵之以娥。此二妃皆堯女。」鄭注《禮記》云：「舜有三妃。」蓋其一即「登比」矣。生宵明、燭光，即二女字也。以能光照，因名云。　懿行案：《初學記》十卷云：「舜女有宵明、燭光」，本此。處河大澤。澤，河邊溢漫處。二女之靈，能照此所，方百里。言二女神光所燭及者，方百里。　懿行案：《淮南·墬形訓》云：「宵明、燭光在河洲，所照方千里。」疑

「千」當爲「百」，或所見本異。一曰登北氏。

蓋國 懿行案：《魏志·東夷傳》云：「東沃沮，在高句麗蓋馬大山之東。」《後漢書·東夷傳》同。李賢注云：「蓋馬，縣名。屬玄菟郡。」今案蓋馬，疑本蓋國地。在鉅燕南，倭北。倭屬燕。倭國在帶方東、大海內，以女爲主。其俗露紒，衣服無針功。以丹朱塗身。不妒忌，一男子數十婦也。懿行案：《魏志·東夷傳》云：「倭人在帶方東南、大海之中，依山島爲國邑。舊百餘國，其國本亦以男子爲王。國亂，相攻伐歷年，乃共立一女子爲王，名曰卑彌呼。其俗：男子皆露紒，以木棉招頭，其衣橫幅，但結束相連，略無縫；婦人被髮屈紒，作衣如單被，穿其中央，貫頭衣之。皆徒跣，以丹朱塗其身體，如中國用粉也。其俗，國大人皆四五婦，下户或二三婦，婦人不淫不妒忌。」是皆郭注所本也。《地理志》云：「樂浪海中有倭人，分爲百餘國。」《魏志》亦云：「女王國東，渡海千餘里，復有國，皆倭種」是也。其國有青玉。《藝文類聚》八十三卷引《廣志》曰：「青玉出倭國。」《史記》正義云：「武后改倭國爲日本國。」經云「倭屬燕」者，蓋周初事與？

朝鮮 懿行案：《尚書大傳》云：「武王勝殷，釋箕子之囚。箕子不忍爲周之釋，走之朝鮮。武王聞之，因以朝鮮封之。」《魏志·東夷傳》云：「濊，南與辰韓，北與高句麗、沃沮接，東窮大海。今朝鮮之東皆其地也。昔箕子既適朝鮮，作八條之教以教之，無門户之閉而民不爲盗」云云。《史記》正義云：「朝音潮，鮮音仙。」在列陽東，海北山南。列陽屬燕。朝鮮，今樂浪縣，箕子所封也。列，亦水名也，今在帶方。帶方有列口縣。懿行案：《地理志》云：「樂浪郡，朝鮮。」又：「吞列分黎山，列水所出，西至黏蟬入海。」又云：「含資帶水，西至帶方入海。」又：「帶方、列口，並屬樂浪郡。」《晉書·地理志》：「列口，屬帶方郡。」

列姑射，在海河洲中。山名也。山有神人。河州在海中，河水所經者。《莊子》所謂「藐姑射之山」也。懿行案：《列子·黃帝篇》云：「列姑射山在海河洲中。山上有神人焉，吸風飲露，不食五穀，心如淵泉，形如處女」云云。與《莊子·逍遥游篇》所云：「藐姑射之山，汾水之陽」者非一地也。說已見《東次二經》「姑射之山」。郭引《莊子》說此經，蓋非。

射姑國在海中，屬列姑射，西南山環之。　懿行案：山環西南，海據東北也。

大蟹在海中。蓋千里之蟹也。　懿行案：《周書·王會篇》云：「海陽大蟹。」孔晁注云：「海水之陽，一蟹盈車。」此云「千里」，疑字之譌也。然《大荒北經》注亦同，又似不譌。《吕氏春秋·恃君覽》云：「夷穢之鄉，大解陵魚。」「大解」即「大蟹」也，古字通用。「陵魚」在下。

陵魚，人面、手、足，魚身，在海中。　懿行案：《楚詞·天問》云：「鯪魚何所？」王逸注云：「鯪魚，鯉也。一云鯪魚，鯪鯉也，有四足，出南方。」《吴都賦》云：「陵鯉若獸。」劉逵注云：「陵鯉有四足，狀如獺，鱗甲似鯉，居土穴中，性好食蟻。」引《楚詞》云「陵魚曷止？」王逸曰：「陵魚，陵鯉也。」所引《楚詞》與今本異。其說陵鯉，即今穿山甲也。云「性好食蟻」，陶注《本草》說之極詳，然非此經之陵魚也；穿山甲又不在海中，此皆非矣。查通奉使高麗，見海沙中一婦人，肘後有紅鬣，號曰人魚，蓋即陵魚也。「陵」、「人」聲相轉，形狀又符，是此魚審矣。又《初學記》三十卷引此經云：「鯪魚背腹皆有刺，如三角菱。」《北堂書鈔》

一百三十七卷亦引此經，而云「鯪鯉吞舟」；《太平御覽》九百三十八卷引作「鯪魚吞舟」。疑此皆郭注，誤引作經文，今本並脱去之也。

大鯾居海中。「鯾」即「魴」也。音「鞭」。懿行案：《爾雅》云：「魴，魾。」郭注云：「江東呼魴魚爲鯿。」案「鯿」同「鯾」，見《説文》。

明組音「祖」。邑，居海中。懿行案：「明組邑」，蓋海中聚落之名，今未詳。或説以《爾雅》云「組似組，東海有之」，恐非。

蓬萊山在海中。上有仙人宫室，皆以金玉爲之。鳥獸盡白，望之如雲。在渤海中也。懿行案：《史記·封禪書》云：「蓬萊、方丈、瀛洲，此三神山者，其傳在渤海中，諸仙人及不死之藥皆在焉。其物禽獸盡白，而黄金銀爲宫闕，未至，望之如雲」云云，是郭所本也。《列子》夏革説勃海之東有五山，中有蓬萊云。

大人之市在海中。懿行案：今登州海中州島上，春夏之交恒見城郭市廛，人物往來，有飛仙遨遊，俄頃變幻。土人謂之海市，疑即此。秦漢之君所以甘心，方士所以誑惑其君，豈不以此邪？

山海經第十三

海内東經

海内東北陬以南者。

鉅燕在東北陬。

國在流沙中者：埻端、「埻」音「敦」。懿行案：《玉篇》作：「𡒄端，國名。」璽㬇，「㬇」音「唤」。或作「繭㬇」。懿行案：「㬇」即「暖」字也。《玉篇》作「璽㬇國。」在昆侖虚東南。一曰海内之郡，不爲郡縣，在流沙中。懿行案：《海内東經》之篇，而説流沙内外之國，下又雜厠東南諸州及諸水，疑皆古經之錯簡。

國在流沙外者：大夏、大夏國城，方二三百里。分爲數十國。地和温，宜五穀。懿行案：《周書·王會篇》云：「大夏兹白牛。」孔晁注云：「大夏，西北戎。」伊尹《四方令》云：「正北大夏。」《史記·大宛傳》云：「大夏在大宛西南二千餘里嬀水南。其俗：土著有城屋，與大宛同，俗無大王長，往往城邑置小長。」裴松之注

《三國志》引《魏略》云：「西王母西有修流沙，修流沙西有大夏國。」豎沙、　懿行案：《說文》云：「古者宿沙，初作煮海鹽。」宿沙蓋國名。「宿」、「豎」聲相近，疑即「豎沙」也。《三國志》注引《魏略》作「堅沙國」。居繇、「繇」音「遥」。　懿行案：《三國志》注引《魏略》作「屬繇國。」月支之國。月支國多好馬、美果。有大尾羊，如驢尾，即羬羊也。小月支、天竺國皆附庸云。　懿行案：伊尹《四方令》云：「正北月氏。」「氏」、「支」同。《三國志》注引《魏略》作「月氏國」。《漢書·西域傳》云：「大月氏國，治監氏城。」

西胡白玉山　懿行案：《三國志》注引《魏略》云：「大秦西有海水，海水西有河水。河水西，南北行有大山，西有赤水。赤水西有白玉山，白玉山西有西王母。」今案「大山」蓋即昆侖也。「白玉山」、「西王母」皆國名。《藝文類聚》八十三卷引《十洲記》曰：「周穆王時，西胡獻玉杯，是百玉之精，明夜照夕」云云。然則「白玉山」蓋以出美玉得名也。在大夏東，蒼梧　懿行案：此别一蒼梧，非南海蒼梧也。在白玉山西南，皆在流沙西、昆侖虚東南。昆侖山在西胡西，皆在西北。《地理志》：昆侖山在臨羌西，又有西王母祠也。　懿行案：《地理志》云：「金城郡臨羌，西北至塞外，有西王母石室。」又云：「有弱水，昆侖山祠。」是郭所本也。然詳此經所説，蓋《海内西經》注所云「海外復有昆侖」者也。郭引《地理志》，復以海内昆侖説之，似非。

雷澤中有雷神，龍身而人頭，鼓其腹。在吴西。今城陽有堯冢、靈臺，雷澤在北也。《河圖》曰：「大迹在雷澤，華胥履之，而生伏羲。」　懿行案：《淮南·墬形訓》云：「雷澤有神，龍身人頭，鼓其腹而熙。」高誘注云：「雷澤，大澤也。」《地理志》云：「濟陰郡成陽，有堯冢、靈臺。《禹貢》雷澤在西北。」《史記·五帝紀》正義引《括地志》云：「雷夏澤在濮州雷澤縣郭外西北。」又引此經云：「雷澤有雷神，龍首人頰，鼓其腹則雷。」與今本異也。

都州在海中。　懿行案：《水經·淮水》注引此經作「郁山」。劉昭注《郡國志》引此經與今本同。一曰郁州。今在東海朐縣界。世傳此山自蒼梧從南徙來，上皆有南方物也。「郁」，音「鬱」。　懿行案：劉昭注《郡國志》引此注云：「在蒼梧徙來，上皆有南方樹木。」與今本異。疑今本「從南」二字衍也。《水經注》亦云：「言是山自蒼梧徙此，云山上猶有南方草木。」

琅邪臺在渤海間，琅邪之東。今琅邪在海邊。有山嶕嶢特起，狀如高臺，此即琅邪臺也。琅邪者，越王句踐入霸中國之所都。　懿行案：《史記·封禪書》索隱及《文選》注謝朓《和王著作八公山詩》引此經，並與今本同。《越絶書》云：「句踐徙琅邪，起觀臺，臺周七里，以望東海。」今詳此經，是地本有臺，句踐特更增築之耳。故《史記》索隱云「是山形如臺」也，斯言得之。其北有山，一曰在海間。　懿行案：琅邪臺在今沂州府。其東北有山，蓋勞山也。勞山在海間，一曰牢山。

韓鴈　懿行案：韓鴈，蓋三韓古國名。韓有三種，見《魏志·東夷傳》。在海中，都州南。

始鳩國名。或曰鳥名也。在海中，轅厲南。　懿行案：「轅厲」疑即「韓鴈」之譌也。「韓」「轅」、「鴈」「厲」並字形相近。

會稽山在大楚南。

岷三江：首大江，出汶山；今江出汶山郡升遷縣岷山，東南經蜀郡、犍爲，至江陽，東北經巴東、建平、宜都、南郡、江夏、弋陽、安豐，至廬江南界，東北經淮南、下邳，至廣陵郡入海。　懿行案：「汶」即「岷」也，已見《中次九經》「岷山」。郭云：「岷山，大江所山。」「岷」字一作「㟩」。《廣雅》云：「蜀山謂之㟩山。」「蜀」，讀爲「獨」，字或作「瀆」。《史記·封禪書》云：「瀆山，蜀之汶山也。」《水經注》又謂之「汶阜山」。又郭注自「蜀郡」已下凡有十四名，並見《晉書·地理志》。北江，出曼山；　懿行案：「曼山」即「崌山」，郭云「北江所出」。南江，出高山。　懿行案：「高山」即「崍山」，郭云「南江所出」。高山在城都西。　懿行案：「城」當爲「成」。入海在長州南。　懿行案：《郡國志》云：「東陽故屬臨淮，有長洲澤。」「洲」當爲「州」也。又案「成都」、「長州」亦皆周以後地名，蓋校書者記注之。

浙江出三天子都，按《地理志》：「浙江出新安黟縣南蠻中，東入海。」今錢塘浙江是也。「黟」即「歙」也。「浙」音「折」。　懿行案：《說文》云：「漸水出丹陽黟南蠻中，東入海。」又云：「浙江水東至會稽山陰爲浙江。」《地理志》云：「丹陽郡黝，漸江水出南蠻夷中，東入海。」顏師古注云：「黝音伊，字本作黟。」是也。《晉書·地理志》亦作「黝」，屬新安郡。新安即丹陽。晉改漢制，郭引《地理志》，據所改爲名，故不稱「丹陽」也。《水經》云：「漸江水出三天子都。」注云：「《山海經》謂之浙江也。」案初出名「漸江」，其流曲折，至會稽名「浙江」，《說文》之旨與《水經》正合。《莊子》謂之「制河」。「制」、「浙」、「漸」三字聲轉，其實一也。

水出今安徽歙縣西北黄山。三天子都在績谿縣，即「三天子鄣」，已見《海内南經》。《文選》注謝惠連《西陵遇風獻康樂》詩引此注云：「今錢塘有浙江。」疑今本脱「有」字也。在其東，懿行案：「其」字疑譌。《太平御覽》六十五卷引作「率」，亦非也。據《太平寰宇記》引作「蠻」。郭注「黟即歙也」，「黟」亦引作「蠻」。今以《地理志》、《説文》證之，當是也。在閩西北，懿行案：《海内南經》云：「三天子鄣山在閩西海北。」入海餘暨南。餘暨縣屬會稽，今爲永興縣。懿行案：「餘暨」今蕭山也。《地理志》云：「會稽郡餘暨。」《晉書·地理志》云：「會稽郡永興。」

廬江出三天子都，懿行案：《地理志》云：「廬江都，廬江出陵陽東南，北入江。」《水經》云：「廬江水出三天子都，北過彭澤縣，西北入於江。」注引此經。入江彭澤西。彭澤，今彭蠡也，在尋陽彭澤縣。懿行案：《地理志》云：「廬江郡尋陽。」「豫章郡彭澤。」《郡國志》云：「彭澤，彭蠡澤在西。」一曰天子鄣。懿行案：「三天子鄣」，已見《海内南經》。

淮水出餘山。餘山在朝陽東，朝陽縣，今屬新野。懿行案：《地理志》云：「南陽郡朝陽。」應劭注云：「在朝水之陽。」《藝文類聚》八卷引此經無「東」字。《晉書·地理志》朝陽、新野並屬義陽郡。郭注「新野」疑當爲「義陽」，字之譌也。義鄉西。懿行案：「義鄉」今無攷。郭云「義陽」者，《水經注》云：「闞駰言：晉太始中，割南陽東鄙之安昌、平林、平氏、義陽四縣，置義陽郡於安昌城。」「義陽」或即此經之「義鄉」。入海淮浦北。今淮水出義陽平氏縣桐柏山山東，北經汝南、汝陰、淮南、譙國、下邳，至廣陵縣入海。懿行案：《説文》云：「淮水出南陽平氏桐柏大復山，東南入海。」《地理志》云：「南陽郡平氏，《禹貢》桐柏大復山在東南，淮水所出，東南至淮陵入海。」《水經》云：「出胎簪山，東北過桐柏山。」然則此經云「餘山」者，或「桐柏」之異名也。《初學記》六卷引此經云：「淮水出南陽平氏縣桐柏山。」蓋引郭注誤作經文耳。「南陽」當作「義陽」，字之譌。《初學記》又引郭注作「義陽」，與今本同。又陶宏景注《本草》「丹蔘」云：「此桐柏山是淮水原所出之山，在義陽。」亦與郭注同也。「義陽平氏」，見《晉書·地理志》。「淮浦」者，《地理志》云：「臨淮郡淮浦，游水北入海。」應劭注云：「淮涯也。」《水經》云：「淮水至廣陵淮浦縣，入於海。」注云：「淮水於縣枝分，北爲游水，又東北逕紀鄣故城南，東北入海。」今案《水經》云「廣陵淮浦縣」，此注作「廣陵縣」，疑脱「淮浦」二字。《初學記》引郭注作「淮陰縣」，又「淮浦縣」之譌也。

湘水出舜葬東南陬，西環之，環，繞也。今湘水出零陵營道縣陽湖山，入江。 懿行案：《説文》云：「湘水出零陵陽海山。」《地理志》云：「零陵郡零陵，陽海山，湘水所出，北至酃入江。」《水經》云：「湘水出零陵始安縣陽海山。」注云：「即陽朔山也。」李善注《江賦》引此注亦作「陽朔山」。今本作「陽湖山」，譌。入洞庭下。洞庭，地穴也。在長沙巴陵。今吴縣南太湖中有包山，下有洞庭穴道，潛行水底，無所不通，號爲地脈。 懿行案：郭氏《江賦》云：「爰有包山洞庭，巴陵地道，潛逵傍通，幽岫窈窕。」李善注引此注，與今本同。其注《羽獵賦》引此注亦同。今湘水至湖南長沙縣入洞庭湖。一曰東南西澤。 懿行案：蓋言一本作「東南入西澤」也。經文疑有脱誤。

漢水出鮒魚之山，《書》曰：「嶓冢導漾，東流爲漢。」按《水經》：「漢水出武都沮縣東狼谷，經漢中、魏興至南鄉，東經襄陽，至江夏安陸縣入江。别爲沔水，又爲滄浪之水。」　懿行案：漢水所出，已見《西山經》「嶓冢之山」。此經云「出鮒魚之山」；「鮒魚」或作「鮒隅」，一作「鮒鰅」，即《海外北經》「務隅之山」，《大荒北經》又作「附魚之山」，皆即廣陽山之異名也。與漢水源流絶不相蒙，疑經有譌文。《北堂書鈔》九十二卷引「漢水」作「濮水」，水在東郡濮陽，正顓頊所葬，似作「濮」者得之矣，宜據以訂正。帝顓頊葬于陽，九嬪葬于陰，　懿行案：二句已見《海外北經》。但此經方釋諸水，而又述此；疑後人見「鮒魚」與「務隅」山名相涉，因取彼文羼入之耳。又此經「漢水」但言所出，不言歸入，蓋有脱文矣。四蛇衛之。言有四蛇衛守山下。

濛水　懿行案：《地理志》云：「蜀郡青衣，《禹貢》蒙山谿，大渡水東南至南安入渽，渽東入江。」大渡水即「濛水」，蓋因山爲名也。《水經·江水》注云：「濛水即大渡水也，發蒙谿，東南流與渽水合，又東入江。」引此經文也。「渽」，《説文》作「涐」。出漢陽西，漢陽縣屬朱提。　懿行案：「朱提」、「漢陽」，並漢縣，屬犍爲郡。晉因蜀，置漢陽，屬朱提郡也。《地理志》云：「漢陽：山闟谷，漢水所出，東至鄨入延。」入江聶陽西。

懿行案：《水經注》引此經作「灄陽」。

温水出崆峒山，在臨汾南，今温水在京兆陰盤縣；水常温也。臨汾縣屬平陽。　懿行案：《史記·五帝紀》云：「西至於空桐。」正義引《括地志》云：「空桐山在肅州禄福縣東南。」又云：「笄頭山一名崆峒山，在原州平陽縣西百里，《禹貢》涇水所出。」案《地理志》云：「安定郡涇陽，幵頭山在西，《禹貢》涇水所出。」又臨涇亦屬安定。據此，則經文「臨汾」疑當爲「臨涇」，字之譌矣。又《地理志》云：「安定郡陰槃。」郭云：「京兆陰槃」，亦譌也。劉昭注《郡國志》「陰盤」，引此經及郭注。入河華陽北。懿行案：此「華陽」，未詳其地。

潁水出少室，少室山在雍氏南；懿行案：《史記·周本紀》云：「禹圍雍氏。」徐廣注云：「雍氏城也。」即此。入淮西鄢北。今潁水出河南陽城縣乾山，東南經潁川、汝陰，至淮南下蔡，入淮。鄢，今鄢陵縣，屬潁川。懿行案：《說文》云：「潁水出潁川陽城乾山，東入淮。」《地理志》云：「潁川郡陽城，陽乾山，潁水所出，東至下蔡入淮。」《水經》云：「潁水出潁川陽城縣西北少室山。」注引此經云云，「今潁水有三源奇發，故作者互舉二山也。」案「二山」謂少室及陽乾山也。云「入淮西鄢北」者，《地理志》云：「潁川郡傿陵。」《晉書·地理志》同，「傿」作「隱」。《水經》云：「潁水東南至愼縣，東南入於淮。」一曰緱氏。縣屬河南。音「鉤」。懿行案：一言少室山在緱氏南也。「緱氏」，今偃師縣，地東南與少室接。漢、晉《地理志》並云「河南郡緱氏」。

汝水出天息山，懿行案：《玉篇》引此經作「天恩山」，蓋譌。在梁勉鄉西南；入淮極西北。今汝水出南陽魯陽縣大盂山，東北至河南梁縣，東南經襄城、潁川、汝南，至汝陰褒信縣入淮。淮極，地名。懿行案：《說文》云：「汝水出宏農盧氏還歸山，東入淮。」《地理志》云：「汝南郡定陵高陵山，汝水出，東南至新蔡入淮。」《水經》云：「汝水出河南梁縣勉鄉西天息山。」注云：「《地理志》曰出高陵山，即猛山也。亦言出南陽魯陽縣之大盂山；又言出宏農盧氏縣還歸山。《博物志》曰汝出燕泉山。並異名也。」《史記》正義引《括地志》云：「源出汝州魯山縣西伏牛山，亦名猛山，至豫州郾城縣名濆。」案經云「在梁勉鄉西南」者，「梁」，縣名也。漢、晉《地理志》並云梁屬河南郡，今汝州也，西南與魯山接。經云「入淮極西北」者，《水經》云：「汝水東至原鹿縣南，入於淮。」注云：「所謂汝口。側水有汝口戍，淮、汝之交會也。」《文選》枚乘《七發》云：「北望汝海。」李善注引此郭注云：「汝水出魯陽山，東北入淮海。」與今本異，今本無「海」字。李善又云：「汝稱海，大言之也。」「汝陰郡褒信」，見《晉書·地理志》。一曰淮在期思北。期思縣，屬弋陽。懿行案：一云入淮在期思北也。《地理志》：「期思、弋陽並屬汝南郡。」《晉書·地理志》：「期思屬弋陽郡。」

涇水出長城北山，懿行案：長城，即秦所築長城也。北山，即笄頭山。山在郁郅長垣北；皆縣名也。「郅」音「桎」。懿行案：《地理志》云：「北地郡郁郅。」即今甘肅慶陽府治也，西南與平涼接。長垣，即長城也。北入渭，今涇水出安定朝那縣西笄頭山，東南經新平、扶風，至京兆高陵縣入渭。懿行案：《說文》云：「涇水出安定涇陽幵頭山，東南入渭。」《地理志》云：「安定郡涇陽，幵頭山在西，《禹貢》涇水所出，東南至陽陵入渭。」案「幵頭山」，土俗譌爲「汧屯山」，見顔師古注；一名薄落山，見高誘《淮南·墬形訓》注。涇水入渭之地，在今陝西高陵縣也。又案《西次二經》云：「涇水出高山。」「高山」當即幵頭山，郭注與此注同。《初學記》六卷引此注亦同。《晉書·地理志》云：「京兆郡高陸。」「陸」蓋「陵」字之譌。戲北。戲，地名。今新豐縣也。　懿行案：《漢書·高帝紀》云：「周章西入關，至戲。」顏師古注云：「戲在新豐東。今有戲水驛，其水本出藍田北界，橫嶺至北，而北流入渭。」然則「戲」亦水名也。

渭水出鳥鼠同穴山，東注河，入華陰北。鳥鼠同穴山，今在隴西首陽縣，渭水出其東，經南安、天水、略陽、扶風、始平、京兆、宏農、華陰縣，入河。　懿行案：「渭水」已見《西次四經》「鳥鼠同穴之山」。《水經》云：「渭水出隴西首陽縣渭谷亭南鳥鼠山。」注云：「縣有高城嶺，嶺上有城，號渭源城，渭水出焉。三源合注，東北流逕首陽縣西」云云。《史記》正義引《括地志》云：「渭有三源，並出鳥鼠山，東流入河。」案《地理志》云：「東至船司空入河。」船司空，縣名，與華陰並屬京兆尹。《晉書·地理志》：「華陰，屬宏農郡。」

白水出蜀，而東南注江，色微白濁，今在梓橦白水縣。源從臨洮之西西傾山來，經沓中，東流通陰平，至漢壽縣入潛。　懿行案：《地理志》云：「廣漢郡甸氏道，白水出徼外，東至葭萌入漢。」《水經·河水》注云：「洮水與墊江水俱出彊臺山，山南即墊江源，山東則洮水源。」引此經云：「白水出蜀。」又引郭注云：「從臨洮之西傾山，東南流入漢，而至墊江，故段國以爲墊江水也。彊臺，西傾之異名也。」今案酈氏說墊江即白水，所引郭注與今本異，未知其審。又《水經·漾水》注云：「白水出於臨洮縣西南西傾山，水色白濁，東南流，與黑水合」云云。又「東南於吐費城南，即西晉壽之東北也，東南流，注西漢水。西晉壽，即蜀王弟葭萌所封，劉備改曰漢壽，太康中又曰晉壽」云云。與郭注及《地理志》俱合，是白水流入西漢水。郭云「入潛」，「潛」即漢也。《爾雅》云：「水自漢出爲潛。」是矣。此經云「白水注江」，所未詳；或「江」即墊江也。白水在今四川昭化縣界入於漢，昭化即葭萌地也。**入江州城下。**江州縣，屬巴郡。　懿行案：此言白水入江之地也。經文

「城下」二字蓋誤衍。今四川巴州即古江州，西北與昭化接境。《地理志》云：「巴郡，江州、墊江二縣。」蓋白水入漢，而至江州又爲墊江水，正與《水經注》引郭注「至墊江」之文合。

沅水山　懿行案：「山」字衍。《文選》注《江賦》引此經，無「山」字。出象郡鐔城西，象郡，今日南也。鐔城縣，今屬武陵。音「尋」。　懿行案：《地理志》云：「日南郡，故秦象郡。」又云：「武陵郡鐔城。」《晉書·地理志》同。此經言「象郡鐔城」，則知秦時鐔城屬象郡矣。入東注江，　懿行案：「入」字疑衍，或「又」字之譌。《説文》云：「沅水出牂牁故且蘭，東北入江。」《地理志》云：「沅水東至益陽入江。」《水經注》云：「沅水下注洞庭湖，方會於江。」入下雋西，下雋縣，今屬長沙。音昨兖反。　懿行案：《地理志》云：「長沙國下雋。」合洞庭中。《水經》曰：「沅水出牂牁且蘭縣，又東北至鐔城縣爲沅水，又東過臨沅縣南，又東至長沙下雋縣。」　懿行案：今本《水經》云：「沅水出牂牁故且蘭縣爲旁溝水，又東至鐔成縣爲沅水，東過無陽縣，又東北過臨沅縣南，又東至長沙下雋縣西北，入於江。」與郭所引微異。郭注《水經》今亡，酈注《水經》郭亦未見也。

贛水　懿行案：《地理志》云：「豫章郡贛，豫章水出西南，北入江。」《郡國志》亦云：「贛有豫章水。」是贛水一名豫章水，郡、縣俱因水得名矣。出聶都東山，今贛水出南康南野縣西北。音「感」。　懿行案：《水經》云：「贛水出豫章南野縣西北，過贛縣東。」注引此經云：「贛水出聶都山」，無「東」字。又案《晉書·地理志》，南野屬廬陵郡，不屬南康。《晉地記》云：「太康中，以贛、南野等縣割爲南康郡」也。東北注江，懿行案：《水經》云：「北過彭澤縣，西北入於江。」注引此經與今本同。今水入鄱陽湖，出湖口縣，入大江，俗云章江也。入彭澤西。懿行案：《地理志》云：「豫章郡彭澤，《禹貢》彭蠡澤在西。」案今江西新建縣東鄱陽湖，即彭蠡澤也。

泗水出魯東北　懿行案：《地理志》云：「濟陰郡乘氏，泗水東南至睢陵，入淮。」是蓋別一泗水，非此經所説也。《地理志》又云：「魯國卞，泗水西南至方與，入沛。」《水經》云：「泗水出魯卞縣北山。」注引此經。又云：「余尋其源流，水出卞縣故城東南，桃墟西北。《博物志》曰『泗出陪尾』，蓋斯阜者矣。」是酈氏以水出卞縣東南，不從此經及《水經》並《地志》之文也。《史記》正義引《括地志》云：「泗水源在兗州泗水縣東陪尾山，其源有四道，因以爲名。」而南，西南過湖陵西，　懿行案：《地理志》云：「山陽郡湖陵，《禹貢》『浮於淮泗，達于河』，〔二〕水在南。莽曰湖陸。」《水經》云：「泗水南過方與縣東，菏水從西來注之，又屈東南過湖陸縣南。」注云：「菏水即泲水之所苞注以成湖澤也，而東與泗水合於湖陵縣西六十里穀庭城下，俗謂之黄水口。」而東南注東海，　懿行案：《説文》云：「泗受泲水，東入淮。」《水經》云：「泗水東南過下邳縣西，又東南入於淮。」是《水經》、《説文》並云「入淮」。此經則云「注海」者，言泗合淮而入於海也。入淮陰北。今泗水出魯國卞縣，西南至高平湖陸縣，東南經沛國、彭城、下邳，至臨淮下相縣入淮。　懿行案：《晉書·地理志》云：「臨淮郡下相。」

鬱水出象郡，　懿行案：即豚水也。《地理志》云：「牂牁郡夜郎，豚水東至廣鬱。」又云：「鐔封，温水東至廣鬱，入鬱。」又云：「鬱林郡廣鬱，鬱水首受夜郎豚水，東至四會，入海。」《水經》云：「温水出牂牱夜郎縣，又東至鬱林廣鬱縣爲鬱水，又東至領方縣東，與斤員水合，東北入於鬱。」注云：「鬱水即夜郎豚水也。」而西南注南海，懿行案：即《地理志》云「至四會入海」也。《水經注》云：「鬱水又南，自壽泠縣注於海。」引此經云云。入須陵東南。懿行案：《海内南經》云：「鬱水出湘陵南海，一曰相慮。」此經又云「須陵」。疑「須陵」即「湘陵」，聲轉爲「相慮」。《水經注》又云「壽泠」，疑亦聲轉也。

肄音如肄習之「肄」。懿行案：今經文正作肄習之「肄」，如此便不須用音，知郭本不作「肄」也。《水經注》引作「肆」，當是。水出臨晉 懿行案：「晉」當為「武」字之譌，見《水經注》所引。西南，懿行案：即溱水也。《説文》云：「溱水出桂陽臨武，入滙。」《地理志》云：「桂陽郡臨武，秦水東南至楨陽，入滙。」《水經》云：「溱水出桂陽臨武縣南，繞城西北，屈東流。」注引此經云云：「肄水蓋溱水之别名也。」案《水經注》「肄」本作「肆」。「肆」、「肄」字形相亂，故郭音「肄習」以别之耳。而東南注海，懿行案：《水經》云：「溱水過湞陽縣，出洭浦關，與桂水合，南入於海。」注云：「西南逕中宿縣，又南注於鬱，而入於海。」入番禺西。番禺縣屬南海。越之城下也。懿行案：《地理志》云：「南海郡番禺。」今南海、番禺並爲縣，屬廣州府也。

潢 懿行案：《水經注》引此經作「湟」。疑「湟」、「潢」古字通。水出桂陽西北山，懿行案：即洭水也。亦曰桂水。《方言》云：「南楚瀑洭之間。」郭注云：「洭水在桂陽。」即此也。《説文》云：「洭水出桂陽縣盧聚山洭浦關，爲桂水。」與《水經》合。《水經》云：「洭水出桂陽縣盧聚，東南過含洭縣，南出洭浦關，爲桂水。」注云：「洭水出關，右合溱水，謂之洭口。《山海經》謂之湟水。徐廣曰：湟水一名洭水，出桂陽，通四會，亦曰灌水也。桂水其別名也。《地理志》曰：洭水出桂陽，南至四會是也。」案今《地理志》「洭」作「滙」，云：「桂陽，滙水南至四會，入鬱林。」應劭以爲桂水所出。又「含洭」，應劭以爲洭水所出。似分爲二水，非也。「滙」，當從《水經注》作「洭」。東南注肄水，　懿行案：《水經》云：「溱水過楨陽縣，出洭浦關，與桂水合。」入敦浦西。　懿行案：「敦浦」，未詳。《水經·溱水》注引此經作「郭浦」。

洛水出洛西山，　懿行案：洛水所出，《中次四經》謂之「讙舉山」，《地理志》謂之「冢領山」，此經又謂之「洛西山」。《水經注》引此經云「出上洛西山」，疑今本脱「上」字。東北注河，　懿行案：《地理志》云：「宏農郡上雒，《禹貢》雒水出冢領山，東北至鞏，入河。」《水經》云：「洛水東北過鞏縣東，又北入於河。」注云：「謂之洛汭，即什谷也。」劉昭注《郡國志》「京兆尹上雒，冢領山，雒水出」，引此經云：「雒出王城南，至相谷西，東北流。」案劉昭所引，與今經文既異，又非郭注，未審出何書也。入成皋之西。《書》云：「道洛自熊耳。」按《水經》：「洛水，今出上洛冢領山，東北經宏農，至河南鞏縣入河。」成皋縣亦屬河南也。　懿行案：《水經注》引此經云：「洛水，成皋西入河。」蓋以意引經也。郭引《水經》亦與今《水經》異。《地理志》云：「河南郡成皋」也。

汾水出上窳北，音「愈」。　懿行案：「上窳」，無攷。汾水，已見《北次二經》「管涔之山」。而西南注河；今汾水出太原晉陽故汾陽縣，東南經晉陽，西南經河西平陽，至河東汾陰入河。懿行案：《水經》云：「汾水出太原汾陽縣北管涔山。」《説文》云：「汾水出太原晉陽山，西南入海。」或曰出汾陽北山。《地理志》云：「太原郡汾陽，北山，汾水所出，西南至汾陰入河。」案《水經》亦云「至汾陰入河」。《説文》作「入海」，蓋字形之譌。入皮氏南。皮氏縣，屬平陽。懿行案：《水經》云：「汾水西過皮氏縣南，又西至汾陰縣北，西注於河。」皮氏，《漢志》屬河東郡，《晉志》屬平陽郡。

沁水出井陘山東，懿行案：「沁水」，已見《北次三經》「謁戾之山」。《説文》云：「沁水出上黨羊頭山。」《地理志》云：「穀遠羊頭山世靡谷，沁水所出。」《水經》云：「出上黨涅縣謁戾山。」注云：「三源奇注，逕瀉一壑。」然則《水經》、《説文》、《地理志》各據所見爲説也。此經又云「出井陘山東」。《地理志》云：「常山郡井陘。」應劭云：「井陘山在南。」東南注河；懿行案：《説文》云「東南入河」。《地理志》云：「東南至滎陽入河。」《水經》云「東南至滎陽縣北，東入於河。」入懷東南。懷縣屬河内。河内北有井陘山。懿行案：懷屬河内郡，見《地理志》。《水經》云：「沁水東過懷縣之北，又東過武德縣南，又東南至滎陽入河。」與此經合。

濟水出共山南東丘，「共」與「恭」同。懿行案：「濟」當爲「泲」，古字通用。《説文》云：「泲，沇也。東入于海。」《水經》云：「濟水出河東垣縣東王屋山，爲沇水。又東至温縣西北，爲濟水。」注云：「潛行地下，至共山南，復出於東丘。今原城東北有東丘城。孔安國曰：泉源爲沇，流去爲濟。」案「濟水」已見《北次二經》「王屋之山」。絶鉅鹿澤，絶猶截度也。鉅鹿今在高平。懿行案：《水經注》及《初學記》六卷並引此經云「絶鉅野」。今本作「鹿」，字之譌也。《地理志》云：「山陽郡鉅壄，大壄澤在北。」《爾雅·十藪》云：「魯有大野。」郭注云：「今高平鉅野縣東北大澤是也。」《水經》云：「濟水東至乘氏縣西，分爲二，其一水東南流，其一水從縣東北流，入鉅野澤。」注渤海；懿行案：《初學記》引此經作「注入于海」。《水經注》引此經與今本同，惟「渤」作「勃」字耳。《水經》云：「東北過甲下邑，入於河。」注云：「濟水東北至甲下邑南，東歷琅槐縣故城北，又東北，河水枝津注之。《水經》以爲入河，非也；斯乃河水注濟，非濟入河，又東北入海。」入齊琅槐東北。今濟水自滎陽卷縣，東經陳留，至濟陰北，東北至高平，東北經濟南，至樂安博昌縣入海，今碣石也。諸水所出，又與《水經》違錯。以爲凡山川或有同名而異實，或同實而異名，或一實而數名，似是而非，似非而是；且歷代久遠，古今變易，語有楚夏，名號不同，未得詳也。懿行案：《地理志》云：「千乘郡琅槐。」《水經注》引《地理風俗記》曰：「博昌東北八十里有琅槐鄉，故縣也。」引此經云云。又引郭注云：「濟自滎陽至樂安博昌入海。今河竭。」案酈氏以濟水仍流不絶，故議郭説爲非。然則此注「今碣石也」當從《水經注》作「今河竭也」，蓋傳寫之譌耳。《水經注》又云：「濟水當王莽之世，川瀆枯竭。其後水流逕通，津渠勢改，尋梁脈水，不與昔同。」是則濟水枯竭後仍流不絶之證也。又案郭云「諸水所出，又與《水經》違錯」，郭氏注《水經》二卷，今不存，見《隋書·經籍志》。

潦水　懿行案：《水經》、《地理志》並作「遼水」。出衛皋　懿行案：「皋」，《水經》作「白平」二字；劉昭注《郡國志》引此經亦云「遼水出白平東」。並譌。東，出塞外衛皋山。玄菟高句麗縣有潦山，小潦水所出，西河注大潦。音「遼」。　懿行案：《地理志》云：「玄菟郡高句驪，遼山，遼水所出，西南至遼隊，入大遼水。」案郭注本此。其「西河」當爲「西南」，字之譌也。《地理志》又云：「遼東郡望平，大遼水出塞外，南至安市入海。」《水經》云：「大遼水出塞外衛皋山，東南入塞，過遼東襄平縣西。」注云：「遼水亦言出砥石山。」案《淮南·墬形訓》云「遼出砥石」是也。東南注渤海，　懿行案：《水經》云：「遼水又東南過房縣西，又東過安市縣，西南入於海。」案大遼水注海，其小遼水但注大遼水。入潦陽。潦陽縣屬潦東。　懿行案：《地理志》云：「遼東郡遼陽。」

虖沱水出晉陽城南，而西　懿行案：虖沱所出，已見《北次三經》「泰戲之山」。《地理志》云：「太原郡晉陽。」至陽曲北；　懿行案：《地理志》云：「太原郡陽曲。」而東注渤海，經河間樂城，東北注渤海也。晉陽、陽曲縣皆屬太原。　懿行案：《地理志》云：「河間國樂成，虖池别水首受虖池河，東至東光入虖池河。」又云：「弓高，虖池别河首受虖池河，至東平舒入海。」又云：「勃海郡成平，虖池河，民曰徒駭。」案此更虖池入勃海之證。入越章武北。章武，郡名。　懿行案：《地理志》云：章武，勃海縣也。《晉書·地理志》云：「章武國章武縣。」今詳此注，當謂漢縣；郭云「章武郡」，疑「郡」當爲「縣」字之譌也。經文「越」字疑衍。下文「漳水」亦有此句，經無「越」字，可證。

漳水出山陽東，　懿行案：濁漳水出發鳩山，清漳水出少山，已見《北次三經》。是二漳並出今山西樂平、長子兩縣地。此經又云「出山陽東」者，《地理志》有「山陽郡」，非此也。《晉書·地理志》云：「河內郡山陽。」《史記·秦本紀》正義引《括地志》云：「山陽故城在懷州修武縣西北，太行山南。」案修武，今河南修武縣，與山西澤州接界，漳水在其東北也。東注渤海，　懿行案：《地理志》云：「信都國信都，故章河、故虖池皆在北，東入海。」又云：「清漳水東北至阜城，入大河。」又云：「魏郡鄴，故大河在東，北入海。」《水經》云：「濁漳東北過阜城縣北，又東北至易亭，與虖沱河會，又東北過成平縣南，又東北過章武縣西，又東北過平舒縣南，東入海。」入章武南。新城汴陰縣亦有漳水。　懿行案：「汴陰」當爲「沶鄉」，字之譌也。新城郡沶鄉，見《晉書·地理志》。南方別有漳水，入沮，見《中次八經》「荊山」也。

建平元年四月丙戌，待詔太常屬臣望校治，侍中光祿勳臣龔、侍中奉車都尉光祿大夫臣秀領主省。

懿行案：右《海外》、《海內經》八篇，大凡四千二百二十八字。

校記

〔一〕達于河，底本作「通于菏」，此據《十三經注疏》阮刻本改正。

山海經第十四

大荒東經

郭注本目録云：「《海内經》及《大荒經》本皆進在外。」　懿行案：據郭此言，是自此已下五篇皆後人所述也，但不知所自始，郭氏作注，亦不言及。蓋在晉以前，郭氏已不能詳矣。今攷本經篇第，皆以南西北東爲敘，兹篇已後，則以東南西北爲次。蓋作者分别部居，令不雜厠，所以自别於古經也。又《海外》《海内經》篇末，皆有「建平元年四月丙戌」已下三十九字，爲校書款識，此下亦並無之。又此下諸篇大抵本之《海外、内》諸經而加以詮釋，文多凌雜，漫無統紀，蓋本諸家紀録，非一手所成故也。

東海之外大壑，《詩含神霧》曰「東注無底之谷」，謂此壑也。《離騷》曰：「降望大壑。」　懿行案：《列子·湯問篇》云：「夏革曰，勃海之東，不知幾億萬里，有大壑焉，實惟無底之谷，其下無底，名曰歸虚。」《莊子·天地篇》云：「諄芒將東之大壑，適遇苑風於東海之濱。」釋文云：「李云，大壑，東海也。」案經之大壑上，當脱「有」字。《藝文類聚》九卷引此經，有「有」字，可證。郭引《離騷》見《遠遊篇》。

少昊之國。少昊，金天氏，帝摯之號也。　懿行案：白帝少皞，其神居長留山。已見《西次三經》。少昊孺帝顓頊于此，孺義未詳。　懿行案：《説文》云：「孺，乳子也。」《莊子·天運篇》云「烏鵲孺」，蓋育養之義也。棄其琴瑟。言其壑中有琴瑟也。　懿行案：此言少皞孺養帝顓頊於此，以琴瑟爲戲弄之具，而留遺於此也。《初學記》九卷引《帝王世紀》云「顓頊生十年而佐少皞」，《鬻子書》云「顓頊生十五而佐少皞」，義皆與此合。《路史》諸書或以孺帝爲顓頊長子之名，斯不然矣。郭注以少皞爲金天氏帝摯之號，徵之往籍，亦多齟齬。《大戴禮·帝繫篇》云：「黄帝産青陽及昌意皆不立。而昌意産高陽，是爲帝顓頊。」《史記·五帝紀》同。《竹書》載「昌意降居若水，産帝乾荒。」乾荒即高陽，聲相近，與《帝繫》合。《周書·嘗麥篇》云：「乃命少皞清司馬鳥師以正五帝之官，故名曰質。」質、摯亦聲相近。《張衡集》引此書以爲清即青陽也。案：青陽即玄囂。玄囂不得在帝位，見《史記》，是其不立之證。高誘注《淮南子》及《史記》索隱引宋衷、皇甫謐並以青陽即少皞，與《周書》合。然則少皞蓋以帝子而爲諸侯，封於下國，即此經云「少皞之國」也。由斯以談，少皞即顓頊之世父，顓頊是其猶子。世父就國，猶子隨侍，眷彼童幼，娱以琴瑟，蒙養攸基，此事理之平，無足異者。諸家之説，多有岐出，故詳述於篇，以俟攷焉。有甘山者，甘水出焉，　懿行案：甘水窮于成山。見《大荒南經》。生甘淵。水積則成淵也。　懿行案：即羲和浴日之處。見《大荒南經》。

大荒東南隅有山，名皮母地丘。　懿行案：《淮南·墬形訓》云：「東南方曰波母之山」，蓋波母之「波」字脱水旁，因爲皮爾。臧庸曰：「波母即皮母，同聲也。」

東海之外，大荒之中，有山名曰大言，日月所出。有波谷山者，有大人之國。懿行案：《初學記》五卷引此經作「大谷」。晉永嘉二年有鶖鳥集於始安縣南廿里之鶖陂中，民周虎張得之，木矢貫之鐵鏃，其長六尺有半。以箭計之，其射者人身應長一丈五六尺也。又平州别駕高會語云：倭國人嘗行遭風吹，度大海外，見一國人皆長丈餘，形狀似胡，蓋是長翟别種。箭殆將從此國來也。《外傳》曰：「焦僥人長三尺，短之至也。長者不過十丈，數之極也。」按《河圖玉版》曰：「從昆侖以北九萬里，得龍伯國人，長三十丈，生萬八千歲而死。從昆侖以東得大秦人，長十丈，皆衣帛。從此以東十萬里，得佻人國，長三十丈五尺。從此以東十萬里，得中秦國人，長一丈。」《穀梁傳》曰：「長翟身横九畝，載其頭，眉見於軾」，即長數丈人也。秦時大人見臨洮，身長五丈，腳跡六尺。準斯以言，則此大人之長短未可得限度也。懿行案：《海外東經》大人國謂此也。《楚詞·招魂》云「長人千仞」，王逸注云：「東方有長人之國，其高千仞」，蓋本此經之説。郭引《外傳》者，《魯語》文，「十丈」，當爲「十之」之譌。《史記·孔子世家》集解引王肅曰：「十之謂三丈也，數極於此也。」《列子》夏革云：「龍伯之國有大人，舉足不盈數步，而暨五山之所，一釣而連六鼇。」即郭引《河圖玉版》之説也。《博物志》引《河圖玉版》與郭同，唯「佻人國」作「臨洮人」，「長三十丈」作「長三丈」。疑此注「佻」字譌「十」字衍也。《初學記》十九卷引《河圖龍魚》亦作「長三丈」，無「十」字。其「佻人國」作「佻國人」也。又《漢書·王莽傳》云：「夙夜連率韓博上言：有奇士，長丈，大十圍，自謂巨毋霸，出於蓬萊東南五城西北昭如海瀕，軺車不能載，三馬不能勝，卧則枕鼓，以鐵箸食。」然則此人將從大人之國來邪？

有大人之市，名曰大人之堂。亦山名，形狀如堂室耳。大人時集會其上，作市肆也。懿行案：《海内北經》云「大人之市在海中」，今登州之海市常有狀如堂隍者，望之卻在雲霧中即此也。蓋去岸極遠，故不見其大耳。郭云亦山名，形狀如堂室者。《爾雅》云：「山如堂者密。」郭注云：「形如堂室者。」有一大人踆其上，張其兩耳。踆，或作俊，皆古蹲字。莊子曰「踆於會稽」也。懿行案：郭云「踆，或作俊，皆古蹲字」，疑俊當爲夋字之譌也。《說文》云：「夋，倨也。」蹲、踞其義同，故曰皆古蹲字也。《太平御覽》三百七十七卷及三百九十四卷並引此經，耳作臂。

有小人國，名靖人。《詩含神霧》曰「東北極有人長九寸」，殆謂此小人也。或作竫，音同。懿行案：《海外南經》周饒國非此。

懿行案：《說文》云「靖，細皃」，蓋細小之義，故小人名靖人也。《淮南子》作「竫人」，《列子》作「諍人」，並古字通用。《列子·湯問篇》云：「東北極有人，名曰諍人，長九寸。」與郭引《詩含神霧》同。《初學記》十九卷引郭氏讚云：「僬僥極麽，竫人又小。四體取足，眉目纔了。」

有神，人面獸身，名曰犁䰫之尸。音靈。懿行案：《玉篇》云「䰫同靈，又作靈，神也，或作䰫」。《廣韻》引此經作䰫，云「或作䰫」，與《玉篇》同。䰫，見《說文》。

有潏山，楊水出焉。音如譎詐之譎。

有蒍國黍食。言此國中惟有黍穀也。蒍音口偽反。懿行案：蒍國蓋即濊貊也。《後漢書·烏桓傳》云：「其土地宜穄及東牆。」今穄似黍而大，即黍之別種也。《衆經音義》引《倉頡篇》云：「穄，大黍也。」東方地宜穄黍，故茲篇所記並云黍食矣。使四鳥：虎、豹、熊、羆。懿行案：經言皆獸，而云「使四鳥」者，鳥獸通名耳。使者，謂能馴擾役使之也。《秋官》司寇職云：「閩隸掌役畜養鳥而阜蕃教擾之，夷隸掌役牧人養牛馬與鳥言，貉隸掌役服不氏，養獸而教擾之，掌與獸言。」此三隸者皆當在東荒界内。《秋官》記其養鳥獸，《荒經》書其使四鳥，厥義彰矣。《春秋傳》稱介葛盧聞牛鳴而知生三犧，亦是東夷能通鳥獸之音者也。

大荒之中有山，名曰合虚。 懿行案：《北堂書鈔》一百四十九卷引此經，「合」作「含」。日月所出。

有中容之國，帝俊生中容。「俊」亦「舜」字假借音也。 懿行案：《初學記》九卷引《帝王世紀》云：「帝嚳生而神異，自言其名曰夋，疑「夋」即「俊」也，古字通用。郭云俊亦舜字，未審何據。《南荒經》云「帝俊妻娥皇」，郭蓋本此爲説。然《西荒經》又云「帝俊生后稷」，《大戴禮·帝繫篇》以后稷爲帝嚳所産，是帝俊即帝嚳矣。但經内帝俊疊見，似非專指一人。此云帝俊生中容，據《左傳》文十八年云「高陽氏才子八人」，内有中容。然則此經帝俊又當爲顓頊矣。經文踳駁，當在闕疑。中容人食獸、木實，此國中有赤木、玄木，其華實美。見《吕氏春秋》。 懿行案：《吕氏春秋·本味篇》云：「指姑之東，中容之國，有赤木、玄木之葉焉。」高誘注云：「赤木、玄木，其葉皆可食，食之而仙」，即郭所引也。其華當爲其葉，字之譌。使四鳥：豹、虎、熊、羆。

有東口之山，君子之國，其人衣冠帶劍。亦使虎、豹，好謙讓也。 懿行案：「其人又食獸也」，見《海外東經》。

有司幽 懿行案：「司幽」一作「思幽」。之國，帝俊生晏龍， 懿行案：「晏龍是爲琴瑟」，見《海内經》。晏龍生司幽，司幽生思士，不妻；思女，不夫。言其人直思感而氣通，無配合而生子。此《莊子》所謂「白鵠相視，眸子不運，而感風化」之類也。　懿行案：《列子·天瑞篇》云「思士不妻而感，思女不夫而孕」，本此也。又云「河澤之鳥視而生曰鶂」。《莊子·天運篇》云「白鶂之相視，眸子不運而風化」，《釋文》：《三蒼》云「鶂，鶂鶂也」，司馬彪云「相待風氣而化生也」，又云「相視而成陰陽」。此注「鵠」疑「鶂」字之譌，「感」字衍也。食黍，食獸，是使四鳥。　懿行案：「四鳥」亦當爲虎、豹、熊、羆。此篇言使四鳥多矣，其義並同。

有大阿之山者。

大荒中有山，名曰明星，日月所出。

有白民之國，帝俊生帝鴻。　懿行案：帝鴻，黄帝也。見賈逵《左傳》注。然則此帝俊又爲少典矣，見《大戴禮·帝繫篇》。《路史·後記》引此經云：「帝律生帝鴻。」律，黄帝之字也，或羅氏所見本與今異。帝鴻生白民，白民銷姓，黍食，使四鳥：虎、豹、熊、羆。又有乘黄獸，乘之以致壽考也。　懿行案：白民乘黄，乘之壽二千歲，已見《海外西經》。有青丘之國，有狐九尾。太平則出而爲瑞也。　懿行案：青丘國九尾狐，已見《海外東經》。郭氏此注云「太平則出爲瑞」者，《白虎通》云：「德至鳥獸，則九尾狐見。」王褒《四子講德論》云「昔文王應九尾狐而東國歸周」，李善注引《春秋元命苞》曰：「天命文王，以九尾狐。有道翔見，出則銜書。作瑞周文，以標靈符。」《藝文類聚》九十五卷引「翔」作「祥」。

有柔僕民，是維嬴土之國。嬴猶沃衍也。音盈。

有黑齒之國。齒如漆也。懿行案：黑齒國已見《海外東經》。帝俊生黑齒，聖人神化無方，故其後世所降育，多有殊類異狀之人。諸言生者，多謂其苗裔，未必是親所產。姜姓，黍食，使四鳥。

有夏州之國，有蓋余之國。

有神人，八首人面，虎身十尾，名曰天吳。水伯。懿行案：天吳已見《海外東經》。

大荒之中，有山，名曰鞠陵于天、音菊。東極、懿行案：《淮南·墬形訓》云「東方曰東極之山」謂此。離瞀，三山名也，音穀瞀。懿行案：《初學記》一卷引此經與今本同，穀瞀二字，當有譌文。日月所出，名曰折丹。神人。懿行案：「名曰折丹」上疑脱「有神」二字。《大荒南經》「有神名曰因因乎」可證。《北堂書鈔》一百五十一卷引此經作「有人曰折丹」。《太平御覽》九卷引亦同。東方曰折，單吁之。懿行案：「吁」當爲「呼」字之譌。來風曰俊。未詳來風所在也。懿行案：吳氏引《夏小正》云「正月時有俊風」爲說，恐非也。處東極以出入風。言此人能節宣風氣，時其出入。懿行案：《大荒南經》亦有「神處南極，以出入風」也。蓋巽位東南，主風，故二神司之，時其節宣焉。《東次三經》云「無皋之山多風」。《初學記》引《荊州記》云「風井，夏則風出，冬則風入」，亦其義也。

東海之渚中渚，島。有神，人面鳥身，珥兩黃蛇，以蛇貫耳。踐兩黃蛇，名曰禺猇。黃帝生禺猇，禺猇生禺京。即禺彊也。懿行案：禺彊，北方神，已見《海外北經》。《莊子》釋文引此經云「北海之神，名曰禺彊，靈龜爲之使」。今經無此語。其云「靈龜爲之使」者，蓋據《列子》云：「夏革曰：五山之根無所連著，常隨潮波上下往還。帝命禺彊使巨鼇十五舉首而戴之，五山始峙。」云云。所謂靈龜豈是與？禺京處北海，禺虢處東海，是惟海神。言分治一海而爲神也。虢，一本作號。懿行案：虢，疑即號字異文。《海內經》云「帝俊生禺號」是也，然則此帝俊又爲黄帝矣。

有招搖山，融水出焉，有國曰玄股。自髀以下如漆。懿行案：玄股國，已見《海外東經》。黍食，使四鳥。懿行案：高誘注《淮南·墬形訓》引此經作「兩鳥夾之」，與今本異。

有困民國，勾姓而食。懿行案：「勾姓」下，「而食」上，當有闕脱。有人曰王亥，兩手操鳥，方食其頭。王亥託于有易、河伯、僕牛。河伯、僕牛，皆人姓名。託，寄也。見汲郡《竹書》。有易殺王亥，取僕牛。《竹書》曰：「殷王子亥賓于有易而淫焉，有易之君緜臣殺而放之。是故殷主甲微假師于河伯以伐有易，滅之，遂殺其君緜臣也。」懿行案：《竹書》作「殷侯子亥」，郭引作「殷王」，疑誤也。事在夏帝泄十二年及十六年。河念有易，有易潛出爲國于獸，方食之，名曰搖民。言有易本與河伯友善，上甲微殷之賢王，假師以義伐罪，故河伯不得不助滅之。既而哀念有易，使得潛化而出，化爲搖民國。帝舜生戲，戲生搖民。懿行案：今廣西猺民，疑其類。見《桂海虞衡志》。

海內有兩人，此乃有易所化者也。懿行案：兩人，蓋一爲搖民，一爲女丑。名曰女丑，即女丑之尸，言其變化無常也。然則一以涉化津而遯神域者，亦無往而不之，觸感而寄迹矣。范蠡之倫，亦聞其風者也。懿行案：女丑之尸，見《海外西經》。女丑有大蟹。廣千里也。懿行案：《海内北經》云「大蟹在海中」，注與此注同。

大荒之中，有山名曰孽摇頵羝。懿行案：《吕氏春秋·諭大篇》云「地大則有常祥、不庭、岐母、羣抵、天翟、不周」，高誘注以「不周」爲山名，其餘皆獸名，非也。尋覽文義，蓋皆山名耳。其「羣抵」當即此經之「頵羝」，形聲相近，古字或通。上有扶木，懿行案：扶木，當爲榑木。柱三百里，其葉如芥。柱猶起，高也。葉似芥菜。有谷曰温源谷。温源即湯谷也。懿行案：湯谷已見《海外東經》。湯谷上有扶木，扶桑在上。懿行案：《説文》云「日初出東方湯谷所登榑桑，叒木也」，即此。「叒」通作「若」。李善注《海賦》及注《孫楚爲石仲容與孫皓書》引此經，並作「暘谷上有扶木」，其注《歎逝賦》引此經又作「湯谷上於扶桑」。郭注云「上於扶桑，在上也」，又注枚乘《七發》引此經云「湯谷上有扶木，扶木者，扶桑也」。蓋亦并引郭注之文。一日方至，一日方出，言交會相代也。皆載于烏。中有三足烏。懿行案：《初學記》一卷引此經云「皆戴烏」。戴、載古字通也。三十卷引《春秋元命包》云「日中有三足烏者，陽精，其僂呼也」，注云「僂呼，温潤生長之言」。《楚詞·天問》云「羿焉彃日，烏焉解羽」。《淮南·精神訓》云「日中有踆烏」。高誘注云「踆猶蹲也。謂三足烏。踆音逡。」

有神，人面犬耳，獸身，珥兩青蛇，名奢比尸。懿行案：「奢比之尸」，見《海外東經》。

有五采之鳥，相鄉棄沙。未聞沙義。懿行案：「沙」疑與「娑」同，鳥羽娑娑然也。惟帝俊下友。亦未聞也。帝下兩壇，采鳥是司。言山下有舜二壇，五采鳥主之。

大荒之中，有山名曰猗天蘇門，日月所生。有壎民之國。音如諠譁之諠。有綦山，音忌。又有搖山。有䰠山，音如釜甑之甑。又有門户山，又有盛山，又有待山。有五采之鳥。

東荒之中，有山名曰壑明俊疾，日月所出。有中容之國。懿行案：中容之國，已見上文。諸文重複雜沓，踳駮不倫，蓋作者非一人，書成非一家故也。

東北海外，又有三青馬、三騅、馬蒼白雜毛爲騅。懿行案：蒼白雜毛。騅。見《爾雅》。三騅，詳《大荒南經》。甘華。爰有遺玉、三青鳥、懿行案：三青鳥，詳《大荒西經》。三騅、視肉、聚肉有眼。甘華、甘柤，百穀所在。言自生也。懿行案：《海外北經》云「平丘，甘柤、甘華，百果所在」。《海外東經》云「䃢丘，甘柤、甘華，甘果所生」。皆有遺玉、青馬、視肉之類。此經似釋彼文也。

有女和月母之國，懿行案：女和月母，即羲和、常儀之屬也。謂之女與母者，《史記·趙世家》索隱引譙周云「余嘗聞之，代俗以東西陰陽所出入，宗其神，謂之王父母」。據譙周斯語，此經女和月母之名，蓋以此也。有人名曰𪁟。音婉。北方曰𪁟，來之風曰狻。言亦有兩名也。音剡。是處東極隅以止日月。懿行案：此人處東極以止日月者，日月皆出東方故也。《史記·封禪書》云八神，六曰月主，祠之萊山。七曰日主，祠成山。亦皆在東極隅也。使無相間出没，司其短長。言𪁟主察日月出入，不令得相間錯，知景之短長。

大荒東北隅中，有山名曰凶犂土丘。懿行案：《史記·五帝紀》索隱引皇甫謐云「黄帝使應龍殺蚩尤於凶黎之谷」即此。黎、犂古字通。應龍處南極，應龍，龍有翼者也。懿行案：有翼曰應龍，見《廣雅》。殺蚩尤與夸父，蚩尤作兵者。懿行案：蚩尤作兵，見《大荒北經》。不得復上。應龍遂住地下。懿行案：《初學記》三十卷引此經云「應龍遂在地」，蓋引郭注之文也。今文住字當作在，下字蓋衍。故下數旱，上無復作雨者故也。旱而爲應龍之狀，乃得大雨。今之土龍本此。氣應自然冥感，非人所能爲也。懿行案：劉昭注《禮儀志》引此經及郭注並與今本同。土龍致雨，見《淮南·說山訓》及《墜形訓》。又《楚詞·天問》云「應龍何畫？河海何歷？」王逸注云「或曰禹治淇水時，有神龍以尾畫導水徑所当決者，因而治之。」案：後世以應龍致雨，義蓋本此也。

東海中有流波山，入海七千里。其上有獸，狀如牛，蒼身而無角，一足，出入水則必風雨，其光如日月，其聲如雷，其名曰夔。黄帝得之，以其皮爲鼓。懿行案：《說文》云：「夔，神魖也，如龍，一足，从夊，象有角手人面之形」。薛綜注《東京賦》云「夔，木石之怪，如龍，有角鱗甲，光如日月，見則其邑大旱」。韋昭注《國語》云「夔一足，越人謂之山繅」。案：此三說，夔形狀俱與此經異也。《莊子·秋水篇》釋文引李云「黄帝在位，諸侯於東海流山得奇獸，其狀如牛，蒼色無角，一足能走，出入水即風雨，目光如日月，其音如雷，名曰夔。黄帝殺之，取皮以冒鼓，聲聞五百里」，蓋本此經爲說也。其文與今本小有異同，「流波山」作「流山」，「其光如日月」作「目光如日月」，似較今本爲長也。又「以其皮爲鼓」，作「以其皮冒鼓」。劉逵注《吴都賦》引此經亦作冒字，是也。《初學記》九卷引《帝王世紀》作流波山，與今本同，而下文小異。橛以雷獸之骨，雷獸即雷神也。人面龍身，鼓其腹者。橛，猶擊也。懿行案：雷神已見《海内東經》。聲聞五百里，以威天下。懿行案：《莊子》釋文本此經及劉逵注《吳都賦》引此經並無「橛以雷獸之骨」及「以威天下」四字。《北堂書鈔》一百八卷引有四字。

山海經第十五

大荒南經

南海之外，赤水之西，流沙之東，赤水出昆侖山，流沙出鍾山也。有獸，左右有首。懿行案：并封前後有首，此左右有首，所以不同。并封見《海外西經》。然《大荒西經》之屏蓬，即并逢也，亦云左右有首。名曰跊踢。出狻名國。黜惕兩音。懿行案：狻名國未詳所在，疑本在經内，今逸也。畢氏云「跊踢當爲述蕩之譌，篆文辵、足相似，故亂之」。引《吕氏春秋·本味篇》云「肉之美者，述蕩之掔」，高誘注云「獸名，形則未聞」，即是此也。懿行案：《玉篇》無踢字，有踼，而於跊字下引此經仍作跊踼。《廣韵》引經與《玉篇》同，但跊别作狘，云獸名，唯此爲異。有三青獸相并，名曰雙雙。言體合爲一也。《公羊傳》所云「雙雙而俱至」者，蓋謂此也。懿行案：郭引宣五年傳文也。楊士勛疏引舊説云：「雙雙之鳥，一身二首，尾有雌雄，隨便而偶，常不離散，故以喻焉。」是以雙雙爲鳥名，與郭異也。有阿山者。南海之中，有氾天之山，赤水窮焉。流極於此山也。懿行案：《西次三經》云：「昆侖之丘，赤水出焉，而東南流注于氾天之水。赤水之東，有　懿行案：《藝文類聚》八十四卷及《太平御覽》五百五十五卷並引此經，無「有」字。蒼梧之野，舜與叔均之所葬也。叔均，商均也。舜巡狩死於蒼梧而葬之，商均因留，死亦葬焉，基今在九疑之中。　懿行案：《海内南經》既云「蒼梧之山，帝舜葬于陽，帝丹朱葬于陰」，此又云「舜與叔均之所葬」，將朱、均二人皆於此焉堋邪？又郭云「叔均，商均」，蓋以爲舜之子也。然舜子名義均，封于商，見《竹書紀年》，不名叔均。而《大荒西經》有叔均爲稷弟台璽之子，《海内經》又有叔均爲稷之孫，準斯以言。此經叔均蓋未審爲何人也。郭云「基今在九疑之中」，基，當爲墓字之譌。《御覽》五百五十五卷引此注作「墓今在九疑山中」也。爰有文貝。即紫貝也。　懿行案：紫貝，見郭氏《爾雅》注。離俞、即離朱。鴟久、即鵂鶹也。鷹賈、賈亦鷹屬。　懿行案：《水經·㶟水》注引《莊子》曰：「雅，賈。」馬融亦曰：「賈，烏。」皆烏類，非郭義也。委維、即委蛇也。　懿行案：委蛇，即延維也。見《海内經》。熊、羆、象、虎、豹、狼、視肉。

有榮山，榮水出焉。黑水之南有玄蛇，食麈。今南山蚺蛇吞鹿，亦此類。　懿行案：南山當爲南方，字之譌也。「南方蚺蛇吞鹿」，已見《海内南經》注。

有巫山者，西有黃鳥。帝藥，八齋。天帝神仙藥在此也。　懿行案：後世謂精舍爲齋，蓋本於此。黃鳥于巫山，司此玄蛇。言主之也。

大荒之中，有不庭之山，懿行案：《呂氏春秋·諭大篇》云：「地大則有常祥、不庭、不周。」高誘注以不周爲山，則不庭亦山名矣，即此。榮水窮焉。懿行案：榮水出榮山，流極於此也。有人三身，帝俊妻娥皇，生此三身之國，蓋後裔所出也。懿行案：《竹書》云：「帝舜三十年葬后育于渭。」《地理志》云：「右扶風陳倉有舜帝祠。」蓋舜妻即后育，后育即娥皇與？《海外西經》有三身國而不言所生，此經及《海内經》始言帝俊生三身也。三身國姚姓，故知此帝俊是舜矣。姚姓，黍食，使四鳥。姚，舜姓也。懿行案：《説文》云：「虞舜居姚虚，因以爲姓。」有淵四方，四隅皆達，言淵四角皆旁通也。北屬黑水，南屬大荒，屬猶連也。北旁名曰少和之淵，南旁名曰從淵，音驄馬之驄。舜之所浴也。言舜嘗在此中澡浴也。懿行案：《太平御覽》三百九十五卷引此經，四作正。

又有成山，甘水窮焉。甘水出甘山，極此中也。懿行案：甘水已見《大荒東經》。有季禺之國，顓頊之子，食黍。言此國人，顓頊之裔子也。有羽民之國，其民皆生毛羽。懿行案：羽民國見《海外南經》。有卵民之國，其民皆生卵，即卵生也。懿行案：郭注羽民國云「卵生」，是羽民即卵生也。此又有卵民國，民皆卵生，蓋别一國。郭云「即卵生也」，似有成文，疑此國本在經中，今逸。

大荒之中，有不姜之山，黑水窮焉。黑水出昆侖山。懿行案：黑水出昆侖西北隅。已見《海内西經》。又有賈山，汔水出焉。又有言山，又有登備之山。即登葆山，羣巫所從上下者也。懿行案：登葆山，見《海外西經》巫咸國。有恝恝之山。音如券契之契。又有蒲山，澧音禮。水出焉。又有隗山，音如隗嚻之隗。其西有丹，懿行案：經内丹類非一，此但名之曰丹，疑即丹雘之省文也。其東有玉。又南有山，漂水出焉。音票。有尾山，有翠山。言此山有翠鳥也。懿行案：翠亦尾也。《内則》云：「舒鴈翠，舒鳧翠。」

有盈民之國，於姓，黍食。又有人方食木葉。懿行案：《吕氏春秋·本味篇》高誘注云：「赤木、玄木其葉皆可食，食之而仙也。」又《穆天子傳》云「有模堇，其葉是食明后」，亦此類。

有不死之國，阿姓，甘木是食。甘木，即不死樹，食之不老。懿行案：不死樹在崑崙山上。見《海内西經》。不死民，見《海外南經》。

大荒之中，有山名曰去痓。南極果，北不成，去痓果。音如風痓之痓。未詳。懿行案：《集韻》云：「痓，充至切，音廁，風病也。」是痓即風痓之痓。郭氏又音如之，疑有譌字。

南海渚中有神，人面，珥兩青蛇，踐兩赤蛇，曰不庭胡余。神名耳。有神名曰因因乎，南方曰因乎，夸風曰乎民，亦有二名。處南極以出入風。懿行案：《大荒東經》有神名曰折丹，處東極以出入風。此神處南極以出入風，二神處巽位以調八風之氣也。

有襄山，又有重陰之山。有人，食獸，曰季釐。帝俊生季釐，懿行案：文十八年《左傳》云，高辛氏才子八人有季貍。貍、釐聲同，疑是也。是此帝俊又爲帝嚳矣。故曰季釐之國。有緡淵。音昬。懿行案：《竹書》云「夏帝癸十一年滅有緡」，疑即此。少昊生倍伐，倍伐降處緡淵。有水四方，名曰俊壇。水狀似土壇，因名舜壇也。懿行案：《尸子》云：「水方折者有玉。」此經有水四方疑其類。

有臷民之國。爲人黃色。　懿行案：臷國已見《海外南經》。帝舜生無淫，降臷處，是謂巫臷民。巫臷民肦姓，食穀，不績不經，服也，言自然有布帛也。不稼不穡，食也。言五穀自生也。種之爲稼，收之爲穡。爰有歌舞之鳥，鸞鳥自歌，鳳鳥自舞。爰有百獸，相羣爰處。百穀所聚。

大荒之中，有山名曰融天，海水南入焉。　懿行案：《大荒北經》云「不句之山，海水入焉」。蓋海所瀉處，必有歸虛、尾閭爲之孔穴，地脈潛通，故曰入也。下又有天臺高山爲海水所入」，《大荒北經》亦有「北極天櫃，海水北注焉」，皆海之所瀉也。

有人曰鑿齒，羿殺之。射殺之也。　懿行案：羿殺鑿齒，已見《海外南經》。

有蜮山者，有蜮民之國，音惑。桑姓，食黍，射蜮是食。蜮，短狐也，似鼈。含沙射人，中之則病死。此山出之，亦以名云。　懿行案：《說文》云：「蜮，短狐也。似鼈，三足，以氣射害人。」《楚詞·大招》云「鰅鱅，短狐」。王逸注云：「鰅鱅，短狐類也。短狐，鬼蜮也。」《大招》又云「魂乎無南，蜮傷躬只」，王逸注云「蜮，短狐也」，引詩云「爲鬼爲蜮」。短狐，《漢書》作短弧。《五行志》云：「蜮，在水旁，能射人，射人有處，甚者至死。南方謂之短弧。」顏師古注云「即射工也，亦呼水弩」。《廣韻》引《玄中記》云「長三四寸，蟾蜍、鸑鷟、鴛鴦悉食之」。有人方扜弓射黃蛇，扜，挽也。音紆。　懿行案：扜，亦音烏。扜訓挽者，《呂氏春秋·壅塞篇》云「扜弓而射之」，高誘注云「扜，引也」，義同郭。《玉篇》云「扜，持也」。名曰蜮人。

有宋山者，有赤蛇，名曰育蛇。有木生山上，名曰楓木。楓木，蚩尤所棄其桎梏，蚩尤爲黃帝所得，械而殺之，已摘棄其械，化而爲樹也。　懿行案：《爾雅》云「楓，欇欇」，郭注云：「楓樹似白楊，葉圓而岐，有脂而香，今之楓香是。」《廣韻》引此經云：「變爲楓木，脂入地千年，化爲虎魄。」此説恐非也。虎魄，松脂所化，非楓也。又引孫炎云：「欇欇生江上，有寄生枝，高三四尺，生毛，一名楓子。天旱以泥泥之，即雨。」《南方草木狀》云：「五嶺之間多楓木，歲久則生瘤癭，一夕遇暴雷驟雨，其樹贅暗長三五尺，謂之楓人。」《述異記》云：「南中有楓子鬼木之老者爲人形。」然則楓亦靈怪之物，豈以其蚩尤械所化故與？郭注摘棄之摘，當爲擿字之譌也。是爲楓木。即今楓香樹。有人方齒虎尾，名曰祖狀之尸。音如柤棃之柤。

有小人，名曰焦僥之國，皆長三尺。　懿行案：焦僥國已見《海外南經》。幾姓，嘉穀是食。

大荒之中，有山名死塗之山，音朽。　懿行案：《玉篇》云「死或作朽」，是死、朽古字同。死、醜聲相近，死塗即醜塗也。已見《西次三經》昆侖之丘。青水窮焉。青水出昆侖。　懿行案：青、清聲同。《西次三經》云「昆侖，洋水出焉」，郭云「洋，或作清」，即此也。有雲雨之山，有木名曰欒。　懿行案：《説文》云「欒，木似欄」，《繫傳》云：「欄，木蘭也。」今案：木蘭見《離騷》。《廣雅》云：「木欄，桂欄也。」禹攻雲雨，攻謂槎伐其林木。有赤石焉生欒，言山有精靈，復變生此木於赤石之上。　懿行案：《初學記》三十卷引《拾遺記》云：「黑鯤魚千尺如鯨，常飛往南海。或死，肉骨皆消，唯膽如石上仙欒也。」義正與此合。黄本，赤枝，青葉，羣帝焉取藥。言樹花實皆爲神藥。　懿行案：欒實如建木實也，見《海内南經》。郭注本此經爲説。

有國曰顓頊，生伯服，懿行案：吴氏引《世本》云：「顓頊生偁，偁字伯服。」食黍。有鼬姓之國。音如橘柚之柚。有苕山。又有宗山。又有姓山。又有壑山。又有陳州山。又有東州山。又有白水山，白水出焉，而生白淵，昆吾之師所浴也。昆吾，古王者號。《音義》曰：「昆吾山名，谿水内出善金。」二文有異，莫知所辨測。懿行案：昆吾，古諸侯名，見《竹書》。又《大戴禮·帝繫篇》：「陸終氏産六子，其一曰樊，是爲昆吾」也。郭又引《音義》以爲山名者，《中次二經》昆吾之山是也。所引《音義》，未審何人書名，蓋此經家舊説也。

有人名曰張弘，在海上捕魚，海中有張弘之國。或曰即奇肱人，疑非。懿行案：《海外西經》「奇肱之國」，郭注云「肱或作弘」，是張弘即奇肱矣。肱、弘聲同，古字通用，此注又疑其非，何也？又案：張弘或即長肱，見《穆天子傳》郭注云「即長臂人」，見《海外南經》。食魚，使四鳥。

有人焉，鳥喙，有翼，方捕魚于海。懿行案：此似説驩頭國人，舊本屬上文，非是。

大荒之中，有人名曰驩頭。鯀妻士敬，士敬子曰炎融，生驩頭。驩頭人面鳥喙，有翼，食海中魚，杖翼而行。翅不可以飛，倚杖之用行而已。懿行案：驩頭國已見《海外南經》。維宜芑苣，穋楊是食。《管子》説地所宜云「其種穋、秠、黑黍」，皆禾類也。苣，黑黍，今字作禾旁。起、秬、虬三音。懿行案：經蓋言驩頭食海中魚，又食芑苣穋楊之類也。穋亦禾名，今未詳。《説文》云「稑，疾孰也」，或作穋，音義與此同。又案：郭引《管子·地員篇》文，其穋秠之字，今誤作樛杞也。有驩頭之國。

帝堯、帝嚳、帝舜葬于岳山。即狄山也。爰有文貝、離俞、鴟久、鷹、延維、視肉、熊、羆、虎、豹、朱木、赤枝、青華、玄實。懿行案：朱木形狀又見《大荒西經》。有申山者。

大荒之中，有山名曰天臺高山，海水入焉。

東南海之外，懿行案：《北堂書鈔》一百四十九卷引此經無南字。甘水之間，懿行案：《初學記》一卷及《太平御覽》三卷並引此經作「甘泉之間」。《後漢書·王符傳》注引此經仍作「甘水之間」。有羲和之國。有女子名曰羲和，懿行案：《史記》正義引《帝王世紀》云「帝嚳次妃娵訾氏女曰常儀」，《大荒西經》又有帝俊妻常羲，疑與常儀及此經羲和通爲一人耳。方日浴于甘淵。羲和，蓋天地始生主日月者也。故《啟筮》曰：「空桑之蒼蒼，八極之既張，乃有夫羲和，是主日月，職出入，以爲晦明。」又曰：「瞻彼上天，一明一晦，有夫羲和之子，出于暘谷。」故堯因此而立羲和之官，以主四時。其後世遂爲此國，作日月之象而掌之，沐浴運轉之於甘水中，以效其出入暘谷虞淵也。所謂世不失職耳。懿行案：《藝文類聚》、《初學記》及李賢注《後漢書·王符傳》引此經並作「浴日于甘泉」，疑避唐諱改淵爲泉耳。《初學記》及《御覽》引經「浴日于甘泉」在「是生十日」句之下，與今本異。又引郭注云「羲和能生日也，故日爲羲和之子」，云云，亦與今本異。羲和者，帝俊之妻，生十日。言生十子，各以日名名之，故言生十日，數十也。懿行案：郭注生十日下疑脱日字。羲和十子，它書未見。《藝文類聚》五卷引《尸子》曰「造曆數者，羲和子也」。然其名竟無攷。

有蓋猶之山者，其上有甘柤，懿行案：柤，亦當爲樝字之譌，已見《海外北經》。枝幹皆赤，黄葉，白華，黑實。東又有甘華，枝榦皆赤，黄葉。有青馬。懿行案：青馬，已見《海外東經》。有赤馬，名曰三騅。懿行案：三騅，已見《大荒東經》。有視肉。

有小人名曰菌人。音如朝菌之菌。懿行案：此即朝菌之菌，又音如之，疑有譌文。或經當爲菌狗之菌。菌人蓋靖人類也，已見《大荒東經》。吴氏引《抱朴子》云「山中見小人，肉芝類也。」又引《南越志》云「銀山有女樹，天明時皆生嬰兒，日出能行，日没死，日初復然」。又引《事物紺珠》云「孩兒樹出大食國，赤葉，枝生小兒長六七寸，見人則笑」。菌人，疑即此。又《嶺海異聞》注云「香山有物如嬰孩而髁，魚貫同行，見人輒笑，至地而滅」，亦斯類也。

有南類之山，爰有遺玉、青馬、三騅、視肉、甘華，百穀所在。

山海經第十六

大荒西經

西北海之外，大荒之隅，有山而不合，名曰不周負子。《淮南子》曰：「昔者共工與顓頊爭帝，怒而觸不周之山，天維絶，地柱折。」故今此山缺壞不周帀也。　懿行案：《列子·湯問篇》説共工、顓頊與《淮南·天文訓》同，唯折天柱絶地維二語爲異。《楚詞·天問》云「康回馮怒，地何故以東南傾」，王逸注云：「康回，共工名也。」又引《淮南子》與此注同。《文選》注《甘泉賦》及《思玄賦》及《太平御覽》五十九卷引此經並無負子二字。有兩黄獸守之。有水曰寒暑之水。水西有濕山，水東有幕山。音莫。有禹攻共工國山。言攻其國，殺其臣相柳於此山。《啟筮》曰：「共工人面，蛇身，朱髮也。」　懿行案：《周書·史記篇》云：「昔有共工自賢，自以無臣，久空大官，下官交亂，民無所附，唐氏伐之，共工以亡。」案：唐氏即帝堯也。堯蓋命禹攻其國而亡之，遂流其君於幽州也。郭引《啟筮》者，《太平御覽》三百七十三卷引《歸藏·啟筮》文與此同。

有國名曰淑士，顓頊之子。言亦出自高陽氏也。

有神十人，名曰女媧之腸，或作女媧之腹，化爲神，處栗廣之野，女媧，古神女而帝者，人面蛇身。一日中七十變，其腹化爲此神。栗廣，野名。媧音瓜。懿行案：《説文》云：「媧，古之神聖女，化萬物者也。」《列子·黄帝篇》云：「女媧氏，蛇身人面，而有大聖之德。」《初學記》九卷引《帝王世紀》云：「女媧氏亦風姓也，承庖犧制度，號女希，是爲女皇。」《史記》索隱引《世本》云：「塗山氏女，名女媧也。」《淮南·説林訓》云「女媧七十化」，高誘注云：「女媧王天下者也，七十變造化。」《楚詞·天問》云「女媧有體，孰制匠之」，王逸注云：「傳言女媧人頭蛇身，一日七十化，其體如此，誰所制匠而圖之乎？」今案：王逸注非也。《天問》之意，即謂女媧一體化爲十神，果誰裁制而匠作之？言其甚巧也。郭注腹字，《太平御覽》七十八卷引作腸。又引曹植《女媧讚》曰：「人首蛇形，神化七十，何德之靈！」横道而處。言斷道也。

有人名曰石夷，來風曰韋，來或作本也。處西北隅，以司日月之長短。言察日月晷度之節。懿行案：《大荒東經》既有「鳧處東極，以止日月，司其短長」，此又云「司日月之長短」者，西北隅爲日月所不到，然其流光餘景，亦有晷度短長，故應有主司之者也。有五采之鳥，有冠，名曰狂鳥。《爾雅》云「狂，夢鳥」，即此也。懿行案：郭注《爾雅》亦引此經文。狂，《玉篇》作䳌。

有大澤之長山。有白氏之國。懿行案：氏，疑民字之譌。明《藏》本正作民。白民國，已見《海外西經》。

西北海之外，赤水之東，有長脛之國。脚長三丈。　懿行案：長脛即長股也，見《海外西經》。郭云「脚長三丈」正與彼注同。一本作「三尺」，誤也。《藏經》本作「脚步五尺，」亦與前注不合。

有西周之國，姬姓，　懿行案：《説文》云：「姬，黄帝居姬水以爲姓。」《史記·周本紀》云：「封棄於邰，號曰后稷，别姓姬氏。」《地理志》云：「右扶風漦，后稷所封。」然則經言西周之國，蓋謂此。食穀。有人方耕，名曰叔均。帝俊生后稷，俊，宜爲嚳。嚳第二妃生后稷也。　懿行案：帝嚳名夋。夋、俊疑古今字，不須依郭改俊爲嚳也。然經中帝俊屢見，似非一人，未聞其審。《大戴禮·帝繫篇》云：「帝嚳上妃，有邰氏之女也，曰姜原氏，産后稷。」《史記·周本紀》同。郭云嚳第二妃，誤也。稷降以百穀。稷之弟曰台璽音胎。生叔均。　懿行案：《史記·周本紀》云「后稷卒，子不窋立」，譙周議其世次誤，是也。《史記》又不載，稷之弟，所未詳。叔均是代其父及稷播百穀，始作耕。有赤國妻氏。有雙山。

西海之外，大荒之中，有方山者，上有青樹，　懿行案：《初學記》一卷引此經作青松。名曰柜格之松，木名，音矩。日月所出入也。

西北海之外，　懿行案：《初學記》十卷引此經無北字，明《藏》本亦同。赤水之西，有先民之國，懿行案：先，當爲天字之譌也。《淮南·墬形訓》海外三十六國中有天民。天，古作兲或作死，字形相近，以此致譌。食穀，使四鳥。有北狄之國。黄帝之孫曰始均，　懿行案：《地理志》云：「右扶風陳倉有黄帝孫祠。」始均生北狄。有芒山。有桂山。有榣山。此山多桂及榣木，因名云耳。　懿行案：《初學記》引此經作摇山，餘同。其上有人，號曰太子長琴。顓頊生老童，《世本》云：顓頊娶于滕墳氏，謂之女禄，産老童也。　懿行案：《大戴禮·帝繫篇》滕墳作滕奔，云「顓頊娶于滕氏奔之子，謂之女禄氏，産老童」也。又老童亦爲神，居騩山，已見《西次三經》。老童生祝融，即重黎也，高辛氏火正，號曰祝融也。　懿行案：《大戴禮·帝繫篇》云：「老童娶于竭水氏之子，謂之高緺氏，産重黎及吴回。」《史記·楚世家》云：「重黎爲帝嚳高辛居火正，甚有功，能光融天下，帝嚳命曰祝融。」祝融生太子長琴，是處榣山，始作樂風。創制樂風曲也。　懿行案：《太平御覽》五百六十五卷引此經無風字。《西次三經》騩山云「老童發音常如鐘磬」，故知長琴解作樂風，其道亦有所受也。有五采鳥三名：一曰皇鳥，一曰鸞鳥，一曰鳳鳥。有蟲狀如菟，　懿行案：菟、兔通。此獸也，謂之蟲者，自人及鳥獸之屬，通謂之蟲，見《大戴禮·易本命篇》。胸以後者裸不見，言皮色青，故不見其裸露處。青如猨狀。狀又似猨。　懿行案：此獸即㲋也。《説文》云：「㲋，獸也，似兔，青色而大。」此經云「狀如菟」是也。又云如猨者，言其色，非謂狀似兔又似猨也。猨，明《藏》本作蝯，是。

大荒之中，有山名曰豐沮玉門，日月所入。有靈山，巫咸、巫即、巫朌、巫彭、巫姑、巫真、巫禮、巫抵、巫謝、巫羅十巫，從此升降，百藥爰在。羣巫上下此山采之也。　懿行案：《説文》云：「古者巫咸初作巫。」《越絶書》云：「虞山者，巫咸所初也，虞故神，出奇怪。」《離騷》云「巫咸將夕降兮」，王逸注云：「巫咸，古神巫也，當殷中宗之時。」王逸此説恐非也。殷中宗之臣，雖有巫咸，非必即是巫也。

《海外西經》巫咸國，蓋特取其同名耳。盼，讀如班。《海内西經》六巫有巫凡，盼、凡或即一人。《水經·涑水》注引此經作巫盼，盼、盼形聲又相近也。巫真，《水經注》引作巫貞。巫禮作巫孔。今案：禮，古文作礼。礼與孔疑形近而譌也。《海内西經》有巫履，蓋履即禮也，是爲一人無疑。其巫相疑即巫謝。謝與相聲轉，當即一人也。郭注云「采之也」，《水經注》引作「采藥往來也」。案：此是《海外西經》巫咸國注，酈氏誤記，故引在此耳。

西有王母之山、　懿行案：西有當爲有西。《太平御覽》九百二十八卷引此經作西王母山可證。壑山、海山。皆羣大靈之山。有沃之國，言其土饒沃也。　懿行案：李善注《洛神賦》引此經作「沃人之國」，《藝文類聚》八十九卷引作「沃 民之國」，疑沃人當爲沃民，避唐諱改耳。《御覽》九百二十八卷正引作沃民可證。沃民是處。沃之野，鳳鳥之卵是食，　懿行案：《吕氏春秋·本味篇》云「流沙之西，丹山之南，有鳳之丸，沃民所食」，高誘注云：「丸，古卵字也。」甘露是飲。凡其所欲，其味盡存。言其所願滋味，此無所不備。　懿行案：《海外西經》諸夭之野與此同。爰有甘華、甘柤、白柳、　懿行案：《初學記》二十八卷引此經作「決民之國，有白柳。」決，即沃字之譌也。視肉、三騅、璇瑰、瑶碧、璇瑰，亦玉名。《穆天子傳》曰：「枝斯璿瑰。」校、回二音。　懿行案：璇當爲璿，本或作琁，誤也。琁與瓊同見《説文》。郭音此爲校，則當爲玟字，亦誤也。晉灼注《漢書》云「玟瑰，火齊珠也」。若經文爲玟瑰，郭又不得云「亦玉名」矣。李善注《江賦》及《洛神賦》引此經並作璿瑰，又引郭注云「璿瑰，亦玉名也。旋、回兩音」。是知經文「琁瑰」，注文「校回」並今本之譌矣。《大荒北經》正作「璿瑰瑶碧」可證。又《玉篇》、《廣韻》引此經並作「璿瑰瑶碧」，瑶作瑤，字形雖異，音義當同。白木、樹色正白。今南方有文木，亦黑木也。　懿行案：文木即今烏木也。劉逵注《吴都賦》云：「文木，材密緻無理，色黑如水牛角，日南有之。」琅玕、白丹、青丹，又有黑丹也。《孝經援神契》曰：「王者德至山陵而黑丹出。」然則丹者，别是彩名，亦猶黑、白、黄皆云丹也。　懿行案：黑丹即下文玄丹是也。白丹者，《鶡冠子·度萬篇》云「膏露降，白丹發」是其事也。多銀鐵。鸞鳳自歌，鳳鳥自舞，爰有百獸，相羣是處，是謂沃之野。　懿行案：《海外西經》同。有三青鳥，赤首黑目，一名曰大鵹，音黎。一名少鵹，一名曰青鳥。皆西王母所使也。　懿行案：三青鳥爲西王母取食，見《海内北經》。有軒轅之臺。射者　懿行案：《初學記》二十四卷引此經作「射罘」，誤也。《大荒北經》云：「共工之臺，射者不敢北嚮。」亦作者字可證。不敢西嚮射，　懿行案：《藝文類聚》六十二卷引此經無射字。《藏經》本亦無射字，嚮作鄉。是也。畏軒轅之臺。敬難黄帝之神。　懿行案：臺亦丘也。《海外西經》云：「不敢西射，畏軒轅之丘。」

大荒之中，有龍山，日月所入。有三澤水，名曰三淖，　懿行案：郭注《穆天子傳》引此經作「有川名曰三淖」。昆吾之所食也。《穆天子傳》曰「滔水，濁繇氏之所食」，亦此類也。　懿行案：食謂食其國邑。《鄭語》云「主芣騩而食溱洧」是也。有人衣青，以袂蔽面，袂，袖。　懿行案：《海外西經》云「以右手鄣其面」也。名曰女丑之尸。　懿行案：女丑之尸，見《海外西經》。

有女子之國。王頎至沃沮國，盡東界，問其耆老，云「國人嘗乘船捕魚遭風，見吹數十日，東一國，在大海中，純女無男」，即此國也。　懿行案：女子國，見《海外西經》。此注本《魏志·東夷傳》也。

有桃山。有蝱山。有桂山。　懿行案：上文已有芒山、桂山，芒、蝱聲同也。有于土山。

有丈夫之國。其國無婦人也。　懿行案：丈夫國已見《海外西經》。

有弇州之山，五采之鳥仰天，張口噓天。名曰鳴鳥。　懿行案：鳴鳥，蓋鳳屬也。《周書·君奭》云：「我則鳴鳥不聞。」《國語》云：「周之興也，鸑鷟鳴于岐山。」爰有百樂歌儛之風。爰有百種伎樂歌儛風曲。懿行案：《文選》注王融《曲水詩序》引此經儛作舞，餘同。注爰字，明《藏》本作言，是也。

有軒轅之國。其人人面蛇身。　懿行案：人面蛇身，尾交首上，見《海外西經》。又此注中六字，明《藏》本作經文。江山之南棲爲吉。即窮山之際也。山居爲棲。吉者言其無凶夭。　懿行案：軒轅國在窮山之際，已見《海外西經》。不壽者乃八百歲。壽者數千歲。　懿行案：亦見《海外西經》。

西海陼　懿行案：《爾雅》云：「小洲曰陼。」陼與渚同。中，有神人面鳥身，珥兩青蛇，踐兩赤蛇，懿行案：此神形狀全似北方神禺彊，唯彼作「踐兩青蛇」爲異，見《海外北經》。名曰弇茲。

大荒之中，有山名曰日月山，天樞也。吳姖　懿行案：姖字《說文》、《玉篇》所無，《藏經》本作姬。天門，日月所入。有神人面無臂，　懿行案：《說文》云：「了，尥也，从子無臂，象形。」兩足反屬于頭山　懿行案：山當爲上字之譌，《藏經》本作上。名曰噓。言噓啼也。顓頊生老童，　懿行案：《史記·楚世家》云：「高陽生稱，稱生卷章。」譙周云：「老童即卷章。」老童生重及黎。《世本》云：「老童娶于根水氏，謂之驕福，產重及黎。」懿行案：《大戴禮·帝繫篇》云：「老童娶于竭水氏之子，謂之高緺氏，產重黎及吳回。」《史記·楚世家》云「卷章生重黎」，徐廣注引《世本》云「老童生重黎及吳回」，與《帝繫》同，是皆以重黎爲一人也。此經又以「重黎」爲二人，郭引《世本》又與徐廣異，並所未詳。帝令重獻上天，令黎邛下地，古者神人雜擾無別，顓頊乃命南正重司天以屬神，命火正黎司地以屬民。重實上天，黎實下地。獻、邛，義未詳也。懿行案：郭注本《楚語》文，其火正之火字，唐固注云「火當爲北」是也。重號祝融，爲高辛氏火正。《竹書》云「帝嚳十六年，帝使重帥師滅有鄶」，即是人也。高誘注《淮南子》云：「顓頊之孫，老童之子吳回，一名黎，爲高辛氏火正，號祝融。」高誘之説本《鄭語》及《史記·楚世家》文，並與此經合。《左傳》以爲少昊氏之子曰重，爲勾芒木正。顓頊氏之子曰黎，爲祝融火正。以二人爲非同產，與此經及《國語》異也。下地是生噎，懿行案：此語難曉。《海内經》云「后土生噎鳴」，此經似與相涉，而文有闕脱，遂不復可讀。處于西極，以行日月星辰之行次。主察日月星辰之度數次舍也。懿行案：《楚語》云「至于夏商，重黎氏世敘天地，而別其分主」，即此經云「噎處西極，以行日月星辰」者也。

有人反臂，名曰天虞。即尸虞也。懿行案：尸虞未見所出。據郭注，當有成文，疑在經内，今逸。

有女子方浴月，懿行案：《北堂書鈔》一百五十卷引，浴上有澄字。帝俊妻常羲，懿行案：《史記·五帝紀》云「帝嚳娶娵訾氏女」，《索隱》引皇甫謐云：「女名常儀也。」今案：常儀即常羲，羲、儀聲近，又與羲和當即一人。已見《大荒南經》。生月十有二，此始浴之。義與羲和浴日同。有玄丹之山，出黑丹也。懿行案：上文沃民國有青丹，郭云「又有黑丹」，謂此。有五色之鳥，人面有髮。爰有青鴍、音文。黄鷔、音敖。青鳥、黄鳥，其所集者其國亡。懿行案：《海外西經》云「𩿧鳥、鶬鳥，其色青黄，所經國亡」，又云「青鳥、黄鳥所集」，即此是也。《玉篇》有鷔字，云有此鳥集，即大荒國亡。李善注《江賦》引此經及郭注與今本略同。有池名孟翼之攻顓頊之池。孟翼，人姓名。

大荒之中有山，名鏖鏊鉅，鏊音如敖。日月所入者。有獸，左右有首，名曰屏蓬。即并封也，語有輕重耳。懿行案：《海外西經》云「并封前後有首」，此云「左右有首」，又似非一物也。説見《大荒南經》。有巫山者。懿行案：《大荒南經》有巫山。有壑山者。懿行案：上文有壑山、海山。有金門之山，有人名曰黄姖之尸。有比翼之鳥，有白鳥，青翼，黄尾，玄喙。奇鳥。有赤犬，名曰天犬，其所下者有兵。《周書》云：「天狗所止，地盡傾，餘光燭天，爲流星長數十丈，其疾如風，其聲如雷，其光如電。」吴楚七國反時，吠過梁國者是也。懿行案：赤犬名曰天犬，此自獸名，亦如《西次三經》陰山之獸名曰天狗耳。郭注以天狗星當之，似誤也。其引《周書》、《逸周書》無之。《漢書·天文志》云：「天狗，狀如大流星，有聲。其下止地，類狗。所墜及，望之如火光炎炎中天。其下圜，如數頃田處，上鋭，見則有黄色，千里破軍殺將。」又云：「狗，守禦類也。天狗所降，以戒守禦。吴楚攻梁，梁堅城守，遂伏尸流血其下。」

西海之南，流沙之濱，赤水之後，黑水之前，有大山，名曰昆侖之丘。有神，人面虎身，有文有尾，皆白，處之。言其尾以白爲點駮。懿行案：神人，即陸吾也。其狀虎身九尾，人面虎爪，司昆侖者。已見《西次三經》。其下有弱水之淵環之。其水不勝鴻毛。懿行案：李賢注《後漢書·張衡傳》及李善注《思玄賦》引此經，淵並作川，蓋避唐諱改也。又引此經仍作淵字。顔師古注《漢書·西域傳》引《玄中記》云：「昆侖之弱水，鴻毛不能起也。」《史記·大宛傳》索隱引《輿地圖》云：「昆侖弱水，非乘龍不至。」《藝文類聚》八卷引郭氏讚云：「弱出昆山，鴻毛是沈。北淪流沙，南映火林，惟水之奇，莫測其深。」其外有炎火之山，投物輒然。今去扶南東萬里有耆薄國。東復五千里許，有火山國，其山雖霖雨，火常然。火中有白鼠，時出山邊求食，人捕得之，以毛作布，今火澣布是也。即此山之類。懿行案：《水經·濛水》注引《神異經》云：「南方有火山焉，長四十里，廣四五里，其中皆生不燼之木，晝夜火然，得暴風猛雨不滅。火中有鼠，重百斤，毛長二尺餘，細如絲，色白，時時出外，以水逐而沃之則死。取其毛，績以爲布，謂火浣布。」即郭氏所説也。火浣布，又見《列子·湯問篇》云，周穆時西戎獻之也。《魏志》云「齊王芳立，西域重譯獻火浣布」，裴松之注引《搜神記》，大意與郭同。又《藝文類聚》八十卷引《玄中記》云：「南方有炎火山，四月生火，其木皮爲火浣布。」《搜神記》亦同。兹説將火澣布故有鼠毛及木皮二種邪？《類聚》七卷引郭氏讚云：「木含陽氣，精構則然。焚之無盡，是生火山。理見乎微，其傳在傳。」案：末句誤，疑當爲「其妙不傳」。有人戴勝虎齒，有豹尾，穴處，名曰西王母。《河圖玉版》亦曰「西王母居昆侖之山」，《西山經》曰「西王母居玉山」，《穆天子傳》曰「乃紀名迹于弇山之石，曰西王母之山」也。然則西王母雖以昆侖之宮，亦自有離宮別窟，游息之處，不專住一山也。故記事者各舉所見而言之。　懿行案：今本《穆天子傳》作「紀丌跡于弇山之石」，丌即其之假借字也。郭云「西王母雖以昆侖之宮」，以當爲居。以，古字作㠯；居，古文作凥，皆形近而譌也。《藏經》本作「雖以昆侖爲宮」，其義亦通也。經言西王母穴處者，《莊子·大宗師篇》云「西王坐乎少廣」，釋文引司馬彪云「少廣，穴名」，是知此人在所乃以窟穴爲居。故《穆天子傳》載爲天子吟曰「虎豹爲羣，鳥獸與處」，蓋自道其實也。它書或說西王母所居玉闕金堂，徒爲虛語耳。此山萬物盡有。

大荒之中，有山名曰常陽之山，　懿行案：或說《海外西經》「形天葬常羊之山」即此，非也。常羊之山見下文。日月所入。

有寒荒之國。有二人：女祭、女薎。或持觶，或持俎。　懿行案：薎，當爲蔑字之譌。《海外西經》云「女祭、女戚」，戚即蔑也。郭云持觶，觶亦觛字之譌也。戚操魚䱉，亦見《海外西經》。

有壽麻之國。《吕氏春秋》曰：「南服壽麻，北懷闟耳。」　懿行案：郭引《吕氏春秋·任數篇》文也。南當爲西字之譌。壽麻，彼作壽靡。高誘注云：「西極之國，靡亦作麻。」今案：麻、靡古字通。《地理志》云「益州郡收靡」，李奇云：「靡音麻，即升麻也。」南嶽娶州山女，名曰女虔。女虔生季格，季格生壽麻。壽麻正立無景，疾呼無響。言其禀形氣有異於人也。《列仙傳》曰：「玄俗無景。」　懿行案：《淮南·墬形訓》言「建木日中無景，呼而無響」也。《拾遺記》云：「勃鞮之國，人皆日中無景。」《列仙傳》云：「玄俗者，自言河間人也，餌巴豆、雲英，賣藥於市，七丸一錢，治百病。王病瘕，服藥，用下蛇十餘頭。王家老舍人自言，父世見俗，俗形無景。王呼俗著日中，實無景。」案：此據劉逵注《魏都賦》所引，與今《列仙傳》本不同。爰

有大暑，不可以往。言熱炙殺人也。　懿行案：《楚詞·招魂》云「西方之害，其土爛人，求水無所得些」，王逸注云：「言西方之土，温暑而熱，燋爛人肉，渴欲求水，無有源泉，不可得也。」亦此類。

有人無首，操戈盾立，名曰夏耕之尸。亦形天尸之類。故成湯伐夏桀于章山，克之，于章，山名。懿行案：郭以于章爲山名，未詳所在。《史紀·夏本紀》正義引《淮南子》云：「湯敗桀於歷山，與妹喜同舟浮江，奔南巢之山而死。」今案：《淮南·修務訓》云「湯乃整兵鳴条，困夏南巢，譙以其過，放之歷山」，此即《史記》正義所引也。高誘注云：「南巢，今盧江居巢是。歷山，蓋歷陽之山。」未審即此經章山以不？斬耕厥前。頭亦在前者。耕既立，無首，厓厥咎，逃避罪也。　懿行案：《藏經》本立字在「無首」下。乃降于巫山。自竄於巫山。巫山，今在建平巫縣。　懿行案：《地理志》云「南郡巫」，應劭注云：「巫山在西南。」郭云「今在建平巫縣」者，見《晉書·地理志》。

有人名曰吴回，奇左，是無右臂。即奇肱也。吴回，祝融弟，亦爲火正也。　懿行案：此非奇肱國也。《説文》云「孑無右臂也」，即此之類。吴回者，《大戴禮·帝繫篇》云「老童産重黎及吴回」，《史記·楚世家》云「帝嚳誅重黎，而以其弟吴回爲重黎，後復居火正，爲祝融」，是皆以重黎爲一人，吴回爲一人。《世本》亦同。此經上文則以重、黎爲二人，似黎即吴回，故《潛夫論·志氏姓》云「黎，顓頊氏裔子吴回也。」高誘注《淮南》

亦云：「祝融，顓頊之孫，老童之子吳回也。一名黎，爲高辛氏火正，號爲祝融。」其注《吕氏春秋》又云「吳國回禄之神託於竈」，與注《淮南》異也。王符、高誘並以黎即吳回，與此經義合。重、黎相繼爲火官，故皆名祝融矣。

有蓋山之國。有樹，赤皮支榦，青葉，名曰朱木。或作朱威木也。懿行案：朱木已見《大荒南經》。「青葉」，彼作「青華」是也。此蓋字形之譌。

有一臂民。北極下亦有一腳人，見《河圖玉版》。懿行案：一臂國已見《海外西經》。

大荒之中，有山名曰大荒之山，日月所入。有人焉三面，是顓頊之子，三面一臂。無左臂也。懿行案：《説文》云「孑，無左臂也」，即此。三面之人不死，言人頭三邊各有面也。玄菟太守王頎至沃沮國，問其耆老，云「復有一破船，隨波出在海岸邊，上有一人，頂中復有面，與語不解，了不食而死。」此是兩面人也。《吕氏春秋》曰「一臂三面之鄉」也。懿行案：《吕氏春秋·求人篇》云「禹西至一臂三面之鄉」，本此。郭説兩面人，本《魏志·東夷傳》。是謂大荒之野。懿行案：《上林賦》云「過乎泱漭之壄」，張揖注云「《山海經》所謂大荒之野」。李善注曹植《七啟》引此經野下有中字，蓋衍也。其注張協《七命》仍引此經無中字，可證。

西南海之外，赤水之南，流沙之西，有人珥兩青蛇，乘兩龍，名曰夏后開。懿行案：開即啟也。漢人避諱所改。開上三嬪于天，嬪，婦也。言獻美女於天帝。懿行案：《離騷》云「啟《九辯》與《九歌》」，《天問》云「啟棘賓商，《九辯》《九歌》」。是賓、嬪古字通，棘與亟同。蓋謂啟三度賓于天帝，而得九奏之樂也。故《歸藏·鄭母經》云「夏后啟筮，御飛龍登于天，吉」，正謂此事。《周書·王子晉篇》云「吾後三年上賓于帝所」，亦其證也。郭注大誤。得《九辯》與《九歌》以下。皆天帝樂名也，開登天而竊以下用之也。《開筮》曰：「昔彼《九冥》，是與帝《辯》同宫之序，是謂《九歌》。」又曰：「不得竊《辯》與《九歌》以國于下。」義具見於《歸藏》。此天穆之野，高二千仞，《竹書》曰「顓頊産伯鯀，是維若陽，居天穆之陽」也。　懿行案：《竹書》云「帝顓頊三十年，帝産伯鯀，居天穆之野」，無「是維若陽」四字，蓋脱去之。開焉得始歌《九招》。《竹書》曰「夏后開舞《九招》」也。　懿行案：《竹書》云「夏帝啟十年，帝巡狩，舞《九韶》于大穆之野」，《海外西經》云「大樂之野，夏后啟于此儛《九代》」，即此。

有互人之國。人面魚身。　懿行案：互人，即《海内南經》氐人國也。氐、互二字，蓋以形近而譌，以俗氐正作互字也。羅泌云：「互人宜作氐人，非也。《周官》『鼈人掌取互物』，是互物即魚鼈之通名。國名互人，豈以其人面魚身故與？」郭注「人面魚身」四字，本《海内南經》之文。《藏經》本將此郭注列入經文。炎帝之孫，炎帝神農。名曰靈恝，音如券契之契。靈恝生互人，是能上下于天。言能乘雲雨也。有魚偏枯，名曰魚婦。顓頊死即復蘇。言其人能變化也。風道北來，天乃大水泉。言泉水得風暴溢出。道猶從也。《韓非》曰：「玄鶴二八，道南方而來。」　懿行案：郭引《韓非》者《十過篇》云：「師曠不得已，援琴而鼓，一奏之有玄鶴二八，道南門來集於郎門之垝。」郭引南門作南方，所見本異也。蛇乃化爲魚，是爲魚婦。顓項死即復蘇。《淮南子》曰「后稷龍在建木西，其人死復蘇，其中爲魚」，蓋謂此也。懿行案：郭注龍當爲隴，中當爲半，並字形之譌。高誘注《淮南·墬形訓》云「人死復生，或化爲魚」，即指此事。然則魚婦豈即顓項所化，如女媧之腸化爲十神者邪？又樂浪尉化魚事，見陸機詩疏。

有青鳥，身黄，赤足，六首，懿行案：《海内西經》云「開明南有鳥六首」，即此也。名曰𩾌鳥。音觸。懿行案：《爾雅》云「鸀，山烏」，非此。有大巫山。有金之山。西南大荒之中隅，懿行案：《藏經》本，隅上無中字。有偏句、常羊之山。懿行案：《海外西經》云「帝斷形天之首，葬之常羊之山」，即此。《淮南·墬形訓》云「西南方曰編駒之山」，編駒疑即偏句。《吕氏春秋·諭大篇》云「地大則有常祥、不庭」，疑常祥即常羊也。不庭已見《大荒南經》。

按：夏后開即啟，避漢景帝諱云。

山海經第十七

大荒北經

東北海之外，大荒之中，河水之間，附禺之山，懿行案：《海外北經》作務隅，《海内東經》作鮒魚，此經又作附禺，皆一山也。古字通用。《文選》注謝脁《哀策文》引此經作鮒禺之山。《後漢書·張衡傳》注引此經與今本同。帝顓頊與九嬪葬焉。此皆殊俗，義所作冢。爰有鴟久、文貝、離俞、鸞鳥、皇鳥、大物、小物，言備有也。有青鳥、琅鳥、玄鳥、黄鳥、虎、豹、熊、羆、黄蛇、視肉、璿、瑰、瑶、碧、皆出衛于山。在其山邊也。懿行案：《藝文類聚》八十九卷、《初學記》二十八卷引此經並作衛丘山，《北堂書鈔》一百三十七卷亦作衛丘，是知古本衛丘連文，而以「皆出于山」四字相屬，今本誤倒其句耳，所宜訂正。丘方員三百里，丘南帝俊竹林在焉，懿行案：此經帝俊蓋顓頊也。下云「丘西有沈淵，顓頊所浴」，以此知之。大可爲舟。言舜林中竹一節則可以爲船也。懿行案：《初學記》引《神異經》云「南方荒中有沛竹，其長百丈，圍二丈五六尺，厚八九寸，可以爲船」，《廣韻》引《神異經》「篩竹一名太極，長百丈，南方以爲船」，《玉篇》云「篔竹長千丈，爲大船也，生海畔」，即此類。竹南有赤澤水。水色赤也。名曰封淵，封亦大也。有三桑無枝。皆高百仞。 懿行案：三桑無枝，已見《海外北經》。注云「皆高百仞」四字，《藝文類聚》八十八卷引作經文，疑今本誤作注文耳。丘西有沈淵，顓頊所浴。

有胡不與之國，一國復名耳。今胡夷語皆通然。烈姓， 懿行案：列姓蓋炎帝神農之裔。《左傳》稱烈山氏，《祭法》作厲山氏，鄭康成注云「厲山，神農所起，一曰烈山」。黍食。

大荒之中，有山名曰不咸，有肅慎氏之國。今肅慎國去遼東三千餘里，穴居無衣，衣豬皮，冬以膏塗體，厚數分，用卻風寒。其人皆工射。弓長四尺，勁彊。箭以楛爲之，長尺五寸，青石爲鏑。此春秋時「隼集陳侯之庭」所得矢也。晉太興三年，平州刺史崔毖遣別駕高會，使來獻肅慎氏之弓矢，箭鏃有似銅骨作者。問云，轉與海內國，通得用此。今名之爲挹婁國，出好貂、赤玉。豈從海外轉而至此乎？《後漢書》所謂挹婁者是也。 懿行案：肅慎國見《海外西經》。郭說肅慎本《魏志·東夷傳》，但傳本作「用楛長尺八寸」與郭異，餘則同也。今之《後漢書》非郭所見，而此注引《後漢書》者，《吳志·妃嬪傳》云「謝承撰《後漢書》百餘卷」，其書說挹婁，即古肅慎氏之國也。「隼集陳侯之庭」，《魯語》有其事。《竹書》云「帝舜二十五年，息慎氏來朝，貢弓矢」，即肅慎也。《左傳》云「肅慎、燕、亳，吾北土也」，《周書·王會篇》亦云「正北方稷慎。」稷、息、肅，並聲轉字通也。《魏志·東夷傳》云「挹婁，在夫餘東北千餘里，濱大海。」《史記》正義引《括地志》云「靺鞨國，古肅慎也，在京東北萬里。」有蜚蛭，四翼。翡窒兩音。 懿行案：《上林賦》云「蛭蜩蠼猱」，司馬彪注引此經，蜚作飞。有蟲，獸首蛇身，名曰琴蟲。亦蛇類也。　懿行案：南山人以蟲爲蛇，見《海外南經》。

有人，名曰大人，有大人之國，　懿行案：《大荒東經》云「波谷山有大人之國」，即此。《史記·孔子世家》云：「防風在虞、夏、商爲汪罔，於周爲長翟，今謂之大人。」案此本《魯語》文，其汪罔爲汪芒也。釐姓，　懿行案：《晉語》云，司空季子説黄帝之子十二姓中有僖姓，僖、釐古字通用，釐即僖也。《史記·孔子世家》云「汪罔氏之君，守封、禺之山，爲釐姓」，索隱云「釐音僖」是也。又引《家語》云「姓漆，誤，《系本》無漆字」。〔一〕案《魯語》云「汪芒氏之君爲漆姓」，非誤也，疑漆與釐古亦通。黍食。　懿行案：東北地皆宜黍。《孟子》云「貉五穀不生，唯黍生之。」説已見《大荒東經》。有大青蛇，黄頭，　懿行案：黄頭，《藝文類聚》引作頭方。食麈。今南方蚺蛇食鹿，鹿亦麈屬也。　懿行案：欒山有玄蛇食麈，已見《大荒南經》。又案此經及欒山之麈，《藝文類聚》並引作麈字，在地部六卷，誤。有榆山，有鯀攻程州之山。皆因其事而名物也。　懿行案：程州，蓋亦國名，如「禹攻共工國山」之類。

大荒之中有山，名曰衡天。有先民之山。　懿行案：「西北海之外有先民之國」，見《大荒西經》，非此也。有槃木千里。音盤。　懿行案：《大戴禮·五帝德篇》云「東至于蟠木」，《史記·五帝紀》同，疑即此也。劉昭注《禮儀志》引此經云：「東海中有度朔山，上有大桃樹，蟠屈三千里，其卑枝門曰東北鬼門，萬鬼出入也。上有二神人，一曰神荼，一曰鬱儡，主閲領衆鬼之惡害人者，執以葦索，而用食虎。於是黄帝法而象之，毆除畢，因立桃梗，於門户上畫鬱儡持葦索以御凶鬼，畫虎於門，當食鬼也。」《論衡·訂鬼篇》引此經，大意亦同。案王充、劉昭所引，疑本經文，今脱去之也。《太平御覽》九百六十七卷載《漢舊儀》引此經亦與王、劉同。李善注陸機《挽歌詩》引此文作海水經曰：「東海中有山焉，名度索，上有大桃樹，東北瘣枝，名曰鬼門，萬鬼所聚。」《史記·五帝紀》注亦引此文，而作《海外經》云云，蓋誤也。《海外北經》雖有「尋木長千里」，然尋木非櫱木，疑二書所引皆即此經之逸文矣。《藝文類聚》八十六卷亦引此經云「桃樹屈蟠三千里」。又張衡《東京賦》亦引用此事，薛綜注雖述其文，而不云出此經，疑漏引書名也。又諸書所説文字，俱有異同，姑存以俟考。

有叔歜國，音作感反，一音觸。顓頊之子，黍食，使四鳥：虎、豹、熊、羆。有黑蟲，如熊狀，名曰猎猎。或作獡，音夕同。懿行案：《玉篇》云：「猎，秦亦切。獸名。」《廣韻》亦云獸名，引此經，蓋蟲獸通名耳。獡，見《説文》。

有北齊之國，姜姓，懿行案：《説文》云：「姜，神農居姜水以爲姓。」《史記·齊太公世家》云：「姓姜氏。」案：《大荒西經》有「西周之國，姬姓」，此有「北齊之國，姜姓」，皆周、秦人語也。使虎、豹、熊、羆。

大荒之中有山，名曰先檻　懿行案：《藏經》本作光檻。大逢之山，河、濟所入，海北注焉。河、濟注海，已復出海外，入此山中也。懿行案：滿州人福星保言：「黄河入海，復流出塞外，注翰海。翰海地皆沙磧，蓋伏流也。」案福君此說，與經義合。翰海，即羣鳥解羽之所，見下文。其西有山，名曰禹所積石。懿行案：《海内西經》云「河水入渤海，又出海外，入禹所導積石山」，正與此經合，是此海即渤海矣。《水經》所謂渤海，亦即此。有陽山者。有順山者，順水出焉。有始州之國，有丹山。此山純出丹朱也。《竹書》曰「和甲西征，得一丹山」，今所在亦有丹山，丹出土穴中。懿行案：《竹書》云「陽甲三年，西征丹山戎」。陽甲一名和甲也。郭所引與今本小異。有大澤，方千里，羣鳥所解。《穆天子傳》曰「北至廣原之野，飛鳥所解其羽。乃于此獵鳥獸，絶羣，載羽百車」。《竹書》亦曰「穆王北征，行流沙千里，積羽千里」。皆謂此澤也。懿行案：大澤已見《海内西經》。《穆天子傳》云「碩鳥解羽，六師之人畢至于曠原」，是郭所引廣，當爲曠，或古字通也。此謂之大澤，《穆天子傳》謂之曠原，《史記》、《漢書》謂之翰海，皆是。《史記》索隱引崔浩云：「翰海，北海名。羣鳥之所解羽，故云翰海。」有毛民之國，其人面體皆生毛。懿行案：毛民國已見《海外東經》。今所見毛民，面首猥毛，盡如熊。唯微露眉目處，所有似獮猴，餘則是人耳，然其體亦皆毛也。不解言語，但收養者以意指使之。嘉慶十一年春正月，余在京師，親所訡見，是其毛人乎？高誘注《淮南》而云「毛如矢鏃」，即實非矣。依姓，懿行案：《晉語》云「黄帝之子二十五宗，其得姓者十四人，爲十二姓」，中有依姓也。食黍，使四鳥。禹生均國，均國生役采，采一作來。懿行案：《藏經》本正作來。役采生修 懿行案：《藏經》本作循。鞈，音如單袷之祫。修鞈殺綽人。人名。帝念之，潛爲之國，潛密用之爲國。是此毛民。

有儋耳之國，其人耳大下儋，垂在肩上，朱崖、儋耳，鏤畫其耳，亦以放之也。 懿行案：《淮南子》作耽耳，《博物志》作檐耳，皆儋耳之異文也。儋，依字當爲瞻，見《説文》，此是北儋耳也。《吕氏春秋·任數篇》曰「北懷儋耳」，高誘注云「北極之國」，正謂是也。其南儋耳，經謂之離耳，見《海内南經》。又聶耳國，見《海外北經》，與此異。任姓。 懿行案：《晉語》説黄帝之子十二姓，中有任姓也。禺號子，食穀。百海之渚中，言在海島中種粟給食，謂禺彊也。 懿行案：禺號即禺猇，《大荒東經》云「黄帝生禺猇，禺猇生禺京」，禺京即禺彊也。京、彊聲相近。有神，人面鳥身，珥兩青蛇，踐兩赤蛇，名曰禺彊。 懿行案：《大荒東經》云「禺猇珥兩黄蛇，踐兩黄蛇」，與此異，餘則同也。又《海外北經》云「禺彊踐兩青蛇」，亦與此異。又「帝命禺彊，使巨鼇十五，舉首而戴五山」，見《列子·湯問篇》。

大荒之中有山，名曰北極天櫃，音匱。 懿行案：櫃，《藏經》本作樻。海水北注焉。有神，九首，人面鳥身，名曰九鳳。 懿行案：郭氏《江賦》云「奇鶬九頭」，疑即此。又有神，銜蛇操蛇， 懿行案：《列子·湯問篇》説愚公事云「操蛇之神聞之，告之於帝」，操蛇之神當即此。其狀虎首人身，四蹏長肘，名曰彊良。亦在畏獸畫中。 懿行案：《後漢·禮儀志》説十二神云「强梁、祖明共食磔死寄生」，疑强梁即彊良，古字通也。

大荒之中有山，名曰成都載天。有人珥兩黄蛇，把兩黄蛇，名曰夸父。后土生信， 懿行案：后土，共工氏之子句龍也。見昭十九年《左傳》，又見《海内經》。信生夸父。夸父不量力，欲追日景，逮之于禺谷。禺淵，日所入也。今作虞。懿行案：《列子·湯問篇》夏革説本此。禺谷作隅谷。將飲河而不足也，將走大澤，未至，死于此。渴死。懿行案：夸父逐日，已見《海外北經》。應龍已殺蚩尤，又殺夸父，上云夸父不量力，與日競而死。今此復云爲應龍所殺，死無定名，觸事而寄，明其變化無方，不可揆測。乃去南方處之，故南方多雨。言龍水物，以類相感故也。

又有懿行案：《藏經》本無又字。無腸之國，爲人長也。懿行案：《海外北經》云「無腸國，其爲人長」，是此注所本。是任姓。

無繼子，食魚。繼，亦當作膂，謂膞腸也。懿行案：膞腸，即腨腸，其聲同也，見《海外北經》。無膂國，繼、膂聲相近。《淮南·墬形訓》作無繼民。

共工臣名曰相繇，相柳也，語聲轉耳。懿行案：相柳，見《海外北經》。九首蛇身，自環，言轉旋也。食于九土。言貪殘也。懿行案：《海外北經》作九山。其所歍所尼，歍，嘔，猶噴吒。尼，止也。懿行案：《説文》云：「歍，心有所惡，若吐也。」又云：「歐，吐也。」《爾雅·釋詁》云：「尼，止也。」即爲源澤，言多氣力。不辛乃苦，言氣酷烈。百獸莫能處。言畏之也。禹堙洪水，殺相繇，禹塞洪水，由以溺殺之也。其血腥臭，不可生穀，其地多水，不可居也。言其膏血滂流成淵水也。禹湮之，三仞三沮，言禹以土塞之，地陷壞也。乃以爲池，羣帝是因以爲臺。地下宜積土，故衆帝因來在此共作臺。懿行案：即帝堯、帝嚳等臺也。見《海内北經》。在昆侖之北。懿行案：《海内北經》云：「臺四方，在昆侖東北。」

有岳之山，懿行案：李善注張協《七命》引此經作岳山，無之字。尋竹生焉。尋，大竹名。懿行案：《玉篇》作箰，云「竹長千丈」。《海外北經》有「尋木長千里」，尋竹猶尋木也，《玉篇》作箰失之。李善注張協《七命》引此經及郭注並止作尋，可證《玉篇》之非。

大荒之中有山，名曰不句，海水入焉。懿行案：《藏經》本水下有北字。

有係昆之山者，有共工之臺，射者不敢北鄉。言畏之也。懿行案：共工之臺，已見《海外北經》。有人衣青衣，名曰黄帝女魃。音如旱妭之魃。懿行案：《玉篇》引《文字指歸》曰：「女妭，秃無髮，所居之處，天不雨也。同魃。」李賢注《後漢書》引此經作妭，云「妭亦魃也」。據此則經文當爲妭，注文當爲魃，今本誤也。《太平御覽》七十九卷引此經作妭，可證。蚩尤作兵伐黄帝，懿行案：《大戴禮·用兵篇》云，「問曰：『蚩尤作兵與？』曰『蚩尤，庶人之貪者也，何器之能作？』」是以蚩尤爲庶人。然《史記·殷本紀》云「昔蚩尤與其大夫作亂百姓，帝乃弗予有狀」，是知蚩尤非庶人也。又《五帝本紀》云「諸侯咸來賓從，而蚩尤最爲暴，莫能伐」，則蚩尤爲諸侯審矣。《管子·地數篇》云「蚩尤受葛盧山之金，而作劍、鎧、矛、戟」。《太平御覽》二百七十卷引《世本》曰「蚩尤作兵」，宋衷注曰「蚩尤神農臣也」。又引《春秋元命苞》曰「蚩尤虎捲威文立兵」，宋均注曰：「捲，手也。手文威字也。」又《龍魚河圖》説此極詳，見《史記》正義。黄帝乃令應龍攻之冀州之野。冀州，中土也。黄帝亦教虎、豹、熊、羆，以與炎帝戰於阪泉之野而滅之。見《史記》。懿行案：古以冀州爲中州之通名，故郭云「冀州，中土也」。又引《史記》云「黄帝與炎帝戰於阪泉之野」，此《五帝本紀》文。然其下方云「與蚩尤戰於涿鹿之野」，郭氏未引此文，蓋漏脱也。《周書·嘗麥篇》云「蚩尤乃逐帝，爭于涿鹿之阿，九隅無遺。赤帝大懾，乃説于黄帝，執蚩尤，殺之于中冀。用名之曰絶轡之野」。《周書》所説即此經云「攻之冀州之野」也。焦氏《易林》云「白龍赤虎，戰鬬俱怒。蚩尤敗走，死于魚口」，即此經云「令應龍攻之」也。應龍畜水，蚩尤請風伯、雨師縱大風雨。　懿行案：縱當爲從。《史記》正義引此經云「以從大風雨」。《藝文類聚》七十九卷及《太平御覽》七十九卷引此經，亦作從。黄帝乃下天女曰魃，懿行案：《御覽》引此經，魃作妭。《藏經》本此下亦俱作妭。《史記》正義引《龍魚河圖》云：「黄帝以仁義不能禁止蚩尤，乃仰天而歎，天遣玄女下授黄帝兵符，伏蚩尤。」雨止，　懿行案：《史記》正義引此經有「以止雨」三字在「雨止」句之上。遂殺蚩尤。　懿行案：《初學記》九卷引《歸藏·啟筮》云「蚩尤出自羊水，八肱，八趾，疏首，登九淖以伐空桑，黄帝殺之于青丘。」《史記》索隱引皇甫謐云「黄帝使應龍殺蚩尤於凶黎之谷」。魃不得復上，所居不雨。旱氣在也。叔均言之帝，後置之赤水之北。遠徙之也。叔均乃爲田祖，主田之官。《詩》云：「田祖有神。」魃時亡之。畏見逐也。　懿行案：亡，謂善逃逸也。所欲逐之者令曰：「神北行！」向水位也。　懿行案：北行者，令歸赤水之北也。先除水道，決通溝瀆。言逐之必得雨，故見先除水道，今之逐魃是也。　懿行案：《藝文類聚》一百卷引《神異經》云，「南方有人長二三尺，袒身而目在頂上，走行如風，名曰魃。所見之國大旱，赤地千里。一名狢，遇者得之，投溷中乃死，旱災消」，是古有逐魃之説也。《魏書》載咸平五年，晉陽得死魃，長二尺，面頂各二目。《通考》言永隆元年，長安獲女魃，長尺有二寸。然則《神異經》之説蓋不誤矣。今山西人説旱魃神體有白毛，飛行絶迹，而東齊愚人有打旱魃之事。其説怪誕不經，故備書此正之。

有人方食魚，名曰深目民之國， 懿行案：深目國已見《海外北經》。盼姓，食魚。亦胡類，但眼絶深，黄帝時姓也。 懿行案：盼，府文切，見《玉篇》。與滕、荀二字形聲俱近。《晉語》説黄帝之子十二姓，中有滕、荀。疑郭本盼作滕或荀，故註云「黄帝時姓也」。

有鍾山者。有女子衣青衣，名曰赤水女子獻。神女也。 懿行案：《穆天子傳》云「赤烏之人丌好，獻女于天子，曰赤烏氏美人之地也」，似與此經義合。

大荒之中有山，名曰融父山，順水入焉。 懿行案：上文云「有順山者，順水出焉」，即此。有人名曰犬戎。黄帝生苗龍，苗龍生融吾，融吾生弄一作卞。明，弄明生白犬， 懿行案：《漢書·匈奴傳》注引此經作「弄明」，《史記·周本紀》正義引此經作「并明」，并與卞疑形聲之譌轉。《匈奴傳》索隱引此經亦作「并明」，又云「黄帝生苗，苗生龍，龍生融，融生吾，吾生并明，并明生白，白生犬，犬有二壯，是爲犬戎」。所引一人，俱爲兩人，所未詳聞。白犬有牝牡，言自相配合也。 懿行案：《史記·周本紀》正義、《漢書·匈奴傳》注引此經並作「白犬有二牝牡」，蓋謂所生二人相爲牝牡也。《藏經》本作「白犬二犬有牝牡」，下犬字疑衍。是爲犬戎，肉食。有赤獸，懿行案：《説文》云：「赤狄本犬種，從犬亦省聲。」馬狀無首，名曰戎宣王尸。犬戎之神名也。

有山名曰齊州之山、君山、鬵山，音潛。鮮野山、魚山。

有人一目，當面中生。懿行案：此人即一目國也，見《海外北經》。「當面中生」四字，《藏經》本作郭注，非。一曰是威姓，少昊之子，懿行案：《晉語》云，「青陽與夷鼓皆爲己姓」。説者云青陽即少昊，是少昊己姓。此云威者，己、威聲相轉。食黍。

有繼無民，懿行案：繼無疑當爲無繼，即上文無繼子也。繼無民任姓，無骨子，言有無骨人也。《尸子》曰：「徐偃王有筋無骨。」食氣、魚。懿行案：食氣魚者，此人食氣兼食魚也。《大戴禮·易本命篇》云「食氣者神明而壽。」

西北海外，流沙之東，有國曰中輻，懿行案：輻，《玉篇》云「符善切」，《集韻》云「婢善切，音扁」。《藏經》本輻作輪。顓頊之子，食黍。

有國名曰賴丘。有犬戎國。懿行案：犬戎國已見《海内北經》。有神，懿行案：犬戎，黄帝之玄孫，已見上文，是犬戎亦人也。神字疑譌。《史記·周本紀》集解引此經正作人字。人面獸身，名曰犬戎。

西北海外，黑水之北，有人有翼，名曰苗民。三苗之民。懿行案：三苗國，已見《海外南經》。《史記·五帝紀》正義引《神異經》云：「西荒中有人焉，面目手足皆人形，而胳下有翼不能飛，爲人饕餮，淫逸無禮，名曰苗民。」引此經文。顓頊生驩頭，懿行案：驩頭國亦見《海外南經》。驩頭生苗民。苗民釐姓，懿行案：釐與僖同，說已見上。食肉。有山名曰章山。

大荒之中，有衡石山、九陰山、洞野之山，懿行案：《水經·若水注》、《文選·甘泉賦》及《月賦》注、《藝文類聚》八十九卷引此經，並作灰野之山。上有赤樹，青葉，赤華，名曰若木。生昆侖西附西極，其華光赤下照地。懿行案：若，《說文》作叒，云「日初出東方湯谷所登榑桑。叒，木也，象形」。今案《說文》所言，是東極若木，此經及《海内經》所說，乃西極若木，不得同也。《離騷》云「折若木以拂日」，王逸注云「若木在昆侖西極，其華照下地」，《淮南·墬形訓》云：「若木在建木西，末有十日，其華照下地。」皆郭注所本也。又《文選·月賦》注引此經，若木下有「日之所入處」五字。《水經·若水注》引此經，若木下有「生昆侖山西附西極」八字，證以王逸《離騷》注「若木在昆侖西極」，則知《水經注》所引八字，古本蓋在經文，今誤入郭注爾。又郭注「其華光赤下照地」，王逸《離騷》注亦有「其華照下地」五字，以此互證，疑此句亦當在經中，今本誤入注文也。《藝文類聚》八十九卷引郭氏讚云：「若木之生，昆山是濱。朱華電照，碧葉玉津。食之靈智，爲力爲仁。」

有牛黎之國，懿行案：牛黎，蓋即柔利也。其人反厀曲足居上，故此經云無骨矣。柔利國見《海外北經》。有人無骨，儋耳之子。儋耳人生無骨子也。

西北海之外，赤水之北有章尾山。懿行案：《海外北經》作鍾山，此作章尾山。章、鍾聲近而轉也。《文選》注《雪賦》引此經文，又注《舞鶴賦》引《十洲記》曰：「鍾山在北海之中，地仙家數千萬，耕田種芝草，課計頃畝也。」即此。有神，人面蛇身而赤，身長千里。懿行案：身長千里見《海外北經》。《藝文類聚》七十九卷引此四字作經文，里字作尺。今案：四字作經文是也，《海外北經》可證。直目正乘，直目，目從也。正乘未聞。懿行案：畢氏云「乘，恐朕字假音，俗作眹也。」其瞑 懿行案：李善注《思玄賦》引此經作眠，俗字也。乃晦，其視乃明。言視爲晝，眠爲夜也。不食，不寢，不息，風雨是謁。言能請致風雨。是燭九陰，照九陰之幽陰也。是謂燭龍。《離騷》曰：「日安不到？燭龍何燿？」《詩含神霧》曰，「天不足西北，無有陰陽消息，故有龍銜精以往照天門中」云。《淮南子》曰：「蔽於委羽之山，不見天日也。」懿行案：《楚詞·天問》作「燭龍何照」，郭引照作燿也。李善注《雪賦》引《詩含雲霧》云「有龍銜火精以照天門中」，此注所引脱火字也。又引《淮南子》者，《墬形訓》云，「燭龍在鴈門北，蔽於委羽之山，不見日」，高誘注云，「委羽，北方山名。一曰，龍銜燭以照太陰，蓋長千里」云云。

校記

〔一〕無漆字，今標點本《史記·孔子世家》索隱作「無漆姓」。

山海經第十八

海内經

東海之内，北海之隅，有國名曰朝鮮。朝鮮，今樂浪郡也。懿行案：朝鮮，已見《海内北經》。天毒，其人水居，天毒即天竺國，貴道德，有文書、金銀、錢貨，浮屠出此國中也。晉大興四年，天竺胡王獻珍寶。

懿行案：《史記·大宛傳》云「有身毒國」，索隱云：「身音乾，毒音篤。孟康云：『即天竺也，所謂浮圖胡也。』」案：《大宛傳》説身毒云：「其人民乘象以戰，其國臨大水焉。」《後漢書·西域傳》云：「天竺國一名身毒，其國臨大水，修浮圖，道不殺伐。」《水經注》引康泰《扶南傳》曰：「天竺土俗，道法流通，金寶委積，山川饒沃，恣所欲。」大意與郭注同也。偎人愛之。偎亦愛也，音隱隈反。懿行案：愛之，《藏經》本作愛人，是也。《列子》云，「列姑射山有神人，不偎不愛，仙聖爲之臣」，義正與此合。袁宏《漢紀》云：「浮屠，佛也。天竺國有佛道，其教以修善慈心爲主，不殺生」，亦此義也。《玉篇》云「偎，愛也」，本此。又云「北海之限，有國曰偎人」，以偎人爲國名，義與此異。

西海之內，流沙之中，有國名曰壑市。音郝。懿行案：《水經注·禹貢山水澤地》云：「流沙在西海郡北，又逕浮渚，歷壑市之國。」

西海之內，流沙之西，有國名曰氾葉。音如氾濫之氾。懿行案：《水經注》無此國，疑脱。

流沙之西，有鳥山者，懿行案：《水經注》云：「流沙歷壑市之國，又逕於鳥山之東。」三水出焉，三水同出一山也。爰有黄金、璿瑰、丹貨、銀鐵，皆流于此中。言其中有雜珍奇貨也。懿行案：「皆流于此中」，《藏經》本作「皆出此水」四字。《穆天子傳》云：「天子之珤：玉果璿珠、燭銀、黄金之膏」，即此類。又有淮山，好水出焉。

流沙之東，黑水之西，有朝雲之國、懿行案：《水經注》云：「流沙又逕於鳥山之東，朝雲之國。」司彘之國。黄帝妻雷祖生昌意，《世本》云：「黄帝娶于西陵氏之子，謂之纍祖，産青陽及昌意。」懿行案：雷，姓也；祖，名也。西陵氏，姓方雷。故《晉語》云：「青陽，方雷氏之甥也。」雷，通作纍。郭引《世本》作纍祖，《大戴禮·帝繫篇》作嫘祖，《史記·五帝紀》同《漢書·古今人表》作絫祖，並通。昌意降處若水，懿行案：《大戴禮·帝繫篇》與此同。《史記》索隱云：「降，下也。言帝子爲諸侯。若水在蜀，即所封國也。」生韓流，《竹書》云：「昌意降居若水，産帝乾荒。」乾荒，即韓流也，生帝顓頊。懿行案：《竹書》「帝乾荒」，蓋即帝顓頊也。此經又有韓流生顓頊，與《竹書》及《大戴禮》、《史記》皆不合，當在闕疑。郭氏欲以此經附合《竹書》，恐非也。詳見《大荒東經》。韓流擢首謹耳，擢首，長咽。謹耳，未聞。　懿行案：《説文》云「顓，頭顓顓謹皃。項，頭項項謹皃」，即謹耳之義。然則顓項命名，豈以頭似其父故與？《説文》又云「擢，引也」，《方言》云「擢，拔也」，拔引之則長，故郭訓擢爲長矣。人面豕喙，　懿行案：《韓詩外傳》姑布子卿説孔子云「汙面葭喙」，葭，蓋與豭通，即豕喙也。麟身渠股，渠，車輞，言跰腳也。《大傳》曰：「大如車渠。」　懿行案：跰當爲胼，依字當爲骿，見《説文》。《尚書大傳》云「取大貝，大如大車之渠」，鄭康成注云：「渠，車罔也。」是郭注所本。豚止，止，足。　懿行案：止，即趾也。《士昏禮》云「皆有枕北止」，鄭注云：「止，足也。古文趾作止」。又《漢書·郊祀歌》云「獲白麟，爰五止」，顔師古注，亦訓止爲足也。取淖子曰阿女，生帝顓項。《世本》云：「顓項母濁山氏之子，名昌僕。」　懿行案：《大戴禮·帝繫篇》云「昌意取于蜀山氏之子，謂之昌僕氏，産顓項」。郭引《世本》作濁山氏。濁、蜀古字通。濁又通淖，是淖子即蜀山子也。曰阿女者，《初學記》九卷引《帝王世紀》云，「顓項母曰景僕，蜀山氏女，謂之女樞」是也。

流沙之東，黑水之間，有山名不死之山。即員丘也。　懿行案：《水經注》云「流沙又歷員丘不死山之西」。郭知不死山即員丘者，員丘山上有不死樹，食之乃壽，見《海外南經》注。

華山青水之東，有山名曰肇山，有人名曰柏高，柏子高，仙者也。　懿行案：據郭注，經文當爲柏子高，《藏經》本正如是，今本脱「子」字也。《莊子·天地篇》云：「堯治天下，伯成子高立爲諸侯，禹時伯成子高辭爲諸侯而耕。」《史記·封禪書》説神僊之屬，有羨門子高，未審即一人否？又郭注《穆天子傳》云「古伯字多從木」，然則柏高即伯高矣。伯高者，《管子·地數篇》有「黄帝問於伯高」云云，蓋黄帝之臣也。帝乘龍鼎湖，而伯高從焉，故高亦仙者也。柏高上下于此，至于天。言翱翔雲天，往來此山也。

西南黑水之間，有都廣之野，懿行案：《海内西經》云，「后稷之葬，山水環之，在氐國西」，其地蓋在今日甘肅界也。《魯語》云「稷勤百穀而山死」，韋昭注云「死于黑水之山」。《淮南·墬形訓》云「南方曰都廣，曰反户」，高誘注云：「都廣，國名。山在此國，因復曰都廣。山在日之南皆爲北鄉户，故反其户也。」《墬形訓》又云「后稷壠在建木西」，又云「建木在都廣」，高誘注云：「都廣，南方山名。」《史記·周本紀》注引此經作「黑水青水之間，有廣都之野」，與今本異。又作《大荒經》，誤。后稷葬焉。其城方三百里，蓋天下之中，素女所出也。《離騷》曰，「絶都廣野而直指號」。懿行案：《楚詞·九歎》云「絶都廣以直指兮」，郭引此句於都廣下衍野字，又作直指號，號即兮字之譌也。王逸注引此經有「其城方三百里，蓋天地之中」十一字，是知古本在經文，今脱去之，而誤入郭注也。因知「素女所出也」五字，王逸注雖未引，亦必爲經文無疑矣。素女者，徐鍇《説文繫傳》云：「黄帝使素女鼓五十弦琴，黄帝悲，乃分之爲二十五弦。」今案：黄帝，《史記·封禪書》作太帝。《風俗通》亦云「《黄帝書》：泰帝使素女鼓瑟而悲，帝禁不止」云云，然則素女蓋古之神女，出此野中也。又郭注「天下之中」當爲「天地之中」。爰有膏菽、膏稻、膏黍、膏稷，言味好，皆滑如膏。《外傳》曰：「膏粢之子，菽豆粢粟也。」懿行案：趙岐注《孟子》云，「膏粱，細粟如膏者也」。郭注「味好」，《藏經》本作「好米」。又引《外傳》「膏粢之子」，《晉語》作「膏粱之性」，與此異文，所未詳。百穀自生，懿行案：劉昭注《郡國志》引《博物記》云，「扶海洲上有草，名蒒。其實食之如大麥，從七月稔熟，民斂穫。至冬乃訖。名曰自然穀，或曰禹餘糧」，即此之類。楊慎補注云《齊民要術》引此作百檕自生，云檕即馨字。此言非也。檕蓋穀字之譌，古無此字。《論衡·偶會篇》云「祿惡殖不滋之檕」是也，其字從嗀從禾，不從木。冬夏播琴。播琴，猶播殖，方俗言耳。　懿行案：畢氏云，「播琴，播種也。《水經注》云『楚人謂冢爲琴』，冢、種聲相近也。」今案，畢説是也。又劉昭注《郡國志·鮦陽》引《皇覽》曰：「縣有葛陂鄉，城東北有楚武王冢，民謂之楚武王岑。」然則楚人蓋謂冢爲岑，岑、琴聲近。疑初本謂之岑，形聲譌轉爲琴耳。鸞鳥自歌，鳳鳥自儛，靈壽實華，靈壽，木名也，似竹有枝節。　懿行案：《爾雅》云「椐，樻」，即靈壽也。《詩》釋文引《毛詩草木疏》云「節中腫似扶老，即今靈壽是也。今人以爲馬鞭及杖，宏農共北山皆有之」。《漢書·孔光傳》云「賜太師靈壽杖」，顔師古注云：「木似竹，有枝節，長不過八九尺，圍三四寸，自然有合杖制，不須削治也。」草木所聚。在此叢殖也。爰有百獸，相羣爰處。於此羣聚。此草也，　懿行案：此草猶言此地之草，古文省耳。冬夏不死。

南海之外，黑水青水之間，　懿行案：《水經》若水注引此經，無青水二字。有木名曰若木，樹赤華青。　懿行案：《大荒北經》説若木云「赤樹青葉赤華」，此注「華」蓋葉字之譌。若水出焉。　懿行案：《地理志》云，「蜀郡旄牛鮮水出徼外，南入若水。若水亦出徼外，南至大莋入繩」。《水經》云，「若水出蜀郡旄牛徼外，東南至故關，爲若水」，注云：「若水之生非一所也，黑水之間，厥木所植，水出其下，故水受其稱焉。」

有禺中之國。有列襄之國。有靈山，有赤蛇在木上，名曰蝡蛇，木食。言不食禽獸也。音如耎弱之耎。懿行案：《大荒南經》云，「宋山有赤蛇，名育蛇」，但此在木上爲異。

有鹽長懿行案：《太平御覽》七百九十七卷引作監長。「有」上有西海中三字，《藏經》本亦作監長。《北堂書鈔》一百五十七卷引與今本同。之國。有人焉鳥首，名曰鳥氏。今佛書中有此人，即鳥夷也。懿行案：鳥氏，《御覽》引作鳥民。今本氏字譌也。鳥夷者，《史記·夏本紀》及《地理志》並云「鳥夷皮服」。《大戴禮·五帝德篇》云「東有鳥夷」是也。又《秦本紀》云，「大費生子二人，一曰大廉，實鳥俗氏」。索隱云「以仲衍鳥身人言，故爲鳥俗氏」，亦斯類也。

有九丘，懿行案：《北堂書鈔》引有上有地繚二字，與鳥民連文。以水絡之，絡猶繞也。懿行案：《文選·遊天台山賦》及《景福殿賦》注引此注並云：絡，繞也。名曰陶唐之丘、陶唐，堯號。有叔得之丘、懿行案：《書鈔》引叔上有升字。孟盈之丘、懿行案：叔得、孟盈蓋皆人名號也。孟盈或作蓋盈，古天子號。昆吾之丘、此山出名金也。《尸子》曰「昆吾之金」。懿行案：昆吾之山已見《中次二經》，此經昆吾，古諸侯號也。《大戴禮·帝繫篇》云，「陸終産六子，其一曰樊，是爲昆吾。」《淮南·墬形訓》云：「昆吾丘，在南方。」黑白之丘、赤望之丘、參衛之丘、武夫之丘、此山出美石。懿行案：《南次二經》，「會稽之山其下多砆石」，郭注云，「砆，武夫石，似玉」是也。神民之丘。言上有神人。懿行案：《文選·遊天台山賦》注引此經作神人之丘。《書鈔》仍引作神民。以郭注推之，似民當爲人。

有木，青葉紫莖，玄華黃實，名曰建木，懿行案：《海內南經》云「建木在弱水上」，郭注本此經爲說。百仞無枝，有九欘，枝回曲也，音如斤斸之斸。懿行案：《玉篇》云「欘，枝上曲」，本此。《藏》本經文，枝下有上字，今本脱也。下有九枸，根盤錯也。《淮南子》曰「木大則根欋」，音劬。懿行案：見《淮南·說林訓篇》。欋、枸音同。其實如麻，似麻子也。其葉如芒。芒木似棠梨也。懿行案：芒木如棠，赤葉可毒魚，出荾山。見《中次二經》。大皞爰過，言庖羲於此經過也。懿行案：庖羲生於成紀，去此不遠，容得經過之。黃帝所爲。言治護之也。有窫窳，龍首，是食人。在弱水中。懿行案：窫窳居弱水中，已見《海內南經》。有青獸，人面，懿行案：郭注《海內南經》云「狌狌狀如黃狗」，此經云「青獸人面，」與郭異。《太平御覽》九百八卷引此經，無青獸二字，蓋脱。《藝文類聚》九十五卷引作有獸無青字，當是。今本青字衍也。名曰猩猩。能言。懿行案：《呂氏春秋·本味篇》云「肉之美者猩猩之脣」，高誘注云，「猩猩獸名也，人面狗軀而長尾。」案，狌狌知人名，見《海內南經》。「猩猩能言」，見《曲禮》。

西南有巴國。今三巴是。大皞懿行案：《列子·黃帝篇》云，「庖犧氏蛇身人面而有大聖之德」。《帝王世紀》云，「大皞母曰華胥，履大人迹於雷澤，而生庖犧於成紀」。《地理志》云，「天水郡，成紀」。生咸鳥，咸鳥生乘釐，乘釐生後照，懿行案：《太平御覽》一百六十八卷引此經，照作昭。後照是始爲巴人。爲之始祖。有國名曰流黃辛氏，即酆氏也，懿行案：《海內西經》云「流黃酆氏之國」，即此。又《南次二經》云「柜山，西臨流黃」，亦此也。其域中方三百里，其出是塵土。言殷盛也。懿行案：塵坌出是國中，謂人物喧闐也。《藏經》本域字作城，出字上下無其是二字。有巴遂山，澠水出焉。懿行案：《水經·若水》注云「繩水出徼外」，引此經亦作繩水。《地理志》云，「蜀郡旄牛若水出徼外，南至大莋入繩」，即斯水也。

又有朱卷之國，有黑蛇，青首，食象。即巴蛇也。懿行案：巴蛇，已見《海內南經》。

南方有贛巨人，即梟陽也。音感。懿行案：梟陽國，已見《海內南經》。今南康人說深山中亦有此物也。人面長臂，懿行案：臂當爲脣字之譌，見《海內南經》。黑身有毛，反踵，見人笑亦笑，懿行案：當依古本作見人則笑，說見《海內南經》。牟廷相曰：「亦，古掖字，言見人則笑而掖持之也。下笑字屬下句，讀。」懿行案，此讀可通，而於《海內南經》之文微閡。姑存之以備一解。脣蔽其面，因即逃也。懿行案：《藏經》本即作可。

又有黑人，虎首鳥足，兩手持蛇，方啗之。

有嬴民，鳥足。音盈。有封豕。大豬也，羿射殺之。懿行案：《楚詞·天問》云「馮珧利玦，封豨是射」。王逸注云：「封豨，神獸也。言羿獵射封豨，以其肉膏祭天地。」《淮南·本經訓》云，「堯之時，封豨爲民害，堯乃使羿禽封豨於桑林」，是皆郭所本也。然大豬所在皆有，非必即羿所射者。《初學記》及《藝文類聚》引符子曰：「有獻燕昭王大豕者，邦人謂之豕仙，死而化爲魯津伯。」又《吳志》云：「孫休永安五年，使察戰到交阯調孔爵、大豬。」斯皆封豕之類也。《類聚》九十四卷引郭氏讚云：「有物貪婪，號曰封豕。荐食無饜，肆其殘毀。羿乃飲羽，獻帝效技。」有人曰苗民。三苗民也。有神焉，人首蛇身，長如轅，大如車轂，澤神也。左右有首，岐頭。衣紫衣，冠旃冠，名曰延維。委蛇。人主得而饗食之，伯天下。齊桓公出田於大澤見之，遂霸諸侯。亦見《莊周》，作朱冠。懿行案：《莊子·達生篇》云：「委蛇，其大如轂，其長如轅，紫衣而朱冠。其爲物也，惡聞雷車之聲，則捧其首而立。見之者殆乎霸也。」有鸞鳥自歌，鳳鳥自舞。鳳鳥首文曰德，翼文曰順，膺文曰仁，背文曰義，見則天下和。言和平也。懿行案：鳳狀已見《南次三經》丹穴之山，與此小異。又有青獸如菟，名曰菌狗。音如朝菌之菌。懿行案：菌蓋古菌字，其上從屮，即古艸字也。如芬薰之字，今皆從草，古從屮，作岎熏字，是其例也。菌狗者，《周書·王會篇》載《伊尹四方令》云，「正南以菌鶴短狗爲獻」，疑即此物也。有翠鳥，懿行案：《爾雅》云「鷸，翠」。《王會篇》云「倉吾翡翠」。王逸注《楚詞·招魂》云，「雄曰翡，雌曰翠」。李善注《鸚鵡賦》引《異物志》曰，「翡，赤色，大於翠。」劉逵注《蜀都賦》云「翡翠常以二月九月羣翔興古千餘」，又注《吴都賦》云「翡翠巢於樹巔生子，夷人稍徙下其巢，子大未飛，便取之」，皆出於交阯鬱林南。有孔鳥。孔雀也。懿行案：《王會篇》云「方人以孔鳥」。劉逵注《蜀都賦》云「孔雀特出永昌南涪縣」。又注《吴都賦》云「孔雀尾長六七尺，綠色有華彩，朱崖、交阯皆有之，在山草中」。案《吴志》云，「孫休使察戰到交阯調孔爵」。

南海之内有衡山，南嶽。懿行案：郭注《中次十一經·衡山》云「今衡山在衡陽湘南縣，南嶽也，俗謂之岣嶁山」，宜移注於此。衡陽郡湘南，見《晉書·地理志》。有菌山，音芝菌之菌。懿行案：菌即芝菌之字，何須用音？知郭本經文不作菌，疑亦當爲菌字。見上文。有桂山。或云衡山有菌桂，桂員似竹，見《本草》。懿行案：劉逵注《蜀都賦》引《神農本草經》曰，「菌桂出交趾，圓如竹，爲衆藥通使」。有山，名三天子之都。一本，「三天子之鄣山」。懿行案：注「一本」下當脱作字或云字。三天子鄣山，已見《海内南經》。《藏經》本經文直作三天子之鄣山，無郭注。

南方蒼梧　懿行案：《王會篇》作倉吾。之丘，蒼梧之淵，　懿行案：李善注《思玄賦》及李賢注《後漢書》及《藝文類聚》引此經並作川，蓋避唐諱也。其中有九嶷山，音疑。舜之所葬，在長沙零陵界中。山，今在零陵營道縣南，其山九谿皆相似，故云九疑。古者總名其地爲蒼梧也。　懿行案：蒼梧之山，帝舜葬于陽，已見《海内南經》。《説文》云，「九嶷山舜所葬，在零陵營道」。《楚詞》、《史記》並作九疑，《初學記》八卷及《文選·上林賦》注引此經亦作九疑，《琴賦》注又作九嶷，蓋古字通也。羅含《湘中記》云，「衡山、九疑皆有舜廟」。又云，「衡山遥望如陣雲，沿湘千里，九向九背，乃不復見」。

北海之内，有蛇山者，　懿行案：《海内北經》之首有蛇巫山，疑非此。蛇水出焉，東入于海。有五采之鳥，飛蔽一鄉，漢宣帝元康元年，五色鳥以萬數過蜀都，即此鳥也。　懿行案：《思玄賦》舊注引此經作「飛蔽日」，蓋古本如此。名曰翳鳥。鳳屬也。《離騒》曰，「駟玉虬而乘翳」。　懿行案：《廣雅》云，「翳鳥、鸞鳥，鳳皇屬也」。今《離騒》翳作鷖，王逸注云，「鳳皇别名也」。《史記·司馬相如傳》張揖注及《文選》注、《後漢書·張衡傳》注引此經並作鷖鳥，《上林賦》注仍引作翳鳥。又有不距之山，巧倕葬其西。倕，堯巧工也，音瑞。　懿行案：義均是始爲巧倕，始作下民百巧，見下文。郭知爲堯臣者，以《虞書》云「咨垂，女共工」，垂、倕蓋一人也。《淮南·本經訓》云：「周鼎著倕，使銜其指，以明大巧之不可爲也。」高誘注云「倕，堯之巧工」，是皆郭注所本。《玉篇》云「倕，皇帝時巧人名也」，與郭義異。《藏經》本音瑞作音垂。

北海之内，有反縛盜械，懿行案：吴氏引《漢紀》云「當盜械者，皆頌繫」，注云，「凡以罪著械，皆得稱盜械」。帶戈常倍之佐，名曰相顧之尸。亦貳負臣危之類。

伯夷父生西岳，懿行案：《周語》云，「胙四岳國，命爲侯伯，賜姓曰姜氏，曰有吕」。此經言伯夷父生西岳，蓋其父本爲四岳，至其子纂修舊勳，故復爲西岳也。《大荒西經》有南岳，未審此是何人。西岳生先龍，先龍是始生氐羌，氐羌乞姓。伯夷父，顓頊師，今氐羌其苗裔也。懿行案：《竹書》云，「成湯十九年，氐羌來貢。武丁三十四年，氐羌來賓」。《周書·王會篇》云「氐羌鸞鳥」，孔晁注云，「氐地之羌不同，故謂之氐羌」。郭云伯夷父顓頊師者，《漢書·古今人表》云，「柏夷亮父，顓頊師」，《新序·雜事五》云「顓頊學伯夷父」，是郭所本也。柏與伯通，凡古人名伯者，《表》皆書作柏字也。

北海之内有山，名曰幽都之山，懿行案：《爾雅·釋地》云，「有幽都之筋角焉」。高誘注《淮南·墬形訓》云，「古之幽都，在雁門以北」。又案《大戴禮·五帝德篇》云，「北至于幽陵」，疑幽陵即幽都。黑水出焉，其上有玄鳥、玄蛇、懿行案：上文云「朱卷之國有黑蛇食象」。《大荒南經》云，「黑水之南有玄蛇食麈」。玄豹、懿行案：《中次十一經》云「即谷之山多玄豹」。李善注《子虛賦》引此經。玄虎、黑虎名䖘，見《爾雅》。玄狐蓬尾。蓬，叢也，阻留反。《説苑》曰：「蓬狐、文豹之皮。」懿行案：《小雅·何草不黄篇》云，

「有芃者狐」，蓋言狐尾蓬蓬然大。依字當爲蓬，《詩》假借作芃耳。郭云阻留反，於上文無所承，疑有闕脱。《太平御覽》九百九卷引此注作「蓬蓬其尾也」，無阻留反三字，非。牟廷相曰：「叢字可讀如蕺，則阻留當是叢字之音也。有大玄之山。有玄丘之民。言丘上人物盡黑也。　懿行案：「人物盡黑」，疑本在經中，今脱去之。《水經·温水》注云：「林邑國人以黑爲美。」所謂玄國，亦斯類也。有大幽之國。即幽民也，穴居無衣。　懿行案：郭注疑本在經中，今脱去。有赤脛之民。厀以下正赤色。

有釘靈之國，其民從厀已下有毛，馬蹏善走。《詩含神霧》曰：「馬蹏自鞭其蹏，日行三百里。」　懿行案：釘靈，《説文》作丁零，一作丁令。《通考》云：「丁令國有二，烏孫長老言，北丁令有馬脛國，其人聲音似鴈鶩，從膝以上身頭人也，膝以下生毛，馬脛馬蹄，不騎馬而走疾於馬。」案《通考》所説，見裴松之注《三國志》引《魏畧》云。

炎帝之孫伯陵，懿行案：《周語》云，「大姜之姪，伯陵之後，逢公之所馮神」。昭二十年《左傳》云「有逢伯陵因之」，杜預注云：「逢伯陵，殷諸侯。」以此經文推之，伯陵，非親炎帝之孫，蓋其苗裔也。伯陵同吴權之妻阿女緣婦，同猶通，言淫之也。吴權，人姓名。緣婦孕三年，孕，懷身也。是生鼓、延、殳。始爲侯，三子名也。殳音殊。鼓、延是始爲鍾，《世本》云，「毋句作罄，倕作鍾。」　懿行案：《初學記》十六卷引此經與今本同。説文云「古者毋句氏作磬，垂作鐘」，與郭引《世本》同。又《初學記》引《世本》毋作無，蓋古字通用。又引《樂録》云「無句，堯臣也」。爲樂風。作樂之曲制。

黄帝生駱明，駱明生白馬，白馬是爲鯀。即禹父也。《世本》。曰：「黄帝生昌意，昌意生顓頊，顓頊生鯀。」　懿行案：郭引《世本》云「昌意生顓頊，顓頊生鯀」與《大戴禮·帝繫》世次相合，而與前文「昌意生韓流，韓流生顓頊」之言卻復相背，郭氏蓋失檢也。大抵此經非出一人之手，其載古帝王世系，尤不足據，不必彊爲之説。帝俊生禺號，禺號生淫梁，淫梁生番禺，　懿行案：《北堂書鈔》一百三十七卷引此經，淫作經。《大荒東經》言「黄帝生禺猇」，即禺號也。「禺猇生禺京」，即淫梁也。禺京，淫梁，聲相近。然則此經帝俊，又當爲黄帝矣。是始爲舟。《世本》云：「共鼓、貨狄作舟。」　懿行案：《初學記》二十五卷引此經又引《世本》云，「共鼓、貨狄作舟，黄帝二臣也」。番禺生奚仲，奚仲生吉光，吉光是始以木爲車。《世本》云「奚仲作車」，此言吉光，明其父子共創作意，是以互稱之。　懿行案：《説文》云，「車，夏后時，奚仲所造」。少皞生般，音班。般始爲弓矢。《世本》云，「牟夷作矢，揮作弓」。弓矢一器，作者兩人，於義有疑，此言般之作是。　懿行案：《説文》云「古者夷牟初作矢」，郭引《世本》作牟夷，疑文有倒轉耳。宋衷云，「夷牟，黄帝臣也。」《説文》又云「揮作弓」，與《世本》同。《吳越春秋》云，「黄帝作弓」。《荀子·解蔽篇》又云「倕作弓，浮游作矢」，俱與此經異也。帝俊賜羿彤弓素矰，彤弓，朱弓。矰，矢名，以白羽羽之。《外傳》「白羽之矰，望之如荼」也。　懿行案：《楚詞·天問篇》云「馮珧利決」。王逸注云，「珧，弓名也。決，射韝也」，是即帝賜羿弓矢之事。《太平御覽》八十二卷引《帝王世紀》曰，「羿，其先帝嚳以世掌射，故于是加賜以弓矢，封之于鉏爲帝，司射」，蓋本此經爲説也。《説文》云：「矰，隿䠶也。」郭云「白羽羽之」，疑下羽字誤。所引《外傳》者，《吳語》文。以扶下國，言令羿以射道除患，扶助下國。羿是始去恤下地之百艱。言射殺鑿齒、封豕之屬也。有窮后羿慕羿射，故號此名也。帝俊生晏龍，懿行案：「帝俊生晏龍，晏龍生司幽」，已見《大荒東經》。晏龍是懿行案：《北堂書鈔》一百九卷引此經，是下有始字。爲琴瑟。《世本》云：「伏羲作琴，神農作瑟。」懿行案：《説文》云，「琴，神農所作。瑟，庖犧所作」。此注蓋傳寫之譌也。《初學記》十六卷引《琴操》曰「伏犧作琴」，又引《世本》、《説文》、桓譚《新論》並云「神農作琴」，二説不同。據《初學記》所引《説文》是與《世本》同之證。帝俊有子八人，是始爲歌舞。懿行案：《初學記》十五卷、《藝文類聚》四十三卷、《太平御覽》五百七十二卷、引此經並云「帝俊八子，是始爲歌」，無舞字。帝俊生三身，三身生義均，懿行案：帝俊妻娥皇生三身之國，已見《大荒南經》。義均者，《竹書》云，「帝舜二十九年，帝命子義均，封于商」，《楚語》云，「舜有商均」，韋昭注云，「均，舜子，封於商」是也。此經又云「三身生義均」，與《竹書》、《國語》俱不合。義均是始爲巧倕，是始作下民百巧。懿行案：巧倕葬不距山西，已見上文。后稷是播百穀。懿行案：《魯語》云，「昔烈山氏之有天下也，其子曰柱，能殖百穀、百蔬，夏之興也，周棄繼之，故祀以爲稷」，是柱、棄二人相代爲后稷。此經所指，蓋未審何人也。稷之孫曰叔均，懿行案：《大荒西經》云，「稷之弟曰台璽，生叔均」，是叔均乃后稷之猶子，與此復不同。是始作牛耕。始用牛犂。大比赤陰，或作音。懿行案：「大比赤陰」四字難曉，推尋文義，當是地名。《大荒西經》説「叔均始作耕」，又云「有赤國妻氏」，然則大比赤陰，豈謂是與？是始爲國。得封爲國。禹、鯀是始布土，均定九州。布猶敷也。書曰：「禹敷土，定高山大川。」炎帝之妻，赤水之子，聽訞生炎居，炎居生節並，節並生戲器，懿行案：《史記》索隱補《三皇本紀》云，「神農納奔水氏之女曰聽詙爲妃，生帝哀，哀生帝克，克生帝榆罔」云云，證以此經，赤水作奔水，聽訞作聽詙及炎居已下文字俱異。司馬貞自注云見《帝王世經》及《古史考》。今案二書蓋亦本此經爲説，其名字不同，或當別有依據，然古典逸亡，今無可攷矣。訞與妖同，詙音拔。戲器生祝融。祝融，高辛氏火正號。懿行案：老童生祝融，見《大荒西經》，與此文又異。祝融降處于江水，生共工，共工生術器，術器首方顛，頭頂平也。懿行案：顛字衍，《藏經》本無之。是復土穰，以處江水。復祝融之所也。懿行案：《竹書》云，「帝顓項七十八年，術器作亂，辛侯滅之」，即斯人也。然則經言「復土穰以處江水」，蓋即其作亂之事。穰當爲壤，或古字通用。《藏經》本正作壤。共工生后土，懿行案：韋昭注《周語》引賈侍中云，「共工，諸侯，炎帝之後，姜姓也。顓項氏衰，共工氏侵陵諸侯，與高辛氏争而王也。或云共工堯時諸侯，爲高辛所滅。昭謂爲高辛所滅，安得爲堯諸侯？又堯時共工與此異也」。據韋昭所駁，蓋從賈逵前説也。然《魯語》云，「共工氏之霸九有也，其子曰后土，能平九土」。韋昭注云，「共工氏，伯者，在戲、農之間。」懿行案：若在戲、農之間，即不得謂炎帝之後姜姓，是韋昭不從賈逵所説也。高誘注《淮南·原道訓》亦云「共工以水行霸於伏羲、神農間」者，非堯時共工也，與韋昭後説同。后土名句龍，見《左傳》。又韋昭注《魯語》云「其子共工之裔子句龍也，佐黄帝爲土官，使君土官，故曰后土」。《管子·五行篇》云，「黄帝得后土而辯於北方」，是韋昭注所本也。后土生噎鳴，噎鳴生歲十有二。生十二子，皆以歲名名之，故云然。洪水滔天。滔，漫也。鯀竊帝之息壤以堙洪水，懿行案：《大荒北經》云「后土生信」。《大荒西經》云，「下地是生噎」，疑噎即噎鳴，或彼有脱文也。息壤者，言土自長息無限，故可以塞洪水也。《開筮》曰：「滔滔洪水，無所止極，伯鯀乃以息石、息壤以填洪水。」漢元帝時，臨淮徐縣地踊長五六里，高二丈。即息壤之類也。懿行案：《竹書》云，「周顯王五年，地忽長十丈有餘，高尺半」。《天文志》云，「水澹地長」，地長即息壤也。《淮南·墬形訓》云，「禹乃以息土填洪水以爲名山，掘昆侖虚以下地。」高誘注云，「地或作池。據《淮南》斯語，是鯀用息壤而亡，禹亦用息壤而興也」。《史記·甘茂傳》云，「王迎甘茂於息壤」。索隱引此經及《啟筮》與今本同。不待帝命。帝令祝融　懿行案：祝融即高辛氏之火正黎也，死爲火官之神，葬於衡山。《思玄賦》舊注云，「楚靈王之世，衡山崩而祝融之墓壞，中有營丘九頭圖矣」。殺鯀于羽郊。羽山之郊。懿行案：羽山已見《南次二經》。《晉語》云，「昔者鯀違帝命，殛之於羽山，化爲黄能，以入於羽淵」。《水經·淮水》注引《連山易》曰「有崇伯鯀伏于羽山之野」是也。鯀復生禹，《開筮》曰，「鯀死三歲不腐，剖之以吴刀，化爲黄龍」也。懿行案：《初學記》二十二卷引《歸藏》云，「大副之吴刀，是用出禹」。《吕氏春秋·行論篇》亦云，「副之以吴刀」。蓋即與郭所引爲一事也。《楚詞·天問》云：「永遏在羽山，夫何三年不施？伯禹服鯀，夫何以變化？」言鯀死三年不施化，厥後化爲黄熊。故《天問》又云：「化而爲黄熊，巫何活焉？」郭引《開筮》作黄龍，蓋别有據也。「伯禹腹鯀」即謂「鯀復生禹」，言其神變化無方也。《玉篇》引《世本》云：「顓頊生鮌，鮌生高密，是爲禹也。」鮌即鯀字。帝乃命禹卒布土以定九州。鯀績用不成，故復命禹終其功。懿行案：《楚詞·天問》云，「纂就前緒，遂成考功」，又云「鯀何所營？禹何所成？」言禹能纂成先業也。

懿行案：《右大荒海内經》五篇，大凡五千三百三十二字。

山海經圖讚一卷

《隋、唐書·經籍志》並云《圖讚》二卷，郭璞撰。《中興書目》：《山海經》十八卷，郭璞傳。凡二十三篇，每卷有讚。案：今本並無《圖讚》，唯明《藏經》本有之，兹據補。其文字舛誤，今略訂正，及臧氏校正並著之，疑則闕焉。

南山經

桂

桂生南裔，枝華岑嶺。廣莫熙葩，凌霜津穎。氣王百藥，森然雲挺。

迷穀

爰有奇樹，產自招摇。厥華流光，上映垂霄。佩之不惑，潛有靈標。

狌狌

狌狌似猴，走立行伏。櫰木挺力，少辛明目。飛廉迅足，豈食斯肉？

水玉

水玉沐浴，潛映洞淵。赤松是服，靈蛻乘煙。吐納六氣，昇降九天。

白猿

白猿肆巧，由基撫弓，應眄而號，神有先中。數如循環，其妙無窮。

鹿蜀

鹿蜀之獸，馬質虎文。驤首吟鳴，矯足騰羣。佩其皮毛，子孫如雲。

鯥

魚號曰鯥，處不在水。厥狀如牛，鳥翼蛇尾。隨時隱見，倚乎生死。

類

類之爲獸，一體兼二。近取諸身，用不假器。窈窕是佩，不知妒忌。

猼訑

猼訑似羊，眼反在背。視之則奇，推之無怪。若欲不恐，厥皮可佩。

祝茶草懿行案：《經》作「祝餘」。注云：或作「桂茶」。旋龜鵸鵂鳥

祝茶嘉草，食之不飢。鳥首蚖懿行案：蚖，當爲「虺」，即「虺」字。尾，其名旋龜。鵸鵂六足，三翅並翬。

灌灌鳥　赤鱬

厥聲如訶，厥形如鳩。佩之辨惑，出自青丘。赤鱬之狀，魚身人頭。

鴸鳥

彗星橫天，鯨魚死浪。鴸鳴于邑，賢士見放。厥理至微，言之無況。

猾褢

猾褢之獸，見則興役。膺政而出，匪亂不適。天下有道，幽形匿跡。

長右彘

長右四耳，厥狀如猴。實爲水祥，見則橫流。彘虎其身，厥尾如牛。

會稽山

禹徂會稽，爰朝羣臣。不虔是討，乃戮長人。玉贑懿行案：贑，《藝文類聚》作「匱」。表夏，玄石勒秦。

患《經》作「䞣」

有獸無口，其名曰患。害氣不入，厥體無閒。至理之盡，出乎自然。

犀

犀頭似豬，形兼牛質。角則併三，分身互出。鼓鼻生風，壯氣隘溢。

兕

兕推壯獸，似牛青黑。力無不傾，自焚以革。皮充武備，角助文德。

象

象實魁梧，體巨貌詭。肉兼十牛，目不踰豕。望頭如尾，動若丘徙。

纂雕瞿如鳥　虎蛟

纂雕有角，聲若兒號。瞿如三手，厥狀似䴔。魚身蛇尾，是爲虎蛟。

鳳

鳳凰靈鳥，實冠羽羣。八象其體，五德其文。羽翼來儀，應我聖君。

育隧谷

《經》作「育遺」。

育隧之谷，爰含凱風。青陽既謝，氣應祝融。炎雰是扇，以散鬱隆。

鱄魚　鵸鳥

鵸鳥栖林，鱄魚處淵。俱爲旱徵，災延普天，測之無象，厥數推玄。案：《太平御覽》作「厥類惟玄」。

白蓉

白蓉睪蘇，其汁如飴。食之辟穀，味有餘滋。逍遥忘勞，窮生盡期。

西山經

羬羊

月氏案，今本作「氏」。之羊，其類甚案：《御覽》作「在」。野。厥高六尺，尾赤案《御覽》作「亦」。如馬。何以審之？事見《爾雅》。

太華山

華嶽靈峻，削成四方。爰有神女，是挹玉漿。其誰由之，龍駕雲裳。

肥遺蛇

肥遺爲物，与災合契。鼓翼陽山，以表亢厲。桑林既禱，倏忽潛逝。

蝺渠　赤鷩鳥　文莖木　䲹鳥

蝺渠已殃，赤鷩辟火。文莖愈聾，是則嘉果。䲹亦衛災，厥形惟麽。

流赭

沙則潛流，亦有運赭。于以求鐵，趍在其下。蠲牛之癘，作采于社。

豪彘

剛鬣之族，號曰豪彘。毛如攢錐，中有激矢。厥體兼資，自爲牝牡。

黄雚草　肥遺鳥　囂獸

浴疾之草，厥子赭赤。肥遺似鶉，其肉已疫。囂獸長臂，爲物好擲。

橐𩇯

有鳥人面，一脚孤立。性與時反，冬出夏蟄。帶其羽毛，迅雷不入。

桃枝

嶓冢美竹，厥號桃枝。叢薄幽藹，從容鬱猗。簟以安寢，杖以扶危。

杜衡

狌狌犇人，杜衡走馬。理固須因，體亦有假。足駿在感，安事御者。

萆容草《經》作「萆荔」。邊豀獸《經》作「豀邊」。櫟鳥

有華無實，萆容之樹。邊豀類狗，皮厭妖蠱。黑文赤翁，鳥愈隱痔。鸚䳇慧鳥，青羽赤喙。

臧庸曰：「鳥愈隱痔」当作「隱痔可愈」，方有韵。未二句当係下文《鸚䳇讚》誤衍於此。

礜石

稟氣方殊，件錯理微。礜石殺鼠，蠶食而肥。口性雖反，齊之一歸。

玃如

玃如之獸，鹿狀四角。馬足人手，其尾則白。貌兼三形，攀木緣石。

鸚䳇

鸚䳇慧鳥，栖木喙桑。案：「喙桑」誤，《初學記》引作「啄蘂」。四指中分，行則以觜。自貽伊籠，見幽坐趾。案：「趾」字誤，《類聚》引作「伎」。

數斯鳥　犛獸　鸓鳥

數斯人腳，厥狀似鴟。犛獸大眼，有鳥名鸓。案：鸓，《玉篇》作「鸓」。兩頭四足，翔若合飛。

鸞鳥

鸞翔女牀，鳳出丹穴。拊翼相和，以應聖哲。擊石靡詠，韶音其絶。

鳧徯鳥　朱厭獸

鳧徯朱厭，見則有兵。類異感同，理不虚行。推之自然，厥數難明。

蠻蠻

比翼之鳥，似鳧青赤。雖云一形，氣同體隔。延頸離鳥，翻飛合翮。

丹木　玉膏

丹木煒煒，沸沸玉膏。黄軒是服，遂攀龍豪。眇然升遐，羣下烏號。

瑾瑜玉

鍾山之寶，爰有玉華，符彩流映，氣如虹霞。君子是佩，象德閑邪。

鍾山之子鼓　欽䲹

欽䲹及鼓，是殺祖江。帝乃戮之，昆侖之東。二子皆化，矯翼亦同。

鰩魚

見則邑穰，厥名曰鰩。經營二海，矯翼閑霄。唯味之奇，見歎伊庖。

神英招

槐江之山，英招是主。巡遊四海，撫翼雲儛。實惟帝囿，有案：「有」，疑「是」字之譌。謂玄圃。

榣木

榣爲靈樹，爰生若木。重根增駕，流光旁燭。食之靈化，榮名仙録。

昆侖丘

昆侖月精，水之靈符。惟帝下都，西老案：老，當爲「姥」。《類聚》作「羗」，又「老」之譌。之宇。嶸然中峙，號曰天柱。臧庸曰：「桂」乃「柱」之譌，以韵讀之可見。「天柱山」見《爾雅》注。

神陸吾

肩吾得一，以處昆侖。開明是对，司帝之門。吐納靈氣，熊熊魂魂。

土螻獸　欽原鳥

土螻食人，四角似羊。欽原類蜂，大如鴛鴦。觸物則斃，其鋭難當。

沙棠

安得沙棠，制爲龍舟。汎彼滄海，眇然遐遊。案：郭注銘詞小異。聊以逍遥。任彼去留。

鶉鳥　沙棠實蘋草

司帝百服，其鳥名鶉。沙棠之實，惟果是珍。爰有奇菜，厥號曰蘋。

神長乘

九德之氣，是生長乘。人狀犳尾，其神則凝。妙物自潛，世無得稱。

西王母

天帝之女，蓬髮虎顔。穆王執贄，賦詩交歡。韻外之事，難以具言。

積石

積石之中，實出重河。夏后是導，石門涌波。珍物斯備，比奇崑阿。

白帝　少昊

少昊之帝，號曰金天。磈氏之宫，亦在此山。是司日入，其景則員。

猙

章莪之山，奇怪所宅。有獸似豹，厥色惟赤。五尾一角，鳴如擊石。

畢方

畢方赤文，離精是炳。旱則高翔，鼓翼陽景。集乃災流，火不炎正。案：「正」字誤。《匡謬正俗》引作「上」。「上」與「炳」、景韻，是也。

文具

先民有作，龜貝爲貨。貝以文彩，賈以小大。簡則易從，犯而不過。

天狗

乾麻不長，天狗不大。厥質雖小，攘災除害。氣之相王，在乎食帶。

三青鳥

山名三危，青鳥所解。往來昆侖，王母是隸。穆王西征，旋軫斯地。

江疑獙狪獸　鵜鳥案：「鵜」，疑當爲「鴟」。下同。

江疑所居，风雲是潛。獸有獙狪，毛如披蓑。鵜鳥一頭，厥身則兼。

神耆童

顓頊之子，嗣作火正，鏗鎗其鳴，聲如鐘磬。處于騩山，唯靈之盛。

帝江

質則混沌，神則旁通。自然靈照，聽不以聰。强爲之名，曰在案：「在」疑當作「惟」。帝江。

獂獸案：「獂」，《經》本作「讙」，注或作「原」。

䳋䳜三頭，獂獸三尾。俱禦不祥，消凶辟眯。君子服之，不逢不䠱。

當扈

鳥飛以翼，當扈則鬚。廢多任少，沛然有餘。輪運於轂，至用在無。

白狼

矯矯白狼，有道則遊。應符變質，乃銜靈鉤。惟德是適，出殷見周。

白虎

甝虪案：「虪」字誤。說見《箋疏》。之虎，仁而有猛。其質載皓，其文載炳。應德而擾，止我交境。

駮

駮惟馬類，實畜之英。騰髦驤首，嘘天雷鳴。氣無凴凌，吞虎辟兵。

神䰠鑾鑾　髯遺魚《經》作「冉遺」。

其音如吟，一脚人面。鼠身鼈頭，厥號曰鑾。目如馬耳，食厭妖變。

櫰木

櫰之爲木，厥形似楗。案：「楗」，《經》作「棠」。楗字見郭注。《江賦》云「栛楗」。若能長服，拔樹排山。力則有之，壽則宜然。

鳥鼠同穴山

鵌鼵二蟲，殊類同歸。聚不以方，或走或飛。不然之然，難以理推。

絮魮魚

形如覆銚，包玉含珠。有而不積，泄以尾閭。闇與道會，可謂奇魚。

丹木

爰有丹木，生彼洧盤。厥實如瓜，其味甘酸。蠲痾辟火，用奇桂蘭。

窮奇獸　蠃魚　孰湖獸

窮奇如牛，蝟毛自表。案：郭氏注經諸稱銘曰，皆即《圖讚》之文，唯此全乖，可疑。濛水之蠃，匪魚伊鳥。孰湖之獸，見人則抱。臧庸曰：此乃窮奇、蠃魚、孰湖三物合讚，故與郭注窮奇銘有乖。

鰠魚

物以感應，亦有數動。壯士挺劍，氣激白虹。鰠魚潛淵，出則邑悚。

北山經

水馬

馬實龍精，爰出水類。渥洼之駿，是靈是瑞。昔在夏后，亦有何駟。

鯈魚

涸和損平，莫慘於憂。《詩》詠萱草，帶山則鯈。壑焉遺岱，聊以盤遊。

臛疏獸　鵸鵌鳥　何羅魚

厭火之獸，厥名臛疏。有鳥自化，號曰鵸鵌。一頭十身，何羅之魚。

孟槐

孟槐似貆，其豪則赤。列象畏獸，凶邪是辟。氣之相勝，莫見其迹。

鰼鰼魚

鼓翮一揮，十翼翩䍁。厥鳴如鵲，鱗在羽端。是謂怪魚，食之辟燔。

橐駝

駝爲奇畜，肉鞍是被。迅騖流沙，顯功絶地。潛識泉源，微乎其智。

耳鼠

蹠實以足，排虛以羽。翹尾䍁飛，奇哉耳鼠。厥皮惟良，百毒是禦。

幽頞

幽頞似猴，俾愚作智。觸物則笑，見人佯睡。好用小慧，終是嬰繫。

寓鳥孟極足訾獸

鼠而傅翼，厥聲如羊。孟極似豹，或倚無良。案：此語難曉。見人則呼，號曰足訾。臧庸曰：末二句無韵，疑有誤。

䴅鳥

毛如雌雉，朋翔羣下。飛則籠日，集則蔽野。肉驗鹹石，不勞補寫。

諸犍獸　白鵺竦斯鳥

諸犍善吒，行則銜尾。白鵺竦斯，厥狀如雉。見人則跳，頭文如繡。

磁石

磁石吸鐵，瑇瑁取芥。氣有潛感，數亦冥會。物之相投，出乎意外。

旄牛

牛充兵機，兼之者旄。冠于旌鼓，爲軍之標。匪肉致災，亦毛之招。

長蛇

長蛇百尋，厥鬣如彘。飛羣走類，靡不吞噬。極物之惡，盡毒之厲。

山猙

山猙之獸，見人歡謔。厥性善投，行如矢激。是惟氣精，出則風作。

窫窳諸懷獸　鱳魚　肥遺蛇

窫窳諸懷，是則害人。鱳之爲狀，羊案：羊字疑誤。鱗黑文。肥遺之蛇，一頭兩身。

鮆魚

陽鑒動日，土蛇致宵。微哉鮆魚，食則不驕。物在所感，其用無標。

狍鴞

狍鴞貪惏，其目在腋。食人未盡，還自齦割。圖形妙鼎，是謂不若。案：《讚》與郭注銘詞異。

臧庸曰：割字非韻。

獓閭騂馬獨狢

有獸如豹，厥文惟縟。閭善躍嶮，騂馬一角。虎狀馬尾，號曰獨狢。

鴐鵅

禦暍之鳥，厥名鴐鵅。昏明是互，晝隱夜覿。物貴應用，安事鸞鵠？

居暨獸　䶃鳥　三桑

居暨豚鳴，如彙赤毛。四翼一目，其名曰䶃。三桑無枝，厥樹惟高。

驒獸

驒獸四角，馬尾有距。涉歷歸山，騰嶮躍岨。厥貌惟奇，如是旋舞。

天馬

龍馮雲遊，騰蛇假霧。未若天馬，自然淩翥。有理懸運，天機潛御。

鶌居《經》作「鶌」。

鶌居如烏，青身黄足。食之不飢，可以辟穀。内案：内，疑當爲「肉」。厥惟珍，配彼丹木。

飛鼠

或以尾翔，或以髯淩。飛鼠鼓翰，翛然背騰。用無常所，案：《藏》本此句闕二字。惟神是馮。

象蛇鳥鮨父魚

䲹案：此及《經》皆單作「䲹」，《讚》作「䲹䲹」，重文協韻。

有鳥善驚，名曰䲹䲹。象蛇似雉，自生子孫。鮨父魚首，厥體如豚。

酸與

景山有鳥，稟形殊類。厥狀如蛇，腳二翼四。見則邑恐，食之不醉。

鴣鸐　黄鳥

鴣鸐之鳥，食之不瞧。爰有黄鳥，其鳴自叫。婦人是服，矯情易操。

精衛

炎帝之女，化爲精衛。沈所案：《類取》作「形」。東海，靈爽西邁。乃銜木石，以堙波海。臧庸曰：《類聚》作「以填攸害」。「害」與「衛」、「邁」皆脂類也。若作「海」則爲之類矣。必當從《類聚》。

辣辣羆九獸　大蛇

辣辣以羊，眼在耳後。竅生尾上，號曰羆九。幽都之上，大蛇牛呴。

東山經

鱅鱅魚　從從獸　蚩鼠《經》作「從從」，《讚》作「獇獇」。

魚號鱅鱅，如牛虎鮫。案：鮫字譌。《御覽》作「駮」。獇獇之狀，似狗六腳。蚩鼠如鷄，見則旱涸。

儵蟰

儵蟰蛇狀，振翼灑光。憑波騰逝，出入江湘。見則歲旱，是惟火祥。

狪狪

蚌則含珠，獸胡不可？狪狪如豚，被褐懷禍。患難無由，招之自我。

堪孖魚　軨軨獸

堪孖軨軨，殊氣同占。見則洪水，天下昏墊。豈伊妄降，亦應牒讖。

珠蟞魚

澧水之鮮，形如浮肺。體兼三才，以貨賈害。厥用既多，何以自衛？

犰狳

犰狳之獸，見人佯眠。與災協氣，出則無年。此豈能爲，歸之於天。

狸力獸　鵹胡鳥

狸力鵹胡，或飛或伏。是惟土祥，出興功築。長城之役，同集秦域。

朱獳

朱獳無奇，見則邑駭。通感靡誠，維數所在。因事而作，未始無待。

獙獙蠪蚳獸　絜鉤鳥

獙獙如狐，有翼不飛。九尾虎爪，號曰蠪蚳。絜鉤似鳧，見則民悲。

峳峳

治在得賢，亡由夫陳壽祺曰：夫，當爲「失」。人。峳峳之來，乃致狡賓。歸之冥應，誰見其津？

蠵龜

水圓四十，潛淵溢沸。靈龜爰處，掉尾養氣。莊生是感，揮竿傲貴。

婴胡精精獸　鮯鮯魚

婴胡之狀，似麋魚眼。精精如牛，以尾自辨。鮯鮯所潛，厥深無限。

猲狙獸　鬿雀

猲狙狡獸，鬿雀惡鳥。或狼其體，或虎其爪。安用甲兵，擾之以道。

芑木

馬維剛駿，塗之芑汁。不勞孫陽，自然閑習。厥術無方，理有潛執。

茈魚　薄魚

有魚十身，蘪蕪其臭。食之和體，氣不下溜，薄之躍淵，是維災候。

合窳

豬身人面，號曰合窳。厥性貪殘，物爲案：爲，當作「無」。不咀。至陰之精，見則水雨。

當康獸　鮹魚

當康如豚，見則歲穰。鮹魚鳥翼，飛乃流光。同出殊應，或災或祥。

蜚

蜚則災獸，跂踵厲深。會所經涉，竭水槁林。禀氣自然，體此殃淫。案：郭注銘詞即《圖讚》也。此讚乃全與銘異，可疑。

中山經

桃林

桃林之谷，實惟塞野。武王克商，休牛風馬。阨越三塗，作險西夏。

鳴石

金石同類，潛響是韞。擊之雷駭，厥聲遠聞。苟以數通，氣無不運。

旋龜　人魚　修辟

聲如破木，號曰旋龜。修辟似黽，厥鳴如鴟。人魚類鯑，出于洛伊。

帝臺棊

茫茫帝臺，維靈之貴。爰有石棊，五彩煥蔚。觴禱百神，以和天氣。

若華案：《經》作「苦辛」。烏酸草

療瘧之草，厥實如瓜。烏酸之葉，三成黃華。可以爲毒，不畏蚖蛇。

䔄草

䔄草黃華，實如菟絲。君子是佩，人服媚之。帝女所化，其理難思。

山膏獸　黃棘

山膏如豚，厥性好罵。黃棘是食，匪子匪化。雖無貞操，理同不嫁。

三足龜

造物維均，靡偏靡頗。少不爲短，長不爲多。賁能三足，何異黿鼉。

嘉榮

霆維天精，動心駭目。曷以禦之，嘉榮是服。所正者神，用口腸腹。

天楄牛傷　文獸案：文，《經》作「文文」。　鰧魚

牛傷鎮氣，天楄弭噎。文獸如蜂，枝尾反舌。鰧魚青斑，處于逵穴。

帝休

帝休之樹，厥枝交對。竦本少室，曾陰雲霨。君子服之，匪怒伊愛。

泰室

嵩維岳宗，華岱恒衡。氣通元漠，神洞幽明。嵬然中立，衆山之英。

栯木

爰有嘉樹，厥名曰栯。薄言采之，窈窕是服。君子惟歡，家無反目。

䔄草

䔄草赤莖，實如蘡薁。食之益智，忽不自覺。殆齊生知，功奇于學。

鵸鳥

鵸之爲鳥，同羣相爲。畸類被侵，雖死不避。毛飾武士，兼厲以義。

鳴蛇　化蛇

鳴化二蛇，同類異狀。拂翼俱遊，騰波漂浪。見則並災，或淫或亢。

赤銅

昆吾之山，名銅所在。切玉如泥，火炙有彩。尸子所歎，驗之彼宰。

神熏池

泰逢虎尾，武羅人面。熏池之神，厥狀不見。爰有美玉，河林如蒨。

神武羅

有神武羅，細腰白齒。聲如鳴佩，以鐻貫耳。司帝密都，是宜女子。

䳋鳥

䳋鳥似鳬，翠羽朱目。既麗其形，亦奇其肉。婦女是食，子孫繁育。

荀草

荀草赤實，厥狀如菅。婦人服之，練色易顏。夏姬是豔，厥媚三還。

馬腹獸　飛魚

馬腹之物，人面似虎。飛魚如豚，赤文無羽。食之辟兵，不畏雷鼓。

神泰逢

神號泰逢，好遊山陽。濯足九州，出入流光。天氣是動，孔甲迷惶。

蓟柏

蓟柏白華，厥子如丹。實肥變氣，食之忘寒。物隨所染，墨子所歎。

橘櫾

厥苞橘櫾，奇者維甘。朱實金鮮，葉蒨翠藍。靈均是詠，以爲美談。

葴

大騩之山，爰有莘案：莘字蓋誤。草。青華白實，食之無夭。雖不增齡，可以窮老。

鮫魚

魚之别屬，厥號曰鮫。珠皮毒尾，匪鱗匪毛。可以錯角，兼飾劍刀。

鴆鳥

蝮維毒魁，鴆鳥是噉。拂翼鳴林，草瘁木慘。羽行隱戮，厥罰難犯。

椒

椒之灌殖，實繁有倫。拂穎霑霜，朱實芬辛。服之洞見，可以通神。

神蟲圍　計蒙　涉蟲

涉蟲三腳，蟲圍虎爪。計蒙龍首，獨稟異表。升降風雨，茫茫渺渺。

岷山

岷山之精，上絡東井。始出一勺，終致森案：森，《類聚》作「淼」。冥。作紀南夏，天清地静。

夔牛

西南巨牛，出自江岷。體若垂雲，肉盈千鈞。雖有逸力，難以揮輪。

崍山

邛崍峻嶮，其坂九折。王陽逡巡，王尊逞節。殷有三仁，漢稱二哲。

犰狼　雍和　捩獸

犰狼之出，兵不外擊。雍和作恐，捩乃流疫。同惡殊災，氣各有適。

蜼

寓屬之才，莫過於蜼。雨則自懸，塞鼻以尾。厥形雖隨，案：隨字似誤。列象宗彝。

熊穴

熊山有穴，神人是出。與彼石鼓，象殊應一。祥雖先見，厥事非吉。

跂踵

青耕禦疫，跂踵降災。物之相反，各以氣來。見則民咨，實爲病媒。案：此讚與郭注銘詞全異，可疑。

蛟

匪蛇匪龍，鱗彩炳煥。騰躍波濤，蜿蜒江漢。漢武飲羽。佽飛疊斷。

神耕父

清泠之水，在乎山頂。耕父是遊，流光灑景。黔首祀禜，以弭災眚。

九鍾

嶢崩涇竭，麟鬭日薄。九鍾將鳴，凌霜乃落。氣之相應，觸感而作。

嬰勺

支離之山，有鳥似鵲。白身赤眼，厥尾如勺。維彼有斗，不可以酌。

獜

有獸虎爪，厥號曰獜。好自跳撲，鼓甲振奮。若食其肉，不覺風迅。

帝臺漿

帝臺之水，飲蠲心病。靈府是滌，和神養性。食可逍遥，濯髮浴泳。

狙如

狙如微蟲，厥體無害。見則師興，兩陣交會。物之所感，焉有小大。

帝女桑

爰有洪桑，生瀆案：瀆，《類聚》作「濱」。淪潭。厥圍五丈，枝相交參。園客是採，帝女所蠶。

梁渠狢即聞豨獸　鵸餘鳥

梁渠致兵，狢即起災。鵸餘辟火，物各有能。聞豨之見，大風乃來。

神于兒

于兒如人，蛇頭有兩。常遊江淵，見于洞廣。乍潛乍出，神光忽恍。

神二女

神案：神，當作「帝」。之二女，爰宅洞庭。遊化五江，惚恍窈冥。號曰夫人，是維湘靈。

飛蛇

騰蛇配龍，因霧而躍。雖欲登天，雲罷陸略。仗案：仗字疑誤。非啟體，難以云託。

海外南經

自此山來蟲爲蛇，蛇號爲魚

賤無定貢，貴無常珍。物不自物，自物由人。萬事皆然，豈伊蛇鱗。

羽民國

鳥喙長頰，羽生則卵。矯翼而翔，龍飛不遠。人維倮屬，何狀之反？

神人二八

羽民之東，有神司夜。二八連臂，自相羈駕。晝隱宵出，詭時淪化。

讙頭國

讙國鳥喙，行則杖羽。潛于海濱，維食秬秬。實維嘉穀，所謂濡黍。

厭火國

有人獸體，厥狀怪譎。吐納炎精，火隨氣烈。推之無奇，理有不熱。

三珠樹

三珠所生，赤水之際。翹葉柏竦，美壯案：壯，疑當爲「狀」。若彗。濯彩丹波，自相霞映。臧

庸曰：映字無韻，蓋誤。

𢧢國

不蠶不絲，不稼不穡。百獸率儛，羣鳥拊翼。是號𢧢民，自然衣食。

貫匈交脛支舌國

鑠金洪爐，灑成萬品。造物無私，各任所稟。歸於曲成，是見兆眹。

不死國

有人爰處，員丘之上。案：上，讀市郢反。赤泉駐年，神木養命。禀此遐齡，悠悠無竟。

鑿齒

鑿齒人類，實有傑牙。猛越九嬰，害過長蛇。堯乃命羿，斃之壽華。

三首國

雖云一氣，呼吸異道。觀則俱見，食則皆飽。物形自周，造化非巧。

焦僥國

羣籟舛吹，氣有萬殊。大人三丈，焦僥尺餘。混之一歸，此亦僑如。

長臂國

雙肱三尺，《初學記》作「三丈」。體如中人。彼曷爲者？長臂之民。修腳自負，捕魚海濱。

狄山帝堯葬于陽，帝嚳葬于陰

聖德廣被，物無不懷。爰乃殂落，封墓表哀。異類猶然，矧乃華黎。

視肉

聚肉有眼，而無腸胃。與彼馬勃，頗相髣髴。奇在不盡，食人薄味。

南方祝融

祝融火神，雲駕龍驂。氣御朱明，正陽是含。作配炎帝，列位于南。

海外西經

夏后啟

筮御飛龍，果儛九代。雲融融，當作「翮」。是揮，玉璜是佩。對揚帝德，禀天靈誨。張澍曰：「果儛九代」，果，宜作「樂」字。

三身國　一臂國

品物流形，以散混沌。增不爲多，減不爲損。厥變難原，請尋其本。

奇肱國

妙哉工巧，奇肱之人，因風構思，制爲飛輪。凌頹遂軌，帝湯是賓。

形夭

案：夭，本作「天」。

爭神不勝，爲帝所戮。遂厥形夭，臍口乳目。仍揮干戚，雖化不服。

女祭　女戚

彼姝者子，誰氏二女？曷爲水閒，操魚持俎？厥儷安在？離羣逸處。

䲹鳥鶬鳥

有鳥青黄，號曰鶬䲹。與妖會合，所集會至，類則梟鷗，厥狀難媚。

丈夫國

陰有偏化，陽無産理。丈夫之國，王孟是始。感靈所通。桑石無子。

女丑尸

十日並熯，女丑以斃。暴于山阿，揮袖自翳。彼美誰子？逢天之厲。

巫咸

羣有十巫，巫咸所統。經技是搜，術藝是綜。採藥靈山，隨時登降。

并封

龍過無頭，并封連載。物狀相乖，如驥分背。數得自通，尋之愈閡。

女子國

簡狄有吞，姜嫄有履。女子之國，浴于黄水。乃娠乃字，生男則死。

軒轅國

軒轅之人，承天之祜。冬不襲衣，夏不扇暑。猶氣之和，家爲彭祖。

乘黄

飛黄奇駿，乘之難老。揣角輕騰，忽若龍矯。實鑒有德，乃集厥皁。

滅蒙鳥　大運山　雄常樹

青質赤尾，號曰滅蒙。大運之山，百仞三重。雄常之樹，應德而通。

龍魚

龍魚一角，似狸處陵。俟時而出，神聖攸乘。飛騖九域，乘龍案：龍，《類聚》作「雲」。上昇。

西方蓐收

蓐收金神，白毛虎爪。珥蛇執鉞，專司無道。立號西阿，恭行天討。

海外北經

無脊國

萬物相傳，非子則根。無脊因心，構肉生魂。所以能然，尊形者存。

燭龍

天缺西北，龍衝案：《類聚》作「銜」。火精。氣爲寒暑，眼作昏明。身長千里，可謂至神。

案：神，《類聚》作「靈」。

一目國

蒼四不多，此一不少。子野冥瞽，洞見無表。形遊逆旅，所貴維眇。

柔利國

柔利之人，曲腳反肘。子求之容，方此無醜。所貴者神，形於何有？

共工臣相柳

共工之臣，號曰相柳。禀此奇表，蛇身九首。恃力桀暴，終禽夏后。

深目國

深目類胡，但口絶縮。軒轅道降，款塞歸服。穿胸長腳，同會異族。

聶耳國

聶耳之國，海渚是縣。雕虎斯使，奇物畢見。形有相須，手不離面。

夸父

神哉夸父，難以理尋。傾河逐日，遁形鄧林。觸類而化，應無常心。

尋木

渺渺尋木，生于河邊。竦枝千里，上干雲天。垂陰四極，下蓋虞淵。

跂踵國

厥形雖大，斯腳則企。跳步雀踴，踵不閡地。應德而臻，款塞歸義。

歐絲野

女子鮫人，體近蠶蚌。出珠非甲，吐絲匪蛹。化爲無方，物豈有種。

無腸國

無腸之人，厥体維洞。心實靈府，餘則外用。得一自全，理無不共。

平丘

兩山之閒，丘號曰平。爰有遺玉，駿馬維青。視肉甘華，奇果所生。

騊駼

騊駼野駿，産自北域。交頸相摩，分背翹陸。雖有孫陽，終不能服。

北方禺彊

禺彊水神，面色黧黑。乘龍踐蛇，凌雲附翼。靈一玄冥，立于北極。

海外東經

君子國

東方氣仁，國有君子。薰華是食，雕虎是使。雅好禮讓，禮委論理。案：末句有誤。

天吳

耽耽水伯，號曰谷神。八頭十尾，人面虎身。龍據兩川，威無不震。

九尾狐

青丘奇獸，九尾之狐。有道翔見，出則銜書。作瑞周文，以標靈符。

豎亥

禹命豎亥，青丘之北。東盡太遠，西窮邠國。步履宇宙，以明靈德。

十日

十日並出，草木焦枯。羿乃控弦，仰落陽烏。可謂洞感，天人懸符。

毛民國

牢悲海鳥，西子駭麋。或貴穴倮，或尊裳衣。物我相傾，孰了是非。

黑齒國雨師妾　玄股國　勞民國

陽谷之山，國號黑齒。雨師之妾，以蛇挂耳。玄股食驅，勞民黑趾。

東方句芒

有神人面，鳥身素服。銜帝之命，錫齡秦穆。皇天無親，行善有福。

海内南經

梟陽

髴髴怪獸，被髮操竹。獲人則笑，脣蔽其目。終亦號咷，反爲我戮。

狌狌、

狌狌之狀，形乍如犬。厥性識往，爲物警辯。以酒招災，自貽纓罥。

夏后啟臣孟涂

孟涂司巴，聽訟是非。厥理有曲，血乃見衣。所請靈斷，嗚呼神微。

建木

爰有建木，黄實紫柯。皮如蛇纓，葉有素羅。絶蔭弱水，義人則過。

氐人

炎帝之苗，實生氐人。死則復蘇，厥身爲鱗。雲南案：南，疑當爲「雨」。是託，浮遊天津。

巴蛇

象實巨獸，有蛇吞之。越出其骨，三年爲期。厥大何如，屈生是疑。

海内西經

貳負臣危

漢擊磐石，其中則危。劉生是識，羣臣莫知。可謂博物，《山海》乃奇。

流黄酆氏國

城圍三百，連河案：河，疑當作「阿」。比棟。動是塵昏，烝氣霧重。焉得遊之，以敖以縱？

大澤方百里

地號積羽，厥方百里。羣鳥雲集，鼓翅雷起。穆王旋軫，爰築騄耳。

流沙

天限内外，分以流沙。經帶西極，頹唐委蛇。注于黑水，永溺餘波。

木禾

崑崙之陽，鴻鷺之阿。爰有嘉穀，號曰木禾。匪植匪蓺，自然靈播。

開明案：「明」下疑脱「獸」字。

開明天獸，禀茲金精。虎身人面，表此桀形。瞪視崑山，威懾百靈。

文玉玗琪樹

文玉玗琪，方以類叢。翠葉猗萎，丹柯玲瓏。玉光爭煥，彩豔火龍。

不死樹

萬物暫見，人生如寄。不死之樹，壽蔽天地。請藥西姥，烏得如羿？

甘水　聖木

醴泉璿木，案：璿，當作「睿」。養齡盡性。增氣之和，袪神之冥。何必生知，然後爲聖？

窫窳

窫窳無罪，見害貳負。帝命羣巫，操藥夾守。遂淪溺淵，變爲龍首。

服常琅玕樹

服常琅玕，崑山奇樹。丹實珠離，緑葉碧布。三頭是伺，遞望遞顧。

海内北經

吉良

金精朱鬣，龍行駿跱。拾節鴻鶩，塵下及起。是謂吉黄，釋聖牖里。

蛇巫山鬼神蜪犬　羣帝臺大蜂朱蛾

蛇巫之山，有人操杯。鬼神蜪犬，主爲妖災。大蜂朱蛾，羣帝之臺。

闒非　據比尸　袜戎

人面獸身，是爲闒非。被髮折頸，據比之尸。戎三其角，袜豎其眉。

騶虞

怪獸五彩，尾參於身。矯足千里，儵忽若神。是謂騶虞，《詩》歎其仁。

冰夷

稟華之精，練食八石。乘龍隱淪，往來海若。是謂水仙，號曰河伯。

王子夜尸

子夜之尸，體分成七。離不爲疏，合不爲密。苟以神御，形歸於一。

宵明燭光

水有佳人，宵明燭光。流燿河湄，稟此奇祥。維舜二女，别處一方。

列姑射山　大蟹陵魚

姑射之山，實西西，當作「有」。神人。大蟹千里，亦有陵鱗。曠哉溟海，含怪藏珍。

蓬萊山

蓬萊之山，玉碧構林。金臺雲館，皜哉獸禽。實維靈府，玉主甘心。

海内東經

郁州

南極之山，越處東海。不行而至，不動而改。維神所運，物無常在。

韓鴈　始鳩　雷澤神　琅琊臺

韓鴈始鳩，在海之州。雷澤之神，鼓腹優遊。琅琊嶕嶢，邈若雲樓。

豎沙居繇埻端璽喚國

豎沙居繇，埻端璽喚。沙漠之鄉，絶地之館。或羈于秦，或賓于漢。大江、北江、南江、浙江、廬、淮、湘、漢、蒙、温、潁、汝、涇、渭、白、沅、贛、泗、鬱、肄、潢、洛、汾、沁、濟、潦、虖池、漳水，川瀆交錯，涣瀾流帶。通潛潤下，經營華外。殊出同歸，混之東會。

大荒東經

案：《荒經》已下《圖讚》，明《藏》本闕。此從諸書增補，尚多闕略云。

竫人國《初學記》。

僬僥極麽，竫人又小。四體取足，眉目䰄了。

九尾狐

青丘奇獸，九尾之狐。有道翔案：《類聚》作「祥」。見，出則銜書。作瑞周文，以標靈符。

大荒南經闕

大荒西經

弱水《藝文類聚》。

弱出昆山，鴻毛是沈。北淪流沙，南映火林。惟水之奇，莫測其深。

炎火山《藝文類聚》。

木含陽氣，精構則然。焚之無盡，是生火山。理見乎微，其傳在傳。懿行案：「其傳」當爲「其妙」之譌。

大荒北經

若木《藝文類聚》。

若木之生，昆山是濱。朱華電照，碧葉玉津。食之靈智，爲力爲仁。

封豕《藝文類聚》。

有物貪婪，號曰封豕。薦食無饜，肆其殘毀。羿乃飲羽，獻帝效技。

海内經闕。

補臧氏校正。玉贛表夏。庸按：《廣韻》四十八感曰：「匵，《方言》云箱類。古禫切。」此「贛」當爲「匵」，玉匵，猶言金匱耳。《説文》「匵，小栝也。」義别。

旋軫斯地。按：顧寧人、段若膺皆以「地」讀如沱，古音在歌類。余謂「地」字古音與今同，本在支類，此讚以地韻解，皆支類也。隸從隶聲，在脂類。支、脂相通，與歌類則遠，亦其一證也。

厥號曰鸞。按：目稱「鸞鸞」。《經》曰「其中多鸞鸞」，此讚又云「厥號曰鸞」者，皆本一字而重言之，古人每有此種文法。猶下目「鶌」字，讚曰「鶌鶌」，《經》單稱鶌也。

亦有數動。按：《御覽》九百三十九「有」作「不」，又「白虹」作「江涌」，「邑悚」作「民悚」，皆較今本爲勝。

洄和損平。按：《御覽》九百三十七引作「汨和」，此作「洄」，誤。又下文「帶山則儵」，亦當從《御覽》作「山經則儵」，「山經」對上文「詩」字更善。

鼓翮一揮，十翼翩翻。按：《御覽》三百三十九「一揮」作「一運」，當從之。又「翩翻」作「翻翻」，古字通。

頭文如繡。按：上文「尾」與「雉」韻，脂類也。「繡」字肅聲，在幽類，出韻，當誤。

瑇瑁取芥。案：《藝文類聚》六作「琥珀取芥」，未聞其審。

畸類被侵。案：《類聚》九十引作「疇類」，此誤。

員丘之上。案：「上」疑當爲「正」，二字形相近，與前《畢方讚》互誤也。

山海經訂譌一卷

南山經

誰山臨于西海之上。在蜀伏山山南之西頭。伏，當爲汶。

有草焉，其狀如韭。《爾雅》云「霍」。霍，當爲藿。

其名曰祝餘。或作桂茶。桂，疑當爲柱。

堂庭之山多棪木。棪，别名連其。連，當爲速。

又東三百七十里曰杻陽之山。音紐。經「杻」，當爲杻；注「紐」，當爲紐。

又東三百里柢山。柢上疑脱曰字。

基山有獸，其名曰猼訑。施，一作陁，施，當爲訑。

有鳥名曰䳋䲹。䳋䲹急性，敞乎二音。經文䳋，當爲䳋。注文䳋䲹，當爲憋怤。敞，當爲敝。

英水，其中多赤鱬。音懦。　懦字譌。明《藏經》本作儒。

凡䧿山之首，自招摇之山以至箕尾之山，凡十山，二千九百五十里。今才九山，二千七百里。

其祠之禮毛。《周官》曰：「陽祀用騂牲之毛。」之毛，當爲毛之。

糈用稌米。稌，稌稻也。　疑注衍一稌字。

僕勾之山。勾，一作夕。　夕，疑當爲多。

其中多芘蠃。芘，當爲茈。

其上多梓柟。《爾雅》以爲柟。　王引之云：「柟，疑當作梅。」

凡《南次二經》之首，自柜山至于漆吴之山，凡十七山，七千二百里。今七千二百一十里。

糈用稌。稻穬也。　疑穬或稉之譌。王引之曰：『穬與稉不同，穬字非譌。』臧庸曰：「疑注當爲稌稻也。」

禱過之山，其下多犀兕。重三千觔。　三字衍。

多怪鳥。《廣雅》曰鵁鶄、鵁明、爰居、鵁雀，皆怪鳥之屬也。　今《廣雅》作「鵁離、延居、頸雀，怪鳥屬也」。

其汗如漆。汗當爲汁。

有穴焉，水出輒入。出，當從《藏經》本作春。

凡《南次三經》之首，自天虞之山以至南禺之山，凡一十四山，六千五百三十里。今才一十三山，五千七百三十里。

右《南經》之山，志大小凡四十山，萬六千三百八十里。經當有四十一山，萬六千六百八十里。今才三十九山，萬五千六百四十里。

西山經

錢來之山有獸，名曰羬羊。羬音針。針當爲鍼。

小華之山，鳥多赤鷩。冠金皆黃。皆當爲背。

其木多椶柟。椶樹高三丈許，無枝條，葉大而員枝，生梢頭。員枝，枝字譌，《藏經》本作岐。

食之已癘。韓子曰：「癘人憐主。」人字衍。主當爲王。

大如笄而黑端。笄，簪屬。《文選》注引此經下有「以毛射物」四字。

浮山多盼木。音「美目盼兮」之盼。郭既音盼，經文不當爲盼，未審何字之譌。

嶓冢之山，漢水出焉，而東流注于沔。江即沔水。郭本經文當作注于江，今本譌爲注于沔。又郭注，江上當脱入字，江下又脱漢字，遂不復可讀。

有草名曰䔰蓉。《爾雅》曰，「榮而不實謂之䔰」。音骨。 䔰上脱英字。

天帝之山有鳥，黑文而赤翁。翁，頭下毛。 頭當爲頸。

皋塗之山有獸，名曰玃如。音猳嬰之嬰。 經當爲玃，注當爲玃。

黄山，盼水出焉。音「美目盼兮」之盼。經文不當爲盼，未審何字之譌。

其鳥多鸓。音壘。 鸓當爲鸓，壘當爲疊，見《玉篇》。

騩山是錞于西海。錞猶隄埻也。 埻字衍，見《玉篇》所引。

凡《西經》之首，自錢來之山至于騩山，凡十九山二千九百五十七里。今三千一百一十七里。

泰冒之山，浴水出焉。浴當爲洛。

高山之下多青碧。今越嶲會稽縣東山出碧。 會稽當爲會無。

鹿臺之山。今在上郡。 上郡中間脱黨字。

底陽之山。音旨。 底當爲底字之譌。

其木多櫻、柟、豫章。豫章，大木，生七年而後復可知也。 注，復字衍。

皇人之山，其下多青雄黄。即雌黄也。 雌，疑當爲雄。

凡《西次二經》之首，自鈐山至于萊山，凡十七山，四千一百四十里。今四千六百七十里。

毛采。言用雄色鷄也。雄字譌，《藏經》本作雜。

崇吾之山有木，員葉而白柎。經當爲拊，故郭音府。其音符者，乃當從木旁作柎耳。傳寫譌謬，遂不復可別。經傳此類，亟須刊正。

有獸焉，其狀如禺，而文臂豹虎。臧庸曰：「豹虎，疑豹尾之譌。」

不周之山，東望泑澤，河水所潛，其源渾渾泡泡。郭注「蒲澤」當爲鹽澤。「三百餘里」上脱千字。《水經注》可證。

黄帝是食是饗。所以得登龍於鼎湖而龍蜕也。注「龍蜕」二字疑譌，《太平御覽》引作靈化。

堅粟精密。《禮記》曰「瑱密似粟」。粟或作栗。經文粟，疑當爲栗。注文粟粟，亦當爲栗栗；作栗當爲作粟，並形近而譌。

濁澤有而光。有而當爲而有。王引之説。

五色發作。言符彩互映色。郭注「色」，《藏經》本作「也」。

其陰多榣木之有若。《國語》曰，「榣木不生花也」。花當爲危。

爰有淫水，其清洛洛。水留下之貌也。淫音遥也。案留當爲溜，或爲流。陳壽祺曰：「淫無遥音，經淫字疑譌。」

名曰沙棠，可以禦水，食之使人不溺。刻以爲舟。刻當爲制。

桃水，其中多鮹魚。音滑。鮹當爲鯛，滑當爲渭。

玉山有獸，其名曰狡，其音如吠犬，見則其國大穰。狀如豹文。豹文上脱狗字。

其音如録。音録，義未詳。經文作録，郭復音録，必有誤。

積石之山，其下有石門，河水冒以西流。今在金城河門關。門字衍。

其音如擊石，其石如狰。《京氏易義》曰：「音如石相擊」。音静也。經文，如狰之如當爲曰字之譌，注文音静之上當脱狰字。

三危之山有獸，名曰徼徆。傲噎兩音。徼當爲獒，徆當爲猢。

有鳥，其狀如鶒，其名曰鴟。扶狩則短。當爲「扶獸則死」。今諸本並作死；一本作短，譌。

有神焉，其狀如黄囊。焉當爲鳥。

泑山神蓐收居之。亦金神也，人面虎爪白尾。尾當爲毛。

其音如奞百聲。奞當爲奪。

凡《西次三經》之首，崇吾之山至于翼望之山，凡二十三山六千七百四十四里。今才二十二山，六千二百四十里。加流沙四百里，才六千六百四十里。

罷父之山。父當爲谷，見《玉篇》、《廣韻》。

盂山，其獸多白狼、白虎。白虎，虎名虪虪。注有脱誤，當爲「白虎名虪，黑虎名虪」。

其名自號也。或作設，設亦呼耳。設當爲詨。

凡《西次四經》自陰山以下至于崦嵫之山，凡十九山三千六百八十里。今才三千五百八十五里。

右《西經》之山。山下脱志字。凡七十七山，一萬七千五百一十七里。經當有七十八山，一萬七千五百二十一里，今則一萬八千一十二里。

北山經

滏水其中多茈石。茈當爲芘。

彭水其中多儵魚，其狀如鷄而赤毛，三尾六足四首。儵當爲儵，首當爲目。

邊春之山有獸，名曰幽鴳。鴳音遏。鴳當爲頞。

單張之山有獸，名曰諸犍。音如犍牛之犍。郭既音犍，經文不當爲犍，疑楗字之譌，而《玉篇》仍作犍字，又似不譌。

凡《北山經》之首，自單狐之山至于隄山，凡二十五山，五千四百九十里。今五千六百八十里。

管涔之山，汾水出焉，而西流注于河。至汾陽縣北西入河，汾陽當爲汾陰。

敦頭之山，旄水東流，注于印澤。下文北踞山作卬澤，《説文》作邙澤。

梁渠之山，其獸多居暨，其狀如彙而赤毛。彙似鼠，赤毛，如刺猬。郭注赤字猬字並衍。

湖灌之水，其中多䱇。亦鱓魚字。《文選》注《四子講德論》引郭氏此注曰，「鱓魚似蛇。時闡切」。疑即今本注下脱文也。

凡《北次二經》之首，自管涔之山至于敦題之山，凡十七山五千六百九十里。今才一十六山，六千一百四十里。

太行之山有獸，名曰驒，善還。還，旋；旋，儛也。還當音旋，注旋上脱音字。

王屋之山。今在河東東垣縣北。東垣，東字衍。

景山南望鹽販之澤。即鹽池也。鹽池上當脱解縣二字。

謁戾之山，沁水出焉，南流注于河。或出穀述縣羊頭山。述當爲遠。

神囷之山。音如倉囷之囷。囷即倉囷之囷，郭氏復音如之，知經文必不作囷。《廣韻》引作箘，疑是也。

少山，清漳之水出焉，東流于濁漳之水。清漳出少山大繩谷，至武安縣南暴宫邑入於濁漳，或曰東北至邑城入于大河也。大繩當爲大要，暴宫當爲黍窖，邑城當爲阜城。

繡山，洧水出焉，其有鱯黽。鼃黽似蝦蟇。鼃黽疑當爲耿黽。馬瑞辰曰：「鼃疑鼀之或體也。」

敦與之山，溹水出於其陽，而東流注于泰陸之水。今鉅鹿北廣平澤。平當爲阿。

泜水出于其陰，而東流注于彭水。今泜水出中丘縣西窮泉谷。中丘上當脱常山二字。

秦戲之山，虖沱之水出焉。今虖池水出鴈門鹵成縣南武夫山。成當爲城。

其川在尾上。川，竅也。王引之曰：「川似當爲州字，形相近而誤。」

又北水行五百里至于鴈門之山。此經不言「有水出焉」，當有脱文。

西望幽都之山，浴水出焉。浴即黑水也。郭注浴下當脱水字。

凡《北次三經》之首，自太行之山以至于無逢之山凡四十六山，萬二千三百五十里。今四十七山，一萬二千四百四十里。

右《北經》之山志，凡八十七山，二萬三千二百三十里。經當有二萬三千五百三十里。今則八十八山，二萬四千二百六十里。

東山經

番條之山，減水出焉。音同減損之減。郭既音減，經文不當爲減，未審何字之譌。

高氏之山，其下多箴石。可以爲砥針。砥當爲砭。

又南三百里曰泰山。從山下至頂四十八里。《史記》正義引此作百四十八里。

有獸名曰狪狪。音如吟恫之恫。　吟當爲呻。

東流注于江。一作海。　據《水經注》當作汶。竹山亦同。

竹山，激水出焉，其中多茈羸。羸當爲蠃。

凡《東山經》之首，自樕螽之山以至于竹山，凡十二山三千六百里。今才三千五百里。

祈聏用魚。《公羊傳》云：「蓋叩其鼻以聏神。」《公羊傳》當爲《穀梁傳》，聏疑當爲衈。

澧水，其中多珠蟞魚，其狀如胇而有目。有當爲四。

餘峩之山，有獸名曰犰狳。仇餘二音。　犰當爲犰，仇當爲儿。

鳧麗之山，有獸名曰蠪姪。龍蛭二音。　經當爲蛭，注當爲姪。

又南五百里曰硜山。音一真反。注，一反二字疑衍，《中次十一經》嬰硜之山，硜音真，可證。

孟子之山，其草多菌蒲。未詳。　音晒晒之晒。　晒當爲晒。

鮯鮯之魚，其名自叫。名，《藏經》本作鳴。

東望榑木。扶桑二音。　臧庸曰：「經多古文，此必作東望榑叒，故郭云扶桑二音。《説文》叒即桑字也。

唐音而灼切，非。」

凡《東次三經》之首，自尸胡之山至于無皐之山，凡九山六千九百里。今才六千四百里。

北號之山，有獸名曰猲狙。葛苴二音。經當爲猲狚，注當爲葛旦。

凡《東次四經》之首，自北號之山至于太山，凡八山一千七百二十里。此經不言神狀及祠物所宜，疑有闕脱。

右《東經》之山志，凡四十六山，萬八千八百六十里。今才萬八千二百六十里。

中山經

金星之山多天嬰，其狀如龍骨，可以已痤。癰，痤也。當爲「痤，癰也」。

陰山其中多彫棠。彫，疑當爲彤。

凡薄山之首，自甘棗之山至于鼓鐙之山，凡十五山六千六百七十里。今才九百三十七里。

煇諸之山，其鳥多鶡。似雉而大，青色有毛。有毛當爲有毛角。

又西三百里曰陽山。三百當爲三十。

昆吾之山，其上多赤銅。《尸子》所謂「昆吾之劍」。劍當爲金。郭又云「銅劍一枝」，枝當爲枚。

有獸名曰蠪蚔。上已有此獸，疑同名。蚔，疑當爲蛭。

凡濟山經之首，自煇諸之山至于蔓渠之山，凡九山一千六百七十里。今一千七百七十里。

南望墠渚。郭云墠音填。《水經注》引此經墠作禪。又引郭注云「禪一音暖」。今本疑有譌脱。

實惟河之九都。九水所潛，故曰九都。郭注潛字誤，《藏經》本作聚。張澍曰：「作聚亦誤。按潛宜作渚，渚聚也，都亦聚也。」

凡萯山之首，自敖岸之山至和山，凡五山四百四十里。今才八十里。

甘水，其中多泠石。泠石，未聞。泠或作涂。經，泠當爲汵。注，涂當爲淦。

螿山有獸焉，名曰獝。音蒼頡之頡。獝字諸書所無。《文選》注引作獺，然獺無頡音，未詳。

牡山其下多竹箭竹䉋。䉋上竹字疑衍。

成侯之山，其草多芃。芃當爲艽。

凡薄山之首，自苟林之山至于陽虚之山，凡十六山二千九百八十里。今才十五山。

實惟蜂蜜之廬。蜜，赤蜂名。赤當爲亦。

槖山多樠木。穗成如有鹽粉著狀，可以酢羹。酢當爲作。

凡縞羝山之首，自平逢之山至于陽華之山，凡十四山七百九十里。今八百二里。

其實如菟丘。菟丘，兔絲也，見《爾雅》。《爾雅》當爲《廣雅》。

有草焉，其狀葉如榆。狀葉當爲葉狀。

有草焉，其名曰嘉榮，服之者不霆。音廷摶之廷。當爲脡脯之脡。

其葉狀如荻。荻亦蒿也，音狄。　荻當爲萩，狄當爲秋。
又東三十里曰大騩之山。今滎陽密縣有大騩山，騩固溝水所出。　固溝當爲山潩。
有草名蒗。音狼戾。　蒗當爲蒗，狼當爲狠。
服之不夭。言盡壽也。　盡當爲益。
凡苦山之首，自休與之山至于大騩之山，凡十有九山千一百八十四里。今才一千五十六里。
東南流注于江。今睢水出新城魏昌縣東南發阿山。　魏昌，《晉書·地理志》作昌魏。
東北百里曰荆山。今在新城沐鄉縣南。　沐當爲沶。
漳水其中多鮫魚。鮫，鮒魚類也。　鮒當爲鮨。
其獸多閭麋。似鹿而大也。　麋當爲麈。
女几之山，多閭麋麖麂。麂似麞而大，猥毛豹腳。　猥當爲獶，豹當爲狗。
光山其下多木。木疑當爲水。
石山其上多邽石。未詳。　疑當爲封石。
讙山多邽石。疑當爲封石。
凡荆山之首，自景山至琴鼓之山，凡二十三山二千八百九十里。今三千一十里。
東北流注于海。至廣陽縣入海。　廣陽縣當爲廣陵郡。

其獸多夔牛。此牛出上庸郡，人弩射殺。射殺下當脱之字。

蛇山有獸名犳狼。音巴。巴當爲已。

勾檷之山。音絡椐之椐。椐當爲柅。

䰠山其木多桃枝荆芭。芭當爲芑，芑又杞之假借字。

葛山其下多瑊石。瑊石，勁石似玉也。郭注瑊石，石字衍，勁，當爲玏。

凡珉山之首，自女几山至于賈超之山，凡十六山，三千五百里。今三千六百五十里。

熊山席也。席者，神之所凴止也。席當爲帝字，形相近而譌。

凡首陽山之首，自首山至于丙山，凡九山二百六十七里。今三百一十里。

䰠山，帝也，其祠羞酒太牢其。牢下之其，疑當爲具。

翼望之山，湍水出焉。鹿搏反。疑注有譌文。

東流注于濟。今湍水逕南陽穰縣而入清水。經文濟，注文清，並當爲淯。南陽當爲義陽。

貺水出焉。音況。貺當爲䝨，見《玉篇》。

神耕父處之，常遊清泠之淵。清泠水在西號郊縣山上。西號郊當爲西鄂，字之誤衍。

有九鍾焉，是知霜鳴。霜降則鍾鳴，故言知也。經、注「知」並當爲和，見《北堂書鈔》所引。

支離之山，濟水出焉，南流注于漢。今濟水出酈縣西北山中。經文濟及注文濟，並當爲淯。

祑篙之山，其上多松柏机柏。柏葉似柳。經、注「柏」，並當爲桓。

即谷之山多玄豹。即今荆州山中出黑虎也。出當爲之。

高前之山，其上有水，甚寒而清，帝臺之漿也。今河東解縣南檀首山上有水。檀首當爲檀道。

鮮山有獸，其狀如膜大。大當爲犬，見《廣韻》。

又東三十里曰章山。或作童山。經「章山」當爲皐山，注「童山」當爲章山。

其中多脃石。魚脃反。脃，《藏經》本作跪。

大支之山無草木。木字衍，《藏經》本無。

歷石之山。或作磨。磨疑當爲磿。〔一〕

名曰鴃鵌。音如枳柑之枳。柑當爲椇，見《曲禮》注。

几山有獸，名曰聞豨，見則天下大風。豨一作䝚。䝚疑當爲豨。

凡荆山之首，自翼望之山至于几山，凡四十八山三千七百三十二里。今四千二百二十里。

堵山玉山冢也。堵山，見《中次十經》；玉山，見《中次九經》。此經都無此二山，未審何山字之譌。

凡洞庭山之首，自篇遇之山至于榮余之山，凡十五山二千八百里。今才一千八百四十九里。

右《中經》之山志，大凡百九十七山，二萬一千三百七十一里。今二萬九千五百九十八里。

右《五臧山經》五篇，大凡一萬五千五百三字。今二萬一千二百六十五字。

海外南經

其爲人，小頰赤肩。當脾上正赤也。 脾當爲髀。

生火出其口中。《藝文類聚》引此經無生字，疑是。

羿射殺之，在昆侖虚東。鑿齒亦人也。 經文之下衍在字；注，人下脱貌字，見《北堂書鈔》所引。

焦僥國在三首東。《外傳》云「焦僥民長三尺」。 民當爲氏。又引《詩含神霧》曰「從中州以東西」，西字衍。

狄山，帝堯葬于陽。今陽城縣西。 陽城當爲城陽。

爰有熊羆文虎。《尸子》曰「中黄伯余」。 伯字下脱曰字。

視肉。有兩目，食之無盡，尋復更生如故。 無字衍，《北堂書鈔》引作「有眼，食之盡」。

海外西經

奇肱之國。後十年西風至。據《博物志》西當爲東。

軒轅之國，在此窮山之際。此字衍。

此諸夭之野。夭音妖。此字亦衍，妖當爲沃。

龍魚陵居在其北，狀如貍。或曰龍魚似貍，一角。經、注「貍」，並當爲鯉。鯉，龍類也。

一曰鰕魚。鰕音惡，橫也。鰕無橫音，疑注譌。王引之曰：「橫當爲憗，憗訓惡也。」

有樹名曰雄常，先入伐帝，于此取之。其俗無衣服，中國有聖帝代立者，則此木生皮可衣也。經文伐當爲代，幸有郭注可證。然經句義尚未足，恐更當有脱文。

長股之國，在雄常北，被髮。長臂人身如中人，而臂長二丈。二當爲三，見《海外南經》。

海外北經

無脅之國，爲人無脅。脅，肥腸也。肥當爲腓。

燭龍居鍾山下。《淮南子》曰「龍身一足」。一當爲無。

禹厥之，三仞三沮。掘塞之，而土三沮滔。滔當爲陷。

平丘爰有甘柤。其樹枝榦皆赤，黄華，白葉，黑實。《吕氏春秋》曰「其山之東有甘柤焉」，音如柤梨之柤。郭注黄華白葉，當爲黄葉白華。據郭音柤如柤梨之柤，證知經文不當作柤。《淮南·墬形訓》作樝，即柤本字。《説文》作樝，疑經當爲樝也。

甘華。亦赤枝榦黄華。黄華亦當爲黄葉。

海外東經

君子國使二大虎在旁。大虎當爲文虎。《後漢書·東夷傳》注引此經云。

青丘國，其狐四足九尾。汲郡《竹書》曰：「柏杼子征于東海及王壽。」王當爲三。

黑齒國在其北。《東夷傳》曰「倭國東四十餘里。」十當爲千。

爲人黑，食稻啖蛇。黑下當脱齒字。

爲人黑首。首當爲齒、古文形近。

九日居下枝，一日居上枝。若搜之常情則無理矣。搜疑當爲揆。

爲人身生毛。爲人短小而體盡有毛。而當爲面。

海内南經

三天子鄣山，在閩西海北。海字疑衍。

桂林八樹在番隅東。八樹而成林，信其大也。信當爲言。

鬱水出湘陵南海。鬱水見《海内東經》。與此有異，疑經有譌文。

見人笑亦笑。古本作「見人則笑」，今本疑非是。

左手操管。《爾雅》云「髴髴」，當爲狒狒。

狌狌知人名，其爲獸如豕而人面。頭如雄鷄，食之不眯。此八字誤衍，當删。郭又云「今交州封谿」，州當爲趾。

犀牛其狀如牛而黑。犀牛似水牛，豬頭庳腳三角。注文當如是，今本誤分離其文，遂不復可讀。

丹山在丹陽南，丹陽居屬也。此十一字乃郭注誤入經文，居又巴字之譌。

海内西經

繫之山上木。物禀異氣，出於不然。不當爲自。

后稷之葬，山水環之。在廣都之野。當爲都廣。

面有九井。《淮南·墬形訓》作「旁有九井」，《初學記》引此經作「上有九井」，疑面字譌。

一曰挺木牙交。《淮南》作璇樹。璇，玉類也。璇當爲琁，琁與挺形近。樹，古文爲豉，傳寫者破壞之，因爲木牙交。臧庸曰：「挺木牙交爲曼兑之異文。曼，長也。兑讀爲鋭。言聖木之樹長而葉鋭也。挺當爲梃，梃，長皃。牙交，言枝柯之交互也。」

伺琅玕樹。莊周曰：「有人三頭，遞卧遞起，以伺琅玕與玕琪子。」與玕琪子四字衍。

海内北經

大蠭其狀如螽。螽疑當爲蠭，古文蠭字。

蟜其爲人，虎文，脛有腎。言腳有膞腸也。膞當爲腨。

騶吾，乘之，日行千里。《周書》曰「夾林酋耳」。夾，《周書》作央。

冰夷人面，乘兩龍。畫四面各乘靈車，駕二龍。靈當爲雲。

海内東經

都州在海中，一曰郁州。世傳此山自蒼梧從南徙來。從南二字疑衍。

始鳩在海中，轅厲南。轅厲疑當爲韓鴈，字形相近。

浙江出三天子都，在其東。其字疑譌。據《太平寰宇記》作蠻，與《地理志》及《説文》合。

淮水出餘山，餘山在朝陽東。朝陽縣今屬新野。新野當爲義陽，見《晉書·地理志》。

入海淮浦北。至廣陵縣入海。據《水經》廣陵下當脱淮浦二字。

湘水出舜葬東南陬，西環之。今湘水出零陵營道縣陽湖山。湖當爲海或朔字之譌。

一曰東南西澤。疑文有脱誤。

漢水出鮒魚之山。此經「漢水所出」既誤，又不見所入處，蓋脱。《北堂書鈔》引漢水作濮水，似得之。

温水出崆峒山，在臨汾南。汾當爲涇。又郭注云「今温水在京兆陰盤縣」，京兆當爲安定也。

入江州城下。此言白水入江也。城下二字疑誤衍。

沅水山出象郡鐔城西。山字衍。

入東注江。入字疑衍，或又字之譌。

肄水出臨晉西南。音如肄習之肄。若經文作肄，何復音肄？疑當從《水經注》作肆。臨晉當爲臨武。

濟水絶鉅鹿澤。鉅鹿今在高平。鹿當爲野。

入齊琅槐東北。今碣石也。當爲今河碣也，見《水經注》所引。

潦水出衛臯東。有潦山，小潦水所出，西河注大潦。西河當爲西南。

入越章武北。章武，郡名。越字疑衍，郡當爲縣。

入章武南。新城汴陰縣亦有漳水。汴陰當爲汳鄉。

大荒東經

東海之外大壑。大壑上當脱有字。

有大人之國。長者不过十丈。十丈當爲十之，見《魯語》。郭注又云「佻人國，長三十丈」。佻當爲洮，十字衍。

中容人食獸，木實。此國中有赤木、玄木，其華實美。　華當爲葉，見《吕氏春秋》。

司幽生思士，不妻；思女，不夫。白鵠相視，眸子不運而感風化。　鵠當爲鶂，感字衍。

有山名曰鞠陵于天、東極、離瞀。三山名也。音穀瞀。　穀瞀二字疑俱譌。

名曰折丹。神人。　「名曰折丹」上疑脱有神二字，《北堂書鈔》引作「有人」。

東方曰折。單吁之。　吁當爲呼。臧庸曰：「吁、呼通。」經文折，疑吁字，涉上文折丹而誤。

有困民國，勾姓而食。「勾姓」下，「而食」上，當有闕脱。

不得復上。應龍遂住地下。　住當爲在。

大荒南經

舜與叔均之所葬也。基今在九疑之中。　基當爲墓。

有玄蛇食麈。今南山蚺蛇吞鹿。　山當爲方。

有山名曰去痓。音如風痓之痓。　此即風痓之字，郭又音如之，疑有譌文。

楓木，蚩尤所棄其桎梏。已摘棄其械。　摘當爲擿。

羲和者，帝俊之妻，生十日。言生十子，各以日名名之，故言生十日，數十也。郭注生十日下，疑脱日字。

有小人名曰菌人。音如朝菌之菌。此即朝菌之菌，郭又音如之，疑有譌文，或經當爲菌狗之菌。

大荒西經

有白氏之國。氏當爲民。

有先民之國。先當爲天，古字形近。

西有王母之山。西有當爲有西。

璇瑰瑶碧。璇瑰亦玉名，枚回二音。經當爲璿瑰，注當爲旋回。

爰有百樂歌儛之風。爰有百種伎樂歌儛風曲。注「爰」，明《藏》本作言，是也。

有神，人面無臂，兩足反屬于頭山。山當爲上。

下地是生噎。后土生噎鳴，見《海内經》，此經疑有闕脱。

有赤犬名曰天犬，其所下者有兵。《周書》云。周當爲漢。

名曰西王母。西王母雖以昆侖之宫。以當爲居，古字相近。

女祭女薎。或持觶。　薎當爲蔑，觶當爲鱓。

有壽麻之國。《吕氏春秋》曰「南服壽麻」。　南當爲西。

有樹赤皮支榦，青葉，名曰朱木。青葉當爲青華，見《大荒南經》。

顓頊死即復蘇。《淮南子》曰：「后稷龍在建木西，其人死復蘇，其中爲魚。」　龍當爲壠，中當爲半。見《淮南·墬形訓》。

大荒北經

皆出衛于山丘。　古本當「衛丘」連文，而以「皆出于山」四字相屬，今本誤倒耳。

有三桑無枝。皆高百仞。　郭注四字當在經中，誤入注文耳，見《藝文類聚》所引。

有人衣青衣，名曰黄帝女魃。音如旱妭之魃。　據《後漢書》注所引經文，當爲妭，注文當爲魃。

有神，人面獸身，名曰犬戎。　神當爲人，見《史記·周本紀》集解所引。

名曰若木。生昆侖西附西極。　郭注七字當入經文。

有神，人面蛇身而赤。身長千里。　郭注四字當在經文，誤入注中耳，見《藝文類聚》所引。

是謂燭龍。有龍銜精以往照天門中云。　精上脱火字。

海内經

有人名曰柏高。柏子高，仙者也。據郭注，經文柏高之間當脱子字。

有都廣之野，后稷葬焉。其城方三百里，蓋天下之中，素女所出也。郭注一十六字，當入經文。又引《離騷》曰，「絶都廣野而直指號」，號，當爲兮。

有木名曰若木。樹赤華青。華當爲葉。

名曰鳥氏。氏當爲民。

神民之丘。民當爲人。

有青獸人面。青字疑衍。

南方有贛巨人，人面長臂。臂當爲脣。

有菌山。音芝菌之菌。經文菌，疑亦當爲菌。

有山名三天子之都。一本，「三天子之鄣山」。一本下當脱作字或云字。

玄狐蓬尾。蓬，叢也。阻留反。阻留反三字文無所指，當有脱誤。牟廷相云：「叢字可讀如菆，則阻留當是叢字之音也。」

般是始爲弓矢。《世本》曰：「牟夷作矢」。當爲夷牟。

帝俊賜羿彤弓素矰。以白羽羽之。下羽字疑譌。

晏龍是爲琴瑟。《世本》云：「伏羲作琴，神農作瑟。」當云伏羲作瑟，神農作琴。

是復土穰以處江水。穰當爲壤。

經内逸文

《北次三經》空桑之山。上已有此山，疑同名也。今上文無此山。

《海外東經》勞民國，其爲人黑。食果草實也。有一鳥兩頭。

《大荒南經》有獸，左右有首，名曰跊踢。出狣民國。黜惕兩音。

有卵民之國，其民皆生卵。即卵生也。

《大荒西經》有人反臂，名曰天虞。即尸虞也。

《海内經》有大幽之國。即幽民也，穴居無衣。

以上見本經，以下見各書。

《論衡·通别篇》云：「董仲舒覩重常之鳥，劉子政曉貳負之尸，皆見《山海經》。」案重常，《玉篇》作[illegible]。

《論衡·訂鬼篇》引此經云：「滄海之中有度朔之山，上有大桃木，其屈蟠三千里，其枝間東北曰鬼門，萬鬼所出入也。上有二神人，一曰神荼，一曰鬱壘，主閲領萬鬼。惡害之鬼，執以葦索，而以食虎。於是黄帝乃作禮以時驅之，立大桃人，門户畫神荼、鬱壘與虎，懸葦索以禦凶魅。」案所引與《後漢·禮儀志》注文字小異，故録之。

應劭《漢·地理志》「泫氏」注云：「《山海經》泫水所出者也。」

《玉篇》鱟字注引此經云：「形如車文，青黑色，十二足，長五六尺，似蟹，雌常負雄。漁者取之，必得其雙。子如麻子，南人爲醬。」案車當爲惠，劉逵注《吴都賦》正作惠文冠。尺作寸。似蟹句下有「足悉在腹下」五字，無「子如麻子」二句，其餘則同，而不云出《山海經》。唯《廣韻》引作「郭璞注《山海經》」云云，其文同《玉篇》。證知二書所引，乃郭注逸文也。李善注《江賦》引《廣志》曰：「鱟魚似便面，雌常負雄而行，失雄而不能独活，出交趾南海中。」

《廣韻》九魚渠紐下云：「[illegible]獀，獸名，食猛獸，出《山海經》。」案《太平御覽》九百十三卷引同，唯[illegible]作獷，無名字。

《廣韻》四十七寑沈紐下云：「櫭，木名，《山海經》云煮其汁，味甘，可爲酒。」

《廣韻》一屋卜紐下云：「獛鉛，南極之夷，尾長數寸，巢居山林，出《山海經》。」

《廣韻》二十八盍欱紐下云：「魶魜，魚名，出《山海經》。」案二十七合納紐下云：「魶，魚名，似鼈，無甲，有尾，口在腹下。」

《文選·西京賦》注引此經云：「閬風之上，或上倍之，是謂玄圃；或上倍之，是謂大帝之居。」案此《淮南·墬形訓》文，疑李善誤引。

《文選·海賦》及左思《招隱詩》、江淹《雜體詩》注並引此經郭注云：「横，塞也。」

《文選·郭氏游仙詩》注引此經郭注云：「遯者，退也。」

《北堂書鈔》一百五十二卷引此經云：「東南荒山，有銅頭鐵額兵，日飲天酒三斗。酒，甘露也。」

《藝文類聚》二卷引此經云：「列缺，雷名。」

《類聚》八十六卷引此經云：「箕山之東，有甘櫨。洞庭之上，其木多櫨，甘櫨列於昆侖。」

《初學記》二十八卷引此經云：「雲山之上，其實乾腊。郭注云：腊，乾梅也。」今案《中次十二經》有雲山，無此文。

《初學記》三十卷引此經云：「鯷魚，赤目赤鬣者，食之殺人。」案《北山經》首敦薨之水，其中多赤鮭。郭注云「今名鯸鮐，爲鮭魚，音圭」。此郭據時驗而言也。今所見鯸鮐魚，背青腹白，目解開闔，都無赤色者，與經云赤鮭不合。而《初學記》引經「鯷魚赤目赤鬣者食之殺人」，鯷即鮎也，鯷與鮭聲相近，經之赤鮭，疑此是也。將《初學記》所引本在郭注，今脱去之邪？

李肇《國史補》引此經云：「水獸好爲害，禹鎖之，名巫支祈。」案《輟耕録》云：「《山海經》水獸好爲雲雨，禹鎖于軍山之下，名無支祈。」

韓鄂《歲華紀麗》引此經云：「狼山多毒草，盛夏鳥過之不能去。」

李珣《海藥本草》引此經云：「木香生東海崑崙山。」

《太平御覽》九卷引此經云：「大極山東有温水湯，不可過也。」

《御覽》十二卷引此經云：「仙丘降甘露，人常飲之。」案吴淑《事類賦》引，人上有仙字。

《御覽》三十五卷引此經云：「離魚見，天下大穰。」案《西次三經》泰器山鰩魚與此同。

《御覽》三十八卷引此經云：「蓬萊山海中之神山，非有道者不至。」案《海内北經》有蓬萊山。

《御覽》四十二卷引此經云：「陸渾山，伊水出焉，今亦號方山。」案楊慎《外集》「陸渾山，《山海經》作賁渾。」按古陸字作坴，賁渾當是坴渾之誤。

《御覽》四十三卷引此經云：「祭水源伏流三百餘里。」云云。

《御覽》四十五卷引此經云：「湯山，湯水出焉。」此湯能愈疾，爲天下最。

《御覽》四十五卷引此經云：「大翮山、小翮山有神廟神宇。」云云。

《御覽》一百六十六卷引此經云：「甘松嶺亦謂之松桑嶺，江水發源於此。」

《御覽》三百六十七卷引此經云：「反舌國，其人反舌，一曰交。」案交當爲支，即《海外南經》岐舌國。

《御覽》九百十卷引此經云：「果然獸似獼猴，以名自呼爲蒼黑，羣行，老者在前，少者在後，得果食輒與老者，似有義焉。交阯諸山有之。獠人射之，以其毛爲裘褥，甚温煖。」

郭注引水經

《南山經》首青丘之山。《水經》云：「即《上林賦》云秋田於青丘。」

《西次三經》積石之山。《水經》引《山海經》云：「積石山在鄧林山東，河所入也。」

《北次三經》碣石之山。《水經》曰：「碣石山今在遼西臨渝縣南水中。」

《中次七經》末山，末水出焉，北流注于役。《水經》作沫。

《海内東經》漢水出鮒魚之山。案《水經》：「漢水出武都沮縣東狼谷，經漢中魏興至南鄉，東經襄陽至江夏安陸縣入江。别爲沔水，又爲滄浪之水。」

合洞庭中。《水經》曰：「沅水出牂牁且蘭縣，又東北至鐔城縣爲沅水，又東過臨沅縣南，又東至長沙下雋縣。」

洛水，出洛西山，東北注河，入成皋之西。案《水經》：「漢水今出上洛冢嶺山東北，經宏農至河南鞏縣入河。」

入齊琅槐東北。諸水所出又與《水經》違錯。

以上見本經，以下出各書

陶弘景《刀劍録》云：「《水經》云，伊水有一物如人，膝頭有爪，人浴輒没不復出。」案酈注《水經》沔水云：「沔水又南與疏水合，水中有物，如三四歲小兒，鱗甲如鯪鯉，射之不可入。七八月中好在磧上自暴，膝頭似虎掌爪，常没水中，出膝頭，小兒不知，欲取弄戲，便殺人。或曰人有生得者，摘其皋厭，可小小使，名爲水虎者也。」即與《刀劍録》所引爲一物。

《初學記》三十卷引《水經》曰：「海鰌且由反魚長數千里，穴居海底，入穴則海水爲潮，出穴則水潮退，出入有節，故潮水有期。」案此條或又引作《山海經》，所未詳。

補　嬰以百珪百璧。嬰謂陳之以環祭也。或曰嬰即古罌字，謂盂也。徐州云。　吴其濬曰：「《一切經音義》卷二十一引《漢書》「嬰城固守」，音義曰，「以城自繞也」。《華嚴經》音義卷下引《漢書》集注，「嬰，繞也，加也」。正與環之以祭義合。解作罌字似遠。

句餘之山至會稽之山。嚴可均謂懿行曰：「經内道里計算不同，有直行者，有旁通者，有曲繞者，故里數參差互異。」即如《南次二經》之句餘、會稽，中間豈容一千五百里？恐皆從經首之柜山起算也。若推是而言，諸山里數或多有合，但須按全經一一計之。懿行嘗謂《山海經》古圖不可見，世有好古而工畫者，本嚴氏之說，繪諸尺幅，百里之迴，一覽可盡，誠希古之絶業。其繪圖之法：《南山經》至《中山經》本二十六篇爲二十六圖；《海外經》以下八篇，《大荒經》以下五篇，又爲若干圖；鳥獸神怪之屬，别爲若干圖。

冉遺之魚。錢侗曰：經文冉字疑毋字，傳寫之譌。郭氏《圖讚》作髯遺，後人誤加髟也。

名曰肥遺。侗案：《西山經》太華之山有肥䗐，六足四翼，見則天下大旱。郭云復有肥遺蛇，疑是同名，即謂此經之肥遺也。經云一首兩身，即《管子》所稱一頭兩身之蝺。蝺字緩言之則爲肥遺，其爲同物無疑。涸水、蹓水，亦一聲之轉。

發鳩之山。侗案：《淮南子》發包山，當是發冘之譌，即此發鳩山也。《說文》冘，聚也，讀若鳩。二字本通用，傳寫誤爲包耳。

是多僕纍蒲盧。侗案：《夏小正》、《廣雅》之蒲盧，《國語》之蒲蠃，皆蜃蛤之屬，與僕纍同類同聲，實非同物，故經文並著之。郭注以蒲盧爲螟蛉，固誤。箋疏謂蒲盧聲轉爲僕纍，亦未安。

有山名曰常陽之山。侗案：《呂氏春秋·論大篇》「地大則有常祥、不庭、岐母，羣抵、天翟、不周」。高注惟以不周爲山名，箋疏駮之，良是。今檢不庭，顧瓶、不周皆見於《大荒》東西兩經。此文云「大荒之中有山，名曰常陽，日月所入」，當即是常祥山也。祥、陽同聲。後文又有常羊之山，古字吉祥通作吉羊。以此又

《大荒東經》有皮母之山，即《吕覽》岐母，字形相近。然則常祥以下六山，《吕覽》即據《大荒》諸經爲説，皆爲山名無疑。惜天翟未得其證耳。

《南山經》杻陽之山，其中多玄龜，可以爲底。底，躪也；爲，猶治也。洪頤煊案：底無躪訓，底是胝字之借，躪是繭字之譌。《戰國策》「百舍重繭」，高誘注「重繭，累胝也」。後人繭加足旁，故譌作躪。臧庸案：《戰國策》「足重繭而不休息」，鮑彪注：「足傷皮皺如蠶繭也」。《文選·難蜀父老》「躬胼胝無胈」，唐劉良注曰：「胝，繭也；胈，股上小毛也。言艱苦至使皮膚縈繭而不生毛。」衹作繭字，與《戰國策》文合。檢明刻六家注、胡刻李善注引《三蒼解詁》皆曰，「胝，躪也，竹施切」，惟毛本誤爲躪耳。

單張之山有鳥焉，可以已痸。痸，癡病也。頤煊案：《説文》：「瘛，小兒瘛瘲病也。」又云「引縱曰瘛」。《玉篇》，「瘛，癡也；小兒瘛瘲病也。痸同上」。疑此注及《玉篇》癡字皆瘲字之譌。

京山其陰有玄礵。黑石砥也。《尸子》曰：「加玄黄砥，明色非一也。」頤煊案：《太平御覽》七百六十七卷引《尸子》曰，「磨之以礱礪，加之黄砥」。注蓋本作「加之黄砥」，今本後人誤改也。

燕山多嬰石。言石似玉，有符彩嬰帶，所謂燕石者。頤煊案：《玉篇》引《埤蒼》云，「瓔珉，石似玉也」。《西山經》「羭次之山多嬰垣之玉」，蓋即此經所謂嬰石。郭注非。

《中山經》崍山有草多韰韭，多約空奪。即蛇皮脱也。頤煊案：蛇皮脱，非草。升山熊山，其草多寇脱，空奪即寇脱也，形聲皆相近。

《大荒東經》有女和月母之國。有人名曰鳧，北方曰鳧，來之風曰狻。言亦有兩名也。頤煊案：上文「來風曰俊」注：「未詳來風所在也。」此來風亦地名，之字衍。《大荒西經》「有人名曰石夷，來風曰韋」。《大荒南經》「有獸名曰跊踢」，注「出狻名國」，今本無此國。《集韻》引「有國曰狻氏」，名即氏之譌。

《西山經》槐江之山，爰有淫水，其清洛洛。郭注：「淫音遥也。」陳梅修云：「淫無遥音，經淫字疑譌。」張澍按：《漢書·岑彭傳》「更始遣將軍徭偉鎮淮陽」，《東觀記》作淫偉，是淫與徭通也。

黄帝是食是饗。郭注：「所以登龍于鼎湖而龍蛻也。」澍按：龍蛻宜作靈蛻，《御覽》作靈化，亦非。

積石之山。郭注：「今在金城河門關。」《訂譌》云，「門字衍」。澍按：門字不衍，宜移今在字上，原釋經文石門字也。

《北山經》倫山獸，川在尾上。《箋疏》，王伯申以川當爲州。澍《續黔書》内有辨川字一條，附于此：黔之人呼牛馬之竅爲春，余莫如其解，思之，知當爲穿爲川，乃信土俗方言果符訓詁之旨也。按《山海經》「倫山有獸，狀如麋，其川在尾上」。郭注「川，竅也」，而姚旅《露書》引川作穿，蓋川可訓穿，故《釋名》云「川，穿也」。顔師古《漢書·李尋傳》注云，「川者，水貫穿而通流也」。裴氏《廣州記》云，「南海龍川縣本博羅縣之東海，有龍穿地而出，即穴流東泉，因以爲號」。是川之訓穿，傳記多有之。又伯樂《相馬經》「有馬白州」，亦當是川字。畢中丞《山海經校本》疑當爲州，蓋據《爾雅》「白州驠」，不知郭氏彼注亦以爲竅，即州爲後人譌寫無疑也。

《東山經》子桐之山。《箋疏》：司馬相如《梓桐山賦》即斯山。澍按：長卿蜀人，所賦者宜是梓橦山，桐、橦字通，此經地域似不在蜀。

《中山經》實惟河之九都。郭注「九水所潛，故曰九都。」《訂》云，「郭注潛字誤」。澍按：潛宜作渚，渚聚也，都亦聚也。《藏經》本作聚誤。

半石山嘉榮。《箋疏》：《本草經》蘘荷與巴焦同類。澍按：宗懔亦以蘘荷爲《周禮》之嘉草，可除蠱毒也。王逸《大招》注「苴蓴一名蘘荷」，《史記》相如《游獵賦》注，闞駰云「猼且，蘘荷也」，與逸注同。猼且，《漢書》作巴且。楊用修引《急就章》注云「蘘荷，即今甘露」，蓋誤以巴焦爲蘘荷也。司馬賦既有「諸蔗猼且」，又有「茈薑蘘荷」，猼且非蘘荷明矣。詳見澍《續黔書·毒蠱篇》。

《海外北經》禺彊。《箋疏》：禺京、禺彊、玄冥，實一人。澍按：禺彊即禺京是也，前人已言之。若謂玄冥即京、彊，則未能信。考禺京爲禺虢之子，禺虢爲黄帝之子，則梁簡文所云「禺京爲黄帝孫」者合矣。而玄冥乃少昊之子也，不得合爲一人。

《大荒南經》有女子名羲和。《箋疏》：常儀、羲和通爲一人。澍按：《世本》、《吕氏春秋》並云羲和占日，常儀占月，顯係兩人，不得云羲和即常儀矣。

《海外西經·圖讚·夏后啟》果儛九代。澍按：果宜作槃字。

《訂譌》崇武之山有木，員葉白柎。《訂》云：「柎當爲拊。」澍按：柎即《詩》之鄂不也，與跗通，花足也。經文宜作柎，不宜作拊。

校記

〔一〕當爲磨，底本作「當爲磿」誤，今據《四部備要》本改正。

附録

刻山海經箋疏序

清　阮元

《左傳》稱：「禹鑄鼎象物，使民知神姦。」禹鼎不可見，今《山海經》或其遺象歟？《漢書·藝文志》列《山海經》於形法家，《後漢書·王景傳》明帝賜景《山海經》、《河渠書》以治河；然則是書爲山川輿地、有功世道之古書，非語怪也。且與此經相出入者，則有如《逸周書·王會》、《楚辭·天問》、《莊》、《列》、《爾雅》、《神農本草》諸書。司馬子長於《山經》怪物不敢言之，史家立法之嚴固宜耳。然上古地天尚通，人神相雜，山澤未烈，非此書未由知已。郭景純注，於訓詁、地理未甚精徹，然晉人之言已爲近古。吴氏《廣注》，徵引雖博，而失之蕪雜；畢氏校本，於山川考校甚精，而訂正文字尚多疏略。今郝氏究心是經，加以箋疏，精而不鑿，博而不濫，粲然畢著，斐然成章。余覽而嘉之，爲之刊版以傳。

郝氏名懿行，字蘭皋。山東棲霞人。户部主事。余己未總裁會試，從經義中識拔，實學士也。家貧行修，爲學益力。所著尚有《爾雅疏》諸書。蘭皋妻王安人，字瑞玉，亦治經史，與蘭皋共著書於車鹿舂廡之間。所著有《詩經小記》、《列女傳注》諸書，於此《經疏》並多校正之力，亦可尚異之也。

嘉慶十四年夏四月，揚州阮元序。

《山海經箋疏》審定校勘爵里姓氏

儀徵阮雲臺侍郎元
陽湖孫伯淵觀察星衍
武進臧西成文學庸
歸安姚秋農中允文田
高郵王曼卿學士引之
全椒吳山尊學士鼒
歙縣鮑覺生學士桂星
嘉應宋芷灣編修湘

閩縣陳梅修編修壽祺
江西新城涂瀹莊侍御以輈
商城程鶴樵侍御國仁
南海張棠村員外業南
龍南徐香珏主事名紱
桐城馬元伯主事瑞辰
曲阜孔阜村主事繼垘
烏程嚴鐵橋孝廉可均
儀徵阮小雲蔭生常生
棲霞牟默人明經廷相

上山海經表

漢　劉秀（歆）

侍中、奉車都尉、光禄大夫臣秀領校秘書言：校祕書太常屬臣望所校《山海經》凡三十二篇，今定爲一十八篇，已定。《山海經》者，出於唐虞之際。昔洪水洋溢，漫衍中國，民人失據，歛隔於丘陵，巢於樹木。鯀既無功，而帝堯使禹繼之。禹乘四載，隨山刊木，定高山大川。益與伯翳主驅禽獸，命山川，類草木，別水土；四嶽佐之，以周四方，逮人跡之所希至，及舟輿之所罕到。內別五方之山，外分八方之海，紀其珍寶奇物，異方之所生，水土草木，禽獸昆蟲麟鳳之所止，禎祥之所隱，及四海之外絕域之國，殊類之人。禹別九州，任土作貢，而益等類物善惡，著《山海經》，皆聖賢之遺事，古文之著明者也。其事質明有信。孝武皇帝時，嘗有獻異鳥者，食之百物所不肯食。東方朔見之，言其鳥名，又言其所當食，如朔言。問朔何以知之，即《山海經》所出也。孝宣帝時，擊磻石於上郡，陷得石室，其中有反縛盜械人。時臣秀父向爲諫議大夫，言：「此貳負之臣也。」詔問「何以知之？」亦以《山海經》對，其文曰：「貳負殺窫窳，帝乃梏之疏屬之山，桎其右足，反縛兩手。」上大驚。朝士由是多奇《山海經》者，文學大儒皆讀學以爲奇，可以考禎祥變怪之物，見遠國異人之謠俗。故《易》曰：「言天下之至賾而不可亂也。」〔一〕博物之君子，其可不惑焉。臣秀昧死謹上。

校記

〔一〕「不可亂」，今本《易》皆作「不可惡」。

注山海經序

晉 郭璞

世之覽《山海經》者，皆以其閎誕迂誇，多奇怪俶儻之言，莫不疑焉。嘗試論之曰：莊生有云：「人之所知，莫若其所不知。」吾於《山海經》見之矣。夫以宇宙之寥廓，羣生之紛紜，陰陽之煦蒸，萬殊之區分，精氣渾淆，自相濆薄，遊魂靈怪，觸象而構，流形於山川，麗狀於木石者，惡可勝言乎？然則總其所以乖，鼓之於一響；成其所以變，混之於一象。世之所謂異，未知其所以異；世之所謂不異，未知其所以不異。何者？物不自異，待我而後異；異果在我，非物異也。故胡人見布而疑黂，越人見罽而駭毳，夫翫所習見而奇所希聞，此人情之常蔽也。今略舉可以明之者：陽火出於冰水，陰鼠生於炎山，而俗之論者莫之或怪。及談《山海經》所載而咸怪之，是不怪所可怪而怪所不可怪也。不怪所可怪則幾於無怪矣；怪所不可怪則未始有可怪也。夫能然所不可，不可所不可然，則理無不然矣。案《汲郡竹書》及《穆天子傳》，穆王西征，見西王母，執璧帛之好，獻錦組之屬。穆王享王母於瑤池之上，賦詩往來，辭義可觀。遂襲昆侖之丘，遊軒轅之宫，眺鍾山之嶺，玩帝者之寶，勒石王母之山，紀跡玄圃之上。乃取其嘉木豔草、奇鳥怪獸、玉石珍瑰之器、金膏燭銀之寶，歸而殖養之於中國。穆王駕八駿之乘，右服盜驪，左驂騄耳，造父爲御，犇戎爲右，萬里長騖，以周歷四荒，名山大川，靡不登濟：東升大人之堂，西燕王母之廬，南轢黿鼉之梁，北躡積羽之衢，窮歡極娱，然後旋歸。按《史記》説穆王得盜驪、騄耳、驊騮之驥，使造父御之，以西巡狩，見西王母，樂而忘歸，亦與《竹書》同。《左傳》曰：「穆王欲肆其心，使天下皆有車轍馬跡焉。」《竹書》所載，則是其事也。而譙周之徒，足爲通識瑰儒，而雅不平此。驗之史考，以著其妄。司馬遷叙《大宛傳》亦云：「自張騫使大夏之後，窮河源，惡覩所謂昆侖者乎？至《禹本紀》、《山海經》所有怪物，余不敢言也。」不亦悲乎！若《竹書》不潛出於千載，以作徵於今日者，則《山海經》之言其幾乎廢矣。若乃東方生曉畢方之名，劉子政辨盜械之尸，王頎訪兩面之客，海民獲長臂之衣，精驗潛效，絶代縣符。於戲！羣惑者其可以少寤乎？是故聖皇原化以極變，象物以應怪，鑒無滯賾，曲盡幽情，神焉廋哉！神焉廋哉！

蓋此書跨世七代，歷載三千，雖暫顯於漢，而尋亦寢廢。其山川名號，所在多有舛謬，與今不同，師訓莫傳，遂將湮泯。道之所存，俗之所喪，悲夫！余有懼焉。故爲之創傳，疏其壅閡，闢其茀蕪，領其玄致，標其洞涉。庶幾令逸文不墜於世，奇言不絶於今。夏后之跡靡刊於將來，八荒之事有聞於後裔，不亦可乎。夫蘙薈之翔，叵以論垂天之凌；蹏涔之遊，無以知絳虯之騰。鈞天之庭，豈伶人之所躡？無航之津，豈蒼兕之所涉？非天下之至通，難與言《山海》之義矣。嗚呼！達觀博物之客，其鑒之哉。

點校後記

《山海經》一書，最早見于《史記·大宛列傳》。該書今本十八卷，三萬八百餘字，内容包括我國古代地理、歷史、神話、民族、宗教、動植物、醫藥、礦産等，是研究我國上古社會的寶貴資料。因爲它所記載的事物有些荒誕古怪，歷來被看作是一部難讀難解的書，連頗喜新奇的司馬遷都不無感歎地説：「至《禹本紀》、《山海經》所有怪物，余不敢言之也。」又由于它内容的繁富離奇，歸類也成了問題。《漢書·藝文志》把它歸入術數略的形法類，與相人、相牛馬、相地的書放在一起。《隋書·經籍志》以下，大都歸入地理類或歷史類，清代的《四庫全書提要》又放在小説類中。魯迅《中國小説史略》説它是巫書，新近出版的《山海經探源》（徐顯之著）説它是一部氏族社會志。從整體看，定爲氏族社會志較爲合理。

至于《山海經》的作者，有的説是夏之伯益，有的説是大禹和伯益，近來又有人認爲應是創于禹益，成書于夏代，至兩漢魏晉又有所增益。看來對先秦古籍作者的漫猜，雖能言之成理，終覺無稽難信。如視爲上古口頭傳説，至春秋戰國有人加以整理成書，似乎更爲符合實際。《山海經》雖無可以確指的作者，但它是一部先秦古籍則是勿庸置疑的。史載漢代劉歆曾加以編次，晉代郭璞第一個作了注釋。在此後多家注本中，以清代乾隆、嘉慶間先後問世的三部比較著名。其一爲吴任臣的《山海經廣注》，其二爲畢沅的《山海經新校正》，其三爲郝懿行的《山海經箋疏》。三書各有所長，比較而言，《箋疏》居上。《廣注》引證雖博，然流于泛濫，要領多不明確。《校正》精于考證山水，對于其他内容，多未涉及。而書中難讀難解之處，仍所在多有。《箋疏》後出，博採吴、畢二書之長，更作考核，共疏通歷來阻隔百餘處，訂正訛誤三百餘條，基本做到了博而不濫，精而不鑿，把《山海經》的可讀性大大提高了一步。應當説，這是郝氏對學術界的一大貢獻。

郝氏用五年之功著成《箋疏》，其師阮元覽而嘉之，于嘉慶十四年爲之作序並刻版印行。付梓前由當時知名的十數位樸學家如孫星衍、王引之、馬瑞辰等爲之審訂校勘，該書以其較高的質量受到學術界的重視與好評。當然《箋疏》仍有存疑和不足之處，有待後人進一步研討。

在點校中，我們以《郝氏遺書》阮元刻本爲底本，並參校《龍谿精舍叢書》本、《四部備要》本（臺灣版）。校注附于卷後。凡注文引用古籍，文字稍有出入而不失原意者，皆不作改動，爲了與上下文相區别，一般仍加用引號，不出校記。底本顯係誤刻之字，即予改正，亦不出校記。在編次方面，作者自序置前，依次爲正文十八卷，圖讚一卷，訂譌一卷，叙録一卷。限于水平，點校中難免錯誤，敬請讀者指教。

顏氏家訓斠記

管謹訒　點校

顏氏家訓斠記目録

顏氏家訓斠記

卷一

序致第一

禁童子之暴謔，

懿行案：謔謂謔浪也。或疑「謔」當爲「虐」，非是。

不備邊幅。

案：備，疑當爲「脩」。

年十八九，少知砥礪，習若自然，卒難洗盪。二十已後，大過稀焉。

案：《終制》篇云：「年十九，值梁家喪亂。」觀此，知古人顛沛之頃，不忘脩行也。

教子第二

中庸之人，

案：秦、漢以來，以中庸爲中材之稱號，故賈誼《過秦論》云：「材能不及中庸。」

子生咳㖷，

案：《説文》云：「㖷，號也。」字不作「㖷」。《廣韻》：「㖷，鳥鳴。」《集韻》：「音題，與㖷同。」即本顔氏此訓也。

蓋君子之不親教其子也，至故不親授尒。

案：《白虎通·辟雍》篇云：「父所以不自教子何？爲其渫瀆也。又授受之道，當極説陰陽夫婦變化之事，不可以父子相教也。」

鉤盾獻早李，

案：鉤盾，義見《漢書·昭帝紀》。

兄弟第三

如此，則行路皆踖其面而蹈其心，

案：踖，音籍，踐也。

後娶第四

思魯等從舅殷外臣，

案：杭大宗《諸史然疑》云：「顏之推二子，一思魯，一敏楚。《家訓》屢言之。敏作『愍』。」

治家第五

或爾汝之。

案：爾汝之稱，今日北方猶多。爾，古音「泥」上聲。

靖侯成規。

案：靖侯是顔氏先祖。第五卷《止足》篇云：「靖侯戒子姪曰：『婚姻勿貪勢家。』」

必待卷束整齊，至分散部帙，

案：古無鏤版書，其典籍皆書絹素作卷收藏之，故謂之書卷；其外作衣帙包裹之，謂之書帙。

卷二

風操第六

至若衛侯、魏公子、楚太子，皆名蟣虱。

案：「魏」當作「韓」。《史記·韓世家》云「太子嬰死，公子咎、公子蟣虱爭爲太子」是也。

北土多有名兒爲驢駒、豚子者，

案：桂未谷《繆篆分均》有「趙豬」、「王豬」、「筐豬」等名，又有「尹豬子」印，又有「張狗」、「左狗」等印。

無憀賴焉。〔一〕

案：憀音聊。《玉篇》云：「賴也。」《集韻》云：「無憀賴也。」

南人賓至不迎，至相見則揖，

案：捧手不揖，今南北之俗，遂爾盛行，唯賓至迎送於門爲異耳。

乃陳文墨，懺懺無自言者，

案：懺懺二字，又見《文章》篇末。檢《玉篇》云：「懺，乖戾也，頑也。」然此字文人用者絶少，厥義未詳。

侯遂密雲，赧然而出。

密雲未詳。梧舟懸揣：謂「泣如雨下」，「密雲不雨」，〔二〕或無淚乎？但顔若而已。田九德案：梧舟不知爲何人。書内案語凡兩條，用另紙籤識，均補蘭皋所未詳者。

其父名雲。

案：前云「或有諱雲者，呼紛紜爲『紛烟』」，謂是耶」？

江南喪哭時，有哀訴之言尒。〔三〕

案：今北方喪哭，唯婦人或有哀訴之言，男子則未聞。

偏傍之書，死有歸殺。〔四〕子孫逃竄，莫肎在家。

案：今田野愚民，尤信此説。殺讀去聲，俗字作「煞」。豫章熊康父以醉而爲奴所殺，終身不復嘗酒。然禮緣人情，恩由義斷，親以噎死，亦當不可絶食也。〔五〕

案：情至者，未便可非。顔君此論，理未爲通也。

劉字之下，即有「昭」音。

案：「劉」字不得有「昭」音，而「釗」字則音「昭」，疑「劉」當爲「釗」，形近而誤也，牟默人説。它日又謂余曰：「嚮説謬也。音『劉』字者，『卯』下即『釗』字昭音爾。」

無教之徒，雖已孤露，其日皆爲供頓，酣暢聲樂，不知有所感傷。

案：今俗慶生辰，遂多如此，顔君所譏彈也。

《聲類》音于耒反。

案：「于耒反」，本或作「于來反」，形近而譌。

呼爲丈人，

案：呼爲丈人猶可；今俗稱乾爹乾娘，於義何居？

慕賢第七

世人多蔽，貴耳賤目，重遥輕近。少長周旋，如有賢哲，每相狎侮，不加禮敬；他鄉異縣，微藉風聲，延頸企踵，甚於飢渴。

案：雞有五德，以近而見烹；黄鵠無此，以遠而見重。魯哀公所以失之於田饒也。

丁君十紙，不敵王君一字。〔六〕

案：王君名褒，梁人稱爲工書，爲時所重，見《雜藝》篇。

子雲嘆曰：「此人後生無比，遂不爲世所稱，亦是奇事。」於是聞者少復刮目。

案：賤家雞，愛野鶩，俗眼往往似此。

校記

〔一〕 慴，明程榮原刻屠隆重刻《漢魏叢書》本（下簡稱程本）《風操篇第六》作「僁」。

〔二〕 清張雲璈《四寸學》卷五云：「按：密雲言無淚，蓋取《小畜》（《周易·小畜·象》）『密雲不雨』之義，二字甚奇。」清陸繼輅《合肥學舍札記》卷三云：「密雲，蓋當時里俗語，戲謂不哭也。」

〔三〕程本《風操篇第六》「尒」作「耳」。

〔四〕同上「殺」作「煞」。

〔五〕同上「豫」作「預」，又「食」下無「也」字。

〔六〕君，程本《慕賢篇第七》作「褒」。一，作「數」。

卷三

勉學第八

吾亦不能鄭重，

案：鄭重，頻煩之意，見顔師古《漢書·王莽傳》注。

鹿獨戎馬之間，

案：「鹿獨」疑當爲「獨鹿」。《荀子·成相篇》云：「剄以獨鹿棄之江。」注云：「獨鹿與屬鏤同。」又案：鹿獨或當時方言，流離顛沛之意，不得援《荀子》「剄以獨鹿」爲解也。存以俟知者。梧舟案：或是「碌碡」二字。味全句神似也。

有佳快者，

案：快，《廣韻》云：「稱心也，可也。」《後漢書·蓋勳傳》：「卓問司徒王允曰：『欲得快司隸校尉，誰可作者？』」

不知同轅觀罪，分劍追財，

案：「同轅」、「分劍」句，竝未詳所出。王大隆案：「分劍追財」，見《太平御覽》六百三十九引《風俗通》。江陰趙曦明《注》據之。

夫於盛年，

案：「夫」當爲「失」字之譌。

曾子七十乃學，名聞天下。〔二〕

案：《困學紀聞》卷七云：「劉子《謹獨篇》曰：『顔回不以夜浴改容。』《顔氏家訓》曰：『曾子七十乃學，名聞天下。』皆未詳所出。《家語》：『曾參少孔子四十六歲。』非老而學者。」

何必「仲尼居」即須兩紙疏義，燕寢講堂，亦復何在？

案：桓譚《新論》云：「秦近君說《堯典》篇目兩字之說，十餘萬言，但說『曰若稽古』三萬言。」亦此類也。

嘗說《王粲集》中難鄭玄《尚書》事。

案：《困學紀聞》卷二引此文云：「《王粲集》中《難鄭玄〈尚書〉》事，今僅見於唐元行沖

《釋疑》。」自注云：「王粲曰：『世稱伊、雒以東，淮、漢以北，康成一人而已。咸言先儒多闕，鄭氏道備。粲竊嗟怪，因求所學，得《尚書注》，退思其意，意皆盡矣，所疑猶未喻焉。』凡有二篇。《館閣書目》：《粲集》八卷，詩賦論議垂六十篇。」

然而濟世成俗，終非急務。

案：漢文用黄、老爲治，而休息無爲；曹參師蓋公移風，而清靜寧一；古來濟世成俗，何必非薄老、莊，但須用得其人爾。至於魏、晉以清談誤國，非老、莊之罪也。

欲母早死而悲哭之。

案：《淮南子·説山訓》云：「社何愛速死，我必悲哭社。」王大隆案：原注「江、淮謂母爲社。」

乞丐客刺或書翰紙末，〔二〕手寫一本。

案：古之客刺書翰，邊幅極長，故有餘處，可容寫書，非如今時形制殺削之比也。

解「蹲鴟，芋也」，乃爲「羊」字。

案：篆文羊字作芉，與芋形尤近，所以易譌，亦如李林甫誤讀「有杕之杜」矣。

必須眼學，勿信耳受。

案：耳受不如眼學，眼學不如心得，心得則眼與耳皆收實用矣。朱子所謂「一心兩眼，痛下工夫」是也。

而有名峙者。〔三〕

案：峙，蓋「邢峙」耶？

若有知吾鍾之不調，〔四〕

案：晉平公鑄鍾，師曠議其不調。見《呂覽》。

《韓非子》曰：「蟲有螝者」云云。

案：見《韓非子·説林篇下》，今本「螝」作「蚘」，或作「蚖」，竝譌也。

案《爾雅》諸書，蠶蛹名「螝」，又非二首兩口貪害之物。後見《古今字詁》，〔五〕此亦古之「虺」字。

案：《大戴禮記·虞戴德篇》云：「昔商老彭及仲傀。」「傀」即「螝」字傳寫之譌也，可證顏氏之説。

洦流東指，衆皆不識。吾案《説文》，此字古「魄」字也，洦，淺水貌。

案：今本《説文》「魄」下無「洦」字，蓋闕脱也，當據補。

世中書翰，多稱「勿勿」，相承如此，不知所由。或有妄言：此「忽忽」之殘缺爾。

案：今俗書「匆匆」爲「匆匆」，尤爲謬妄。

試檢《説文》：「鴒雀佀鷃而青。」

案：《説文》今本作「鳻」，从鳥介聲，則當音介，而此言作鴒音分，蓋非顔君之過，板本傳刻，以形近而譌耳。《漢書·黄霸傳》注，譌與此同。

校記

〔一〕七十，宋曾慥編《類説》作「十七」。

〔二〕或，程本《勉學第八》無。

〔三〕峙，程本作「峙」。

〔四〕鍾之，程本《勉學篇第八》作「之鍾」。

〔五〕詀，程本作「詀」。

卷四

文章第九

江南號爲詅癡符。

案：《博雅》云：「訡，賣也。」

或問揚雄曰〔二〕：「吾子少而好賦？」雄曰：「然。童子雕蟲篆刻，壯士不爲也〔三〕。」余竊非之曰云云。

案：楊德祖《答陳思王書》已嘗非之，顏氏即本其意爲説爾。

昔者，邑號朝歌，顏淵不舍。

案：諸書多稱「邑號朝歌，墨子不入」。

送兄賦桓山之悲。

案：桓山之悲，事見《家語》。

凡代人爲文，皆作彼語，理宜然矣。至於哀傷凶禍之辭，不可輒代。

案：此論亦未盡然，如《詩》之《小弁》，宜臼之傅所作，即是哀傷凶禍之辭，可得代爲也。

陳思王《武帝誄》，遂深永蟄之思；潘岳《悼亡賦》，乃愴手澤之遺。

案：《文心雕龍·指瑕篇》云：「永蟄頗疑於昆蟲。」又云：潘岳「悲內兄，則云『感口澤』」，及此云「《悼亡賦》愴手澤」，今檢《潘集》，都未見此二語，何也？

陸平原多爲死人自嘆之言，詩格既無此例，又乖製作大意。〔三〕

案：陶淵明自作《挽歌》，乃愈見其曠達，然故是變格爾。

鄭玄注《月令》亦云：「雊，雄雉鳴。」

案：鄭注《月令》，今本無「雄」字，而云：「雊，雉鳴也。」《説文》亦云：「雊，雄雉鳴。」疑顔氏所見古本有「雄」字，而今本脱之歟？

名實第十

則仲由之證鼎，〔四〕趙熹之降城。〔五〕

案：證鼎，所謂證魯之贋鼎也，《韓非子》以爲展禽事。趙熹降城，〔六〕見《後漢書》。

近有大貴，以孝著聲，〔七〕前後居喪，哀毁踰制，亦足以高於人矣。而嘗於苫塊之中，〔八〕以巴豆塗臉，遂使成瘡，表哭泣之過。左右童豎，不能掩之，益使外人謂其居處飲食，皆爲不信。以一僞喪百誠者，乃貪名不已故也。

案：朱子有言：「割股廬墓，亦是爲人。」正謂此也。《韓非子·内儲説》云：「宋崇門之巷人，服喪而毁甚瘠，上以爲慈愛於親，舉以爲官師。明年，人之所以毁死者歲十餘人。」余每讀而嘆曰：「甚哉，世人之愛名，一至此乎！且親死之謂何？又因以爲名，於汝心安乎？吁！亦異矣！」

玉珽杼上終葵首，〔九〕至勢如葵葉尒。

案：《攷工記》鄭注云：「齊人謂椎曰終葵。」馬融《廣成頌》云：「翚終葵。」是古以終葵爲椎之證也。然《爾雅·釋草》復有「終葵蘩露」之語，是終葵又爲草名，其草，圓葉，有似椎頭。然則顔氏所譏「勢如葵葉」之解，若證以《爾雅》，抑亦未爲全非也。

涉務第十一

至乃尚書郎乘馬，則糺劾之。及侯景之亂，膚脆骨柔，不堪行步，體羸氣弱，不耐寒暑，

案：《吕覽》所謂「痿蹶之機」者也，故自王公至士庶，未有不當習爲勤勞者。舍車乘馬，顔君所述，是其一端爾；精進之士，正宜推類求之。

至今八九世，未有力田，悉資俸禄而食尒。假令有者，皆信僮僕爲之，未嘗目觀。

案：晉簡文帝不識稻，亦正坐此。

校記

〔一〕揚，程本作「楊」。《漢書》卷八十七作「揚」。

〔二〕士，程本作「夫」。
〔三〕大意，程本作「本意」。
〔四〕證鼎，程本作「言信」。
〔五〕趙熹，程本作「趙喜」。
〔六〕趙熹，《後漢書》作「趙憙」。
〔七〕以孝，程本《名實篇第十》作「孝悌」。
〔八〕於，程本作「以」。
〔九〕玉，程本《名實篇第十》作「王」。

卷　五

省事第十二

案：省，讀所景切。省事，言不費事也。

善飛者減其指，

案：「指」當爲「趾」字之譌。

鼯鼠五能，不成伎術。

案：《困學紀聞》卷五云：「《隋唐志》有蔡邕《勸學篇》一卷，《易正義》引之，云：『鼫鼠五能，不成一伎術。』」

近世有兩人，朗悟士也。

案：杭大宗《諸史然疑》云：「此兩人，指徐之才、祖珽。」

事途迴穴，

案：《韓詩》云：「謀猷迴穴。」《文選·班固〈幽通賦〉》用之。曹大家注云：「迴，邪也；穴，僻也。禍福相反。」

飜懼僁尤，

案：僁，疑當爲「僁」。《廣韻》云：「俗愆字。」漢武帝《立齊王策文》云：「厥有僁不臧。」注云：「僁與愆同。」

然後噬臍，亦復何及。

案：噬臍二字，本莊六年《左傳》文。杜征南注云：「若齧腹齊，喻不可及。」顏君此語，與《左氏》少異。

誡兵第十四

顔氏之先，本乎鄒、魯云云。

案：此篇首，乃顔氏族譜敘也。

雖無身手，

案：「身手」，未詳所出。杜少陵詩云：「朔方健兒好身手。」蓋本於此，「好身手」猶言好拳勇歟？

養生第十五

學若牛毛，〔一〕成如麟角。

案：《困學紀聞》卷十三云：「『學如牛毛，成如麟角』，出蔣子《萬機論》。」

歸心第十六

明非堯、舜、周、孔所及也。

案：《歸心》一篇，意在佞佛，便爾掊擊周、孔，非儒者之言也。又案：《勉學篇》，顏君既稱老、莊之書爲任縱之徒，且甚譏何晏、王弼附農、黄之化，棄周、孔之業，而又歷詆魏、晉諸公，下逮梁武父子，持論可謂正矣。至於内典梵經，大體所歸，不出老、莊之緒論，特於福善禍淫，鑿鑿言之，將以導衆生而警羣迷，爲下等人説法爾。頗怪顏君於老、莊則指斥之，於釋家即尊奉之。老、莊空説清靜虛無，則鄙而不信，釋氏一切言福田利益，則信而不疑，是忘「青出於藍」，而忽「冰生於水」矣。觀《終制》一篇，大意不出乎此，可謂明目而不自見其睫者也。

石既牢密，烏兔焉容。石在氣中，豈能獨運云云。

案：此段意旨，本於《楚辭·天問》，而文特汗漫。

百由旬座，

案：《法苑珠林》：「須達爾時爲僫佉國大臣，名須達多，此園地還廣一由旬，純以七寶布地，奉施如來，起爲住處。」支僧載《外國事》曰：「由旬者，晋言四十里。」又《一切經音義·三》引「由旬」作「俞旬」，而云：「五百弓爲一拘盧舍，八拘盧舍爲一踰繕那，即此方三十里也。」

穰佉之國，

案：「穰」，疑當爲「儴」，釋書云。《佛説彌勒成佛經》：「其先轉輪聖王名儴佉，有四種兵，不以威武，治四天下。」

高柴、折像，未知内教，皆能不殺，

案：折像不殺昆蟲，不折萌芽，〔三〕見《後漢書·方術傳》。高柴事見《家語》。

校記

〔一〕若，程本《養生篇第十五》作「如」。

〔二〕折，程本誤作「拆」。

卷　六

書證第十七

江南俗亦呼爲猪蓴，或呼爲荇菜。

案：陸璣《詩疏》：「蕁乃是茆，非荇也，茆、荇二物相似而異，江南俗呼荇爲猪蕁，誤矣。」江南別有苦菜，葉似酸漿，其花或紫或白，子大如珠，熟時或赤或黑。此菜可以釋勞。案郭璞注《爾雅》，此乃蘵黄蒢也。〔一〕

案：顏君所説此物，即是《爾雅》注所謂苦葴，今京師所稱紅姑娘者也，與蘵黄蒢稍異焉。

《詩》云：「有杕之杜。」江南本竝木傍施大，《傳》曰：「杕，獨貌也。」

案：《毛傳》本作「杕，特貌。」特雖訓獨，顏君竟改作獨，非。

《説文》曰：「杕，樹貌也。」在《木部》。《集韻》音次第之第，而河北本皆爲夷狄之狄，讀亦如字，此大誤也。

案：《釋文》云：「杕杜，本或作夷狄字，非也。下篇同。」據此，則《唐風》《杕杜》、《有杕之杜》兩篇「杕」字皆有作狄字者，顏君、陸氏竝以爲誤，是也。

《易》云「良馬逐逐」。

案：今《易》文云：「良馬逐。」此衍一字者，蓋從鄭《易》。陸氏《釋文》引之云：「良馬逐逐，兩馬走也。」

《月令》云：「荔挺出。」鄭玄注云：「荔挺，馬薤也。」《説文》云：「荔，似蒲而小，根可爲刷。」《廣雅》云：「馬薤，荔也。」《通俗文》亦云「馬藺」。《易統通卦驗·玄圖》云：「荔挺不出，則國多火災。」蔡邕《月令章句》云：「荔似挺。」高誘注《吕氏春秋》云：「荔，草挺出也。」然則《月令·注》荔挺爲草名，誤矣。

案：謂之馬䪼者，此艸葉似䪼而長厚，有似於蒲，故江東名爲旱蒲，三月開紫碧華，五月結實作角子，根可爲刷。今時織布帛者，以火熨其根，去皮，束作餬刷，名曰炊帚是矣。俗人呼爲馬藺，非也。蓋馬藺之譌爾。《周書·時訓篇》云：「荔挺不生，卿士專權。」合之《通卦驗》，則知康成之讀，未可謂非也。

今北方猶呼痎瘧，音皆。而世閒傳本多以痎爲痎。〔二〕杜征南亦無解釋，徐仙民音介，俗儒就爲通云：「病痎，令人惡寒，變而成痁。」〔三〕此臆説也。痎癬小疾，何足可論，寧有患痎轉作瘧乎？

顔氏欲改「痎」爲「痎」，説本梁元帝，陸德明《釋文》已辨其非。近日臧玉林《經義雜記》卷十六駮之，是矣。

《尚書》曰：「惟景響。」至至晉世葛洪《字苑》，傍始加彡，音「於景反」云云。

案：惠定宇《尚書古義》云：「高誘《淮南子·注》曰：『景，古影字。』誘，漢末人。當時有景旁彡者，非始於葛洪《字苑》。

而古叢字似寂字，近世儒生因改爲寂。

案：古叢字作「菆」，或作「蕞」，竝似「寂」字，故俗儒因斯致誤。《太玄經》云：「鳥托巢于菆，人寄命于公。」《漢書·東方朔傳》云：「蕞珍怪。」此皆古叢字也。

《禮·王制》云：「贏股肱」。鄭注云：「謂揎衣出其臂脛。」今書皆作擐甲之擐。

案：《禮·注》雖作「擐」字，陸氏《釋文》云：「擐，舊音患，今讀宜音宣，依字作揎，《字林》云：『揎臂也，先全反。』是。」據陸氏之意，以擐揎通也。然攷《儀禮·士虞禮》「鉤袒」注云：「如今揎衣。」則知「擐」當爲「揎」矣。

《漢書·王莽贊》云，至亦爲誤矣。

案：此節已詳《勉學》篇中。

簡策字，竹下施束，〔四〕末代隸書，似「杞、宋」之「宋」。亦有竹下遂爲「夾」者；猶如刺史之傍應爲束，〔五〕今亦作夾。徐仙民《春秋禮音》遂以「筴」爲正字，以「策」爲音，殊爲顛倒。

案：簡策字當爲冊，古文从竹爲笧，經傳以夾爲筴，徐仙民以策爲音，得之矣。策，馬箠也，俗借爲卌字。顏君顧譏徐邈，何邪？《左氏·定四年傳》曰：「備物典筴。」《釋文》云：本或作冊，或作箣。

案：延篤，見《後漢書》，其《戰國策音義》，本傳所無，存以俟攷。〔六〕

案：延篤《戰國策音義》曰，

開皇二年五月，至余被敕寫讀之。

案：開皇是隋文帝紀年，顏公又爲隋官矣。田九德案：《四庫全書提要》已有此説。

《後漢書》云：「鸛雀銜三鱓魚。」多假借爲鱣鮪之鱣，至假鱣爲鱓，其來久矣。

案：《後漢書·注》有辯，〔七〕即本此條而爲説。又案《玉篇》有「䱉」字，解云：「魚似蛇，同鱓。」《大戴禮·勸學》篇云：「非蛇䱉之穴，而無所寄托。」《山海經》：「灌河之水，其中多䱉。」注云：「亦鱓魚字。」然則《後漢書》「三鱣」之「鱣」，蓋本作「䱉」，俗人不識，妄增其上爲「鱣」爾。至於《韓非》、《説苑》，皆曰「鱣蛇」，《荀子》書中亦有「鰌鱣」，竝同斯誤，字形乖謬，非「鱓」「鱣」可以假借也。

「果」當作「魏顆」之「顆」，北土通呼物一凷，〔八〕改爲一顆，

案：果字古有顆音，不須改字。《莊子·逍遥遊篇》云：「三湌而反，腹猶果然。」《釋文》

云：「果，徐如字；又苦火反。」是果有顆音也。「呼物一凷爲一顆」者，《漢書·賈山傳·注》：「晉灼曰：『東北人名土塊爲蓬顆。』師古曰：『顆謂土塊，蓬顆言塊上生蓬者耳。』」是呼塊爲「顆」，北人通語也。顆與塊一聲之轉。

意爲尠郎即是「皺倦」之「皺」尒。

案：皺音垝。《集韻》作「皵」，疲極也。

張揖、呂忱竝云：「支傍作刀劍之刀，亦是『剞』字。」不知蔣氏自造支傍作筋力之力，或借『剞』字，終當音九僞反。

案：《玉篇》云：「刉同剞，居蟻切，刃曲也。」〔九〕是「刉」字支傍作刀，與「剞」字音義俱同之證。

《晉中興書》：太山羊曼，至從黑更無義旨。

案：《玉篇·黑部》：「黯，丑合切。」《晉書》有「黯伯」，《廣韻·廿七合》亦作「黯」，竝據《晉書》，亦从黑而不从重也。今《晉書·羊曼傳》从重作「䵷」，蓋本顔說用何法盛書改也。然云「曼字祖延，任達頹縱，好飲酒」，州里稱「曼爲䵷伯」，與顔君所述又小異。

調弦未遽央。

案：未遽央，古語也，或稱「未渠央」，説見顔師古《匡謬正俗》。

今世俗猶呼其祖考爲先亡丈人，又疑「丈」當爲「大」。〔一〇〕

案：先亡丈人，非宜稱於祖考，顔君疑「丈」當爲「大」，是也。

《通俗文》，世閒題云「河南服虔字子慎造」。虔既是漢人，其《敍》乃引蘇林、張揖，蘇、張皆是魏人。且鄭玄以前，全不解反語，《通俗》反音，甚會近俗。〔一一〕

案：《漢書》注有服虔及應劭，竝有反音，不一而足，疑未能明也。

張敞者，吳人。

余問：「張敞寧是畫眉京兆者邪？」牟默人答曰：「非也。其書多言晉事，蓋是晉人耳。」

懿行案：京兆張敞，河東平陽人，徙杜陵，非吳人也。

案：《説文》云：「莙，牛藻也，讀若威。」《音隱》：「塢瑰反。」

案：《爾雅釋文》云：「莙，其隕反，孫居筠反。」則當讀爲君若菌矣。而《説文》讀若威，顔氏音以塢瑰反，是已。

巏字遂無所出，〔一二〕務字依諸字書即「旄丘」之「旄」也；旄字，《字林》一音「亡付反」，今依附俗名，當音權務尒。

案：《爾雅·釋丘》：「前高，旄丘。」《釋文》引《字林》作「嵍」，又作「堥」，俱「亡付反」。然則此「巏務」之「務」，依《字林》當作「嵍」或作「嵍」，今本疑傳寫之誤爾。

於祀主祀。王大隆案：明程榮《漢魏叢書》本、清鮑廷博宋本皆作「於祀主秋」。

案：「於祀主祀」，文義難曉。檢《太平御覽》廿五卷引此句作「子紀主秋」，乃知「於祀」，彼譌爲「子紀主秋」，此譌爲「主祀」也。兩處互校，文義曉然矣。田九德案：「蘭皋先生箋疏《山海經》引此已作『於祀主秋』。《箋疏》成於嘉慶九年，此校或在嘉慶初年歟？」

許慎檢以六文，貫以部分，使不得誤，誤則覺之。

案：此許氏《說文》所以攷信往古，有驗來今，永爲不栞之書也。然傳寫至今，亦或有部分雜厠，點畫淆譌，而令人不覺其誤者矣。好古深思之士，所以孜孜矻矻，必於此究心焉爾。

鄭玄注書，往往引其爲證。

案：鄭氏《雜記》注，明引許氏《說文解字》一條，其它隨類援證，難以悉數。又陸璣《詩疏》「山有栲」下，亦引《說文》爲證。

乐有同異。

案：乐，俗「互」字。

《三蒼》「尼」旁益「丘」，

案：《説文》亦有㞹字，〔一三〕不獨《三蒼》。

「席」中加「帶」，

案：陸德明《經典釋文·敍》云：「席下爲帶。」

「皋」分「澤」片。

案：「皋」、「睪」古通用。《大戴禮》及《荀子》書，並有此字。

「單」字自有善音，輒析成異。

案：《篇海》：「单，時戰切，音善，姓也。」《廣韻》：「單，單襄公之後。」然則「单」「單」二文，作字雖異，音訓則同，「輒析成異」，非通論也。又姓亦有讀單複之「單」者，《廣韻》云：「可單氏後改爲單氏。」是也。

《國志》以天上有口爲「吳」。

案：「國志」上疑落「三」字。田九德案：裴松之《上三國志表》已簡稱「國志」，非有脱誤也。

以叱爲匕。

案：「以叱爲匕」，疑用東方曼倩對漢武帝語也。

潘、陸諸子，《離合詩》、《賦》，《拭卜》、《破字經》，及鮑照《謎字》。

案：《式經》及《破字要訣》，〔一四〕竝見《隋書·經籍志》；《離合詩》及鮑照《謎字》，竝見《蓺文類聚》。

古者㬥曬字與㬥疾字相似，

案：㬥曬字从米，㬥疾字从夲，〔一五〕故云相似。

校記

〔一〕藏，程本《書證篇第十七》作「䕻」。

〔二〕而，程本《書證篇第十七》作「在」。

〔三〕痁，程本作「瘧」。

〔四〕朿，程本下原注：「七賜反。」山西省圖書館原刻本《顏氏家訓斠記》及程本《顏氏家訓》均誤排作「束」，今據程本原注反切及文意校正。

〔五〕史，程本作「字」。

〔六〕「無，存」，原刻本二字誤倒，今據文意改正。

〔七〕辯，程本作「辨」。

〔八〕北土，程本《書證篇第十七》作「北士」。

〔九〕「刃」，山西本誤作「刅」，依《宋本玉篇卷中第十七·刀部》，北京中國書店一九八三年據澤存堂版影印本校改。

〔一〇〕爲，程本作「作」。

〔一一〕會，程本作「爲」。

〔一二〕字，程本《書證篇第十七》作「子」。

〔一三〕「䟤」字，據文意改。「昵」字當係原本誤排。

〔一四〕「拭」疑應作「栻」。式當即「栻」字。《史記》第十册卷一百二十七《日者列傳》，中華書局校點本：「今夫卜者，必法天地象四時，順於仁義，分策定卦，旋式正棊，然後言天地之利害，事之成敗。」裴駰《集解》引徐廣曰：「式音栻。」司馬貞《索隱》按：「式即栻也。栻之形上圓象天，下方法地，用之則轉天綱加地之辰，故云旋式。棊者，筮之狀。正棊，蓋謂卜以作卦也。」

〔一五〕㬥、㬥，程本《書證篇第十七》均作「暴」。

卷 七

音辭第十八

劉熹製《釋名》。

案：劉成國名熙，或言「熹」者，蓋古字通用。

孫叔然創《爾雅音義》，是漢末人獨知反語。王大隆案：程本、鮑本，皆作「孫叔言」。

案：反語非起於孫叔然，鄭康成、服子慎、應仲遠年輩皆大於叔然，竝解作反語，具見《儀禮》、《漢書》注，可考而知。余嘗以爲反語，古來有之，蓋自叔然始暢其說，而後世因謂叔然作之爾。

北方山川深厚，至其辭多古語。

案：北方多古語，至今猶然。市井閭閻，相傳道說，案之雅記，與古不殊，學士老死而不喻，里人童幼而習知，奚獨樵夫笑士不談王道者也？余著《證俗文》，頗詳其事。田九德案：《證俗文》十九卷，已刻入《郝氏遺書》。

《戰國策》音刎爲免。

案：《說文》無「刎」字。《禮·檀弓·釋文》云：「刎，勿粉反。徐亡粉切」〔二〕其「免」字，《廣韻》亡辨切，而《檀弓》及《内則》《釋文》，竝有「問」音。《春秋傳》：「陳侯免，擁社。」徐邈讀免「無販切」，音萬。然則古音通轉，音刎爲免，亦未大失也。

《通俗文》曰：「入室求日搜。」〔二〕反爲「兄侯」。然則兄當音「所榮反」。今北俗通行此音，亦古語之不可用者。

案：兄音「所榮反」，它無所見，唯《釋名》云：「兄，公，俗間又曰『兄忪』。」與此相近，其「忪」即「所榮」聲之轉，或音隨俗變也。

夫物體自有精麤，精麤謂之好惡；〔三〕人心有所去取，去取謂之好惡。此音見於葛洪、徐邈。而河北學士讀《尚書》云好〔四〕生惡殺。〔五〕是爲一論物體，一就人情，殊不通矣。

案：好惡，古音多不分別。臧玉林《經義雜記》卷十五云：「案《孝經·天子》章：『愛親者不敢惡於人。』《卿大夫》章：『行滿天下無怨惡。』《釋文》竝云：『惡，烏路反，舊如字。』又《三才》章：『示之以好惡而民知禁。』《釋文》：『好如字，又呼報反。惡如字，又烏路反。』則『好』『惡』二字，雖各具兩義，古人實通之矣。『讀《尚書》云好生惡殺』句原注『好，呼號反』，當依《唐韻》作『呼皓切』，此蓋誤。

甫者，男子之美稱，古書多假借爲「父」字。北人遂無一人呼爲「甫」者，亦所未喻。唯管仲、范增之號，須依字讀亦。

臧玉林又云：「《説文》父作𠂊，从又舉杖；甫作𤰈，从用父，父亦聲。是父甫本同聲，故經傳多假父爲甫。《士冠禮》曰：『伯某甫』注：『甫是丈夫之美稱。孔子爲尼甫，周大夫有嘉甫，案即《詩》「家父」。宋大夫有孔甫，是其類。字或作父。』又『章甫』注：『甫或爲父。』《詩·大明》『維師尚父』《傳》：「尚父，可尚可父。」《箋》云：『尚父，吕望也，尊稱焉。』《正義》云：『父亦男子之美號。』《釋名·釋親》：『父，甫也，始生己也。』則『父』『甫』非特字通，義亦本通，是皆不必過爲區别矣。」懿行案：據《詩·正義》，以尚父之父亦男子之美稱，此説是也。推是而言，管仲號仲父，范增號亞父，魯哀公誄孔子曰尼父。父與甫音義竝同，不得彊爲區别。顔君以爲管仲、范增之號，須依字讀，亦恐未安爾。

邪者，未定之詞。至而北人即呼爲「也」字，亦爲誤矣。

案：呼邪爲「也」，今北人俗讀猶爾。

雜藝第十九

王逸少風流才士，蕭散名人。舉世惟知其書，翻以能自蔽也。

案：晦菴朱子論王右軍，意亦如此。

王褒地胄清華，至嘗悔恨曰：「假使吾不知書，可不至今日邪？」

案：王褒倘生今世，或當以工書致通顯，寧復有此悔恨焉。

以此觀之，慎勿以書自命。雖然，厮猥之人，以能書拔擢者多矣。故道不同不相爲謀也。

案：爲之猶賢乎己，且當作博奕觀。顔君此論，頗似未公否？

更生爲蘇，

案：更生爲蘇，流俗至今，傳以爲然。

尤妙丹青，常被元帝所使，每懷羞恨。

案：唐初宰相閻立本馳譽丹青，亦嘗懷此羞恨也。

算術亦是六藝要事，自古儒士論天道，定律歷者，皆學通之。然可以兼明，不可以專業。

案：長安許商善爲算，著《五行論歷》，見《前漢書·儒林傳》。又馬融集諸生考論圖緯，聞康成善算，迺召見於樓上，見《後漢書·鄭玄傳》。王文考與父叔師到泰山從鮑子貞學算，到魯賦靈光殿，見《博物志》。

小博則二焭，

案：「焭」義未詳。《廣韻》云：「博揣子一名投子。」然則「二焭」當即「二投」歟？骰，古謂之頭，頭謂之瓊。《後漢書·梁冀傳》注引鮑宏《博經》云：「所擲頭謂之瓊，瓊有五采。」然則「頭」之與「投」、「瓊」之與「煢」，或皆古字假借通用歟？疑不能明也。唐李肇《國史補》云：「今之博戲，擲采之骰有二。」

終制第二十

其内典功德，隨力所至，勿刳竭生資，使凍餒也。四時祭祀，周孔所教，欲人勿死其親，不忘孝道也。求諸内典，則無益焉。殺生爲之，翻增罪累，若報罔極之德，霜露之悲，有時齋供，及七月半盂蘭盆，望於汝也。〔六〕

案：顔氏以薄葬飾終，近於達矣；乃不遵周、孔所教，而篤信内典功德不忘，至於盂蘭齋供，諄諄屬望後人，抑可謂通人之蔽者也。

校記

〔一〕切，《經典釋文》卷十一《禮記音義之一》作「反」。

〔三〕「入室求日搜」五字，清盧文弨《顔氏家訓》校正本依宋本校改爲「入室求曰搜」。

〔三〕好惡，程本《音辭篇第十八》原注：「上呼號、下烏故反。」

〔四〕同上「好」下原注：「呼號反。」

〔五〕同上「惡殺」下原注：「於各反。」

〔六〕「及七月半盂蘭盆，望於汝也」，程本《終制篇第二十》作「及盡忠信，不辱其親，所望於汝也。」

顔氏家訓斠記序 郭象升

山左經業之盛，三百年來，蓋與江、浙爭雄。蘭皋先生，尤爲卓絶。迹其浮沈郎署，白首不遷，無日不以著書爲事，蓋古之所謂沈冥者。歿後數十年，遺書始次第刊布。然通人讀書，展卷即見癥結，隨手訂正，皆關學問。計先生平日校勘之書多矣，若仿何義門、姚南青之例，掇次爲書，于後學未云無補也。

玉如從太原市上得先生所校顔黄門《家訓》，首尾不具名姓，且無印記，而考索校語，確爲先生真蹟無疑，余閱之亦以爲然也。《家訓》善本，清代凡有數刻，其有「廉臺田家」琴式長印者，原出宋槧，尤號爲善。先生此校，但據程榮本，發疑正讀，皆自以他書證之，不復引及諸刻也。

先生與高郵王伯申尚書爲同年，曾從伯申尊人懷祖給事問故。其作《爾雅義疏》，自謂本之高郵。高郵校書，雖不廢宋、元舊刻，而大旨主以羣籍展轉發明，與盧抱經、顧千里等家法不同，先生固有所受之也。吾嘗謂，使不學人得善本書，益以助其不學。何則？彼固恃所藏者不誤，不須再勞心手也。使學人得劣本書，則「誤書思之，更是一適」，訂正一過，朽腐亦化神奇矣。然非有先生之學，此事亦殊未易言。以義門之識，尚見笑于俞理初，況孫月峯、鍾伯敬一輩妄人耶？批點家與校讎家異趣，而校讎僅列同異者，亦微傷迂拘寂寥。惟高郵一宗，得其中流，先生真其冢嗣哉！

玉如以先生文孫聯薇所刊《遺書》，不及《家訓·校語》，爰排比諸條，以爲一書，刊而布之，甚盛舉也。近世樸學墜地，北方尤爲衰微。人人自詡心得，而鄙視此等書爲瑣碎。山左聖人之鄉，異説滋出，求如孔、郝、桂、王諸老實事求是，渺乎難再矣！此正黄門之所嘆息于九京者也。《家訓》舊有盧抱經、趙敬夫校本，有能合此諸校，重刊黄門之書，其于冥行擿埴之徒，當有挽回之力，即以玉如此刊爲嚆矢可也。

辛酉四月，晉城郭象升序。

顔氏家訓斠記跋　張長

右郝蘭皋先生《顔氏家訓斠記》一卷，陽城田君玉如得其手跡於太原書肆，原用《漢魏叢書》本校記於眉端，前後均無款識，惟記内自稱某某名者三，又與牟默人商榷數事，均可信其爲郝先生也。《書證》篇引《詩》「參差荇菜」、「誰謂荼苦」二條，荇非蓴也，茆乃是蓴，蓴葉如馬蹠，荇葉如蓮錢，有大小之異；又證以《大觀本草》，苦藏比苦葴差小。長嘗參孜先生所著《爾雅義疏》，其説與此書所記符合，益信《斠記》出於郝先生無疑矣。

顏黄門之學，得力一誠字，嘗曰「巧僞不如拙誠」，故其歸心釋氏，標明宗旨，不作一毫欺人之語，而能潛研古義，破疑遺惑，鏡賢燭愚，精博乃遠邁後之陽儒陰釋者。其製作弘奥，浩浩乎若無津涯。以深寧之淹贍，且以訓中「曾子七十乃學之語」不能詳所出。先生於「劉」字之有「昭」音，亦反復商訂，而後瞭然。究其中疑義數十事，得先生一一勘斠，真如撥雲霧而睹青天。是書沈薶蓋數十年，兹玉如得兹瑰寶，殷懃收拾，謀授梓以餉來學，誠盛業也。

玉如壯年氣盛，其網羅放失，日進靡已，長愛之重之，異日如復得前賢名著如此書之比者，幸仍不煩余告，長日翹首望之。

辛酉浴佛日，武昌張長識。

顏氏家訓斠記跋 田九德

《顏氏家訓斠記》，棲霞郝蘭皋先生撰。先生精研故訓，湛深經術，生平行略，具載國史。所著各書，亦已次第刊布，風行海内矣。此册原校著於明程榮《漢魏叢書》本，爲先生手稿，兹即從《程本》逐録，故卷第亦皆仍之。其中糾摘疏失，是正文字，類證據鑿鑿，確乎其不可易，即黄門有知，亦當囅然笑曰：「吾言固如是，特爲後人所亂耳。」尚有疑涉錯簡，未敢逕改，則寧從蓋闕之義，鉤乙以識其旁，益可見先生之精審詳慎，不肯輕改古書。彼鹵莽從事者，直自欺之人焉爾。

辛酉莫春得此書太原書肆，狂喜者累日，排此成册，得百二十餘條，將以付之手民。時晉城郭允叔夫子象升適由京返晉，武昌張損菴先生長亦潛蹤此邦。同志諸君，若龍門喬笙侶鶴仙，潘陽曾望生遜，同里閻伯儒裕珍，皆夙精比勘之學者。平陸張貫三夫子籟藏書甚夥，又屢以異本相假，始知所鉤乙者，他本固未嘗誤，因盡削去。此層疑以傳疑，固不足爲先生累也。良師益友，惠我實多，相與商搉數四，始行付印。將見黄門遺著，召弓、敬夫而外，又得一斠補攷證之善本，諒亦海内人士所争先樂睹者。

辛酉五月，陽城後學田九德跋於山西省立圖書館。

顔氏家訓斠記跋 王大隆

右《顔氏家訓斠記》一卷，清郝懿行撰。懿行字恂九，號蘭皋，山東棲霞人。嘉慶己未進士，官户部主事，著有《郝氏遺書》。此爲其讀書時評注眉端而未經付刻者。陽城田九德得手稿，條録排印，而流傳未廣，校讎亦多舛譌，今略爲校正，俾可循誦。據郭象升序謂「此校但據明程榮本」，「不復引及諸刻」，田自跋亦謂「即從《程本》迻録」。今以《程本》勘之，殊不相應，而多合於鮑氏《知不足齋重刊宋七卷本》。《書證》篇「於祀主祀」、《音辭》篇「孫叔然」二處，與程、鮑兩本，又皆不合，不知更據何本，未覩原書，殊難臆定。

黄門之學，前人謂爲深通音韻訓詁，其《書證》、《音辭》二篇，於文字之誤，辨證尤多。今此書糾其千慮之失，如《書證》篇云：《後漢書》『鸛雀銜三鱓魚』，多假借爲鱣鮪之『鱣』。今據《大戴禮》、《山海經注》、《玉篇》諸書，謂鱣本作「鮔」，俗人妄增爲「鱣」，非「『鱓』『鱣』可以假借」。又云：「『果』當作魏顆之『顆』，北土通呼物一凷，改爲一顆。」今據《莊子·逍遥遊》「腹猶果然」《釋文》「果，徐如字，又苦火反」，是「果」有「顆」音，不須改字。《音辭篇》

譏「《戰國策》音刎爲免」爲非。今據「《禮記·檀弓》《釋文》，刎，勿粉反；徐，亡粉反。其『免』字，《唐韻》亡辨反，而《檀弓》及《内則》《釋文》，並有『問』音，則古音通轉，未爲大失」。又謂：「甫者，男子〔之〕美稱，古書多假借爲『父』字」，「惟管仲、范增之號，〔當〕〔須〕依字讀。」今「據《詩·正義》以尚父之『父』亦男子之美稱」推之，則仲父、亞父及「魯哀公誄孔子曰尼父，『父』與『甫』音義並同，不得彊爲區别」。皆證佐分明，確然無疑。蓋郝氏熟精小學，所撰《爾雅義疏》爲經苑不刊之作。故偶然涉筆，絶無模糊影響之談。

余先得《穆天子傳補注》，重刊入《學禮齋叢書》。聞其他未刊遺稿，今在清華大學，他日得一一餉世，跂余望之矣。

歲戊寅孟冬，吴縣王大隆跋。

點校後記

《顔氏家訓斠記》（以下簡稱《斠記》）一卷，雖僅一卷，書内卷第則仍依明刻《顔氏家訓》。此書未收入《郝氏遺書》家刻本内，乃郝氏當年檢閲明程榮《漢魏叢書》本《顔氏家訓》時，於上方空白紙頭隨手所加的一百二十餘條箋注。原書久佚，近人陽城田九德玉如於一九二一年暮春得此書於太原書肆，排比成册，有太原山西圖書館鉛印本。一九三八年又收入趙詒琛、王大隆合編的《戊寅叢編》，該館重校鉛印本中。此次點校，即以《戊寅叢編》本爲底本，與《顔氏家訓》上海涵芬樓影印明程榮刻、明屠隆重刻《漢魏叢書》本相校。

《斠記》引書未出篇名或書名者，均爲之補出。例如卷三《勉學第八》「見《吕覽》」的補注是：「·仲冬紀第十一·長見》篇。」卷六《書證》第十七「以叱爲七，疑用東方曼倩對漢武帝語也」的補注是：「《太平御覽》卷九百六十五《果部二·棗》引《東方朔别傳》曰云云。」均詳本書《校記》中。

其顯係《戊寅叢編》本誤排之訛字，如卷六中的「昵」字，已據文意逕改爲「昵」。

每條「斠記」前的《顔氏家訓》原文最後一句，加句號或逗號，依其在原篇上下文中的語氣而定。

《續修四庫全書提要·顔氏家訓斠記》曰：「《風操》篇『密雲』、《勉學》篇『鹿獨』二條下並有梧丹按語。梧丹不詳何氏，蓋嘗得懿行之書而補其所未詳也。懿行所記，精審之處，概與趙曦明、盧文弨所注暗合。盧刊趙注在乾隆五十四年，重校於五十七年。懿行記此書之年月，雖未明言，然觀『於祀主祀』及『辭多古語』二節，當在嘉慶初年，似尚未見抱經堂刊本，不得因此而没其心力也。盧、趙所不言，或言而未盡者，如《風操》篇『劉字之下，即有昭音』，引牟默人説『卯下即釗字昭音』，最爲精塙。《音辭》篇『孫叔然創《爾雅音義》，是漢末人獨知反語』，懿行以爲鄭康成，服子慎、應仲遠已解作反語，不始於叔然；與《曬書堂文集》卷七《反語考》一篇誼合，亦頗有見地。惟其間時有不審之處。《隋書·經籍志》明載延篤《戰國策論》，而《史記索隱》、《文選·注》並引延篤《國策·注》，雖與『音義』名異，當即一書，而懿行竟拘于本傳，未明其原也。裴松之《上〈三國志〉表》，已簡稱陳壽書爲《國志》，而懿行謂《書證》篇『國志』上脱『三』，是知其一不知其二矣。然總論全部，固爲瑕不掩瑜之書；況隨手寫記，未經改訂，尤不能苛論矣。」

《提要》又引郝氏《曬書堂文集》卷五中「余每檢閲，隨加箋注」之語，遂云此書「當依懿行所記，名曰『箋注』。改題『斠記』，殊爲不合。蓋田氏得此，未能詳考，而不知其見於《文集》也」。由於是書刊行已久，此次整理，未加改動。